중동이슬람문명권 연구총서 15

중동종교운동의 이해 3

북아프리카와 터키지역의 종교운동 현황과 전망

21세기 중동이슬람문명권 연구사업단 엮음

이 책은 2004년도 한국학술진흥재단 기초학문육성 지원 사업에 의하여 출판되었음(KRF-2004-072-AL2008)

국립중앙도서관 출판시도서목록(CIP)

중동종교운동의 이해. 3, 북아프리카와 터키지역의 종교운동 현황과 전망 / 21세기 중동이슬람문명권 연구사업단 엮음.
-- 파주 : 한울, 2006
p. ; cm. -- (한울아카데미 ; 825) (중동이슬람문명권 연구총서 ; 15)
2004년도 한국학술진흥재단 기초학문육성 지원 사업에 의하여 출판되었음(KRF-2004-072-AL2008)
ISBN 89-460-3497-1 94910
ISBN 89-460-3309-6(세트)

209.18-KDC4
200.956-DDC21 CIP2006000998

총서를 펴내며

'중동·이슬람 문명 연구'는 우리나라 현실에서 가장 필요한 연구 분야이면서도 연구 업적은 이에 미치지 못한 분야 중 하나였다고 할 수 있다. 중동·이슬람 문명은 과거 세계 문명사에 많은 역할을 수행해 왔고 앞으로도 인류 문명의 발전에 크게 기여할 것으로 예상된다. 이렇듯 중동·이슬람 세계가 현실 외교정치와 국제관계의 한 축을 형성하고 있는데도 불구하고 관련 학문 분야의 인식이 부족하고 연구의 진척이 미진한 것은 안타까운 일이다.

2001년의 9·11 테러와 미국의 아프가니스탄·이라크 공격 등의 사건은 이러한 기초학문으로서의 중동·이슬람 지역 연구의 현주소를 여과 없이 보여주었다. 우리는 이 사건들을 계기로 중동 지역과 이슬람에 대한 지식과 정보의 필요성을 새삼 느꼈고, 중동·이슬람 세계에 대한 인식 변화의 필요성도 절감했다. 우리나라에서도 평소와는 달리 이 지역에 대한 과도한 관심과 열의가 곳곳에서 나타났다. 중동·이슬람과 관련된 기존 출판 서적들이 많이 팔리고 신간 서적이 봇물 터지듯 쏟아져 나왔으며 관련 전공자들은 연구 결과물을 발표하기에 여념이 없었다. 각종 언론기관들도 중동·이슬람 지역을 취재하려는 열기로 가득했다. 이러한 과잉 열기는 역설적으로 그동안 중동·이슬람 지역에 대한 관심이 얼마나 부족했는지를 반증하고 있다.

그러나 가장 중요한 점은 어렵게 살린 중동·이슬람 지역 연구의 불씨를 어떻게 유지하는가 하는 문제이다. 급조된 관심에 의한 과잉 열기는 곧바로 사라질 수 있기 때문이다. 기초학문 분야로서 중동·이슬람 문명권 연구의 중요성은 바로 여기에 있다. 중동·이슬람 문명권에 대한 중요성이 재차 인식된 만큼 이제 중동·이슬람 문명권에 대한 지속적이고 체계적인 연구와 사회와 일반인들의 요구를 충족시킬 수 있는 학문적 재충전이 필요하다.

'21세기 중동이슬람문명권 연구사업단'은 한국학술진흥재단의 지원을 받아 중동·이슬람 문명권에 대한 정확한 사실과 객관적 정보를 제공하고, 심화된 연구, 출판, 학문적 교류를 통해 중동지역학 연구를 활성화시키며, 한국과 중동 간의 정치·경제·사회·문화 등 전반적인 선린 우호 관계를 증진시키기 위해 구성되었다.

우리나라 중동 전문가 40여 명이 참여한 본 사업단은 서구 중심적 오리엔탈리즘의 프리즘을 통한 연구방식을 지양하며 중동·이슬람권에 대한 객관적이고 균형 잡힌 시각을 확립하려 한다. 이를 바탕으로 교육, 출판, 학술대회 등을 통해 중동·이슬람 문명권에 대한 일반인들의 이해를 증진시키는 데 노력하고 있다.

본 연구사업단은 21세기 들어 세계화가 보편화되고 있는 상황에서 중동·이슬람 문명권이 정치, 경제, 문학, 어학, 종교, 역사 등 총체적인 분야에서 세계화 과정에 어떻게 대응하고 있는가, 그리고 이 문명권이 세계화 과정에서 어떻게 변화하고 있는가를 살펴봄으로써 이 지역의 발전 가능성을 타진해 볼 것이다.

21세기 중동이슬람문명권 연구사업단

저자 서문

종교운동은 이슬람 세계를 이해하는 키워드이다. 중세 세계 문명을 주도하던 이슬람은 18세기를 기점으로 내부 개혁과 외부 흐름에 적극적으로 대처하지 못하면서 쇠퇴의 길을 걸었다. 결국에는 오랫동안 정치적·문화적 우위에서 힘의 균형 상태를 지켜온 유럽 세계에 대해서도 역전 현상을 받아들여야 했다. 더 나아가 19세기에 들어서는 이슬람 사회가 하나씩 서구 유럽의 직접적인 식민 지배를 받는 상황까지 치달았다. 뒤바뀐 처지를 도저히 현실로 인정할 수 없었던 무슬림들은 강력한 내부 개혁과 근대화 노력을 통해 힘을 키워가는 한편, 최고의 번성기를 자랑하던 중세 시대의 종교적 부흥을 꿈꾸며 이슬람의 근본 정신을 강화하기 시작했다. 하나님이 주신 지고지순한 이슬람 가치를 제대로 발현시키는 것만이 공동체에 결속을 가져다주고 느슨해진 사회의 약화를 막는 첩경이라는 생각이 팽배했다. 이것이 바로 이슬람주의자들이 새롭게 조직화되고 사회 변혁의 주도적 조직으로 급부상하게 되는 시대적 배경이다.

물론 서구에서 '이슬람 근본주의자'로 불리는 이슬람주의자들은 자신들이 처한 현실과 정권의 세속화 정도, 대중들의 문화 수준 등에 따라 매우 다양한 적응 전략과 새로운 가치 창출에 전력을 기울였다. 그리고 이들의 대중화 전략과 정치세력화는 지금도 이슬람 전역에서 그 사회의 변화와 미래를 예측하는 가장 중요한 변수로 자리 잡았다. 이슬람 종교운동의 현황과 변화 과정을 면밀하게 분석하지 않고서는 중동·이슬람 사회를 제대로 이해할 수 없는 이유가 여기에 있다.

9·11 사건 이후 우리나라와 우리 국민들의 세계 인식이 크게 바뀌었다. 이슬람 세계를 서구 중심적이고 도식적인 가치관이 아닌, 그들의 모습 그대로 들여다보고 우리 입장에서 중동과 이슬람의 가치를 연구하자는 폭발적인 사회적 수요가 이를 잘 증명해 준다. 중동 전문가들은 국가 과제와 기업들의 연구 용역을 수행하는 동시에, 대중적 수요도 감당해야 했다. 이슬람 관련 서적이 100여 종이나 출간되고, 일부 중동 연구자는 연간 100여 회가 넘는 대중 강연을 소화할 정도로 바빠졌다.

이러한 상황에서 이슬람 종교운동은 한국학술진흥재단의 장기 기초연구 프로젝트 중 한 테마로서 집중적으로 연구되었다. 학계의 입장에서 무엇보다 중요한 수확은 중동·이슬람권 종합 연구를 위한 대규모 연구 프로젝트를 맡음으로써 소장 학자들의 연구력이 향상되었다는 점이다. 또한 총체적이고 체계적인 연구 성과를 내놓음으로써 우리 사회에 의미 있는 기여를 하게 되었다.

이번 연구는 3년간의 연구 프로젝트를 마무리하는 결과물이다. 이 연구에서는 1·2년차에서 연구된 다른 중동 지역에 이어, 북아프리카와 터키의 이슬람 종교운동 현황과 전망을 다루었다. 1·2차 연도에 계속 참여했던 연구자 다섯 분 이외에, 이번 연구에는 이희수(한양대), 장병옥(한국외대), 우덕찬(부산외대) 등 교수 세 분이 참여해 터키는 물론 북아프리카의 이집트, 수단, 리비아, 튀니지, 알제리, 모로코에서의 이슬람 종교운동의 생성과 발전, 현실 정치에서의 다양한 적응 전략, 전망 등에 대해 괄목할 만한 연구성과를 내놓았다. 이 과정에서 모든 연구자들은 문헌 자료와 서구 중심적인 가치관에 의존하지 않고 직접 현지를 방문해, 현장 연구와 연구 대상국에서 발행된 저술·자료, 당사국 전문가들과의 폭넓은 의견 교환, 세미나, 설문 조사 등을 통해 1차적 자료와 생생한 체험을 바탕으로 실체적 진실을 담는 데 주력했다. 이것이 이 연구가 갖는 독창성이자 강점이다.

3년에 걸쳐 마무리된 이 소중한 연구가 학계는 물론 기업과 우리 사회 전반에서 중동·이슬람 문화를 올바로 이해하고 새로운 협력과 전략을 수립하는 데 귀중한 기초 자료로 활용되기를 바란다. 나아가 이런 연구가 일회성으로 그치지 않고, 총론적 기초 자료를 토대로 개별 주제의 심화로 나아가기를 간절히 염원한다. 의욕에 불타는 연구진들이 계속 이 분야의 연구에 전념하고, 거의 공백이나 다름없는 중동·이슬람권 지식의 하부구조를 채우는 연구 사업에 학술진흥재단이나 기업, 다른 연구기관들의 전폭적인 지원과 관심을 고대한다.

2006년 4월

종교분과 연구진 일동

차례

제1장

북아프리카와 터키 종교운동의 현황과 전망

이희수

1. 서론

북아프리카 마그레브 지역과 터키에서 일어난 종교운동의 큰 특징은 이슬람과 세속화 문제이다. 21세기 들어 이슬람 세계도 다른 사회와 마찬가지로 인간의 보편적인 변화의 물결 속에 있다. 이슬람 세계는 인류의 새로운 발전과 진전의 궤도에 적극적으로 동참하면서, 이슬람의 재해석과 적절한 수용·배척을 통해 가장 합리적인 삶의 형태를 갈구하고 있다. 비록 이러한 적응 전략의 모습은 나라나 종파 또는 지역마다 달리 나타나지만, 적어도 북아프리카나 터키 지역에서의 세속화는 이미 돌이킬 수 없는 주된 흐름이 되었다.

이슬람의 세속화 문제는 이슬람이라는 종교가 갖는 포용성과 다양성, 나아가 문화 전파 과정에서의 상호 유기적 영향, 이슬람 성지(聖地)와의 거리, 모국어로서 아랍어 사용 여부 등과 무관하지 않다. 즉, 사우디아라비아를 중심으로 지리적으로 멀어질수록, 아랍어권보다는 비아랍어권에서 이슬람 정신의 현대적 적용 양식은 더욱 포용적이고 뚜렷한 다문화 공존의 경향을 보인다. 이런 면에서, 중동이라는 문화적 카테고리 안에서 동쪽 끝인 터키와 서쪽 끝인 북아프리카 마그레브 지역의 탈종교적 성향은 흥미롭다.

이슬람이 지향하는 포용성과 다양성의 가치는 서구와 강력하게 대치하는 상태에서 때때로 그 기능을 발휘하지 못하기도 하고, 서구와의 협력하거나 공존할 수 있는 가능성이 고조되는 상황에서 그 진가가 발휘되기도 한다. 이런 면에서 근대사 300여 년을 서구와의 관계에서 성장한 터키는 물론, 서구의 식민 지배를 직접 경험하고 그 연장선으로 서구와 불가분의 의존 관계에 있는 마그레브 지역에서 이슬람의 공존의 지혜가 유달리 강하게 발현되는 것은 어쩌면 자연스러운 결과일지도 모른다.

그렇다고 처음부터 마그레브 지역에 이슬람주의의 역사성과 전통이 없었던 것은 아니다. 오히려 서구 식민지 상태에서 독립과 주권 회복 투쟁을 벌이는 과정에서 살라피야(al-Salafiyya)로 알려진 이슬람 부흥운동[1]은 가장 강력한 무기로 작용했으며, 이슬람 정신의 강화와 종교성은 살라피야 운동의 요람이었던 아라비아 반도를 능가할 정도였다.[2]

이슬람의 본래적 정신과 형식까지 지키려는 살라피야 운동은 프랑스의 식민 지배를 받기 전부터 모로코의 울라마와 지도층 사이에 존재해 왔고, 1·2차 세계대전 사이에 마그레브 전 지역에 강하게 퍼져갔다. 특히 프랑스에 대항한 독립운동 과정에서 모로코, 튀니지, 알제리 등지의 이슬람주의는 가장 강력한 정신적 토대가 되었고, 종교적 연대와 일체감이야말로

---

1) 살라피야와 이슬람 부흥운동에 관한 역사성 논의는 본 프로젝트 결과물로 제시된, 손주영, 「살라피야 이슬람 부흥운동」, 21세기 중동이슬람문명권 연구사업단 엮음, 『중동종교운동의 이해 1』(파주: 한울, 2004); 이원삼, 「세계화와 이슬람」, 21세기 중동이슬람문명권 연구사업단 엮음, 『중동종교운동의 이해 1』(파주: 한울, 2004) 참조.

2) Bruce Maddy-Weitzman and Meir Litvak, "Islamism and the State in North Africa," *Revolutionaries and Reformers* (New York: State University of New York Press, 2003).

독립 투쟁을 가능하게 해주었던 1차 동력이 되었다.

이슬람 개혁운동가인 셰이크 압둘 하미드 빈 바디스(Shaykh Abd al-Hamid Bin Badis)는 1·2차 세계대전을 거치면서 형성된 알제리의 국가 체제에 지대한 영향을 끼쳤다. 이 운동은 북아프리카의 토착적인 다신교적 관행에서 이슬람의 순수성을 강조했으며, 이슬람·아랍어 교육 네트워크를 확장시켜 프랑스 문화의 영향에서 자신의 문화와 국가 정체성을 지키려 했다.

살라피야 운동은 모로코에서도 독립을 위한 민족운동의 중심 가치로 자리 잡았으며, 1920년대 이스티크랄 당(Istiqlal Party)의 종교적 민족주의자였던 알랄 알 파시(Allal al-Fasi)에 의해 제창되었다. 튀니지의 경우에도 이슬람은 국가 성격과 문화적 가치관의 중심에 놓여, 2차 세계대전 이전의 1세대 민족주의자들뿐만 아니라 독립 이후 부르기바 통치하에서도 상당 기간 지속되었다.

그 배경은 프랑스 식민 지배라는 정치적 상황과 그에 따른 강력하고 조직적인 서구 문화의 이식이었다. 150여 년에 걸친 프랑스의 북아프리카 지배는 이 지역의 이슬람 사회를 근원적으로 흔들어놓았고, 특히 새로운 서구 문화와 편의성을 경험한 젊은 세대들에게 미래에 대한 기대와 현실에 대한 불만을 동시에 싹트게 했다. 이러한 상황은 독립 이후 유럽과 격차가 더욱 벌어지는 현실에서 해결할 수 없는 위기를 초래했다. 경제적으로는 유럽에 더욱 예속되고, — 석유가 나는 알제리를 포함해서 — 북아프리카의 많은 젊은이들이 유럽의 노동력 공급원으로 전락했다. 1970년대 이후 대중매체, 서적, 위성방송, 인터넷 등의 채널로 확산된 글로벌 문화의 목격은 그들의 열등감을 더욱 부채질했다. 이슬람주의는 바로 여기에서 성장했다. 마그레브 지역의 이슬람 운동은 같은 아프리카에 뿌리를 둔 이집트의 무슬림형제단(al-Ikhwan al-Muslimun: Muslim Brotherhood Party), 수단의 대표적인 이슬람주의자 하산 투라비(Hasan Turabi)와 깊숙이 연계되고,

1979년 이란 이슬람 혁명의 자극을 받으면서 독자적인 모습으로 성장해 왔다.

오늘날 북아프리카 이슬람 운동이 세속화의 흐름에 눌려 잠재되고 그 영향력이 미미한 것은 사실이다. 그렇지만 세속화의 과정과 결과가 무슬림 민중에게 변함없는 고통과 착취의 연결고리를 잘라주지 못하는 한, 서구와의 협력·공존이라는 명제가 무슬림들에게 일방적으로 불리하게 작용하는 현실의 불합리성이 완화되지 않는 한, 언제 어디서든 강력한 폭발성을 지닌 채 이슬람주의의 발호가 대두될 수 있다는 사실은 다른 무슬림 국가와 크게 다르지 않다. 오랜 군부독재와 민주화의 정체가 알제리에서 이슬람구국전선(Islamic Salvation Front, 이하 FIS)의 집권을 가능하게 할 정도로, 이슬람주의는 북아프리카 곳곳에서 여전히 위력을 발휘하고 있다.

그러나 이슬람 세계의 일반적인 살라피야 운동과 비교해 볼 때, 북아프리카의 이슬람 부흥운동은 국가 전체나 대중사회에서 주류를 차지하지 못했고, 아라비아 반도에서 일어났던 범아랍민족주의 운동에도 적극적으로 가담하지 못했다. 결국 북아프리카에서 이슬람 운동은 기술적 진보의 수용과 근대화라는 더 큰 명제에 가려졌다. 물론 같은 마그레브 지역이라도 각각 다른 사회·정치적 배경과 역사적 요청에 의해 모로코, 튀니지, 알제리, 리비아에서 이슬람 운동은 서로 다른 형태로 발전하며 전개되고 있다.

이슬람의 세속화 문제에서 가장 주목받고 있는 또 다른 무슬림 국가는 터키다. 터키의 경우는 아주 독특하다. 600년간 이슬람 세계 종주국의 위치를 차지하며 대제국을 세웠던 오스만 제국이 멸망한 이후 1923년 공화국으로 새롭게 출발한 터키는, 철저한 정교분리 원칙으로 이슬람 체제의 새로운 변화를 시도했다. 그 결과 이슬람권에서 가장 성공적인 세속화에 성공했다. 그렇다고 터키가 이슬람에 바탕을 둔 국민적 정체성을 포기한 것은 결코 아니다. 다양한 종교그룹들은 종교적 특성을 교육, 사업 등 비정치적인 분야로 침투시키면서, 군부와 친서구적 정치 엘리트가 장악하고 있는 세속주의 그룹의 반이슬람적 집단 위협을 교묘하게 피해왔다. 그 결과 터키는 급진적 이슬람주의가 득세하는 정치적 환경에서 일찌감치 벗어날 수 있었다. 그러한 터키에서도 군부의 지나친 정치 관여와 서구 세속주의와의 지나친 밀착이 가져다준 만성적인 경제 악화와 고질적인 부패는 결국 이슬람 정권을 탄생시켰다. 그러나 터키의 이슬람은 다른 아랍 국가에서 보이는 이슬람 신정주의와 근본적으로 방향을 달리한다. 그것은 서구와의 적극적인 협력과 상호 관계 속에서 이슬람의 또 다른 가능성을 여는 시도다.

지금 터키가 이슬람주의의 한계를 극복하고 유럽연합에 가입하려는 노력이 이러한 가능성의 적절한 예다. 국민의 99%가 이슬람을 믿고 있는 터키가 과연 기독교 문화에 뿌리를 둔 유럽 공동체의 일원이 될 수 있을까? 과연 이슬람의 문화적 잣대가 유럽연합의 기준에 부합할 수 있을까? 이러한 의문들이 하나씩 제거되면서 터키 정부는 유럽연합에 가입하기 위해 본격적인 협상을 시작하고 있다. 터키가 유럽의 일원이 되는 날, 인류는 이슬람과 기독교라는 두 문명의 통합과 공존을 목격하게 될 것이다. 나아가 아시아와 유럽의 협력이라는 새로운 모델은, 중동에서의 분쟁 종식은 물론 함께 사는 지혜의 메시지를 다시 한 번 지구촌에 보내게 될 것이다.

이처럼 이슬람 운동은, 터키는 물론 북아프리카 마그레브 국가 간에도 상당한 성격의 차이를 보인다. 그리고 이슬람 부흥운동으로 알려진 이슬람화 논쟁은 21세기 들어 더욱 다양한 모습을 띠며, 새로운 의미 부여와 재해석의 단계로 진입하고 있다. 이에 따라 이슬람 부흥운동의 현재적 의미를 재점검하고 각 국가별 이슬람 종교운동의 특수한 현황을 조사해서 비교해 본다면, 어떠한 공통 요소를 중심으로 북아프리카와 터키

지역 종교운동의 미래를 전망해 볼 수 있을 것이다.

2. 이슬람 부흥운동의 21세기적 의미

19세기 말 이후 이슬람 부흥운동은 서구 제국주의 열강의 침탈에 대항한 총체적 운동으로, 반외세와 반세속을 공통분모로 하여 이슬람의 정통성과 이슬람권을 보호하고 발전시키자는 근본 취지를 담고 있었다. 20세기 이슬람 개혁운동의 대표적인 인물이었으며 후대에 심대한 영향을 끼친 이는, 이란 출신의 자말루딘 아프가니(Jamal al-Din al-Afghani, 1839~1897)였다. 살라피야 전통[3]을 이어받은 그는 이슬람의 정체성을 유지하면서

3) 살라피야란 코란과 예언자 무함마드의 가르침인 순나에 입각한 초기 시대의 순수한 이슬람 정신을 계승하려는 사상적 움직임으로 등장한 정통 이슬람 4대 학파의 창시자 이맘 이븐 한발(780~855)로부터 출발한다. 이븐 한발의 뒤를 이어 살라피야 사상을 체계화하고 정비한 학자는 다마스커스의 이븐 타이미아(Ibn Taimitah, 1350년 사망)와 그의 제자 이븐 카임 알 자우지야(Ibn Qayym al-Jawziyyah, 1350년 사망)였다. 지리한 논쟁을 거듭하던 살라피야 사상이 근대에 와서 강력한 체계로 자리 잡은 것은 18세기 사우디아라비아에서 일어난 와하비즘이 그 맥을 이어받으면서부터였다. 와하비즘은 무슬림 사회에 만연된 오염되고 세속화된 이단적인 교리들을 정화하고 순수한 이슬람을 되찾자는 정신을 내세우며 살라피야 사상을 추종했다. 알려진 바와 같이, 와하비즘은 오늘날 사우디아라비아의 국가 이념으로 자리 잡았다. 그러나 와하비즘은 지나친 폐쇄성과 완고함, 아랍 민족을 우선시하는 민족주의와 아라비아라는 지역적 한계를 뛰어넘지 못해 그 확산에는 실패했다. 그럼에도 살라피야 사상은 18~19세기 서구 열강의 지배하에 있던 여러 무슬림 사회에 막대한 영향을 끼쳐, 리비아의 사누시아 운동과 수단의 마흐디야 운동을 일으키는 배경이 되었다. 침체에 빠진 와하비즘을 대신해서 새롭게 살라피야 정신을 제창한 이가 바로 19세기 아프가니스탄 출신의 정치적 선각자 자말루딘 아프가니였다. 그는 오늘날 이슬람 근대개혁주의 운동의 대부로 추앙받고 있다. 그 후 살라피야는 이슬람 부흥운동의 가장 중요한 사상적 요람으로서, 사상적 변천과 적응의 방법론에서 다양한 입장을 보이면서 파키스탄의 마울라나 마우두디와 이집트의 무함마드 압두(Muhammad Abdu)로 이어졌다. 살라피야 운동을 20세기 초의 근대적인 개념으로 재해석하는 데 업적을 세운 무함마드 압두의 근대적 이슬람 부흥운동은 아랍을 넘어 전 세계의 이슬람주의자들에게 폭넓은

유럽의 새로운 문물을 수용하는 이론적 당위성을 정립한 인물이었다. 그의 제자 무함마드 압두는 아프가니와는 달리 이슬람 신학의 영역에 이성을 끌어들여 이슬람과 과학을 자유롭게 접목했다. 압두의 사상에 영향을 미친 마울라나 마우두디(Maoulana Maududi)는 세속 정권에 대한 신의 주권을 강조하면서 이슬람 급진주의의 길을 열어주었다는 비판을 받았다. 그러나 마우두디는 교육을 통해 수많은 지적 엘리트를 양성하고 지성 실천이라는 과제에 신선한 지적 충격을 주었다. 반면, 1928년 이집트의 하산 알 반나는 이슬람 생활양식에 서구의 자유민주주의 이론을 적용하는 것이 불합리하다는 사실을 감지했다. 그 대안으로 그는 이슬람 정신을 도덕·윤리의 틀로 강화하기 위해 '무슬림형제단' 운동을 시작했다.

이처럼 전통적 이슬람 부흥론자들은 서구화와 근대화를 명확히 구분하면서 근대화를 전면 부정하지 않았다. 다만 근대적 발전들이 종교의 소외화, 세속화, 전통적 가족 개념의 몰락, 성도덕의 문란과 같은 현상을 동반하는 것에 동의하지 않고, 특히 신의 섭리보다 인간의 이성을 우위에 두는 이념적 혼란에 대해서는 단호하게 반대 입장을 취한다. 이 시기의 행동철학은 서구의 도전을 회피하여 과거의 전통이나 영광 속으로 숨어드는 것도, 상대의 문물을 모방해 소화하는 것도 아닌, 강력하고도 공격적인 자기 확신을 고취시키는 것이었다.

신원리주의라 불리는 이슬람 부흥운동이 새로운 변화를 맞이한 때는 1990년대였다. 소련연방의 붕괴와 걸프전 이후 미국을 중심으로 한 서구

영향을 주었다. 무함마드 압두의 사상을 계승한 인물이 라시드 리다(Rashisd Rida)이며, 그의 이슬람 부흥운동은 1928년 이집트에서 하산 알 반나(Hassan al-Banna, 1906~1949)에 의해 무슬림형제단이 창설되면서 정점에 도달했다. 무슬림형제단이야말로 이슬람 세계의 현대사에서 가장 획기적이고 중요한 이슬람 부흥운동의 산실로서 오늘날 이슬람주의자들의 현대적 사상의 뿌리가 된다고 할 수 있다. 손주영, 「살라피야 이슬람 부흥운동」, 21세기 중동이슬람문명권 연구사업단 엮음, 『중동종교운동의 이해 1』(파주: 한울, 2004), 19~47쪽 참조.

의 이슬람권 지배력 강화 등이 그 기폭제가 되었다. 무너진 사회주의의 축을 이슬람이 대신하리라는 기대와 함께, 노골화된 서구의 침략에 대한 이슬람 세계의 단결이 어느 때보다 절실해졌기 때문이다. 한마디로 이슬람 부흥운동은 이슬람식 전통과 현대화 사이의 모순·갈등을 합리적이고 조화롭게 극복하려는 지적 고뇌의 표현이자 현실적인 대안이었다. 나아가 서구를 긍정적으로 평가하고 갈등보다는 협력이 필요하다는 인식도 함께 확산시켰다.

이 시점에 등장한 학자들은 전통 보수세력과 별도로 이슬람 좌파적 성향을 띤다. 아델 후세인 압델 아지즈, 알 비스리, 무니르 세피크 등이 대표적이다. 이슬람 좌파로 대학생과 젊은 지성계에 커다란 영향을 끼치고 있는 하산 한피는 철학·신학·혁명의 조화로운 통일을 통해 이슬람의 변혁을 지향했다. 이슬람의 해방 신학과 라틴아메리카식 신학의 토착화를 강조함으로써 마르크스주의자와 좌파 지식인들의 환영을 받았다. 파라즈 푸다흐는 시민사회의 성숙에 걸림돌이 된다는 이유로 이슬람법의 전면적인 철폐를 주장했다. 후세인 아민은 폭력 성향을 띤 급진적 이슬람 운동을 피에 굶주린 야만적 행동이라고 신랄하게 비판하면서, 그들이 이슬람의 이미지를 대변하는 상황을 근절할 것을 적극 주장한다. 그는 개방적이고 서구화된 이슬람 모델을 주창하고 있다.

비슷한 맥락에서 코란의 혁신적인 재해석 기치를 들고 나온 학자들도 있었다. 샤흐루르와 아부 자이드가 대표적이다. 샤흐루르는 한피의 해방신학의 입장보다 훨씬 더 급진적인 재해석을 꾀했다. 아부 자이드도 새로운 방법론과 문학비평의 이론 틀을 가지고 코란을 해석해 나갔다. 그들은 전통 보수주의자들의 여성관에 일침을 가했고, 이자 없는 이슬람 은행 제도와 경제운용 방식을 혹독하게 비판했다. 당연히 보수진영에게 극렬한 비판을 받았지만, 이집트와 튀니지 등지에서 그들의 목소리는 점점 높아지는 추세에 있다.

서구 오리엔탈리스트는 이슬람의 지성이 이제는 중세의 환상을 벗고 서구 지성의 품으로 돌아와주기를 바라며, 서구와 이슬람이 극단적으로 대결하던 시대는 끝났다고 선언한다. 이 점에서는 이슬람 지성계도 같은 입장이다. 서구와 이슬람은 특히 19세기 말에서 20세기에 이르는 동안 서로가 극단적인 소모적 논쟁을 즐겨왔으며, 서로 다른 패러다임을 인정하지 않고 지적 적대감만 키워왔다. 그러는 과정에서 역설적으로 서로를 너무나 잘 이해하게 되었고, 이제 두 세계의 간격이 무척 좁혀진 것도 사실이다.

더 이상 서구와 이슬람 세계는 별개가 아니다. 이슬람 세계는 좋든 싫든 서구의 제도를 받아들였고, 서구의 앞선 과학과 기술에 우선순위를 두었다. 시장경제와 자본주의 체제를 경험했고, 실패를 거듭하면서도 서구식 민주주의를 실험하고 있다. 문제는 아직도 이 혼란을 수습할 수 있는 지적 대안이 정리되지 않아, 이슬람 개발도상국들이 심각한 정체성의 위기에 직면해 있다는 점이다. 이미 전통과 문화로 굳어진 이슬람 가치를 훼손하지 않고, 인간의 영적 측면을 깡그리 폐기하지 않으면서도 서구식 발전 모델을 가질 수는 없을까? 이것이 오늘날 아랍 지성계가 안고 있는 본질적인 의문이자 무거운 과제이다. 아랍 지성계는 포스트모던 시대에 걸맞는 새로운 이슬람의 가치 정립을 힘겹게 모색하고 있다. 이것이 20세기 초부터 지속되어 온 이슬람 부흥운동의 새로운 방향성이자, 지금 전 이슬람 세계에 번지고 있는 지적 혁명의 흐름이다.

20세기 내내 지속된 서구와 이슬람의 화해할 수 없는 가치관의 충돌은 이슬람 지식인들에게 말할 수 없는 좌절과 고뇌를 안겨주었다. 수많은 시행착오에도 불구하고 여전히 아랍 지성계를 압도하는 오늘날의 화두는 이슬람 부흥운동이다. 그러나 그 방향은 조금씩 현실을 받아들이면서 실용적인 노선으로 접어들었다. 21세기 이슬람 세계의 지성들에게 이슬람은 더 이상 서구와의 갈등과 충돌의 온상이 아니다. 이들은 이슬람이야말로 급변하는 오늘날의 세계를 온몸으로 받아들여, 이슬람이라는 거대한 역사와 경험의 용광로에서 실천적이고 실용적인 가치를 재창출할 수 있다고 믿는다. 이런 점에서 민간인에 대한 폭력을 동반한 급진적 테러리즘은 이미 무슬림 대중의 지지 기반을 상실한 지 오래다. 엄연히 테러와 구분되는, 독립과 자치를 위한 무력투쟁이 팔레스타인, 체첸, 이라크 등 이슬람 지역 일부에서 계속되고 있지만, 무슬림 주민들 대다수는 화해와 절충을 통한 해결을 갈구하고 있다. 이슬람이 현대적 삶의 발전과 진보에 걸림돌이 된다는 논의는 더 이상 효력을 상실했다. 물론 이 모든 논의가 제 길을 찾기 위해서는 일방통행이 아닌, 서구의 협력과 공정한 양보라는 쌍방통행이 전제되어야 한다. 이제 이슬람 세계의 지성들은 이슬람 내부의 개혁, 부패한 독재정권의 교체와 함께 서구의 결단을 촉구하고 있다. 물론 이는 가장 큰 이슈인 팔레스타인 문제의 공정한 해결과 미국의 부당한 이라크 침공을 종식시키는 일에서부터 출발해야 할 것이다.

3. 개별 국가들의 이슬람 운동

1) 모로코

모로코는 북아프리카 무슬림 국가 중에서 유일한 왕정 국가이다. 일반적으로 이슬람주의자들의 일차적인 목표가 왕정 타도이고, 주변 마그레브 국가들이 모두 혁명을 통해 공화국으로 거듭났음에도, 모로코는 여전히 탄탄한 왕정을 유지하고 있다. 이것은 모로코 정치체제가 갖는 독특한 종교적 상징성과, 실질적으로 20세기 모로코 왕정을 주도했던 하산 2세(King Hassan, 1961~1999 통치)의 독특한 종교정책과 깊은 관련이 있다.

모로코 왕의 헌법상 공식 지위는 '아미르 알 무미닌(Amir al-Mu'minin)', 즉 '(이슬람)신자들의 지도자'이다. 이 직책은 모로코 왕이 350년 전통의 알라위 왕조의 계승자임과 동시에 이슬람의 예언자 무함마드의 직계 후손으로, 세속적·종교적인 통치의 정통성을 갖는다는 것을 의미한다. 바로 이 점에서, 모로코가 왕정을 유지하는 것은 이란의 팔레비, 리비아·이집트·시리아·이라크 등지의 아랍 왕정이 혁명에 의해 붕괴되는 것과 다른 맥락에서 이해되어야 한다. 그리고 모로코 왕정이 정통 이슬람주의자들의 예봉을 피해갈 수 있었던 데에는 하산 국왕의 탁월한 '채찍과 당근 정책', 나아가 정통 이슬람의 적절한 재해석을 통한 과감한 개혁 정책이 있었다. 이러한 모로코 왕정의 개혁 드라이브는 2000년 이후 젊은 왕위 계승자 무함마드 6세에 의해 더욱 과감하게 추진되고 있다.

하산 2세는 이슬람 세계에서는 드물게 일찍부터 시장경제와 다당제를 도입했다. 그는 왕실이 권위의 중심에 있으면서 정치적인 절충과 중재를 통해 적절하게 권력을 안배하여 다양한 반대세력들을 중용하는 정책을 표방했다. 그러한 예로 1993년 총선에서 반대파인 드리스 바스리(Driss Basri)를 강력한 권한을 가진 내무장관으로 기용했고, 1998년에는 오랜 정적이었던 민중사회주의연합(Union Socialiste des Forces Populaires, 이하 USFP)의 지도자 압둘 라흐마네 유수피(Abd al-Rahmane Youssoufi)를 내각 수반으로 임명했다.

1999년 선왕을 이은 무함마드 6세는 개방적 시장경제와 여성 인권, 대중 정치를 표방하며 개혁정책을 더욱 과감하게 추진해 나가고 있다. 이즈음 견고한 시민사회가 형성되는 것도 긍정적인 변화로 보인다. 노동조합과 인권단체들의 영향력이 증대되고, 여성에게 불리한 가족법 개정을 위한 100만 서명운동 같은 여성단체들의 활동도 눈에 띄게 신장되었다. 이에 힘입어 1970년대 3%이던 인구증가율이 1997년에는 2%로 둔화되고, 경제가 성장했으며, 외국인 투자도 급증했다.

한편 종교정책과 이슬람 부흥운동에 대한 하산 왕의 입장을 살펴보면, 매우 특이한 현상을 발견할 수 있다. 하산 왕은 대체로 이슬람주의자들에게 약간의 자유와 활동을 인정해 주면서 그들의 성장에 긍정적인 입장을 취했다. 이는 다른 중동국가들과 마찬가지로 아랍 사회 내 좌파적 사회주의 집단들의 성장을 견제하고, 그들을 정치적으로 탄압하는 수단으로 이슬람주의자들을 이용한 것이다. 1975년 사회주의 정당인 USFP의 지도자 오마르 벤젤룬(Omar Benjelloun)이 이슬람 과격주의자에게 살해되었을 때, 정권과 이슬람주의자들의 협력 움직임이 그 대표적인 예다. 그 후 하산 왕의 이슬람 정책은 이슬람주의자들의 비정치적 활동을 인정해 주면서 '견제와 협력'이라는 양날을 적절히 사용해 그들의 정치화를 막는 것이었다. 그 결과 이슬람주의자들은 1990년대 후반에 와서야 제도권 정치체제 내에서 부분적인 정치활동을 인정받을 수 있게 되었다. 모로코 왕정이 이슬람주의자들을 효율적으로 통제할 수 있었던 배경은 모로코 내 이슬람주의자들의 분파와도 관련이 있다. 모로코 내에는 1980년대 초까지 적어도 23개 이상의 다양한 이슬람 정치집단이 존재하다가, 1990년대 들어 서서히 3개의 주된 그룹으로 통합되었다. 그 수는 약 4만으로 추산된다.[4)]

첫 번째 그룹은 표면적으로 개혁을 부르짖지만 비정치적인 성향을 뚜렷이 하면서 개인의 신앙과 무슬림으로서 바람직한 삶의 방식에 더 많은 관심을 둔다. 이런 맥락에서 타락한 삶을 비난하고 복장과 결혼 의식 등에 이르기까지 이슬람식 전통을 고집한다. 따라서 왕정의 탄압이나 정치적 제한도 거의 받지 않는다. 이 수니 그룹의 지도자는 1980년대 말에 사망한 피크 알 잠자미(Fiqh al-Zamzami)였다. 탕헤르의 모스크 설교자였던 잠자미는 소규모 행상, 노동자, 가난한 서민들에게 대단한 인기를

---

4) Maddy-Weitzman and Litvak, *Revolutionaries and Reformers*, p.73.

누렸으며, 그의 설교가 담긴 카세트테이프는 전국 도시에서 대량으로 판매되었다. 잠자미 그룹은 인도와 파키스탄에서 형성된 타블리(tablighi) 운동과 연계하면서 모로코의 대중 이슬람 운동을 주도했다.

두 번째 그룹은 매우 급진적인 성격을 띤 '이슬람청년(Shabiba al-Islamiyya)' 조직이었다. 학생들이 중심이 된 이 조직의 지도자 압둘 카림 알 무티(Abd al-Karim al-Muti)는 폭력을 통한 정권 붕괴를 주장하다가 유럽으로 유배되었다. 그 뒤를 이은 압둘라 벤키란(Abdullah Benkirane)은 1981년 무티와 결별하고 '개혁과 혁신운동(Harakat al-Islah wal-Tajdid)'이라는 기치 아래 새로운 노선을 취하면서, 왕정을 인정하고 비폭력 이슬람 개혁운동으로 방향을 돌렸다. 벤키란에 대한 모로코 왕정의 태도는 이중적이었다. 한편으로 정권에 위협을 가하는 급진 조직에 대한 대안 조직으로 키우면서, 다른 한편으로는 대중적 지지를 받는 이슬람 정당으로 성장하는 것을 꺼렸다. 이에 대한 절충으로 결국 왕정은 벤키란 조직의 운동을 정치권으로 끌어들여, 존경받는 지도자 압둘 카림 카팁(Abd al-Karīm Khātib)을 내세워 '대중 민주주의 외 헌법운동(Mouvment Populaire Democratique et Constitutionnel, 이하 MPDC)'이라는 정당을 결성하게 했다. 이 정당은 1997년 총선에서 140명의 후보를 내 10개의 의석을 확보하는 데 성공했다. MPDC는 1999년 봄에 정의발전당(Party de la Justice et du Development, 이하 PJD)으로 개명하고 벤키란 자신이 살레에서 출마해 현 정권의 지지로 국회의원이 됨으로써 새로운 전기를 맞았다.

세 번째 그룹은 잘 알려진 모로코의 대표적 이슬람주의자 압둘 살람 야신(Abd al-Salam Yasin)이 주도하는 조직이다. 교육부 학교 감독관이었던 야신은 정부가 금지한 수피(Sufi: 이슬람 신비주의) 성향의 조직 '정의와 자선(Adl wal-Ihsan)' 단체의 지도자였다. 이 조직은 야신의 신비주의적이고 절대적인 교조주의에 의해 탄생되었는데, 잠자미 그룹보다 교육을 더 많이 받았는데도 더 급진적인 성향을 보여주었다. 특히 야신은 1974년 공개적으로 모로코 왕정의 정통성에 도전했으며 이슬람에서 왕정의 부당성을 정면으로 공격했다. 그는 죽음을 각오하고 수의를 준비했지만, 당시 하산 왕은 그를 처형하는 대신 가택에 연금시켜 정치활동을 제한했다. 1991년 걸프전 때는 야신의 추종자 약 3만 명이 대규모 반전·반미 시위를 벌여 그들의 세력을 과시하기도 했다. 왕정은 1994년에 일시적으로 그를 가택 연금에서 풀어주고 화해를 시도했으나, 그가 왕정을 비난하는 정치적 발언을 멈추지 않자 다시 그를 연금 상태로 돌려보냈다.

이를 통해 볼 때, 이슬람주의자들에 대한 모로코 왕정의 태도는 다른 아랍 국가들에서는 찾기 힘들 정도로 유화적이며 협력적이라 할 수 있다. 모로코 현 집권층은 야신을 '대학자 겸 민족주의자'로 평가하고 있으며, 야신 자신도 폭력주의를 포기하고 압둘라 신왕에게 19쪽에 달하는 청원서를 보내 자신이 다시 민중의 곁에서 활동할 수 있도록 해달라고 요청하기도 했다.

모로코에서의 이슬람 운동이 일반적으로 비폭력적 성향을 띠며 왕정과의 극단적인 대치를 피해가는 강한 특징을 보인다고 해서, 모로코 역사에서 폭력적 이슬람 급진주의가 사라진 것은 아니다. 1994년 8월 24일, 마라케시의 한 호텔에서 일어난 스페인 관광객 피살사건은 폭력적 이슬람 급진운동의 대표적인 예이다. 이 사건은 두 번째 급진적 그룹인 무티의 추종자가 일으킨 것으로 알려졌으나 배후에 알제리 급진조직이 연관되어 있다는 의심 때문에 모로코·알제리 간 갈등의 원인이 되기도 했다.

이제 모로코는 젊은 압둘라 왕의 새로운 통치 시대로 접어들면서 더욱 과감한 개혁 조치들을 실행에 옮기고 있다. 그중 가장 첨예한 논쟁을 불러일으키는 정책이 무다와나(mudawanna)로 알려진 가족법의 개정이다. 이 법안에는 간통제의 폐지, 이혼권의 남녀평등, 어머니의 자식 접견권과 양육권 인정, 결혼 연령의 상향 조정(18세) 등이 포함되어, 이슬람주의자들의 강한 반발을 사고 있다. 1999년, 2000년에 이어 2001년 3월에는 카사블랑카에서 이슬람주의자 20만 명이 정부의 무다와나법 통과를 비난하는 집회를 열어 세력을 과시하기도 했다. 그렇지만 모로코의 이슬람주의자들도 페미니즘 운동이 자칫 서구나 시온주의자들의 불순한 의도에 의해 모로코의 정체성을 위협할 수 있다는 것에 우려를 표하는 것이지, 여성들의 높은 문맹률, 무지, 가난, 매춘 등의 상황에 대해서는 정부와 한목소리를 내고 있다. 따라서 모로코는 다른 아랍 국가들에 비하면 이슬람주의자들과 정권 간의 심각하고 본질적인 갈등은 상대적으로 미미한 편이다.

2) 튀니지

튀니지 이슬람주의자들의 활동과 역할은 이웃 모로코에 비해 훨씬 국제적으로 주목받고 잘 알려져 있다. 그만큼 세속 정권의 박해나 탄압도 가혹한 편이다. 다른 중동국가들과 마찬가지로, 오늘날 튀니지의 이슬람 운동도 부분적으로는 급격한 현대화·세계화 과정에서 불거져 나온 사회·경제적 불균형과 혼란에 대한 저항으로 출발한 측면이 있다. 그러나 이슬람 운동의 확산이라는 본질적인 문제는 과도한 서구화와 세속화로 팽배된 사회심리적인 소외감과 박탈감이라고 할 수 있다.

1956년 독립 이후 정권을 독점한 부르기바 대통령은 이슬람의 근대화라는 정책 구상 아래 다른 어떤 아랍 국가들보다도 강력한 세속화 정책을 추진해 왔다. 예를 들어 과감한 가족법 개정으로 이혼에서의 남녀평등을 명문화했으며, 일부다처를 폐지했다. 여성의 사회 진출을 제도적으로 보장해, 여성이 남성에 비해 공공기관을 포함한 사회 전반의 중간 간부 이상의 핵심 요직을 압도적으로 많이 차지하게 되었다.

이러한 세속주의 일변도 정책은 부르기바 사후, 1987년 자인 아비딘 벤 알리 대통령 정부에서 다소 완화되었다. 그는 튀니지의 아랍·이슬람 유산을 강조하면서, 1989년에 이슬람주의자들의 무소속 선거 참여를 허용했다. 그러나 결과는 이슬람주의자들에게 현 정권의 판단을 뛰어넘는 예상외의 승리를 안겨주었다. 공식적으로는 14%의 표를 얻었으나, 선거 전문가들은 실제 득표율이 30~32%에 이른다고 주장했다. 이는 곧바로 이슬람 운동의 탄압으로 이어졌다. 정권 위협 수준에 도달한 이슬람주의자들에 대한 가혹한 박해와 함께 새로 창당된 재건당(Nahda)을 해산시키고 일부 이슬람주의 행동 대원들의 과격 시위를 빌미로 수천 명의 이슬람주의자들을 투옥했다. 국제 인권단체들의 강력한 비난과 항의에도 튀니지 정부는 끄떡하지 않았다. 현재 튀니지의 이슬람 운동은 낮은 인구증가율, 높은 문자해독률, 두텁게 형성된 교육받은 중산층, 아랍 세계에서 가장 활발한 여성의 사회 진출, 유럽화 경향 등으로 설 자리를 잃어가고 있다. 그래서 튀니지는 다른 아랍 국가나 인근 마그레브 지역에 비해 이슬람 운동을 위한 사회·경제적 토양이 비옥하지 못한 편이다.

북아프리카 이슬람 운동의 일반적인 경향처럼 튀니지의 이슬람 운동도 이집트 무슬림형제단의 사상적 영향, 특히 사이드 쿠틉(Sayd Qutb)과 파키스탄의 마울라나 마우두디의 영향을 크게 받았다. 그렇지만 튀니지 이슬람 운동의 근본적인 특성은 합리성과 현대성으로, 이러한 성향은 이슬람 사상가 라시드 가누시(Rashid Ganusi)의 발언과 철학에 잘 담겨 있다. 합리적인 접근으로 이슬람과 현대성의 접합을 주창한 가누시는 튀니지 세속 정권의 서구 모방적 근대화에 반대했다. 그의 국가관은 무슬림 국가는 서구의 진보적 가치와 달리 아랍·이슬람이라는 정체성에 단단한 기초를 두어야 한다는 것이었다. 그는 먼저 자신의 정체성을 확보한 다음에 민주화 문제로 진전될 수 있다는 논지를 폈다.

그러나 그는 런던에서 망명 생활을 하면서 사무엘 헌팅턴의 '문명충돌론'을 정면으로 반박하고 서구와의 대화를 주장해 오다가, 최근 들어 튀니지 이슬람주의자들과는 다른 태도로 이슬람 운동의 방향에 대해 상대적으로 과격한 입장을 보이고 있다. 그 예가 신국제질서를 창출하려는 서구의 음모에 대한 질타와, 수단 정권이 이슬람의 개념을 충실하게 따라 탄생했다는 주장들이다. 나아가 알제리 FIS의 투쟁을 적극적으로 두둔하고, 세속주의 지식인들의 살해를 '악마의 화신들'을 제거한 것이라고 정당화하는 등 그의 신뢰성을 크게 흔드는 발언을 하고 있다. 그러나 튀니지 세속 정권이 이미 이슬람주의자들의 위협을 벗어나, 당분간 튀니지 이슬람 운동은 뚜렷한 희망을 제시하지 못할 것으로 보인다.

3) 알제리

1990년대 들어 이슬람 운동이 정치적 힘을 얻는 과정에서 알제리만큼 극적인 격변을 치른 나라도 없을 것이다. 알제리는 20세기의 마지막 10년간 이슬람 운동의 성장과 정권 창출이라는 현실 정치의 한계를 적나라하게 보여주었다.

1980년대 들어 알제리는 오랜 군부독재와 부의 국가 통제로 수습할 수 없는 혼란과 무대책의 늪으로 빠져들어 갔다. 1980년대 중반, 수입의 주요 원천이었던 탄화수소 산업의 세계적 침체, 부패 만연, 인구 급증, 높은 실업률 등, 이 모든 악재들이 민족해방전선(National Liberation Front, 이하 FLN) 정권의 타도와 이슬람주의자들의 성장을 촉구했다. 그렇다고 사회·경제적 요인만으로 알제리 이슬람 부흥운동의 성장을 설명하는 것은 충분치 않다. 여기에는 알제리가 갖는 문화적 특수성이 고려되어야 한다.

독립 이전부터 알제리의 집단 정체성을 형성한 가장 중요한 근간은 이슬람이었다. 그리고 프랑스의 식민 지배를 받으면서 알제리의 이슬람은 지배층인 프랑스와 피지배층인 무슬림들을 구분해 주는 중요한 경계선 역할을 해왔다. 이러한 이슬람의 경계적 역할과 이슬람법·관습에 대한 알제리 국민의 고집은 알제리인들의 프랑스화를 막는 보호장치의 기능을 했으며, 동시에 프랑스가 알제리인들에게 프랑스 시민권을 제한하는 구실로 작용하기도 했다. 그러나 다양한 집단이 혼재하는 알제리는 순수한 의미에서 아랍화되지도 못했다. 오히려 이러한 상황이 아랍어와 베르베르어를 사용하는 알제리 내 두 이질적인 무슬림 집단을 하나로 묶어 프랑스에 대항하게 하는 강력한 결속 요인이 되기도 했다.

그러나 독립 이후에는 집권당 FLN이 자신들의 민족주의 노선에 이슬람을 끌어들여 국가정책에 유리한 방향으로 이용하려 했다. 예를 들면, 1984년에 공표된 가족법은 이슬람의 관습을 어느 정도 반영한 것으로, 주요 도시에서 주류 판매를 금지하고, 금요일을 공휴일로 정하며, 학교에서 종교교육을 강조하고, 학교와 공공기관에서 아랍화 프로그램들을 추진해 나가는 것 등이 포함되었다. 알제리 정권은 아랍화를 더욱 강하게 추진하기 위해 이집트에서 교사들을 초빙해 왔는데, 그들 대부분은 무슬림형제단의 이념에 동조했고 그들의 직위를 이용해 알제리 사회에 이슬람의 이념을 적극적으로 퍼트리는 역할을 했다.

그러나 이슬람을 체제 내로 끌어들이려는 FLN 정부의 노력에도 불구하고 이슬람주의는 본질적으로 사회주의 노선과 궤를 같이할 수 없었으므로, 1970년 이후 이슬람이 알제리 정권에 전폭적인 지지를 보낼 수는 없었다. 특히 1980년대 후반 유가 하락과 오일 달러의 급격한 감소에 따른 경제 불황과 대량 실업은 중앙집권적인 사회주의 정부의 토대를 결정적으로 침식했고, 이슬람의 정치화 시도에 불을 지폈다. 이때 대통령 체들리 벤제디드(Chedli Benjedid, 1979~1992)는 반정부적인 이슬람 정치활동을 봉쇄하고 이슬람주의자들을 제도권 안으로 편입시키려고 시도했다.

지난 10여 년 동안 알제리는 군부의 후원을 받는 권위주의적인 정권과 강력한 반대파인 이슬람주의자들 사이의 대결에서 위기를 경험했다. 또 탄화수소 산업에 대한 지나친 경제적 의존, 알제리 통합의 장애로 작용해 온 아랍적 요소와 베르베르적 요소 사이의 충돌과 같은 문제들은 이 갈등을 더욱 복잡하게 만들었다.

4) 터키

(1) 이슬람주의자들의 집권과 종교운동 그룹

터키는 인구의 98%가 이슬람교를 믿고 있음에도 1923년에 공화국이 수립된 이후 줄곧 정교분리의 세속주의 원칙을 견지해 왔다. 아울러 서구식 민주주의를 도입해, 시장경제와 지방자치를 근간으로 평화적인 정권 교체를 이루어냈다. 나아가 NATO의 일원으로 EU 가입 협상을 시작하는 등 이슬람권 국가의 대표적인 서구화 모델로 평가받아 왔다.

그러나 1995년 12월의 터키 총선에서는 많은 중동 지역 전문가들의 예상을 깨고 이슬람을 정치 이념의 근간으로 표방하는 복지당(Refah Partisi)이 21.2%의 지지를 얻으면서 제1당으로 부상했고, 이어 복지당 당수 네즈메틴 에르바칸(Necmettin Erbakan)이 의회 신임투표에서 수상에 취임함으로써 터키 공화국 역사상 처음으로 이슬람을 표방하는 정당이 집권했다. 이런 충격이 채 가시기도 전인 2002년에는 에르바칸의 고답적이고 강경한 이슬람 노선에서 떨어져 나온 레젭 타입 에르도안(Recep Tayip Erdoğan)이 주도하는 정의발전당(Adalet Kalkınma Partisi: the Justice and Development Party)이 실용 노선과 개혁의 기치를 내세워 총선에서 압승함으로써 1950년 멘데레스의 민주당 단독 집권 이후, 이슬람을 표방하는 정당의 집권시대를 열었다. 2002년 총선 결과에서 보듯이 이들의 정치세력화는 이제 막후에서 영향력을 행사하는 단계를 지나 장기 집권의 단계로 들어섰다.[5)]

이는 터키 내 이슬람주의가 아랍중심주의에 입각한 보수적·전근대적

5) 이희수, 「터키 내 이슬람원리주의 종파의 정치세력화와 갈등구조 연구」, ≪한국이슬람학회논총≫, 제8집(1998), 47쪽.

인 개념을 털어버리고, 종교이념의 새로운 재해석 가능성을 내비쳤을 뿐만 아니라, 서구와의 대결이 아닌 공존과 상생을 최우선 정책 과제로 채택함으로써 서구의 우려와 경계를 푸는 데도 일정 부분 성공한 것으로 평가된다. 이러한 터키 신정권의 승부수는 EU 가입이라는 예상 밖의 강력한 드라이브로 시동을 걸었고, 강력한 국내 경제구조의 조정과 정치 개혁으로 그 성공 가능성을 더욱 밝게 해주고 있다.

터키는 여타 중동국가와는 다른 독특한 정치문화를 가지고 있다. 아타튀르크에 의한 공화국 성립 후 세속주의 진영의 아타튀르크주의 세력과 이슬람 진영의 보수주의 세력 간의 이념 대립 속에서, 군부의 강력한 지원을 받은 아타튀르크주의 세력이 국내 정치의 절대적 우위를 점해왔다. 그런데도 총선에서 이슬람계 정당들이 약진한 것은 공화국 수립 이후의 터키 정치사에서 매우 드문 예라 할 수 있다. 그 원인으로는 여러 가지가 있겠지만, 그간에 전개되어 온 이슬람 운동이 가장 중요한 역할을 했다고 본다.

현재 터키 내에는 수십 개의 이슬람 종파(tarikhat)가 지역성과 수피 지도자를 중심으로 신앙 공동체를 형성하면서, 터키 정치 막후에서 강력한 영향력을 행사하고 있다. 국민의 절대다수가 이슬람교도이므로, 특정 지역에서 특정 종교지도자를 중심으로 단합된 그들의 표는 기존 정치인들에게 피할 수 없는 협력과 반대급부의 대상이 되기 때문이다. 그중 몇몇 원리주의[6] 종파는 전국적인 대규모 종단의 형태를 갖추면서 조직적

---

6) 원리주의(fundamentalism)라는 용어는 1920년에 미국에서 과격한 기독교 복음주의자들의 극단적인 세속화 반대운동을 지칭하는 용어로 사용되었다. 원래 이슬람에는 이슬람원리주의 또는 근본주의라는 용어가 없음에도 불구하고, 1940년대 서구식 정치 질서와 세속주의에 반대하는 일체의 이슬람 운동을 자의적이며 악의적으로 해석한 서방 세계가 이슬람 세계에 대한 자신들의 부당한 침략을 정당화하기 위해 이슬람은 반문명적이고 비인도적이며 위험하다는 논리의 비약으로 확산시킨 용어이다. 따라서 이슬람원리주의 또는 근본주의라는 용어보다는 전통적, 관습적 이슬람의 모순을 자각하고 이를 바로잡기 위해 정통신학의 관점에서 이슬람의 교리와 율법,

인 정치세력화에 부심하고 있다. 현재 터키 내에서 가장 영향력이 큰 이슬람 그룹은 에르바칸 그룹, 누르주 그룹, 이흘라스 그룹 등이다. 이들 대부분은 오스만 제국 시대부터 성행했던 낙쉬반드 계열의 종교적 성향을 답습하고 있다.

(2) 낙쉬반디 그룹 중심의 터키 이슬람주의의 성격과 현황

오스만 제국의 기본적인 종교적 바탕을 이루었던 낙쉬반디 수피주의는 19세기 말~20세기 초 술탄 압둘 하미드의 범이슬람 운동(Pan-Islamism)을 고비로 일시적인 침체기를 경험했지만, 20세기에 들어 다시 활력을 되찾았다. 1923년 공화국이 탄생하는 혼란기에 등장한 낙쉬반드 계열의 뛰어난 두 지도자로는 베디유자만 사이드 누르시(Bediuzzaman Said Nursi, 1876~1960)와 셰이크 메흐메트 자히드 코트쿠(Sheikh Mehmet Zahid Kotku)가 있다. 동부 아나톨리아의 할리디 낙쉬반드 메드레세(신학교)에서 교육을 받은 사이드 누르시는 아나톨리아의 비트리스·히잔 지역에서 무제디디(Mujedidi) 낙쉬반드 이념의 신봉자가 되었다. 수많은 제자와 추종자를 얻은 사이드 누르시의 이슬람 운동은 종래 이스탄불 중심의 낙쉬반드 운동을 전국적으로 확산시키는 결정적인 계기가 되었다. 사이드 누르시는 한때 청년투르크당과 연계를 가지면서 직접적인 정치적 영향력 행사에 관심을 가졌으나, 그의 일관된 노선은 대중적 종교운동의 보급이었다. 그는 주로 서적을 통한 대중계몽과 교육을 통한 무슬림들의 사회적 지위

경전을 절대시하는 방향으로의 개혁을 추구한다는 이슬람 개혁주의(Islamic reformism) 또는 개혁운동이라 함이 더 타당하다. 이 같은 관점에서 이슬람권에서는, 서구의 세속적 가치 체계에 대항해서 사회의 모든 가치가 이슬람 중심으로 규정되어야 하며, 특히 종교와 정치가 통합되어야 한다는 이슬람의 신학적 관점에서 이슬람 정신과 교리에 입각한 새로운 질서를 창출하려는 일련의 움직임에 이슬람 부흥운동, 이슬람 개혁운동 또는 이슬람 운동이라는 용어가 사용되고 있다. 이경찬, 「말레이시아 이슬람 부흥운동의 정치적 함의」, ≪동남아시아연구≫, 제11권 봄호(2001), 55~56쪽.

향상에 주력했다.[7)]

이즈음 이스탄불을 중심으로 낙쉬반드 운동에 지대한 영향력을 끼친 또 다른 지도자는 할리디파의 셰이크 메흐메트 자히드 코트쿠였다. 1925년경에 공화국이 수립된 후, 이슬람 종단이 폐쇄되는 상황을 지켜본 코트쿠는 1952년 압둘 아지즈 베키네를 이어 이스탄불 낙쉬반드 종단의 새 지도자로 비밀리에 취임했다. 그의 공식적인 직함은 터키 종교청이 임명한 위뮤귤숨 모스크 이맘이었지만, 그는 1958년 이스켄데르 파샤 모스크 이맘으로 옮겨와 1980년 그곳에서 생을 마칠 때까지 이슬람 운동의 성장에 절대적인 공헌을 했다. 이스켄데르 파샤 모스크가 바로 오늘날 터키 낙쉬반드 운동의 실질적 산실이었고, 정치적 이념을 성숙시킨 곳이었다.[8)]

코트쿠는 할리디의 사회적 입장을 그대로 계승하면서, 젊은 인재들을 많이 모아 낙쉬반드의 선봉으로 정계를 비롯한 사회 여러 계층에 진출시켰고, 그들이 1970~1980년대 터키 정계의 핵심적인 역할을 담당했다. 가장 대표적인 인물이 바로 복지당 당수이자 터키 내 이슬람 정치의 상징이었던 네즈메틴 에르바칸이었다. 작고한 터키 전 대통령 외잘(Ozal)도 낙쉬반드에 매우 동조적이었으며, 그의 친형인 코르쿠트 외잘(Korkut Ozal), 가장 영향력 있는 이슬람 일간지 ≪자만≫의 발행인 메흐메트 쉐브케트(Mehmet Sevket) 등도 이스켄데르 파샤 모스크가 배출한 대표적인 낙쉬반드 정치인들이다. 그 외에도 수많은 교수, 실업인, 언론인, 정치인들이 터키 사회의 전 분야에서 낙쉬반드 이념의 신봉자로 활동하고 있다.

그 외 다른 주요한 낙쉬반드 조직으로는 발칸 쪽에서 진출해 터키 국내는 물론 독일에 있는 터키인 노동자 계층에 큰 영향력을 발휘하고 있는 슐레이만지 그룹이 있다. 낙쉬반드 분파로는 아흐라리예(Ahrariyye),

---

7) Serif Mardin, *Islam in Modern Turkey* (London: I. B. Tauris & Co., 1991), p.133.
8) 같은 책, p.133.

나지예(Naciyye), 카산니예(Kasaniyye), 무라디예(Muradiyye), 마즈하리예(Mazhariyye), 멜라니예이 누리예(Melamiyye-i Nuriyye), 자미예(Camiyye), 무제디예(Muceddidiyye), 할리디예(Halidiyye) 등이 있다.

정통 낙쉬반드 계열의 복지당 그룹은 현실 정치에 직접 참여하여 이슬람 정신에 충실한 국가를 건설하는 것을 목표로 삼고 있다. 따라서 모든 활동은 정치 중심적으로 조직되어 있으며 언론, 노조, 청년 조직, 국제 관계 등에 좀 더 많은 관심을 가지고 있다. 현실 정치 범주 속에 있기 때문에, 그들의 이슬람식 노선은 고착적이거나 불변적이라기보다는 군부와 당시 정치 환경의 변화에 따라 기민하게 대처하는 가변성을 띤다.

이에 비해 터키 내 최대 이슬람 운동 조직을 대변하는 누르주 그룹은 철저한 비정치를 표방하며, 교육기관을 통한 건전한 청소년 양성에 주력하고 있다. 직접적인 정치 참여는 상황을 돌변시켜 자칫 지금까지 쌓아온 조직과 이슬람 활동 자체를 와해시킬 수 있다는, 80년에 걸친 세속 터키 공화국 역사에서 얻은 교훈이 이러한 태도를 더욱 구체화시켰다. 그러면서도 전통적으로 민주당 계열의 정치집단을 지원하면서 자유로운 이슬람 활동을 보장받고 있다.

언론·사업·출판의 조화를 통해 실리를 얻으며, 약간은 기회주의적인 정치 성향을 보여온 이흘라스 그룹은 직접적인 정치 참여보다는 주로 집권당 내의 이슬람주의자들이나 온건 세속주의자들을 지지하고 있다. 특히 1983년 모국당 집권을 계기로 경제 투자와 기업 경영에 참여해 자본의 축적을 통한 정치력 증대를 꾀한다. 이들은 현재도 모국당 성향의 온건론자들을 지지하면서, 그들의 정치적 진출을 후원하고 있다. 집권당 지지 성향을 보여온 이흘라스 노선으로 미루어볼 때, 복지당에 대한 그들의 지지는 전보다 훨씬 강화될 전망이다.

한편 터키 내에는, 대중적 지지 기반은 크지 않지만 나름대로 활약하는 급진 이슬람 운동이 존재한다. 과거 무장 폭력에 의존해 왔던 히즈발라 일림파, 대동부이슬람전사전선, 이슬람청년 같은 일부 급진주의 그룹은 제도권 밖에 있으면서 기존 세력들과 타협하지 않고 급진 노선을 계속 견지해 나가려 한다. 또 다른 급진 그룹의 상당수는 합법적인 수단을 동원해서 정치권력을 획득하려고 노력하고 있다. 1997년 2월 국가안전보장회의 이후 이슬람의 정치화에 대한 국가의 강력 대응으로 일부는 사실상 정치 일선에서 후퇴하기 시작했다. 앞으로 이들은 적절한 시기에 종교적 사회를 창조할 목적으로, 개인을 목표로 삼아 이슬람 교육과 문화활동을 통해 이슬람 운동을 전개해 나갈 것이다. 세 번째 제도권 내로 진입한 급진주의 그룹은 정강정책을 수정하고 좀 더 실용적인 노선을 채택해 인권과 보편적 민주 규범을 중시하는 서구의 관념을 받아들이면서 기존의 정치권 내에서 활동해 나갈 것이다.

4. 결론과 전망

지금 터키는 서구 유럽의 일원이 되려는 열망 못지않게 사회 내부가 안고 있는 뿌리 깊은 이슬람 종교성을 어떻게 제도화시키고 순기능을 하도록 할 것인가의 문제로 고민하고 있다. 이러한 고민의 뿌리에는 또 다른 도그마에 빠진 세속화의 이데올로기화 문제를 어떻게 해결할 것인가 하는 딜레마가 존재한다. 통상적인 개방사회와 서구적 가치 기준으로 용인되어야 할 종교적 자유가 오히려 편협한 세속주의의 희생이 되면서 억압받는 왜곡된 상황이 그것이다. 자유로운 종교집회나 차도르 문제 등이 그 대표적인 예라고 할 수 있다. 터키인들의 의식 수준도 향상되어 차도르를 정치적 이슈보다는 단순한 종교적 가치로 보자는 공감대가 확산되고 있다. 그래서 최근 차도르 문제를 포함해서 2000년 6월 이후 대학에서 제적당한 67만 7,000명의 복적을 추진하는 대사면

법안이 국회에서 논의 중이다. 이슬람이 더 이상 국가 발전의 걸림돌이나 서구화의 부정적 요소가 아닌 지구촌의 보편적인 가치 틀로 자리 잡을 수 있다는 확신이 퍼져가고 있다. 정의발전당의 단독 집권과, EU 가입 협상을 통해 구체적이고 심도 있게 이루어지고 있는 이슬람 내부개혁 논의가 이러한 가능성을 한층 더 밝게 해준다.

이슬람의 가치는 하나지만, 그것을 구체적으로 삶에 연결시키고 재해석하는 과정을 통해 새로운 이슬람 문화를 창출하고 발전시키는 적응 전략은 나라마다 다르다. 이런 점에서 이슬람의 가치와 무슬림 국가사회의 가치는 서로 다른 것이다. 따라서 14억 명, 57개국에 달하는 무슬림 사회 이슬람의 모습은 다양한 스펙트럼을 형성한다. 아프가니스탄 탈레반의 극악한 여성 탄압이나 여성 운전 허용 여부로 15년간 소모적 논쟁을 벌이고 있는 사우디아라비아에 초점을 맞추면 이슬람은 너무나 전근대적이고 야만스러운 모습으로 보인다. 반면 사형제와 간통제까지 폐지하고, 결혼하면 남편이 아내의 성을 따를 수도 있는 법령을 가진 터키의 무슬림 사회를 들여다보면, 우리나라는 물론 어떤 서구사회보다 더 개혁적이고 진보적인 이슬람을 가졌다는 생각이 들 것이다.

마찬가지로 북아프리카 이슬람 사회의 종교운동도 나라마다 고유한 문화나 정치적 환경에 의해 다양한 모습을 띠고, 경제적 요소나 주변 상황 변화에 따라 예측할 수 없는 다양한 변화를 거듭할 것이다. 이것이 글로벌 시대 이슬람 공동체가 안고 있는 공통의 문제일지도 모른다.

결국 북아프리카 이슬람 운동은 프랑스와 서구에 대항한 식민지 해방 투쟁으로 단단하게 결속되었다. 그렇지만 아이러니하게도 이슬람의 귀중한 유산을 이용해 국민 통합을 이루고 독립을 쟁취한 이후, 바로 그 정치세력들이 독재적이고 전제적인 국가 권력을 독점함으로써, 이슬람 운동은 그들의 지도자를 몰아내기 위한 투쟁으로 모습을 바꾸었다. 서구와 똑같이 폭압적이었던 독립 이후 북아프리카 왕정들이 모로코를 제외하고 줄줄이 붕괴된 것도 이런 맥락에서 이해할 수 있다. 모로코가 왕정을 유지할 수 있는 것은 세속적인 왕권과 이슬람 정통주의 사상을 절묘하게 결합한 신정체제의 외관을 갖추고 있기 때문이다. 사우디아라비아의 왕정이 '메카와 메디나라는 두 이슬람 성지의 수호자'라는 명분을 내걸고 왕정과 이슬람 정통성을 연계해서 그 권위를 유지하려 하는 것과 마찬가지로, 모로코 왕도 공식적으로 '전 세계 이슬람 신자들의 사령관'이라는 역사적 칭호를 전면에 내세운다. 즉, 세속적인 왕정이 이슬람주의자들과 맞서기보다는 그들을 끌어안아 '이슬람 왕정'이라는 모호한 형태를 유지하는 것이다.

그러나 모로코를 제외한, 대다수 북아프리카 국가에서는 왕정 붕괴 이후 하나같이 쿠데타를 통한 군부 세속 정권이 또 다른 독재 권력을 행사하고 있다. 이제 이슬람 운동은 이런 군부독재와 세속 정권을 향해 총부리를 겨눈다. 알제리처럼 일부 국가에서는 처절한 피의 투쟁을 수반하고 더러는 가혹한 혼란과 시련을 경험하면서 쇠퇴한 북아프리카 이슬람 운동은, 세계화의 급격한 변화에 따라 새로운 활로를 모색하고 있다.

최근 급진적 양상을 보여왔던 알제리가 안정을 되찾으면서 종래의 사회주의 노선을 버리고 친미적인 방향으로 돌아서고 있고, 강력한 반미 노선을 고집하던 리비아의 가다피 정권마저 미국과의 관계 개선에 적극적이어서, 이미 친서방화된 모로코와 튀니지까지 연결하는 강력한 친미 벨트가 북아프리카에서 형성되고 있다. 이것은 이슬람 종교운동의 측면에서 두 가지 변화를 예고한다. 첫째는 이슬람이 온건한 세속주의의 대세를 타고 정치적 종교운동에서 탈피해 삶의 질에 관심을 갖고 글로벌 흐름을 통찰하는 문화운동으로 큰 방향을 잡아갈 가능성이 엿보인다는 것이다. 둘째는 이 지역에 미국의 영향력이 확대되는 것과 관련해 소수의 이슬람 저항운동이 무장투쟁을 더욱 강화할 가능성도 배제할 수 없다는 것이다. 결국 급진적 이슬람 저항운동은 미국과 서구, 그리고 그들이 서방세계의 이익대변자로 지목한 자국 정권의 부정부패, 경제적 파탄, 청년 실업과 같은 만성적인 사회적 불안이 해소되지 않는 한 사라지지 않을 것이다. 이런 면에서 중동 지역에서 일고 있는 민주화와 여권신장, 경제개혁과 사회 투명성 고조 분위기는 이슬람 운동이 순기능을 하는 데 촉진제가 될 것으로 보인다. 그러나 여기에는 한 가지 커다란 전제 조건이 따른다. 북아프리카 이슬람 국가의 민주화에 가장 큰 걸림돌도 서구와 미국이었다는 엄연한 현실에서, 그들의 정책변화가 함께 따라야 한다. 자국 이익 극대화를 위해 독재 정권을 양성하고 아무리 민주적 절차와 대중의 요구가 반영된 것이라도 반미적 성향을 띠게 되면 가차 없이 독재 정권을 지원해 그 싹을 잘라버리는 미국의 정책이 바뀌지 않는 한, 이슬람 급진운동은 사라지지 않을 것이다.

이런 점에서 이슬람과 서구가 대결이 아닌 공존과 협력을 통해 공생하려는 시도는 없을까? 2005년 10월 3일로 시작된 터키의 EU 가입은 이러한 가능성의 시험대가 될 수 있을 것이다. 전통적으로 국민의 99%가 이슬람을 믿고 있는 터키가 기독교 문화 공동체인 유럽연합의 일원이 될 수 있겠느냐는 의문이 주로 터키 내 이슬람 종교그룹들의 생각이었다. 그런데 단독집권에 성공한 정의발전당이 강력하게 유럽연합 가입을 밀어붙이면서 새로운 변화가 일어나고 있다. 물론 터키가 유럽연합에 가입하기까지는 오랜 세월이 걸릴 것이다. 터키가 유럽연합 헌법이 규정하는 32개 기준을 충족하기 위해서는 넘어야 할 산이 많기 때문이다.[9] 그뿐만 아니라 이슬람에 대한 뿌리 깊은 적대감과 두려움을 갖고 있는 유럽 대중들의 인식 변화도 전제 조건이 된다. 그러나 유럽은 안보 비용과 실질적인 경제협력, 인적 자원의 확보라는 측면에서 강력하게 터키를 필요로 한다. 이런 상황에서 터키 내 이슬람주의자들의 최근 담론은 매우 의미심장한

9) 이희수, 2005.4.11. “유럽행 둘러싼 터키의 고뇌: 문명공존 시험대 될 유럽가족 가입”, ≪한겨레신문≫, A10면.

변화를 예고하고 있다. 이슬람 국가인 터키가 유럽 기독교 공동체에 통합됨으로써 이슬람과 기독교가 공생할 수 있는 글로벌 모델을 제시할 수 있을 것이고, 이를 통해 갈등과 투쟁의 역사를 접고 두 문화권이 새로운 세계화의 희망으로 거듭나리라는 확신이다. 지금 이슬람과 이슬람 운동은 근본적으로 변화하고 있다.

참고문헌

1. 국내문헌

1) 단행본

21세기 중동이슬람문명권 연구사업단. 2004.『중동종교운동의 이해 1』. 파주: 한울.

21세기 중동이슬람문명권 연구사업단. 2005.『중동종교운동의 이해 2』. 파주: 한울.

깁, 해밀튼(Hamilton A. R. Gibb). 1993.『이슬람: 그 역사적 고찰』. 이희수·최준식 공역. 서울: 문덕사.

2) 논문

발라만, 알리 리자(Ali Riza Balaman). 1995.「세속 터키 국가와 이슬람화 운동」. ≪한국이슬람학회논총≫, 제5집.

손주영. 2004.「살라피야 이슬람 부흥운동」. 21세기 중동이슬람문명권 연구사업단 엮음.『중동종교운동의 이해 1』. 파주: 한울.

이경찬. 2001.「말레이시아 이슬람부흥운동의 정치적 함의」. ≪동남아시아연구≫, 제11권 봄호.

이원삼. 2004.「세계화와 이슬람」. 21세기 중동이슬람문명권 연구사업단 엮음.『중동종교운동의 이해 1』. 파주: 한울.

이희수. 1998.「터키 내 이슬람원리주의 종파의 정치세력화와 갈등구조 연구」.≪한국이슬람학회논총≫, 제8집.

3) 기타 자료

이희수. 2005.4.11. "유럽행 둘러싼 터키의 고뇌: 문명공존 시험대 될 유럽가족 가입". ≪한겨레신문≫, A10면.

2. 외국문헌

1) 단행본

Chakir, Rusen. 1994. *Ne Seriat Nr Democras*. Istanbul: Siyahbeyaz.

Erbakan, Necmettin. 1991. *Adil Ekonomik Duzen*. Ankara.

______. 1991. *The Just Economic System*. Ankara.

______. 1995. *Refah Partisinin Buyuk Zaferi*. Ankara.

Esposito, John. 2003. *Turkish Islam and The Secular State*. New York: Syracus Press.

Kayani, Muhammad Khan. 1996. *Islamist Prime Minister of Turkey and His Political Thought*. Istanbul: Ummah.

2) 논문

Maddy-Weitzman, Bruce and Meir Litvak. 2003. "Islamism and the State in North Africa." *Revolutionaries and Reformers*. New York: State University of New York Press.

Mardin, Serif. 1991. "The Nakshibendi Order in Turkish History." in R. Tapper(ed). *Islam in Modern Turkey*. London: I. B. Tauris & Co.

Massignan, Louis. 1984. "Tarikat." *Islam Ansiklopedisi*, Vol.12, No.1.

Turan, Ilter. 1991. "Religion and Political Culture in Turket." in R. Tapper(ed). *Islam in Modern Turkey*. London: I. B. Tauris & Co.

Yazici, Tahsin. 1974. "Nakshiband." *Islam Ansiklopedisi*, Vol.19.

제2장

이집트 종교운동의 현황과 전망

장병옥

1. 서론

이집트는 지정학적으로 중동 이슬람 문화권으로 들어가는 첫 관문이고, 석유의 보고 페르시아 만과 인접해 있으며, 아랍·이스라엘 간의 평화회담에 중요한 역할을 담당하고 있는 국가이다. 또한 이집트는 아랍 무슬림 세계의 지도적 국가로서 국경을 넘어 중동 여러 인접 국가에 정치적·종교적으로 상당한 영향을 끼쳐왔다. 이집트는 어느 정도 종교와 사회를 분리해 정치 제도권 안에서 이슬람을 통제하는 무슬림 국가로서, 위기 상황에서 이슬람을 정치적으로 이용해 국민 단결을 호소한다. 이집트는 세속주의 국가이면서도 무슬림 국가이기 때문에 사회규범으로서 이슬람의 가치를 중요시한다.

영국의 식민지인 이집트가 형식상으로 독립한 때는 1922년이다. 그러나 수에즈 운하 지역에는 대영제국 소유의 재산을 지킨다는 명목으로 영국군이 주둔하고 있었다. 이스마일리아 지방은 수에즈 지역 내 영국군의 중심 주둔지였다. 따라서 이집트인들은, 이스마일리아는 영국의 지배를 받는 유럽의 한 기지로서 이집트 정치·경제·문화의 정체성을 위협하고 이교인 서구 기독교 문화로 오염된 지역이라고 생각했다. 이집트 지식층은 카이로에서 추방당한 자말 알 딘 알 아프가니(Jamal al-Din al-Afgani, 1838~1897)의 범이슬람주의 사상[1)]에 크게 영향을 받았다. 아프가니 추종자 중에는 무함마드 압두(Muhammad Abduh, 1849~1949), 사드 자글룰(Saad Zaghlul) 같은 민족주의자들이 있었다. 이슬람은 아랍 역사와 아랍 문명의 주요한 근본이 되며, 자기 자신을 아랍민족주의자라고 부르는 사람은 누구나 이슬람과 무슬림의 위업에 대해 자부심을 갖게 된다.

역사적으로 이슬람 부흥은 위기 시에 주기적인 성향을 띠고 나타난다. 카리스마적인 지도자들이 등장해 무슬림의 정체성과 열정을 다시 불러일으키며, 변질되고 타락한 종교관행으로부터 신앙을 정화하고, 신성한 예언자 무함마드 시대(Prophet Muhammad's Day)의 순수한 이슬람으로 복귀시키려고 시도한다. 이슬람 부흥의 지도자들은 매 세기 초에 약속된 신앙의 갱신자로서 또는 정의와 평화의 최후 왕국을 건설하기 위해 종말에 신이 보낸 전도사로서 나타난다.

이집트에는 이슬람 정책에 영향을 주는 두 가지 정치적 요소가 있다. 그 하나는 알 아즈하르 조직이며, 다른 하나는 국가가 불법단체로 규정해 강제로 해산시켰으나 국민의 폭넓은 지지를 받고 있는 무슬림형제단이다. 이집트의 정치·종교·문화는 역사적으로 이슬람을 기반으로 하고 있는 알 아즈하르와 무슬림형제단을 중심으로 발전해 왔다. 무슬림형제단은 정부의 정치적 경합세력으로서 경계의 대상이 되고 있는 반면, 알 아즈하르는 이집트 국민의 정치종교화를 위한 이슬람 교육 중심지로서 특별한 지위를 인정받고 있다.

---

1) 영국이 이집트를 점령하기 10여 년 전 아프가니는 카이로의 역사 깊은 알 아즈하르 이슬람 대학에서 강의하고 있었다. 그의 사상은 이집트의 젊은 지식인들, 특히 무함마드 압두(1849~1905)에게 많은 영향을 끼쳤다. 압두의 개혁주의 노선은 그의 제자 무함마드 라쉬드 리다(1865~1935)에 의해 더욱 원리주의적 성향으로 방향을 전환했다.

1970년대에 이집트에서는 주요한 이슬람 급진단체 2개가 등장했는데, 하나는 타크피르 왈 히즈라(Society of Muslim: 무슬림의 사회)이고, 다른 하나는 자마아 알 지하드(Society of Struggle: 투쟁의 사회)이다. 이 두 조직은 세력을 얻는 데 완전히 다른 이데올로기와 전략을 채택했다. 타크피르는 소극적·분리적·메시아적 이데올로기를 채택했다. 이 단체는 자신의 힘이 어느 특정 수준에 이르는 미래의 확실한 시점까지는 국가와의 전면 대결을 유보했다. 반면 알 지하드는 행동주의적·투쟁주의적 이데올로기를 채택했으며 즉각적이고 폭력적인 수단으로 정부에 대항했다.

이스라엘과 팔레스타인의 분쟁으로 제3의 이슬람 성지 예루살렘이 유대인의 수중에 들어가고, 1991년 걸프전에서 미국과 영국을 위시한 기독교 군대가 아랍·이라크군을 패배시켰다는 것은 극단적인 이슬람 호전주의자들을 더욱 과격화하는 촉매가 되었다. 이러한 연장선상에서 이집트 베테랑 이슬람주의자들이 2001년에 9·11 테러를 일으킨 알 카에다 조직의 초기 멤버 대부분을 구성했던 것이다. 이 조직의 제2인자인 자와히리 역시 이집트 출신으로, 오사마 빈 라덴과 마찬가지로 2004년 11월초 알 자지라 방송을 통해 대미 항전을 촉구하며 미국에 더 큰 테러를 가할 것이라고 위협한 바 있다. 이집트를 위시한 이슬람 세계는, 이슬람의 성역인 아라비아 반도가 서구 이교도 군대의 군홧발에 짓밟혔다는 반서구적인 감정으로 이슬람원리주의 운동이 더욱 크게 지배하는 환경이 되었다.

현대 이슬람원리주의 이념과 그 운동의 진원지는 이집트 무슬림형제단이라고 할 수 있다. 이러한 이슬람원리주의 운동은 대부분의 주변 아랍 이슬람 국가들로 전파되었고, 이에 따라 무슬림형제단 지부 성격의 단체가 같은 이름으로 결성되어 지금까지 활성화되고 있다. 따라서 중동 각국의 이슬람원리주의, 특히 수니파의 이슬람원리주의를 이해하기 위해서는 대표적인 아랍 무슬림 국가인 이집트의 이슬람원리주의를 먼저 이해해야 한다. 실제로 무슬림형제단의 이슬람 부흥운동과 그 영향, 타크피르와 알 지하드 같은 급진주의 단체의 이슬람원리주의 운동, 알 아즈하르 정책을 통한 정부와 국민의 통합을 깊이 연구하지 않고는, 현대 이집트 이슬람원리주의뿐만 아니라 세계 수니 무슬림 국가들의 이슬람 운동을 이해할 수 없다.

2. 이집트의 정치현황과 종교현황

1) 이집트의 정치·종교 이중 구조 환경과 이슬람

이집트는 비잔틴 제국의 영토였지만 이슬람으로 개종하면서 수세기 동안 북지중해 기독교 국가들과의 관계를 단절했다. 따라서 이집트의 정체성은 파티마조라는 이슬람에서 그 뿌리를 찾을 수밖에 없다. 이집트는 역사적으로 기독교 문화인 비잔틴 제국의 문화를 가지고 있었으나 7세기에 이슬람 국가로 개종하면서부터 토착 기독교 문화와 이슬람 문화가 무슬림 사회에 공존하고 있다.

이집트 무슬림은 콥트 기독교인의 존재로 이슬람의 정체성을 더욱 강화할 수밖에 없었다. 이집트 정부는 샤리아, 즉 이슬람법 정신에 의한 이슬람의 금기 사항을 무슬림뿐만 아니라 콥트 기독교인에게도 똑같이 적용시킨다. 예를 들면 공공장소에서의 주류 판매 금지는 콥트인들에게도 해당된다. 게다가 무슬림의 인구 증가와 이동으로 콥트 지역이 점차 무슬림 지역으로 변하고 있다. 콥트인들이 기독교 문화권인 미국, 캐나다, 서유럽, 오스트레일리아 등으로 대거 이주하는 것도 콥트 지역이 점차 이슬람화되는 환경 변화 때문이다. 남아있는 콥트인은 생존하기 위해 이슬람 국가에서 무슬림과의 충돌을 피할 수가 없게 되었다.[2)]

이슬람 극단주의자들은 '악의 척결'이라는 이름하에 콥트 기독교인들의 병원과 교회를 불사르고 약탈하며 공격했다.[3] 1911년 아슈트 지역에서 개최된 콥트 기독교 의회는 중부 이집트를 분리해 그곳에 기독교 국가를 창설하는 방안을 제기한 적이 있었다.

제1차 세계대전이 끝날 무렵, 많은 이집트인들은 영국이 이집트의 독립을 인정해 줄 것으로 믿었다. 그러나 1918년 11월 저명한 비종교적 민족주의자인 자글룰이 파리 평화회담에 이집트의 독립을 위한 탄원서를 제출하자, 영국은 이에 대한 보복으로 1919년에 그와 또 다른 두 명의 민족주의 지도자를 체포해 말타로 추방했다. 자글룰을 추방함으로써 무슬림뿐만 아니라 콥트 기독교인 등 모든 이집트인들이 참여했던 데모, 파업, 폭동은 더욱 악화되었다. 일련의 민족주의 봉기로 영국은 결국 1922년에 명목상 이집트의 독립을 인정했으나, 실제 권한은 여전히 영국의 손안에 있었다. 1919년 소요에 참가했던 대학생들 중에는 무슬림형제단의 창설자인 하산 알 반나(Hasan al-Banna, 1906~1949)도 있었다.

두 차례의 세계대전 동안 이집트는 정치·경제·사회·이념적 갈등과 분쟁의 중심지였다. 그 하나는 이집트 민족주의였고, 다른 하나는 이슬람 개혁운동이었다. 이러한 두 운동과 연관성이 있는 군주, 영국, 민족주의 와프드(wafd) 당으로 대표되는 세 주체[4]가 한창 주도권 다툼을 벌이고

---

2) Ibrahim M. Oweiss(ed.), *Egypt* (Washington DC: Georgetown University, 1990), p.265.

3) 미국 콥트 협회는 콥트 교도가 이집트 전체 인구 7,000만 명 가운데 약 15~20%인 1,000~1,400만 명에 이르는 것으로 추산하고 있다. 이집트 정부는 그 수를 훨씬 적게 축소하여, 공식 통계에 따르면 전체 콥트 신자 수는 약 200만 명에 불과하다. 2004년 12월 미국 콥트 협회는 이집트 무슬림들이 종종 콥트 교도들을 공격하고 교회에 방화하거나 납치, 강간, 개종 강요 같은 범죄를 자행하고 있다며 부시 대통령의 개입을 촉구했다. 실제로 이집트 남부 지방에서는 과격파 무슬림들의 습격으로 콥트 교회가 불타고 신도들이 살해되는 등 종교분쟁이 빈발하고 있다.

4) 1923년에서 1952년 사이에 이집트에서 열일곱 번의 총선이 있었고 모두 와프드(wafd) 당이 승리했으나, 이 당이 집권한 것은 다섯 차례에 불과했다. 와프드 당은 영국이나

있었던 위기 상황 속에서 알 반나는 이슬람 원리로의 회귀를 주창했다. 이것이 바로 이집트 이슬람원리주의 운동의 시작이라 할 수 있다. 그의 주장은 이슬람 역사 초기 부흥운동의 이념과 직접적으로 연관되어 있었다. 그는 20세기 수니 이슬람 부흥주의의 화신으로, 복잡한 이슬람의 교리를 사회적 행동논리로 해석해 대중적 지지를 이끌어낼 수 있었던 탁월한 이슬람주의자였다. 알 반나는 코란과 하디스에만 의존하는 원리주의자로, 이슬람 역사에 등장한 무슬림 이론가와 행동주의자 등 주로 이슬람 원리주의 주창자들에 의해 정립된 사상과 행동을 귀감으로 삼았다.

나세르의 혁명 철학이나 이집트 헌법에는 이집트는 이슬람 국가라고 명시되어 있다. 그러나 이집트는 이슬람 종교국가는 아니다. 이집트의 근대화 정책은 자국 내에서 알 아즈하르 울라마나 무슬림형제단 같은 이슬람주의 종교지도자들에 의해 비난을 받아왔으며, 사우디아라비아 같은 이슬람 국가들은 근대화라는 명목하에 이집트 사회가 유럽과 같이 세속화되는 것을 반대하고 있다. 무슬림은 이집트 사회문제를 한 국가의 문제가 아니라 전 세계 무슬림 사회의 동일한 문제로 보기 때문이다.

1961년 나세르의 개정헌법은 아랍의 단결과 사회주의 정책에 더 큰 관심을 두고 있으며, 이슬람에 대해서는 개혁적인 의미의 통제 방법으로써 종교계 재편을 단행했다. 1971년 사다트의 개정헌법은 샤리아를 모든 법의 기본으로 삼는다는 이슬람 정신을 강조하고 있지만 종교국가와 같은 구체적인 개념을 뜻하는 것이 아니라 세속화 정책과 이슬람 정책을 조정하고 조화시키는 것에 더 큰 의미를 두고 있다. 이는 이집트가 종교국가가 아닌 세속화 과정의 민족국가 건설에 정치적 목적을 두고 있기 때문이다.

정부는 과거 관광산업을 위해 관광업소에서 외국인과 내국인에 관계없

이집트 군주에 의해 강제로 물러나는 것이 보통이었다. 그러므로 무슬림이 (종교가 사적 영역으로 물러난) 민주적인 근대 민족국가를 세우기는 어려웠다.

이 주류 판매를 허용했으나, 현재는 모든 이집트인에게 주류판매를 금하고 있다. 또한 공공장소에서의 음주와 음란 비디오·영화 상영이 금지되고, 전통 이슬람 복장 착용이 권장된다. 상업 행위에서도 고리대금업이나 이자를 취하는 행위, 투자 계약과 같은 보험업종은 금기시된다. 이와 같은 여러 금지 내용은 정부의 이슬람 정책에 의해 시행되고 있다.

여러 가지 이유 때문에 1970년대 이집트와 무슬림 세계에서 급진단체가 증가했다. 초기 무슬림형제단의 탄생과 마찬가지로, 현대화의 영향에 대한 대응, 서구의 침략, 국가 지도자들의 실정, 경제·사회적 단절의 총체적 문제 등이 여기에 포함된다. 이 때문에 정체성에 혼란이 야기되자 진실성을 추구하는 움직임이 생겨났다. 강력한 아랍민족주의로 무장하고 군사적 지지를 받는 정권의 극심한 탄압하에서는, 종교양식 외에 다른 투쟁의 통로가 없었다. 또한 석유 호황으로 사우디아라비아의 위상이 높아지고 상당액의 재정 지원이 이루어지면서 이슬람 호전주의 단체들은 더욱 급성장하게 되었다. 1979년 이란 혁명뿐만 아니라 1973년 이스라엘과의 전쟁과 그에 수반된 (아랍 이슬람의 단결된 힘을 보여주는) 서구 국가에 대한 석유금수조치는 급진주의 열정을 더욱 부채질했다.

역설적으로 이집트의 국가 통치 기능 또한 이러한 추세에 한몫했다. 사다트 대통령은 나세르 추종자로 구성된 전문 직업단체 및 학생단체들에 대한 대항세력으로서 자마아 이슬라미야(Jama'ah Islmaiyya)와 같은 이슬람 단체의 발전을 장려했다. 이 단체들은 경제 위기와, 학생 수를 비롯한 전체 인구의 증가로 정부의 서비스 기능이 마비되었을 때, 교육·사회서비스의 네트워크를 통해 영향력을 확대했다. 이집트 내에서 특히 이슬람 병원은 '이슬람 노선'에 따라 사회복지 서비스 네트워크를 확립해 빈곤한 무슬림들에게 의료 시혜를 베풀어줌으로써 그들의 지지를 받고 있는 온건한 이슬람 운동의 좋은 본보기가 되고 있다.

이슬람 사회단체들은 사회복지 혜택뿐만 아니라 정체성과 활동 공간으로서의 공동체를 제공하면서 혁명적 급진주의자들을 충원하는 온상이 되었다. 1970년대에 나타난 두드러진 현상은 독립 사설 모스크, 즉 이슬람 성원(聖院)의 급격한 증가이다. 모스크는 정부의 통제를 받지 않고 호전적 행동주의자와 신입 회원들에게 안전한 만남의 장소를 제공했다.

이집트는 1970년 헌법에서 다당제를 허용했지만 과격한 이슬람원리주의 세력을 경계하기 위해 1979년 개정헌법에서 종교정당의 정치 참여를 금지시켰다. 당시 폭넓은 국민의 지지를 받고 있었던 무슬림형제단은 1981년 사다트 암살사건으로 인해 불법 정당으로 규정되어 선거운동에 참여할 수 없었다. 그러나 정부는 1983년 선거법에서 완전 다당제를 허용하는 동시에 무소속 출마제도를 폐지했는데, 이는 이슬람원리주의자들의 테러 행위를 방지하기 위해 이슬람 정당을 허용한 것이다. 현재 무슬림형제단은 좀 더 온건한 방법으로 정치 제도권에 접근해 정치에 참여하고 있다. 그러나 이집트 정부는 무슬림형제단을 불법단체로 규정해 강력한 정당으로 발전하는 것을 철저히 막고 있다.

1990년대 이집트는 역사상 가장 혼란스러운 이슬람원리주의 환경에 처해 있었다. 자마아 이슬라미야나 알 지하드 같은 이슬람원리주의 세력은 도시 빈민 거주지에서 이슬람 무장폭동을 일으켰다. 한편 1992년 10월 카이로에서 지진이 발생하자 무슬림형제단은 정부보다 훨씬 더 효율적인 사회 서비스를 제공했다. 무슬림형제단은 지진으로 집을 잃은 5만 명의 난민들에게 '이슬람이 해결책이다'라는 문구가 새겨진 텐트를 분배해 주기도 했다.

1977년 이후 대학 캠퍼스에서 학생들을 대상으로 하여 공개적으로 의식화해 왔던 옛 전략은 이제 대도시 외곽의 극빈층 지역에 이슬람주의를 은밀히 전파하는 것으로 바뀌었다. 이러한 대도시로는 북부 이집트 도시를 포함한 카이로, 알렉산드리아, 아슈트, 미니아 등이 있다. 1992년 이슬람 급진주의자들은 저명한 세속주의 인사들을 암살하고 관광객들을 살해하며 나일 강 계곡의 가장 빈곤한 지역에 침투해 자칭 '엠바바 이슬람 공화국'을 선포함으로써 그들의 목표를 드러내 보였다. 엠바바와 그 지역의 슬럼가는 이슬람 설교자들을 위한 비옥한 온상이라기보다는 도피처로서 더 유용한 지역이었다. 1992년 11월 하순, 자마아 이슬라미야의 군사지도자 셰이크 게이버는 로이터 뉴스 기자에게 "엠바바는 샤리아를 주요한 법으로 하는 이슬람 공화국이 되었다"라고 자랑스럽게 말했다.[5)]

1991년 걸프전과 2003년 미국의 이라크 침공 이후 아랍 세계의 이슬람 원리주의 환경은 이집트 사회가 좀 더 이슬람적인 색채를 띠도록 만들었다. 이집트의 활성화된 이슬람 환경에서, 원리주의자들은 정부의 이슬람 정책에 대해 정치적 압력을 가하는 수단으로 테러와 폭력을 이용하고 있다.

2) 이집트의 이슬람 교육과 정치문화

이집트 정치문화의 요소를 연구하기 위해, 사상적 도구의 주요한 하부조직으로서, 상위의 정치문화를 이해하는 열쇠로서 교육정책과 제도를 살펴보려고 한다. 교육은 잘 훈련된 인격체를 양성하는 기능을 할 뿐만 아니라 사회화에도 중요한 기능을 한다. 여기에 더해, 최근 정치사회학자들은 교육의 정치·사상적 측면에 더 많이 주목하고 있다. 제3세계에서 교육기관의 영향력은 군사력 다음으로 크기 때문에, 그러한 국가들의 정치력 행사에서 주요한 기능을 한다. 교육은 국가에 복종하는 시스템으로서 국가 체제에 정통성을 부여하는 도구로 사용된다. 이러한 맥락에서 교육은 이데올로기 범주에 들어간다.[6)]

---

5) Gilles Kepel, *Jihad: The Trail of Political Islam* (Cambridge: The Belknap Press of Harvard University Press, 2002), p.291.

6) 장병옥, 『현대이란정치』(서울: 한국외국어대학교출판부, 2004), 143쪽.

이집트의 정치종교 문화는 역사적으로 이슬람을 기반으로 하고 있는 알 아즈하르와 무슬림형제단을 중심으로 발전해 왔다. 무슬림형제단은 정치적 경합세력으로서 경계의 대상이 되고 있는 반면, 알 아즈하르는 국민의 이슬람 교육 중심지로 특별한 지위를 인정받는다. 1961년 신헌법 제103호 2조는, 알 아즈하르는 모든 국민에게 이슬람의 의무를 가르치는 것이라고 규정하고 있다. 이는 알 아즈하르가 국민의 정신교육을 담당하는 무슬림의 중추기관이라는 뜻이다. 알 아즈하르는 이슬람 교육과 선교활동을 목적으로 설립한 교육기관이다. 이집트 정부는 신헌법에 의해 알 아즈하르 종교기구를 재편하여 대통령 직속기구로 만들고, 종교성인 아우카프(Auqaf)를 신설해 모든 모스크를 등록시키고 통제·감독했다. 이슬람 교육은 알 아즈하르를 통해 특별한 편제에 따라 실시된다. 가장 특징적인 것은 이슬람 전통에 따라 남녀 분리 교육을 시키고 있다는 것이다. 그리고 이슬람 대학 내의 일반 대학은 1년의 종교교육을 의무로 규정하고 있다. 이집트 정부는 1961년 개정헌법 제103호에 의해 알 아즈하르 기구를 대학 중심의 이슬람 교육기관으로 재편성했다.

이집트 정부는 알 아즈하르 교육기관을 대통령 직속으로 두고 대통령이 이슬람의 정치 지도자인 (기독교의 대주교와 같은 지위에 있는) 그랜드 셰이크를 직접 임명함으로써 알 아즈하르를 정치적으로 통제하고 있다. 또한 정부는 알 아즈하르에 재정적 지원을 함으로써 그랜드 셰이크가 정부의 정책을 지지하도록 만들고 있다. 알 아즈하르의 그랜드 셰이크는 금요예배 시 모스크에 이맘을 파견하는 권한을 가지고 있으며, 금요예배의 설교를 주도하면서 정신적으로 이슬람 사회의 지도자 역할을 한다. 종교성은 전체 모스크를 직접 통제하고 관리한다. 1961년 신헌법에 의해 알 아즈하르 기구가 개편되자 일부 성직자들은 정부가 종교계에 개입한다고 강력히 저항했다. 그러나 당시 나세르 대통령은 카리스마적인 리더십으로 알 아즈하르 기구를 개편할 수 있었다. 그는 알 아즈하르를 이슬람의 종교교육 기능에다 근대 학문을 접목시키는 종교대학으로 개편하면서, 기존의 종교대학 외에 근대 학문인 공대, 의대, 농대뿐만 아니라 여자대학도 신설했다.

1,000년 이상의 오랜 역사와 전통을 자랑하는 알 아즈하르 대학은 중동 지역에서 이슬람 학문의 중심이 되고 있다. 이집트는 이슬람 전통 교육의 요람인 알 아즈하르가 있기 때문에 이슬람 문화의 중심지를 자처하고 있는 것이다. 그리고 알 아즈하르는 유일하게 1,000년 이상의 이슬람 유산을 보존하고 있는 곳이어서, 카이로가 이슬람의 정신적·교육적 중심지가 되게 하였다. 알 아즈하르 그랜드 셰이크의 금요설교는 이집트 전 국민의 정치사회화를 위한 이념교육이라고 할 수 있다. 나세르 시대에 알 아즈하르의 셰이크인 샬투트(Mahmud Shaltut)는 나세르 혁명을 지지했으며, 1973년에 알 아즈하르 셰이크는 사다트의 중동 평화 외교 노선이 이슬람 정신에 위배되지 않는다고 지지했다. 이와 같이 그랜드 셰이크의 종교적 해석과 지지는 정부의 국가정책을 국민에게 납득시킬 수 있는 이슬람 해설자로서 홍보 기능을 한다.

알 아즈하르 종교대학은 나세르의 토지개혁 정책과 국유화 정책을 지지해 종교적으로도 정통성을 부여해 주었다. 혁명정부는 이슬람 성원, 이슬람 방송국, 이슬람 연구회 단체 등을 지원하고 알 아즈하르 대학을 위한 특별법을 제정해, 정부 통제하에서 이슬람 정책을 강화했다.

독립적 교육기관인 알 아즈하르의 교육 기능은 이슬람 교육, 이슬람 종교출판물, 이슬람 기금 관리, 모스크 감독권, 울라마의 전통적 지위와 활동 인정 등이다. 알 아즈하르의 모든 기구를 책임지고 있는 최고위 성직자인 그랜드 셰이크를 그랜드 이맘 또는 알 이맘 알 아크바르라고도 부르는데, 정부는 1993년 법령 제 281호에 의해 알 아즈하르 그랜드 이맘의 지위를 총리급으로 격상했으며 대통령이 알 아즈하르 이맘을 임명하도록 하고 있다. 알 아즈하르 대학의 종교학과를 졸업하면 셰이크란 명칭을 사용한다. 종교학과 교수는 이름 앞에 셰이크라는 칭호를 사용하며 일반 교수들은 박사라는 칭호를 사용한다. 전통적인 이슬람법 해석학자인 울라마는 중요한 종교적 의미를 가지며 그 책임자인 최고위 성직자를 무프티라고 부른다.7)

알 아즈하르는 1961년 알 아즈하르 개편을 위한 법 제103호에 의해 알 아즈하르 최고위원회, 이슬람 연구위원회, 이슬람 문화행정·선교위원회, 알 아즈하르 대학, 알 아즈하르 연구소 등 5개 조직으로 재편되었다. 알 아즈하르의 조직 중에서 이슬람 교육정책의 가장 중요한 기구는 알 아즈하르 대학이며 행정기관으로서의 책임 기구는 알 아즈하르 최고위원회이다. 따라서 실질적으로 최고위원회가 가장 상위에 있는 알 아즈하르 조직이다. 이 최고위원회는 알 아즈하르의 모든 정책을 결정하는 최고 기관이며 이슬람 선교, 아랍어 교육 등에 대한 산하기관을 감독하고 지도한다. 1961년 개정헌법 제105호가 발효되기 전에는 알 아즈하르 대학에 이슬람종교학, 이슬람법학, 아랍언어학 등 3개 단과대학만이 있었으나 지금은 55개 단과대학이 있다. 통계청에 의하면, 1985~1986학년도에 알 아즈하르 대학에 등록한 학생 수는 11만 7,413명이며, 전체 교수는 6,154명이고, 입학 허용 학생 수는 2만 6,917명이다.

1996년 알 아즈하르의 지도자 하크(Jadd al-Haqq)가 서거한 후 그랜드 무프티 셰이드 탄타위(Tantawi)가 지도자 자리를 이었다. 그는 전임자와는 달리 여성의 할례를 반대하며 상대적으로 은행 이자와 가족계획을 용인했다. 이슬람주의자들은 대부분 보건부 장관의 여성 할례 금지 조치에 반발하고 있다.

7) 홍순남, 「이집트-수단의 종교정책」, ≪중동연구≫, 제19-1권(2000), 88쪽.

3) 무슬림형제단과 이슬람 부흥주의

현대에는 이집트의 무슬림형제단(al-Ikhwan al-Muslimun: Muslim Brotherhood Party)이 이슬람 부흥의 새로운 물결을 일으켰는데, 이것은 아랍 세계에 현존하는 위기에 대응해 등장한 주요한 민중운동이었다. 이집트가 식민주의, 경제·문화적 의존, 급격한 산업화와 도시화, 엄청난 인구 폭발이라는 문제에 직면했을 때, 무슬림형제단은 이집트가 무슬림의 사회·정치적 부활의 근간으로서 이슬람원리주의로 돌아갈 것을 촉구했다. 이집트 혁명으로 이슬람이 아닌 민족주의가 이집트의 주된 정체성이 된 후, 무슬림형제단은 1950년대 중반 나세르에 의해 진압되었다가 1970년대 사다트 시대에 재등장했다. 그들은 정치적 과정에 비폭력적으로 참여하는 데 주력했다.[8)]

무슬림형제단은 이집트 국민이 정부의 세속화 정책에 불만을 가지기 시작하면서부터 국민을 대신해 사회운동을 이끌어왔다. 아프가니의 범이슬람주의 사상을 지지하는 하산 알 반나는 1928년에 이스마일리아에서 무슬림형제단을 창설했다. 이스마일리아의 수에즈 운하 지방의 초등학교 교사 출신인 알 반나는 무슬림 계몽운동을 통해 이슬람의 정치·사회·경제·교육·군대 등 모든 분야의 개혁을 촉구했다. 1933년 이후 무슬림형제단은 조직의 운동본부를 카이로까지 확산시켰다. 이들은 1936년 영국·이집트 조약을 반대하여 무장 저항, 팔레스타인의 무장 봉기를 역설하면서 이슬람 성전을 주장했다. 1930~1940년대 이 단체는 영국과 유럽형 이집트 군주에 대항해 투쟁했다. 반나는 중요한 목표로 외국의 지배에서 이슬람 국가를 해방시키는 것과 이슬람의 원리에 따르는 이슬람 국가를

---

8) David Zeidan, "Radical Islam in Egypt: A Comparison of Two Groups," in B. Rubin(ed.), *Revolutionaries and Reformers* (Albany: State University of New York Press, 2003), p.11.

설립하는 것, 두 가지를 설정했다.9)

무슬림형제단은 1930년대 후반 이집트에서 가장 강력한 단체로 성장했다. 이 단체에는 관료주의자, 전문 직업인, 학생, 노동자, 소상인, 농민 등 다양한 사회계층이 참여했다. 알 반나는 강력한 조직과 선전 기구를 설치해, 이집트의 여러 문제에 대한 정치적 역할과 영향력을 증대시켜 나가면서 종교생활과 이슬람 교육을 통제했다. 1939년 알 반나는 무슬림형제단을 정치조직으로 재조직해 전 아랍 국가에 이슬람원리주의 운동을 확산시켰다. 제2차 세계대전 후 도시로 이주한 농민 계급의 저소득층은 무슬림형제단의 지지세력이 되었다. 그들은 농민의 지지와 함께 무슬림형제단의 세력을 전국적으로 확장시키는 주요한 세력이 되었다. 알 반나는 무슬림의 단결과 사회계몽운동을 통해 개혁을 촉구했으며, 자위를 위한 군대의 필요성을 강조했다. 그는 이집트를 영국에서 독립시켜 이슬람의 전통인 코란과 순나를 지키는 이슬람 국가로 건설하는 것을 목표로 삼았다.

무슬림형제단은 종교적 의무와 이슬람 생활을 강조했다. 이들은 1947

---

9) 무슬림형제단의 초기 이념은 다음과 같이 요약될 수 있다.

첫째, 이슬람은 포괄적인 의미를 지니고 있다. 이슬람은 종교이자 국가이고, 복종이자 통치이며, 책이자 칼이다.

둘째, 이슬람은 초기의 가르침을 회복해야 한다. 1938년 무슬림형제단 제5차 회의에서 반나는 다음과 같이 언급했다. "우리는 코란과 순나로부터 이슬람의 규율을 채택해야 하며, 예언자의 교우들이나 제자들이 이해했던 방식으로 이슬람을 이해해야 한다."

셋째, 이슬람은 범이슬람주의여야 한다. 이슬람 지역은 모두 무슬림들의 고향이기 때문에 그 방어는 무슬림의 당연한 의무이다. 모든 무슬림은 한 민족이며, 이슬람의 고향은 하나이다.

넷째, 칼리프 제도의 개념은 이전의 개념으로 이해되어야 한다. 무슬림형제단은 칼리프 제도를 이슬람의 단합과 통합의 상징으로 믿었다.

다섯째, 이슬람 정부의 수립은 무슬림형제단의 의무이다. 반나의 무슬림형제단은 이슬람 정부의 수립을 기본 목표로 설정했다. 황병하, 『현대중동정치와 이슬람』 (광주: 조선대학교출판부, 1999), 169쪽.

년 UN의 팔레스타인 분리안과 1948년 이스라엘 독립에 맞서 과격한 투쟁 수단으로 테러활동을 전개해 왔다. 이때 이 조직은 이집트 민족주의자인 젊은 장교들과 접촉했으며 나세르 혁명세력인 자유장교단과 전략적으로 제휴했다. 군 장교들은 무슬림형제단의 군사훈련 분야를 책임지고 무슬림형제단은 군의 이데올로기 교육을 책임졌다. 1946년 당시 이집트 무슬림형제단의 조직원은 50만 명이었으며 동조자도 50만 명이나 되었고, 5백여 개 이상의 조직 지부를 두고 있었다. 무슬림형제단의 이슬람원리주의 운동은 사회계몽 운동으로 발전하면서, 반영국·반군주 투쟁 등 이집트 국민감정과 뜻을 같이함으로써 국민들에게 지지를 받았다. 그러나 1948년 아랍의 제1차 중동전 패배와 이스라엘의 건국은 전 아랍인에게 좌절감을 주는 환경을 만들었다.

1948년 이집트 정부는 무슬림형제단을 불법단체로 규정하여 강제로 해산시켰다. 이 조직은 지하로 숨어 더욱 과격한 투쟁을 벌이며 테러조직을 이용했다. 무슬림형제단의 기본 구호는 '코란은 우리의 헌법, 예언자는 우리의 지도자, 하나님의 영광을 위한 순교는 우리의 소망'이었다. 무슬림형제단의 이론가인 가잘리(Muhammad Ghazali)는 1948년에 출간된 그의 저서 『우리 지혜의 시작(Our Beginning in Wisdom)』에서 무슬림형제단의 저항운동을 성전으로 발전시켰다. 그는, 무슬림들은 이슬람의 의무를 이행하고 성전에도 참여해야 하며 자카트, 기도, 금식, 성지순례 등의 의무를 지켜야 한다고 주장했다.[10]

1951년 10월 무슬림형제단은 공개적으로 이집트 정부를 지지하면서 과거 1936년의 영국·이집트 조약을 폐기해야 한다는 주장과 반영 투쟁의 성전을 선언했다. 1952년 1월 무슬림형제단이 일으킨 카이로 폭동은 6개월 후인 1952년 7월 23일 이집트 군부 쿠데타를 성공시키는 발판이 되었다.

---

10) Dilip Hiro, *Islamic Fundamentalism* (London: Paladin, 1989), pp.64~65.

혁명 후 나기브 여단장과 나세르 대령은 모든 정당을 해산했지만 무슬림형제단은 종교단체로서 면제되었다. 초기 이집트 군사혁명 세력은 사다트를 중심으로 무슬림형제단과 협력 관계를 맺은 장교단이었다. 그러나 1953년 말 나세르 세력이 나기브 장군을 축출하면서 혁명세력과 무슬림형제단은 적대 관계로 변모했으며, 혁명정부도 전 국왕이 그랬던 것처럼 무슬림형제단보다는 알 아즈하르 셰이크들을 정부 지지 종교세력으로 이용하게 되었다. 무슬림형제단은 1954년에 나세르 대통령을 암살하려다 실패했지만, 결국 26년 후인 1981년에 무슬림형제단의 이념을 따르는 이슬람원리주의 조직 알 지하드가 사다트 대통령을 암살했다.

무슬림형제단의 이념과 신조는 오늘날 모든 이슬람원리주의 조직들의 정신적 뿌리가 되고 있다. 이와 같은 이슬람 환경에서 젊은 지식층과 학생들이 중심이 되어 조직한, 무슬림형제단 하위조직의 성격을 가진 이슬람 급진 조직들이 나타나기 시작했다. 타크피르와 이슬람해방기구(ILO: Islamic Liberation Organization, 이하 ILO)는 무슬림형제단의 분파로서 알 반나와 쿠틉(Sayyid Qutb, 1906~1966)의 원리주의 사상을 급진주의 형태로 이어받았다. 무슬림형제단, ILO, 타크피르, 알 지하드 사이의 관계에서 가장 중요한 인물은 호전적인 선동가이자 사상가였던 사이드 쿠틉이다. 그는 무슬림형제단의 위축된 이슬람원리주의를 젊은 세대 중심의 극단주의로 교체시키는 데 중요한 역할을 수행했다.

쿠틉은 1960년대 초 무슬림형제단을 재건하고 부활시키는 데 결정적인 역할을 했다. 이집트 내외에서 활동했던 호전주의 무슬림형제단원들의 도움을 받은 쿠틉은 나세르 정권 타도를 제1의 목표로 설정했다. 이집트 혁명 전까지 무슬림형제단의 반영 투쟁은 계속되었다. 폭력·테러리즘 반대주의자인 후다이비 판사가 무슬림형제단의 지도자로 선출되면서, 무슬림형제단은 정치활동의 시대로 접어들었다. 그러나 쿠틉의 호전적 행위와 지하드(聖戰) 주장은 소극적 이슬람주의자였던 후다이비와는 전혀 상반된 노선이었다. 후다이비는 당시 무슬림형제단의 최고 지도자였으나, 후에 노선 갈등으로 사퇴했다.

1965~1966년 무슬림형제단 급진주의자들은 정부의 탄압에 대응하기 위해 원리주의 운동의 이념과 행동에서 대대적인 변화를 추구했다. 이런 가운데 감옥에 있던 쿠틉의 사상은 이념적으로 막강한 영향을 미쳤으며 1970년대 이슬람주의 운동의 주류를 형성했다. 이슬람원리주의 주창자로서 쿠틉의 이념과 사상은 초기 이슬람주의 이론가들의 주장과 영향력을 그대로 답습한 것이었다.[11)]

---

11) 쿠틉의 사상과 영향력은 주로 저술을 통해 전달되었다. 그의 저서 『이정표(ma'alim fi al-tariq)』에 함축되어 있는 이념과 철학은 다음과 같이 요약될 수 있다.

첫째, 현대 이슬람 또는 비이슬람 국가의 사회·정치체계를 지배하고 있는 개념은 자힐리야이다. 이슬람과 자힐리야는 정반대의 개념으로서 믿음과 배교, 천상의 왕국(신)의 통치와 인간의 통치, 신과 사탄의 개념이다.

둘째, 진정한 무슬림의 의무는 이슬람으로의 교화와 전향을 위해 선교활동을 수행하고 호전적 지하드를 통해 자힐리야 사회를 일소하며 이슬람 사회를 부흥시키는 것이다.

셋째, 무슬림의 궁극적인 목표는 이 지상에서 모든 악과 고통과 탄압을 제거하고 알라의 주권이 지배하는 하키미야를 구체화하는 데 있다.

넷째, 오직 이슬람만이 진실의 종교이다. 다른 모든 종교, 철학, 이념들은 무익하고 오도된 것이다.

다섯째, 믿음이란 매일의 언행으로 실현되는 것이기 때문에, 무슬림은 항상 "알라 이외에는 신이 없고, 무함마드는 신의 사자이다"라는 증언을 믿어야 한다.

여섯째, 변화는 행동과 원리주의 혁명에서 생겨난다.

일곱째, 혁명은 현 사회의 외부에서 등장하는 사람의 믿음을 통해 일어날 것이다. 무슬림은 새로운 이슬람 사회가 통치 권력을 장악할 때까지 그를 도울 것이다.

여덟째, 이러한 변화는 다른 사람의 속박에서 개인이 해방되는 것을 의미한다. 이는 진실한 모든 무슬림의 의무이다. 이러한 변화는 이슬람을 진실로 믿는 선택된 집단에 의해서만 수행될 것이다.

아홉째, 지하드란 서구 동양학자들이나 그들의 제자들이 해석한 것과는 전혀 다른 개념이다. 지하드란 오직 이슬람만이 전파되도록 전 세계를 지속적으로 해방시키는 것이다.

열째, 유대교인과 기독교인은 불신자들이다. 이슬람에 대한 그들의 해석과 연구는 순수 학문의 경우를 제외하고 무슬림의 영역에서 배제되어야 한다. 황병하, 『현대중동정치와 이슬람』, 180~181쪽.

1970년대 초 이집트에 등장한 이슬람원리주의 운동은 파벌과 분파주의 상태에 빠져 있었다. 무슬림형제단의 원로 지도자들은 출옥한 후 나세르 주의자와 좌익세력에 대한 정부의 대응에 이용되었고, 무슬림형제단의 젊은 호전주의자들은 정권에 대항한 지하드를 선언했다. 1974년 4월에는 군사기술학교에 대한 ILO의 성급한 공격이 감행되었으며, 이로 인해 정부의 대대적인 탄압이 이루어져 ILO, 타크피르, 그리고 다른 호전주의 단체의 단원들이 체포되었다.[12)]

무슬림형제단은 세 번이나 이집트 정부의 강력한 정치적 탄압을 받았고, 그 지도자들은 해외로 망명했다. 이는 인접 아랍 국가들에게 무슬림형제단의 이념을 전파하는 결과를 가져왔다. 망명지에서 무슬림형제단원들은 그 지역에 무슬림당을 만드는 데 정신적 지도자 역할을 했다. 오늘날 팔레스타인 지역의 하마스 조직도 무슬림형제단의 뿌리를 가지고 있다. 앞에서 언급했듯이 무슬림형제단은 정치에 깊숙이 관계했던 조직이기 때문에 정치 제도권으로 진입하려 하지만, 이집트 정부는 무슬림형제단의 정치적 잠재력을 경계하여 정당으로 인정하지 않는다. 즉, 무슬림형제단이 국민을 대표하는 정당이나 무슬림을 대표하는 정당으로 발전하는 것을 막는 것이다. 따라서 무슬림형제단은 다른 정당의 이름이나 무소속으로 정치에 참여하고 있다.

1978년 봄 이집트 대학가 학생선거에서 무슬림형제단의 학생 대표들이 승리한 것을 계기로, 무슬림형제단은 농촌·도시 근로자와 저소득층에서 지식층과 대학의 젊은 지식층으로 세대교체를 했다. 사다트의 캠프 데이비드 정책에 대한 전 아랍 국가의 불만과 무슬림들의 좌절감이 팽배해

---

12) 이슬람의 가르침을 문자적 의미로 해석하고 철학적 해석에 반대했던 쿠틉의 이론은 이미 이븐 하즘과 이븐 타이미야, 그리고 이들의 제자들에 의해 실행된 논리였다. 20세기 사상가들 중 반나와 마우두디는 쿠틉의 이론 형성에 중요한 영향을 끼친 인물들이었다.

있을 때인 1979년, 이란의 이슬람 혁명 성공은 모든 아랍인들에게 정신적인 감명을 주었으며, 이슬람원리주의 운동의 상징성을 가지게 되었다.13)

무바라크 정권은, 이슬람 국가 건설이라는 이슬람원리주의자들의 사회적 압력 때문에, 사다트 정권이 1978년 12월 샤리아 적용을 위해 구성한 특별위원회를 1982년까지 활동하도록 허용했다. 그러나 무슬림형제단의 이슬람 운동은 사다트 암살 후 지도자들의 구속에 따라 주요한 두 당파로 분열되었다. 첫 번째 당파는 종신형을 선고받은 주무르 소령(주요 음모자)과 1985년 아프가니스탄으로 가버린 알 자와히리가 이끌었다. 이 두 사람에게 있어서, 지하드는 불경건한 정권 중심부를 폭력으로 파괴할 때만이 성공할 수 있는 것이다. 두 번째 당파는 1970년대 대학에서 인기가 있었던 자마아 이슬라미야의 이름을 재사용했다. 이 단체의 목표는 '선을 권하고 악을 추방하는 것', 즉 권선징악(勸善懲惡)이었다.14)

1986년 5월, 81세로 타계한 무슬림형제단 지도자 틸미사니의 온건주의 정책은 무슬림형제단 조직을 비폭력 성향으로 만들었다. 틸미사니는 알 반나 지도자 역시 테러리즘을 반대해 왔다는 이유로 폭력적인 테러 행위에 반대했다. 무슬림형제단은 합법적인 조직으로 인정받아, 이집트를 샤리아에 의한 이슬람 국가로 건설하고 정권의 주체가 되어 정치에 참여하는 것을 이상으로 삼고 있다. 틸미사니 사후 같은 해 5월 21일, 나스르(Muhammad Ahmad Abu al-Nasr)15)가 73세로 무슬림형제단의 최고지도자가 되었다. 무바라크 정권은 무슬림형제단의 정치활동을 허용하면서도 정책적으로 이슬람원리주의 운동을 금하고 있었다.

---

13) 홍순남, 『뉴욕에서 바그다드까지: 팍스아메리카나와 이슬람원리주의』(서울: 인간과 자연사, 2003), 188쪽.

14) Kepel, *Jihad: The Trail of Political Islam*, p.282.

15) 나스르는 아슈트 지역 출신으로 1954년에서 1972년까지 투옥되었다. 나세르에 의해 투옥되었다가 사다트에 의해 사면된 인물이다.

1987년 4월 의회 선거에서 무슬림형제단은 두 개의 군소 정당과 새로운 연정을 형성하고 '이슬람 동맹'의 결성을 주도하며 무바라크 대통령이 이끄는 집권당인 민족민주당(National Democratic Party: NDP)에 도전했다. 이슬람 동맹의 결성은 현대 이슬람원리주의 운동에서 현실 정치 참여라는, 제도권 정당으로 발전하는 데 중요한 계기를 제공해 주었다. 정치에 참여해 이집트를 이슬람화하겠다는 무슬림형제단의 온건 정책이 제도권으로 진입할 수 있는 가능성을 보여준 것이다. 그러나 그들의 공격은 과격한 양상을 띠기 시작했다. 수천 명의 이슬람 호전주의자들이 체포되었는데도 그들의 공격은 더욱더 강화되어, 1990년 10월 카이로 중심부에서 전 국회의장 알 마흐굽(Rifaat al-Mahgoub)을 암살함으로써 절정에 다달았다. 1992년 초 아슈트 폭동 시에는 정부군 5,000명이 진압군으로 투입되었으며 그해에 국회는 테러진압법을 통과시켰다. 자마아 조직은 이집트 내 관광산업을 공격 목표로 삼기 시작했으며 사다트 대통령과 마흐굽 국회의장 암살 사건에 관여했다.

자마아 이슬라미야의 호전주의자들은 1992년 6월 8일, 이슬람원리주의 조직을 비평한 저명한 작가 파라그 포다(Farag Fouda)를 암살했다. 포다는 비종교적 지식인층의 상징적 인물로서 샤리아의 적용을 오랫동안 반대해 왔으며, 이슬람주의자들에 대한 전면전을 주창해 왔다. 또한 그는 이슬람원리주의를 퇴치하기 위한 반테러 법안과, 이스라엘과의 관계 정상화를 지지했다. 이 때문에 그는 급진주의자들과 무슬림형제단에게 증오의 대상이 되었다. 자미아 이슬라미야의 호전주의자들이 포다를 암살한 것은 공개적으로 정부 정책과 유사한 입장을 취하는 자는 누구든지 테러의 대상이 될 수 있음을 알리는, 국가에 대한 직접적인 도전이었다. 1993년 6월 사형이 선고된 암살범들에 대한 재판이 진행되는 동안, 셰이크 알 가잘리가 변호인으로 소환되었다. 그의 증언에 의하면, 포다의 경우처럼 샤리아에 역행하는 어떠한 무슬림도 배교자로서의 유죄가 인정되며 그

죄의 대가는 죽음이라는 것이다.

또 다른 희생자는 제이드 교수로서, 그의 저서가 이단적이라고 하여 법정에서 약식으로 그의 부인과 이혼할 것을 선고받았다. 배교자는 무슬림 여성과 결혼한 상태로 남아있을 수 없다는 것이다. 제이드와 그의 부인은 살해의 위협 때문에 결국 유럽으로 망명을 떠나지 않을 수 없었다. 마지막으로 1988년도 노벨 문학상 수상자였던 마흐푸즈는 그의 소설이 외설적이라고 공격하는 보수적인 울라마에 의해 끊임없이 시달림을 받다가 1994년 10월에 자마아 행동주의자의 칼에 찔려 살해되었다.[16]

이러한 사건은 이슬람주의자들이 법조계에도 침투해 있었음을 보여준다. 제이드와 그의 부인에게 이혼하도록 판결한 것은 바로 이슬람주의자 판사였다. 이 사건은 또한 이슬람 온건주의자와 극단주의자들이 그들의 행동에서 상호 보완적으로 연계되어 있음을 보여준다. 물론 온건주의자들이 극단주의자들의 테러를 비난하고는 있지만, 그들은 극단주의자들과 유대감을 가지고 있다. 따라서 이집트 정부는 과거 이슬람주의자들을 '온건파'와 '과격파'로 구분했던 것을 철회하고, 모든 이슬람원리주의자들을 노선에 관계없이 엄격하게 다루기 시작했다. 무바라크는 자마아 이슬라미야[17]가 주도한 '테러 행위'에 공모한 무슬림형제단의 조직원들을 체포했다. 무바라크에게 온건파와도 대화하지 않은 이유를 묻자, 그는 "누가 온건파인가? 그것은 아무도 구분하지 못한다"라고 대답했다.[18]

또한 정치인, 경찰, 보안군, 영화관, 비디오 상점, 콥트교회 등이 차량 폭탄 테러 공격의 목표가 되었다. 이집트 정부는 이에 대한 대응책으로

16) Kepel, *Jihad: The Trail of Political Islam*, p.287.

17) 자마아 이슬라미야는 사다트 대통령 당시 이집트의 모든 대학을 중심으로 결성되었던 이집트 원리주의 학생 조직으로서 '자마아'로 명명되고 있다.

18) 파워즈 A. 거즈스, 『이슬람과 미패권주의: 문명충돌이냐 국가이익이냐』(서울: 명지사, 2001), 227쪽.

이슬람원리주의 지도자인 무슬림형제단의 가잘리를 처형했다. 1993년에는 군사법정에서 이슬람원리주의자 38명에게 사형을 선고하고 29명을 교수형에 처했으며, 하루에 이슬람원리주의 혐의자를 30명씩 체포하는 등 초강경책을 취했다. 1994년 2월 13일에는 900명이나 되는 이슬람원리주의자를 체포했다. 같은 해 1월과 3월에는 이에 반발하는 이슬람 무장세력의 공격으로 경찰관 30명, 시민 13명, 무장세력 11명이 사망하기도 했다.

1995년 1월 젊은 세대의 지도자들 중 한 명으로 내과의사협회의 부회장이었던 이삼 알 아리안(Isaam al-Aryan)은 무슬림형제단이 정당으로서 합법화되어야 한다고 주장했다. 사다트 암살사건 이후 무슬림형제단의 온건한 태도에도 불구하고 정부는 이슬람원리주의의 가장 큰 배경으로 이 집단을 주목했다. 1995년 1월에 정부는 과격 이슬람원리주의자들과 연계되어 있다는 이유로 무슬림형제단 지도자 3명을 체포했으며 그해의 총선거에서 무슬림형제단의 진출을 탄압했다. 또 선거 하루 전날 무슬림형제단 입후보자들의 대부분인 54명이 체포되어 징역 3년에서 5년형을 언도받았다. 이집트 정부는 카이로에 있는 무슬림형제단 본부를 폐쇄시켰을 뿐만 아니라 선거 참관인으로 관여하고 있는 무슬림형제단원 1,000명 이상을 체포했다. 1996년 지방선거에서도 무슬림 당원 27명이 체포되었다. 이 같은 무슬림형제단에 대한 정부의 강경책은 이슬람원리주의 운동과의 연계성에 대한 대응이라기보다는 불법단체로 규정된 무슬림형제단의 정치 참여를 차단하기 위한 조치였다.

1996년 1월에는 무슬림형제단의 지도자 나스르(Hamid Abu al-Nasr)가 83세의 나이로 사망하고 74세가 된 마슈후르(Mustafa Mashhur)가 지도자로 세워졌다. 1993년부터 1997년까지 정부 당국과 이슬람주의자들 간의 격렬한 싸움으로 수백 명이 죽었고 무바라크 대통령 자신도 아디스 아바바에서 암살 위기를 모면했다. 1997년 일부 성직자들은 카이로 대학의 자유주의적 이슬람 철학 교수인 하나피(Hasan Hanafi) 박사를 무신론자라고 비난하기도 했다.

불법화된 이집트 최대 이슬람 운동세력인 무슬림형제단 지지자 수천 명은 2005년 5월 4일 카이로를 비롯한 전국 주요 도시에서 정치 개혁을 요구하는 시위를 벌였다. 무슬림형제단원과 지지자 등 3,000여 명은 무바라크 대통령의 77회 생일인 이날 카이로의 알 파타흐 사원 앞에서 무바라크 대통령의 독재에 반대하고 이 단체를 합법화해 줄 것을 요구하며 시위를 벌였다. 시위대는 '허울뿐인 개혁이 아닌 진정한 개혁을 원한다', '자유는 종교적 의무' 등의 구호가 적힌 플래카드를 흔들었다. 또 시위대는 '독재 반대', '비상계엄 철폐' 등의 구호를 외쳤으며, 관영 언론매체들을 '썩은 집단'이라고 비난했다. 일부 시위대는 무슬림형제단의 이념인 샤리아 도입을 요구하기도 했다. 제2의 도시 알렉산드리아, 나일 델타 지역의 만수라와 자가지그, 카이로 근교 오아시스 도시인 파이윰 등에서도 수백 명의 무슬림형제단 지지자들이 최루탄을 쏘며 저지하는 경찰에 맞서 시위를 벌였다.

3. 급진주의적 이슬람 단체와 원리주의 운동

앞에서 언급한 무슬림형제단에서 파생된 급진 이슬람 사회단체인 자마아 이슬라미야는 이슬람 이데올로기의 주요 창시자이자 폭력을 통한 권력의 쟁취를 용인한 쿠틉의 사상을 기초로 탄생했다. 쿠틉은 무슬림형제단에서 주류로 활동했지만 쿠틉의 주요 이슬람 개념을 재해석한 일부 당원은 무슬림형제단에서 분파되어 나왔다. 이들은 정권에 대항하는 폭력을 합법화하기 위해 쿠틉의 글을 인용했다. 예를 들어, 쿠틉은 현존하는 사회와 정부가 무슬림이 아닌 이교도의 무지에 지배당하고 있다고 주장했다. 올바른 무슬림의 임무는 신의 통치권을 사회에 실현하는 것이며 현 국가 지도자들의 불신앙을 규탄하고 그들에 대항하는 지하드, 즉 성전을 수행하는 것이라고 했다.

무슬림형제단의 지도자들은 정부를 전복시키는 혁명이 아니라 점진적으로 이슬람 정부를 수립하기 위한 개혁운동과 비이슬람 요소들을 없애는 정화운동으로 전략을 바꾸었다. 이러한 온건 정책에 불만을 품은 젊은 당원들은 새로운 조직을 구성해 급진적 이슬람원리주의 운동을 전개하고 있다. 1970년대 초 이집트에 엄격한 이슬람 국가를 수립하려고 했던 젊은이들은 무슬림형제단이 쿠틉 당시의 혁명적 열정을 이미 상실했다고 단정했다.

자마아는 거의 모두, 무슬림형제단을 창당한 알 반나와 이론가인 쿠틉 또는 당 지도자들을 이념적으로 신봉하고 있으며, 조직의 지도자들이 무슬림형제단 소속이거나 무슬림형제단과 밀접한 관계를 갖고 있기 때문에, 자마아의 뿌리는 무슬림형제단의 전위조직의 성격을 띤다고 할 수 있다. 자마아는 이집트 사회의 모든 급진 성향의 이슬람원리주의 조직을 의미한다. 급진세력의 조직들이 연합 관계를 가지고 있기 때문이다. 자마아에는 다음에 언급한 세 단체 외에 '지옥의 생존자' 등 조직 명칭 자체에서부터 과격한 성격을 보이는 급진주의 이슬람 조직들이 포함되어 있다.

① 자마아 알 무슬리민(Jama'at al-Muslimin)은 '이슬람 사회'의 뜻을 가진 단체이다. 이 단체는 알 타크피르 왈 히즈라(al-Takfir wal-Hijra)로 알려져 있는데, 문자 그대로 '종교파문과 이주'의 의미로, 축약해서 '타크피르'로 불렸다.

② 알 타히리르 알 이슬라미(al-Tahrir al-Islami)는 '이슬람해방기구(ILO)'의 의미로 해석된다. ILO는 무함마드 청년회로 알려졌다.

③ 자마아 알 지하드(Jama'at al-Jihad)는 알 지하드 또는 가끔 신(新)지하드로 불렸다. 여기서는 약칭해서 주로 지하드로 쓰기로 한다.

이 세 단체들은 1967년 전쟁 이후 이집트의 정치적 위기 환경에서 등장했다. 이념적·조직적 관점에서 이 세 단체는 무슬림형제단의 직계 후예로 간주될 수 있다. 무슬림형제단 조직의 성격이 카리스마적인 개인의 리더십에 따라 좌우되는 것과는 달리, 이들 조직은 테러와 같은 폭력 수단을 이용한 혁명 투쟁을 주장하고 있다. 이들은 성전과 순교를 '잊혀진 이슬람의 의무'로 강조해 과격한 투쟁을 주장하고 있다.

이 조직의 지도자들은 폭력 혁명을 통해 이슬람법 샤리아가 지배하는 이슬람 국가를 건설하는 것을 이상으로 한다. 그들은 폭동, 민중 봉기, 암살 등의 폭력 수단을 이용한 성전 혁명론을 주장한다. 실제로 이슬람원리주의 운동은 1967년 제3차 중동전인 '6일 전쟁'에서의 패전 후부터 과격해졌다. 이는 아랍이 이스라엘에 패했을 뿐만 아니라 성지인 예루살렘과 많은 아랍 영토를 상실하면서 모든 아랍 무슬림이 좌절감으로 희망을 잃었기 때문이다.

1) 이슬람해방기구와 타크피르

이슬람해방기구(ILO)는 시리야(Salah Siriyyah)에 의해 1971년에 설립되었다. 그는 하이파 근처 팔레스타인 출신의 교육학 박사로, 요르단 무슬림형제단의 한 분파인 이집트 이슬람해방당의 일원이었다. 그는 1965년에 체포되어 여러 차례 투옥되었고, 1970년 9월 요르단 내전 때까지는 암만에 거주했으며, 그 후 팔레스타인해방기구(이하 PLO) 세력이 암만에서 추방되자 PLO에 대한 미련을 버리고 이라크와 카이로로 옮겨다니면서 이슬람 급진세력을 규합해 조직을 만들었다. 이집트에서 시리야가 직접 설립한 세포조직은 나중에 '알 타크피르 왈 히즈라'로 개명한 ILO였다.

1971년에 석방된 후 그는 아랍연맹에서 봉사하기 위해 이집트에 정착했으며 카이로와 알렉산드리아에 지하 세포조직을 설립하기 시작했다. 많은 대학생과 졸업생들이 그의 조직에 가담했다. 시리야는 카이로 대학, 알렉산드리아 대학, 알 아즈하르 대학, 군사기술학교(Technical Military Academy) 등에서 팔레스타인 학생들과 함께 세포조직을 확대해 나갔다. 1974년 6월 이 조직은 카이로 군사기술학교를 공격했으며 카이로의 집권당사인 아랍사회주의연맹 당사로 진격하다가 모두 체포되었다. 마침 그때 당사에서는 사다트가 연설 중이었는데, 그들은 사다트 연설 중 무기를 탈취해 혁명정부를 세우려 했다. 이 공격으로 30여 명의 군인이 불명예 제대를 했다. 이집트 정부는 시리야와 그의 추종자들이 쿠데타 음모를 꾸몄다고 비난하면서 대대적인 탄압에 나섰고 이후 ILO는 활동을 중단할 수밖에 없었다. 결국 시리야는 1976년 11월 처형되었다.

그 후 군사기술학교에 대한 공격에서 살아남은 지도자들 중 한 명은 다음과 같이 말했다. "우리가 믿기로는 이집트인이 모든 이슬람 국민들 중에서 근본적으로 가장 종교적이다. 그들은 이슬람 이전 파라오 시대부터 계속 그러했다. 그러므로 이집트는 세계 이슬람의 부흥에 불을 지필 첫 출발 기지가 될 것이다. 종교적인 이집트인들이 필요로 하는 모든 것은 성실한 무슬림 지도력이다."[19]

1970년대에 나타난 새로운 급진 이슬람 단체 중 하나는 이집트 정부가 일반적으로 알 타크피르 왈 히즈라(al Takfir wal-Hijra)라고 부르는 단체이다. 타크피르는 개인이나 단체의 불신앙에 대한 법적 파문을 의미하며, 히즈라는 무함마드의 (메카에서 메디나로의) 최초 이주를 나타낸다. 이는 급진단

19) S. Eddin Ibrahim, "Islamic Militancy as a Social Movement: The Case of Two Groups in Egypt," in Ali E. H. Dessouki(ed.), *Islamic Resurgence in the Arab World* (New York: Prager, 1982), p.121.

체들의 '이집트의 부패한 사회와 정권으로부터의 분리'라는 목표의 기준이 되었다. 이 단체의 명칭이 의미하듯이, 예언자 무함마드는 메카의 자힐리야(무지) 상태의 불신자들에 둘러싸여 핍박을 받다가 메디나로 이주해 그곳에 이슬람 사회를 건설하고 힘을 축적해 다시 메카를 정복한 것이다. 이것을 모델로 삼아, 타크피르는 현 정부의 강경한 탄압 정책을 피해 일시적으로 다른 국가나 은신처로 피해 힘을 길러 진실한 이슬람 사회를 건설해야 한다는 것이다.

타크피르는 정치체제와 사회를 구분하지 않았는데, 그 이유는 부패한 사회가 부패한 정치체제를 가져오기 때문이다. 정부뿐만 아니라 다른 모든 사회단체도 타락하기는 마찬가지이며, 통치자는 물론 모든 사회 구성원도 죄악스럽기는 마찬가지라는 것이다. 따라서 현재의 이집트 정치체제와 사회는 구제불능인 것이다. 이러한 문제를 묘사하는 데 가장 자주 사용되는 용어는 신(新)자힐리야, 즉 부정부패와 불신앙으로 가득 찬 무지 상태인 것이다.[20]

무슬림형제단의 일원이었던 무스타파(Shukri Mustafa)는 1965년 자신의 고향 아슈트에 있는 아슈트 대학에서 이 당의 유인물을 배포하다 체포되어 구속되었다. 그는 감옥에 있을 때 무슬림형제단의 내부 투쟁에 환멸을 느끼고 자신의 새로운 운동을 전개하기 시작했다. 무스타파는 나세르의 2차 무슬림형제단 숙청 때 다시 투옥되어 감옥에서 쿠틉의 급진 신봉자들과 연합하고, 수백 명의 대학생을 모집해 무슬림 사회운동을 수천 명의 조직원으로 확대하면서 타크피르를 건설했다. 그는 감옥에서 쿠틉의 영향을 크게 받았으며, 1972년에 석방된 후 무슬림형제단과의 관계를 단절하고 ILO와 연결해 이 조직을 결성했다. 그는 무슬림형제단의 온건 정책에 반대했으며 쿠틉의 성전 정신에 감동을 받아 과격한 투쟁 전략을

20) 같은 글, p.121.

행동 방향으로 결정했다. 무스타파는 예언자의 공동체를 본받아, 신자들의 강력한 핵심 조직을 결성한 후 이슬람 국가를 수립한다는 장기적 전략을 추구했다.

무스타파는 추종자들이 완전히 복종하기를 바라는 권위주의적인 지도자였다. 그가 미래에 재림할 구세주라는 소문이 퍼지면서 그의 권위와 지도력은 강화되었다. 이러한 특권 때문에 그는 타크피르를 세분화해 행동 세포조직, 조직원 충원단체, 병참기구 등 고도로 훈련된 조직으로 키울 수 있었다. 타크피르는 현대사회를 이단으로 규정하고 일, 공부, 기도를 병행할 수 있는 대안 공동체를 세우는 데 목적을 두었다. 회원에는 등급이 있어서, 완전회원은 직업과 가족을 버리고 이 공동체에 헌신했으며 불충실한 회원은 추방당하고 처벌받았다.[21)]

당시 이집트 정부와 같이, 언론 역시 무스타파의 단체를 알 타크피르 왈 히즈라로 불렀다. 이는 이 단체가 자신들의 견해에 동조하지 않는 모든 무슬림을 불신자로 간주하고, 진정한 무슬림은 주위의 불신자 사회에서 이탈해야 한다고 믿었기 때문이다. 무스타파는 자신의 추종자들 외에는 세계에 있는 어떤 사람도 진정한 무슬림이 아니기 때문에 세계는 자힐리야 상태에 있다고 주장했다. 예언자 무함마드가 메디나로 피신한 것처럼 무스타파와 그의 제자들은 이집트 북부의 동굴이나 공동 아파트에 거처를 정했다. 이집트 종교계는 무스타파의 사상을 비난했고, 그중에서도 알 아즈하르의 셰이크 다하비는 그 사상을 하와리즘[22)]에 비유했다.

자힐리야 사회로부터의 분리주의 이론을 주장한 사람은 알 아즈하르

---

21) Zeidan, "Radical Islam in Egypt: A Comparison of Two Groups," p.13.

22) 하와리즘(Khawarism)은 이슬람 초기의 혁신적인 사상으로서 코란의 평등주의 정신의 실천을 주장한다. 우스만 칼리프 통치 시절 이 새로운 청교도주의 운동을 전개한 하와리즈파는 극단주의자로 비난받았다. 이 소수파의 주장에 의하면, 이슬람 공동체의 통치자는 가장 힘 있는 자가 아니라 가장 신앙심이 독실한 자가 되어야 한다.

대학 출신의 셰이크였던 이스마일이었다. 그는 메카 시대 초기 예언자가 겪었던 생활을 토대로 타크피르의 믿음과 행동 방침을 구체화했다. 또한 그는 무슬림들이 충분한 힘을 비축할 때까지 지하드의 수행을 자제해야 한다고 말했다. 진정한 이슬람적 생활은 오직 타크피르 집단 내에서만 가능했기 때문에 그의 이론은 조직의 이념과 지도력에 대한 충성심을 이끌어내는 데 필수적이었다. 실제로 타크피르의 당원들은, 예언자 시기와 정통 칼리프 시기 이후의 이슬람 공동체는 모두 불신자들로 구성된 공동체였다고 믿는다.

이 단체가 처음으로 관심을 끌게 된 것은 1977년 1월 식량 폭동과 12월 사다트의 이스라엘 방문 반대운동 때문이었다. 이슬람주의자들이 사다트 대통령이 예루살렘을 방문하고 맺은 역사적인 평화조약에 대해서 '유대인과의 수치스러운 평화'라고 비난하기 시작하자, 사다트는 이집트 학생연맹을 해체하고 재산을 몰수하며 무슬림형제단의 월간지 ≪알 다와≫를 심하게 검열했다. 이집트 검찰은 젊은이들에게 '진실한 이슬람'을 제대로 가르치지 못한 알 아즈하르의 무능력에 대해서도 비난했다.

같은 해 7월 타크피르는 종교성 장관 무함마드 후사인 알 다하비를 납치했다. 납치범들은 50만 달러의 몸값과 감옥에 있는 무슬림형제단 동지들의 석방을 요구했으나, 정부가 그들의 요구를 거절하자 인질을 살해했다. 이로 인해 타크피르의 핵심 지도부 5명과 약 600여 명에 달하는 당원들이 체포되었다. 무스타파는 1978년 3월 처형되었으며, 그의 사망으로 타크피르 운동도 급격히 약화되었다. 무스타파의 열렬한 추종자들은 그가 살아있다고 생각하지는 않았지만, 신이 이슬람을 부흥시킬 소명을 그와 타크피르 단체에 주었기 때문에 그가 '신의 사명'을 완수하기 전에는 죽지 않을 것이라고 믿었다.[23)]

23) Ibrahim, "Islamic Militancy as a Social Movement: The Case of Two Groups in Egypt," p.128.

타크피르는 국가를 거부하는 한편 국가를 자극하기도 한다. 이 단체의 회원들은 정권의 정통성의 상징인 종교단체, 군대, 모든 정부기관을 부인하면서 징병이나 교육제도와 같은 국가의 법을 무시한다. 또한 타크피르는 회원들이 이집트 정권하에서 공무원으로 일하는 것조차도 금지한다.

무스타파 역시 모스크에서 기도하는 것까지 금했으며 군복무 등 정부를 위한 모든 의무를 거부했다. 그는 이슬람의 쇠퇴는 무슬림들이 코란과 순나에 복종하지 않았기 때문이라고 하며 이슬람 원리에 따른 생활을 강조했다. 타크피르 단체는 이집트의 기존 질서를 파괴해 이슬람 국가를 건설해야만 한다는 당위성을 강조하면서 보수적 성직자, 정치인 등 주요 요인들을 납치해 암살하는 전략을 택하고 있다. 그리고 이 단체는 1979년 12월에 이란의 호메이니 이슬람 혁명에 영향을 받아 이집트 대학가에서 성전운동을 주도하기도 했다.

타크피르는 카이로 모스크의 장님 이맘인 키쉬크(Abd al-Hamid Kishk)의 설교에 크게 영향을 받고 있다. 키쉬크의 설교를 녹음한 카세트테이프는 젊은 층에게 인기가 있다. 1985년 키쉬크 이맘을 체포하는 과정에서 모스크에 운집한 무슬림들은 항의 시위를 벌이며 경찰과 충돌했다.

특히 흥미로운 것은 이 두 급진단체의 차이점이다. 이는 여전히 폭넓게 수용되고 있는 전통적 무슬림 신학·세계관뿐만 아니라 현대의 급진적 이슬람 사고의 다양한 흐름을 보여준다. 두 단체는 메디나에서 무함마드의 최초 국가 및 4대 정통 칼리프라는 '황금시대'하에 진정한 이슬람이 존재했다는 것에 동의한다. 무슬림은 혁신적인 사상에서 벗어나 종교 고유의 교리를 재발견하고, 현대사회에서 그것을 활발히 실천해야만 한다. 이는 부흥주의적 관점과 맥을 같이하지만 코란, 성전, 예언자의 순나, 그리고 시대를 초월하는 학문적 해석과 합의로서의 전통주의적 관점과는 배치된다. 그것은 또한 단순한 교육활동보다는 활발한 정치활동을 강조하는 개혁적인 관점과도 다르다.

양 단체는 당원들이 세속적인 소유물뿐만 아니라 생명 그 자체조차도 희생할 수 있도록 준비시키는 데 열성적이었다. 그들은 순교자가 되는 것은 신의 무한한 보상을 받는 길이고, 반면에 이슬람을 위해 순교하기를 두려워하거나 주저하는 것은 궁극적으로 독실한 동료 무슬림을 배반하는 것이라고 생각했다. 순교의 기쁨과 보상을 생각하면, 이슬람의 적들에게 받는 육체적 고통은 충분히 참을 만한 것이며, 심한 고문은 '무자비한 자힐리야 사회'와 '자기 자신을 부정할 수 있는 믿음의 공동체' 사이의 차이를 확연히 구분하게 한다는 것이다. 과거 1966년에 무슬림형제단이 체험했었던 고문에 대한 이야기는 이들 양 단체에 깊은 영향을 미쳤다. 심하게 고문받았던 몇 사람은 자신들을 에덴의 동산으로 초대하는 예언자들과 성자들의 영상을 보았거나 순교 후에 이루어질 정의로운 이슬람 사회에 대한 꿈을 꾸었다고 주장했다.[24)]

두 단체의 궁극적인 목표는 진정한 칼리프하에서 범세계적인 이슬람 국가를 건설하는 것이다. 즉, 신이 제시하는 이상적인 이슬람 정부 형태로서 이슬람법 샤리아를 시행하는 국가를 말한다. 이러한 칼리프 체제가 건설될 때까지 이슬람 단체들은 국내외 적들에 대항해 투쟁하는 가운데 진정한 이슬람 국가 건설의 싹을 틔우고 선구자적인 역할을 할 것이다. 이를 위해 개별 무슬림 국가에서 권력을 쟁취하는 것이 첫 번째로 필요한 단계가 될 것이다.

타크피르의 야망은 중동이나 이슬람 세계에만 그치지 않았다. 타크피르는 전 세계 사람들이 모두 개종하여 기도하고 이슬람 자선세인 자카트를 바칠 때까지 그들과 싸우는 것이 예언자의 명령이라고 주장했다. 이것이 이슬람의 진정한 목표라는 사실은, 그러한 이상적인 이슬

---

24) 같은 글, p.132.

람이 과거에 결코 성취된 적이 없었다는 증거이다. 타크피르는 또한 타크피르와 이슬람의 승리를 위해 카리스마적인 지도자의 중요성을 강조했다. 타크피르는 한 국가에 통치권을 수립한 후에 모든 인류를 향해 이슬람에 동참하고 샤리아에 복종할 것을 명령했다. 그리고 이슬람 국가가 세계 3대 강대국이 될 것이며 전 세계에 세력을 확장해 나갈 것이라고 했다. 단일 지도자를 덜 강조한 것 외에는, 지하드의 관점도 대략 비슷했다.

타크피르와 ILO를 좀 더 비교해 보면, ILO는 주요 공격 대상을 정부로 한정시킨 데 반해, 타크피르는 정권과 이집트 사회 모두를 자힐리야로 비난했다. 경제적 영역에서 공산주의와 자본주의는 모두 비종교적이고 비인간적이라는 이유로 거부되었다. 양 단체는 정권의 정통성이 '정의는 통치의 근본이다'라는 원칙에 따른 사회정의 구현 능력에 기초해야 한다고 믿었다.

이들의 견해에 의하면, 선출된 의회(shura)는 이슬람 공동체와 알라에 대한 의무를 이행하는 데 실패한 통치자들을 탄핵할 수 있다. 양 단체는 정부의 정책을 지지하는 관료화된 울라마 계층에 반대했다. 타크피르는 이들에 대한 극도의 적대감을 가지고 있었는데, 추종자들에게 모스크에서는 울라마 뒤에 서서 예배를 행하지 말도록 충고할 정도였다. 타크피르는 예언자 시기 이슬람 공동체의 완전한 부흥을 주장한 반면, ILO는 목표의 달성을 위해 현대적 관행을 차용할 수도 있다는 순응주의적 입장을 취했다. 교리, 정책, 노선 설정 면에서 타크피르가 ILO보다 훨씬 더 이념적이었던 것 같다.[25)]

ILO의 정치적 전략은 무슬림형제단이나 타크피르와는 전혀 달랐다. 무슬림형제단이 이슬람 국가를 수립하는 데 점진적인 전략을 세웠다면

25) 황병하, 『현대중동정치와 이슬람』, 185~189쪽.

ILO는 이슬람 국가의 수립을 최우선의 당면 목표로 설정했다. 이에 따라 ILO는 정권 타도를 위한 경찰과 군대의 내부 침투 같은 구체적인 계획을 수립했다.

타크피르는 세포조직의 당원들이 정권에 강력히 도전할 수 있을 정도로 수적 우위를 점했을 때만 지하드를 수행한다는 전략을 구상했다. 그러나 이러한 계획은 정부 보안군이 ILO의 군사기술학교 공격 이후 그들에 대한 가혹한 탄압 정책을 실시함으로써 실패로 끝나고 말았다. 이집트 정부는 언론을 통해 타크피르를 '20세기의 하와리즈파'로 낙인찍었다. 정부의 탄압에도 불구하고, 타크피르와 ILO는 지하조직을 통한 활동을 지속했으며 이란의 이슬람 혁명을 모델로 삼아 대학과 거리에서 동시다발적인 대중 소요를 일으키는 것으로 전략을 수정했다.

2) 알 지하드

현대 이집트 정치와 이집트의 국내 투쟁에서 자마아 알 지하드(Jamaat al-Jihad)는 중요하다. 알 지하드 조직은 그 명칭과 같이 지하드, 즉 '성전(聖戰)'을 이슬람의 여섯 번째 의무라고 주장하면서, 투쟁 방법으로 성전을 강조하는 이슬람 급진주의 세력이다. 성전을 강화하는 것은 아랍 세계에서 이슬람원리주의의 과격화를 뜻하는 것이다. 1970년 중반 ILO와 타크피르가 와해되면서 살아남은 조직원들이 지하드에 가담함으로써 이 조직은 가장 과격한 급진주의 이슬람 단체가 되었다.

지하드 조직은 처음에는 쿠틉의 고향인 아슈트 지방대학의 한 이슬람 조직으로 결성되었고, 1979년 전 무슬림형제단 일원이며 당의 소극성에 환멸을 느꼈던 무함마드 파라즈(Muhammad Abd al-Salam Faraj)에 의해 창설되었다. 지하드의 무력투쟁을 이슬람의 여섯 번째 의무로 규정한 것도 바로 파라즈였다. 그는 성전에 대한 기본 행동 지침을 자신이 직접 저술한

『잊혀진 이슬람 의무(The Neglected Obligation)』[26]에서 상세하게 설명하고 있다.[27] 이 책은 급진 이슬람주의자들의 행동 지침서로 이용되고 있으며,

---

26) 이를 요약하면 다음과 같다.

첫째, 모든 무슬림은 이슬람 공동체를 위해 투쟁해야 할 의무를 가지고 있다. 이는 알라와 샤리아에 의해 부여된 의무이다. 현재 무슬림 국가들의 법률은 불신자들의 법률이기 때문에, 진정한 무슬림은 서구에서 기독교인, 공산주의자, 시온주의자에게 훈련받은 지도자들에 대항한 지하드를 선언해야 한다.

둘째, 이슬람법을 거부하는 무슬림 지도자나 단체는 아무리 자신들이 무슬림이라고 외쳐도 배교자로 간주되어야 한다. 죄지은 무슬림이 자신의 신앙심을 고집하더라도 결국 무슬림의 지위를 상실할 것이기 때문에 진정한 무슬림의 지위는 영원히 보상받을 수 있다. 배교는 최고의 죄악이다.

셋째, 무슬림이라고 주장하는 이단자인 통치자들에 협력하는 것은 죄악이다. 이러한 통치자에 대한 처벌은 죽음이다. 진정한 무슬림은 이러한 통치자의 정부나 군대에서 봉사하는 것을 삼가야 한다.

넷째, 이단적 국가에 대항해 지속적으로 지하드를 수행하는 것과 자힐리야 사회를 붕괴시키고 이슬람 사회를 수립하는 것은 모든 무슬림의 의무이다.

다섯째, 무장 투쟁은 지하드에서 인정될 수 있는 유일한 해결 방식이다.

여섯째, 수사적 방법, 이슬람 정당 그리고 히즈라 등 평화적 방식을 통해 추구되는 지하드는 어리석고 비겁한 방식이다. 이슬람은 초기 이슬람 역사의 정복 사업에서와 마찬가지로 무력의 사용을 통해서만 성공할 수 있다. 따라서 진정한 무슬림은 비록 그 숫자가 소수이더라도 지하드에 참여해야 한다.

일곱째, 지하드의 방식은, 우선 내부(이집트)의 불신자들과 투쟁하고 나중에 외부(이슬람 국가들)의 불신자들과 투쟁하는 것이다.

여덟째, 지하드는 교육을 받지 못한 지식이 없는 무슬림도 연구할 수 있다. 따라서 배움이나 지식이 모자란다는 핑계로 지하드를 기피하는 것은 있을 수 없다.

아홉째, 이슬람의 지도력은 신에 대한 경외심을 가지고 있는 가장 강력한 믿음의 소유자에게 부여되어야 한다. 그는 집단적으로 선출되어야 하며, 일단 선출되면 모든 무슬림은 복종해야 한다. 자만심이 강하고 오만한 학자는 결코 지도자가 될 자격이 없다.

열째, 지하드를 기피하는 주된 이유는 오늘날 무슬림 사회가 안고 있는 굴욕감, 좌절감, 멸시감, 내부 분열 등 불안하고 서글픈 상황이다.

27) R. H. Dekmejian, *Islam in Revolution: Fundamentalism in the Arab World* (New York: Syracuse University Press, 1985), p.100.

실제로 북부 이집트와 카이로의 분파주의적 분쟁과 소요 사태에 관련되어 있다.

무함마드 파라즈는 그가 매주 금요일에 설교하는, 빈곤 지역에 있는 개인 사설 이슬람 성원에서 지하드 회원을 선발했다. ILO나 타크피르와 마찬가지로 지하드도 주로 고등학교, 대학교, 기술학교를 졸업한 젊은 계층이 다수를 이루고 있으나 군부 내에도 일부 지지 세력을 가지고 있었다. 더구나 지하드는 대통령 경호원, 민간 관료, 언론, 학계에서 회원을 충원하는 데에도 성공했다. 지하드 조직원의 85% 이상이 학생들로서 저소득층 출신이거나 지방 출신이다. 연령층으로는 20~28세가 대부분이고, 의대, 법대, 약대생으로 아슈트 대학과 알 민야 대학이 중심 거점이다. 아슈트 대학의 지하드 소속 학생들은 대학 당국에 이슬람식 교육 방법을 요구하며 남녀 분리 교육, 음악·미술·스포츠 같은 외래문화 활동 금지 등을 요구하는 시위를 주도했다. 이집트의 아슈트 지역에서 이슬람 운동이 활발하게 일어나게 된 것은, 이곳이 많은 무슬림형제단 지도자들을 배출한 지역이기 때문이다. 지하드 조직은 다른 도시로 급속하게 세력을 확장시켜 이집트 사회에 영향력 있는 급진 원리주의세력으로 부상했다.

파라즈는 사다트를 '제국주의와 시온주의의 식탁에 마주앉은 이슬람의 배신자'라고 불렀다. 그는 사다트 정권을 폭력으로 전복시킬 것을 주장하면서 울라마의 배신을 비난했다. 전술적인 관점에서 파라즈는 자신들이 악의 왕자나 파라오라고 불렀던 이집트 대통령의 암살이 효과적인 첫 번째 방법이라고 주장했다. 그는 또한 온건한 이슬람주의자들을 심하게 공격하며, 이집트 정치체제에 합법적인 방법으로 대항하는 것은 이슬람의 정신에 위배되는 것이라고 강조했다.

이슬람 국가를 세우기 위해서 파라즈와 그의 추종자들은 1981년 10월 6일 수에즈 운하를 가로지르는 군사 행진을 하는 동안 사다트를 암살할 음모를 실행에 옮기기로 했다.[28] 그들은 이러한 행위로 '민중혁명'의

전주곡이 될 대중봉기가 일어날 것이라고 희망했다. 그러나 이란의 이슬람 혁명 지도자 호메이니와 달리, 그는 이집트 국민 대부분으로부터 완전히 고립되어 어떠한 세력도 그의 집단에 동조하지 않았다. 알 아즈하르 지도부는 파라즈와 그의 추종자들의 사상이 이븐 타이미야[29] 사상을 받아들였다고 주장하더라도, 그것은 정통 이슬람에서 벗어난 것으로 이븐 타이미야 사상을 대표하지 않는다고 선언했다.

지하드의 암살자들은 이집트 사회에 널리 퍼져 있었던 사회·경제적

---

28) 사다트 대통령을 암살한 조직에서는 파라즈 및 주무르 중령이 작전 명령을 결정했다. 1981년 1월과 2월 세포조직인 안꾸드의 모임에서 파라즈를 위시한 주무르는 칼리드 알 이슬람불리 소령에 의한 사다트 대통령 암살 계획을 실행에 옮기기 시작했다. 10월의 군사행진에 이슬람불리의 참가가 결정되자 세포조직의 지도자들은 이를 암살계획 실행의 적기로 판단했다. 지하드의 목표와 이념적 동기는 이슬람불리의 재판 과정을 통해 알려지게 되었다. 그는 사다트 대통령을 암살한 후 "나는 파라오를 죽였을 뿐이다"라고 주장한 것으로 유명하다. 그는 사다트를 암살해야 했던 세 가지 이유를 다음과 같이 제시했다.

첫째, 이집트의 기존 법률이 이슬람법과 일치하지 않아서 무슬림들이 고통을 겪고 있다.

둘째, 사다트는 이스라엘과 평화협정을 체결함으로써 무슬림과 아랍인들의 정서를 무시했다.

셋째, 1981년 9월 사다트는 이슬람원리주의자들을 무자비하게 체포, 구금, 고문했다. 황병하, 『현대중동정치와 이슬람』, 193쪽.

29) 몽골 시대 이후의 대표적인 개혁가로는 몽골의 손에 의해 막대한 피해를 입은 다마스쿠스의 신학자였던 이븐 타이미야(Ahmad ibn Taymiyyah, 1263~1328)가 있다. 타이미야는 한발리 법학파에 속한 울라마의 전통 있는 가문 출신으로서 샤리아의 권위를 높이기 위해 노력했다. 또한 그는 비록 몽골인들이 이슬람으로 개종하기는 했지만 샤리아가 아닌 야사(Yasa)를 만들었기 때문에, 그들이 이교도이자 배교도일 수밖에 없다고 말했다. 진정한 개혁가답게 그는 예언자 무함마드와 정통 칼리프 이후에 일어난 이슬람의 변질된 발전을 공격하고, 시아파, 수피즘, 팔사파와 같은 종파나 학파의 정통성을 부정했다. 그러나 그는 긍정적인 계획도 가지고 있었다. 이렇게 변화된 시대에 샤리아는 (비록 그것이 여러 시대에 걸쳐 발전해 온 피크(율법)의 대부분을 제거하는 것을 의미한다 해도) 무슬림들의 현실 상황에 맞춰나가야 했다. 법학자들이 법률을 자구(字句)에 한정해 해석하고 이즈티하드(法源)를 사용해 샤리아 정신에 부합하는 법적 해결책을 찾는 것이 필수적이었다. 카렌 암스트롱, 『이슬람』, 장병옥 옮김(서울: 을유문화사, 2003), 128쪽.

분위기, 캠프 데이비드 협정에 대한 불만, 국가의 정치적 탄압으로 인한 공포감 등에 대한 국민들의 정서를 대변했다. 지하드는 적절한 시기까지 성전을 연기하는 것이나 사회에서 이탈하는 것과 같은 타크피르의 이념을 공유하지 못했다. 대신에 영원한 성전을 통해서만 성취될 수 있는 진정한 이슬람 이론을 제시했다. 지하드는 이슬람의 의무를 수행하지 못한 지도자나 무슬림을 불신자로 간주했고, 이들의 합법성을 인정하지 않았다.

지하드는 모든 무슬림은 이슬람에 복종하고 성전을 통해 이슬람 국가를 세워야 하며, 필요하다면 순교해야 한다고 주장하는 이슬람원리주의 조직이다. 이 조직은 무슬림형제단의 이론가인 쿠틉의 성전 논리를 신봉하고 있다. 이 조직의 정신적 지도자는 장님 이맘으로서 아슈트 대학 사목인 라흐만(Sheikh Umar Abd al-Rahman) 교수이며, 이론적 지도자는 이 단체의 실세인 카이로 대학 공대 출신 파라즈였다. 군사행동의 지도자는 군 정보부 중령인 주무르(Abbud Abd al Latif Zummur)였다.

지하드는 반콥트교 운동에 개입하기 시작하며 1978년에 처음으로 모습을 드러냈다. 그러나 지하드의 실체가 완전히 드러난 것은 1981년 10월, 군사 행렬에서 사다트 대통령을 암살한 사건이 일어난 직후였다. 이 단체의 지지자들은 지하드를 분쇄하려는 정부의 전면전에 직면하면서도 패배하기 전까지 혁명의 물꼬를 틀 기회를 노리면서 아슈트 지역에서 발생한 3일간의 폭동을 주도했다. 이슬람원리주의의 급진파 세력들은 결코 대중적 지지를 얻지 못했다. 지하드 단체에 동정적이었던 많은 학생들은 물론 무슬림형제단이나 울라마 계층도 이들의 극단주의적 행위를 비난했다. 반면에 울라마 계층은 이슬람원리주의 단체들에게서 자힐리야 정권의 아첨꾼이라고 비난받았다.

무스타파와 같이 카리스마적인 한 개인에 의해서 움직이는 타크피르와는 대조적으로, 지하드는 전체적인 전략을 담당하는 집단적인 리더십

기구와 라흐만이 이끄는 10명의 자문위원회에 의해 움직였다. 매일의 작전은 3개 부서의 감독기관이 지휘했다. 회원들은 준독립적인 작은 단체와 세포조직에서 활동했으며 카이로와 북부 이집트에 각각 지부가 있었다. 카이로 단체는 전략 수립을 위해 매주 만나는 수장들이 이끄는 5~6개의 세포조직으로 구성되었다.

이러한 지도체제는 지하드로 하여금 의사 결정과 행동 수립에서 약간의 융통성과 유연성을 가질 수 있게 했다. 구조적으로 지하드 조직은 지도부와 통제부로 구성되어 있었다. 지도부는 전체적인 행정·기획·정책 개발의 책임을 맡고, 조직의 실제 작전과 행동은 통제부에 의해 실행되었다. 타크피르와는 반대로, 지하드는 이슬람 사회에서 자신들을 이탈시키기보다 군대, 보안기구, 정부 조직에 단원들을 침투시켰다. 이런 측면을 고려한다면, 지하드는 타크피르보다 훨씬 위험스러운 존재였다. 지하드의 조직원들은 거대한 기존 사회의 여러 곳에 점조직으로 구성되어 있기 때문에 만약 한 세포조직이 발각되었다 하더라도 중심 조직이나 다른 세포조직들은 보안당국에 쉽게 노출되지 않았다. 지하드의 모든 지방 조직을 통제하는 최고의 기구는 마즐리스 알 슈라였다.

지하드의 주장에 의하면, 무슬림은 이슬람 국가를 포함한 이단 통치자가 지배하는 모든 국가에 대항해 성전을 수행해야 한다. 무슬림이라면 누구나 통치자에게 복종해야 한다는 전통적 종교학자들과는 반대로, 지하드는 이슬람의 법률제도가 완전히 실행될 때에만 정부를 인정해야 함을 강조했다. 즉, 샤리아의 실행 여부가 정권의 정통성을 판단하는 유일한 기준이 된다.[30]

지하드 조직이나 자마아 내 학생 조직들은 특정 모스크나 대학을 선정해 선동하며 폭력 투쟁을 전개해 왔다. 그들의 계속되는 시위와 폭력

---

30) Zeidan, "Radical Islam in Egypt: A Comparison of Two Groups," p.14.

투쟁에 대한 정부의 강경 정책으로 1979년 조직원 대부분이 체포되어, 지하드 조직은 붕괴된 듯했다. 그러나 이 조직은 1981년 10월 사다트 암살사건을 성공시킴으로써 와해되고 말았다. 사다트 암살사건으로 파라즈는 사형되었고, 라흐만은 무죄로 풀려난 후 1985년 미국으로 망명했다. 그는 이집트 국내와 해외에서 활동하는 자마아 이슬라미야 같은 다른 급진운동 단체뿐만 아니라 지하드에도 계속 영향을 끼쳤다.

지하드는 탄압 속에서 간신히 살아남았다. 사다트 대통령 암살에 뒤이은 지하드 지도자의 투옥과 축출에도 불구하고 조직 분파들은 무바라크 정권에 대항하는 지하드를 주창하면서 조직을 재결성했다. 지하드는 그 이후 계속해서 테러 공격과 공동체 폭력에 관여했다. 그들은 북부 이집트의 도시 중심에 한정된 지지 기반을 가지고 있었던 것으로 보이며, 지도자의 다수가 서구 사회에 망명해 살았다. 한 분파는 원래 이 단체의 설립자 중 한 명으로 현재 이집트에 투옥되어 있는 주무르에 충성했으며, 다른 한 분파는 '정복의 선봉대(Vanguard of the Conquest)' 또는 '신지하드 그룹(The New Jihad Group)'이라고 불리는 단체로 아프간 전쟁 참전용사[31)]자와히리(Ayman al-Zawahiri) 박사가 주도하는 것으로 보인다. 그밖에 알 지하드의 분파 지류로서 '지옥의 생존자(Survivors from Hell Fire)'와 '지옥으로부터의 구원(Salvation from Hell)'이라는 단체가 있다.

1985~1986년에만 2,500여 명의 이슬람원리주의 행동대원들이 체포되고 구금되었다. 1986년 7월, 이집트 정부 보안군의 반란에 의해 시작된 폭동 후에 분파의 회원 75명이 체포되었다. 지하드 조직은 같은 해 12월까지 군대 내에서도 투쟁활동을 계속해 왔다. 일부 군 장교와 사병들이

31) 1980년대 이집트 이슬람원리주의 집단의 투사들은 아랍 세계의 다른 급진단체들처럼 소련에 대항해 아프가니스탄에서 무자헤딘과 함께 어깨를 나란히 하고 싸우며 전쟁에서 값진 경험을 얻고, 미국 요원들에게 전문적인 특수 훈련을 받았다. 소련군이 철수한 후 많은 참전 용사들이 고국으로 귀국하면서부터 부패한 현 정권에 대항해 무력으로 투쟁했다.

한 훈련소 캠프를 공격해 점거하려다 실패한 사건이 발생하기도 했다.

지하드 조직의 폭력 사용 전략이 너무 느리다고 불평하는 '지옥의 생존자'는 조직원이 30~70여 명 정도 되는 급진 성향의 소규모 이슬람원리주의 조직이다. 지도자는 건설장비 기술자인 카짐(Abd al-Qawi Muhammad Kazim)이다. 이 조직은 정부의 재정으로 건축된 모스크와 정부에 복종하는 성직자가 있는 모스크에서는 예배할 필요가 없다고 하여 모스크 예배까지 금하고 있다. 1987년 이 조직은 반이슬람적으로 간주되는 인물들에 대한 테러 공격을 했으나 실패했다. 이 사건으로 대부분의 대원들이 사살되고 카짐이 경찰에 체포되면서 조직은 붕괴되었다. 그 후 소아과 의사인 알 사프티(Majdi al-Safti)는 또 다른 세포조직의 과격단체를 지도하면서 칼리프제의 재건을 위해 투쟁해야 한다고 주장했다. 이 조직은 지도자를 마흐디로 칭하고 있으며, 아직까지 두드러진 원리주의 활동을 한 적은 없다.

1988년 12월에도 카이로의 에인 샴스 빈민가에서 폭동이 발생해 5명이 사망하고 300여 명이 체포되었다. 이 폭동은 지하드 조직과 다른 급진세력들의 소행으로 판명되었다. 1989년에도 이슬람원리주의자들이 아슈트 지방에서 격렬한 시위를 하면서 경찰과 충돌했다. 1989년 '지옥으로부터의 구원' 단체의 회원들은 두 명의 전직 장관과 한 명의 기자에 대한 암살 시도 혐의로 재판을 받았다.

이슬람원리주의 운동에 대한 정부의 강경책에도, 지하드의 조직원은 전국에 2만 명 이상이 있으며, 행동대원인 전사들만도 1,000여 명이나 된다. 라흐만은 1993년 2월 26일 뉴욕 세계무역센터 지하주차장 폭발 테러 사건에 정신적으로 영향을 미친 지도자라는 혐의로 체포되었다. 1993년 알피(Hassan al-Alfi) 내무부 장관과 시드키(Atef Sidky) 총리에 대한 지하드 회원들의 암살 시도 역시 실패했다. 지하드는 다른 국제 급진 이슬람 단체들과 연계되어 있는 가운데 1998년 케냐와 탄자니아의 미

대사관 폭탄 테러와 미국의 2001년 9·11 테러 공격을 배후 조종한 오사마 빈 라덴 같은 인물과도 연계되어 있었다.

3) 타크피르와 지하드

전통적 학자들은 자힐리야, 즉 '무지의 시대' 개념을 이슬람 이전 아라비아 반도의 역사적 상황으로 인식한다. 반대로 타크피르와 지하드 양대 단체에게 '무지'는 샤리아를 완전히 실행하지 않은 결과, 신의 주권에 도전하기 때문에 적절히 이슬람적이라고 할 수 없는 무슬림 사회의 현 상태를 의미한다. 그러므로 그들 단체에게는, 무슬림 국가의 현 정권들 모두가 비이슬람적이기 때문에 그들에 대항해서 싸우는 것은 정당하고 필요한 일이라는 것이다.

회원 선발에 있어, 타크피르와 지하드 단체는 모두 혈연·친구 관계에 크게 의존하며, 최근 대도시로 이주해 새로운 환경에서 도태된 시골 출신의 중하위층 학생들을 주로 끌어들였다. 대부분의 회원은 특히 기술과 과학을 중점적으로 훌륭한 교육을 받았다. 타크피르는 주로 북부 이집트에서 회원을 충원했으며 유일하게 여성 회원을 활발히 유치한 단체였다.

두 단체는 지하드가 더 성공적이라는 점에서 다르다. 타크피르는 '정부와 사회 모두가 이단적이므로 무슬림이 그들로부터 분리되어야 한다'고 주장했다. 타크피르는 이슬람의 4대 정통 법학파와 모든 전통적 해설자들을 이러한 비난의 범주에 포함시켰다. 타크피르는 이들이 코란을 그들의 이익에 맞게 해석하는 정부의 꼭두각시라고 낙인찍었다. 타크피르는 4대 법학파의 창시자를 이즈티하드, 즉 창조적 해석의 문을 닫고 자신들을 우상으로 내세우며 신과 신도들 사이에서 중재자 역할을 하려 한다고 비난했다. 그래서 타크피르는 전통적인 이슬람의 코란만을 받아들였고 피크와 하디스 둘 다 거부했다.

반면 지하드는 그들이 선호하는 특정 해설자들을 선별했으며 여기에는 유명한 한발리 법학파의 중세학자인 이븐 타이미야도 포함되었다. 그는 자신의 책에서 통치자가 변덕에 따라 자의적으로 통치하는 이단자라고 하더라도, 사회는 어느 정도로 무슬림이라 인정할 수 있다고 주장했다. 지하드는 4대 이슬람 법학파가 주창하는 이론의 많은 부분을 수용했고 일부 후기 학자들의 사상도 받아들였다. 결과적으로 무슬림은 지하드에 동참하거나 그것의 가르침에서 진실을 찾아야 한다는 것이다. 지하드는 세속적인 정권과 그 하수인들이 이단이라고 주장했다. 지하드는 몽고 지도자들이 샤리아와 관습법을 혼용했다는 타이미야의 비판을 역사적 정당성으로 인용했다. 타크피르와는 달리, 지하드는 합법적이고 긴급한 사안으로서 즉각적인 반란과 혁명에 의한 권력 쟁취만이 이슬람 국가의 건설을 앞당길 수 있을 것이라고 주장했다.

그러나 분명히 해두어야 할 점은 두 단체의 신학 교리는 신성한 종교기원으로의 단순한 회귀가 아니라, 역사적으로 지배적인 관점의 재해석과, 급진주의적인 초기 하와리즈파 모형에 기초한 파벌적 변형이라는 점이다. 심지어 이븐 타이미야와 같은 역사적 전례를 주장했을 때조차도, 그들은 주류 이슬람의 기본 틀 밖에서 혁신적 접근 방법을 사용했다.

전통적 학자와 무슬림형제단은 무슬림을 이단으로 규탄하지 않았다. 그들은 어떤 사람이 자신을 무슬림이라고 주장하는 것을 액면 그대로 받아들였고 그의 의도에 대한 판단을 신에게 맡겼다. 반면, 타크피르와 지하드는 자신들을 공격하거나 살해하려 하는 무슬림들을 이단으로 규정했다.

타크피르와 지하드 모두 국가 혁명에 초점을 맞추어야 한다는 데 동의했다. 이들은 이집트가 샤리아의 시행에 실패해서 이단 국가로 파문을 선고받았기 때문에, 모든 진정한 무슬림은 전통적 이슬람 이념에 부합하지 않는 정권에 대항하는 성전을 수행할 의무가 있다고 주장했다. 그들은 무슬림 국가의 이단적인 정권이 진정한 이슬람 국가에 의해 전복되거나 대체될 때에만 칼리프 체제가 복원될 수 있고, 점령당한 무슬림 영토를 해방시킬 수 있으며, 샤리아의 통치가 전 세계적으로 실현될 수 있다고 믿었다.

하지만 혁명의 목표와 적을 규명하는 데 있어서, 타크피르는 정권뿐만 아니라 사회 전체가 이단이므로 추방해야 할 대상이라고 주장했다. 이는 타크피르가 혁명단체 이상의 선명한 노선을 걷게 했고, 타크피르 내에 다음과 같은 두 가지 전략적 결정을 가져왔다. 첫째는 사회에서 개인을 축출하는 것이었다. 여기에는 일부 선별된 사람들의 선택과 사회 인프라가 지탱할 수 있는 것 이상의 짐이 요구되었다. 둘째는 투쟁적인 행동으로 돌입하지 않고 활발한 교전상태를 무기한 연기하는 것이었다.

전통적 학자들은 무함마드가 메카에서 메디나로 이주한 것(hijra: 히즈라)을 오늘날의 무슬림과 관계 있는 영적이고 역사적인 사건으로 간주한다. 그러나 타크피르는 히즈라에 대해 다른 해석을 제시했다. 모든 세대의 진정한 무슬림들이 히즈라를 재현하고 이단 사회에서 실제로 분리되기 위해 예언자 무함마드를 따라야 한다는 것이었다. 그들은 안전한 곳으로 떠남으로써 새로운 사회를 건설하고 복귀할 수 있는 승리의 무대를 마련할 수 있다. 일시적으로 이단적 사회세력이 약화되었을 때 반드시 완전한 분리가 필요하다. 대안 공동체가 정권을 위협할 만큼 충분히 세력을 키울 때에만 완전한 분리는 성취되는 것이다. 그러나 이 계획은 타크피르 내부에서 실패했다. 타크피르가 변절한 회원들에게 폭력적 수단을 사용하자 경찰이 이에 개입했고, 이러한 양상은 타크피르를 파괴하는 전면전으로 이어졌다. 타크피르의 계획에 비추어볼 때, 실제로 이들이 추구한 전략이 점진적인 확대를 추구하는 소극적 움직임이었기 때문에 이들이 정부에 즉각적인 위협을 가하지는 않았다.

반대로 지하드는 무력을 동원하는 자칭 혁명단체였다. 지하드는 무스타파가 주장하는 사회에서의 완전한 분리를 거부했으며 힘이 축적될 때까지 성전을 미루지도 않았다. 타크피르가 국가기관을 인정하지 않았던 반면, 지하드는 성전을 즉시 완수하기 위해 군사, 안보기구, 다른 국가기관에 침투했다. 지하드가 정부 체제를 거부한다는 점에서는 타크피르와 같았지만 이집트 사회에서 행동을 취하는 데 있어서는 훨씬 더 유연한 입장을 취했다. 지하드 단체는 자신들이 말하는 여섯 번째 의무로서의 성전이 이슬람의 근본적인 원칙임을 분명히 선언하고, 많은 전통학자들이 이러한 사실을 감추려 한다고 주장했다. 사실, 이슬람의 의무에 태만한 무슬림과 비신도들을 겨냥한 성전이 진정한 무슬림의 최우선 순위가 되어야 한다는 것이다.[32)]

많은 역사적인 유럽의 혁명단체들과 마찬가지로, 지하드는 정치적 암살과 폭력으로 군중을 동원할 수 있다고 생각했다. 이러한 전략이 효과를 발휘하기 위해서는 사람들이 지하드 편에 서고, 지하드를 적절한 본보기와 리더십의 대상으로 생각하는 것이 필요했다. 실제로 이것이 지하드의 주장이었다. 즉, 신이 승리를 부여하고 이단 정권의 몰락이 기적적으로 모든 사회적 병폐를 치유할 것이기 때문에 미리 힘을 키울 필요가 없다는 것이었다.

그러나 그들이 전략을 실천하기는 쉽지 않았다. 예를 들어 전통 이슬람 교의에 의하면, 앞에서 언급한 것처럼 동료 무슬림을 죽이는 것은 잘못된 것이며 정부가 이슬람을 따르는 것이 옳은 것으로 간주되었다. 지하드는 특정한 사건과 이슬람 역사의 일부 해설자들의 말을 인용하면서, 무슬림을 죽이는 것과 무슬림이 이끄는 정부를 전복하는 것이 이슬람의 정확한 해석이라고 주장해야만 했다.

---

32) Zeidan, "Radical Islam in Egypt: A Comparison of Two Groups," p.16.

지하드가 이러한 견해를 열렬히 받아들인 반면, 단체 내 지도자들은 그들의 시각이 분명히 비주류의 견해라는 것을 알고 있었다. 파라즈는 다른 단체들, 특히 무슬림형제단이 정치체제에 대해 점진적 전략을 세우고 개입하는 것을 비판했다. 그는 그러한 행동이 정권을 강하게 만들 뿐이라고 주장했다. 파라즈는 타크피르가 주장한 바처럼 성전이 연기되어야 한다거나, 일반 무슬림들이 널리 받아들이는 방어적이고 비폭력적인 방법만 필요하다는 견해도 거부했다.

파라즈는 그들이 모두 틀렸으며 활동적이고 즉각적인 성전만이 이슬람 국가를 건설하는 유일한 전략이라고 주장했다. 지하드는 즉각적으로 분파 투쟁, 폭동, 테러 행위에 동참하면서 1970년대 후반에 이러한 목표를 실행했으며 이는 사다트 대통령의 암살로 절정을 이루었다. 타크피르가 이슬람이 실천되고 정의되어 온 전통적인 주류 이슬람을 거부한 데 반해, 지하드는 전통 이슬람의 원칙과 목표가 믿음의 적절한 구현이라고 주장했다. 파라즈는 역사적으로 존경받는 학자들 대다수가, 지하드가 성전을 수행하고 이슬람 국가를 건설하려는 목표에 동의했다고 주장했다.

타크피르와 지하드가 이교도에 대한 상반된 견해를 보이긴 하지만, 양측 모두 기독교와 유대교에 대한 강한 적개심이 있다는 점이, 전통적 무슬림의 시각과 다소 다른 이 두 단체의 특징이다. 이들은 유대인과 기독교인을 보호받는 공동체와 성서의 사람들(People of the Book)로 보지 않고, 진실을 고의적으로 거부하고 식민주의, 시오니즘과 야합한 이단으로 간주한다. 기독교와 유대교는 외부의 적을 위한 제5열이라는 오명을 쓰게 되었으며 무슬림 사회 내에서 서구의 트로이 목마로 간주되었다. 타크피르는 국제적인 유대인 음모와 그것에 대항해 싸울 필요성을 강조했다. 반면 지하드 내의 주디(Zuhdi) 단체는 기독교를 대항해야 할 첫 번째 적으로 간주하고 반콥트 운동에 적극적으로 참여했다. 셰이크 라흐만은 반무슬림으로 간주되는 기독교인들을 살해하거나 약탈하는 것을 정당화하는 종교칙령 파트와(Fatwa)를 발표한 바 있다.

두 단체는 서구 기독교, 유대교 시오니즘, 공산주의 무신론이 이슬람을 타락시키고 분열시키며 파괴하려 한다고 주장했다. 또 이들에 의하면 무슬림 국가의 통치자들은 이러한 세력의 꼭두각시이며, 그들 국가를 의존과 세속화로 몰고 간다. 이들은 이러한 전투가 이슬람 초기부터 발생했으며 7세기의 유대교인과 기독교인은 현재의 모습과 동일했다고 주장한다. 타크피르는 유대인이 우상숭배를 부추기고 전 세계에 부패와 부도덕을 퍼뜨린다고 비난했다. 반면 지하드는 무슬림 지도자들이 유대교인과 기독교인에게 복종하고 무슬림 국가들을 착취로 이끈다며 비난했다.[33]

결국 두 단체는 모두 그들의 조직 자체를 구세주로 간주했다. 타크피르는 급진적인 메시아적 양상을 띠었으며, 세계의 종말이 다가오고 있다고 믿으면서 그들의 지도자인 무스타파가 메시아라고 믿었다. 불신, 압제, 부도덕, 기아, 전쟁, 지진, 태풍 같은 현상은 세계의 종말이 가까워지고 있음을 암시한다는 것이다. 무스타파는 새로운 무슬림 사회를 건설하고 세계를 정복하며 지상에서 신의 마지막 통치를 안내할 칼리프였다. 지하드는 전 세계에 정의를 건설하기 위해 최후에 모습을 드러낼 메시아의 전통을 믿고 있었다. 그에 따르면, 무슬림 사회는 진정한 이슬람 실천을 위한 투쟁에 적극적으로 동참해야만 했다. 메시아적 리더십의 부재는 투쟁을 미루는 구실이 되지 못했으며 리더십은 공동체에서 가장 뛰어난 무슬림들, 특히 지하드 지도부에게 주어져야 했다.

타크피르는 정부의 억압과 지도자의 축출로 분열되는 양상을 보였으며 회원들은 지하드 같은 다른 지하단체에 동참하게 되었다. 그러나 조직의 핵이 지하에 남아서 다른 많은 급진단체들에게 영향을 주었다는 것이 지배적인 풍문이었다. 같은 이름의 다른 급진단체들이 아랍 국가에 등장

---

33) 같은 책, p.17.

했다. 그러나 그들이 같은 이데올로기를 신봉했는지는 확실하지 않다. 예를 들어, 알제리에서 같은 이름의 한 단체는 GIA(Armed Islamic Group)에 활발히 연계되어 있는 것으로 보도되었으며 도심지 테러, 민간인 살해, 보안군 공격에 가담했다는 비난을 받았다. 1999년 12월 31일 레바논에서 타크피르 단체가 아쑨(Assun) 근처를 순찰 중이던 정찰병을 매복 공격해 4명의 군인이 사망했다. 그 정찰대는 트리폴리 근처 언덕에서 호전적인 단체들을 공격했으며 이 공격으로 급진주의자 25명이 사망했다.

4) 알 자마아 알 이슬라미야

알 자마아 알 이슬라미야(al-jama'a al-islamiyya)는 사다트 대통령 당시 이집트의 모든 대학에서 막강한 영향력을 행사했던 이집트 원리주의 학생 조직이다. 처음에 이 단체는 대학교 특별 클럽으로 출발했는데 문학, 그림, 레크레이션, 코란 연구 클럽 등이 포함되어 있었다. 자마아는 클럽을 통해 학생들을 모집하기는 했지만, 여전히 소규모에 지나지 않았다. 1970년대의 이집트 대학들은 과대한 학생 수, 빈약한 재정, 열악한 학생복지, 낙후된 시설 등 많은 문제를 안고 있었다. 자마아 소속 학생들의 학내 문제에 대한 관심과 해결 의지는 이들에 대한 일반 학생들의 엄청난 지지로 귀결되었으며, 이후 4년 만에 자마아는 이집트 전 대학의 학생운동을 장악하게 되었고 좌파 학생 조직들을 지하로 몰아넣는 데 성공했다.

1976~1977년 자마아는 이집트 학생연맹과 대부분의 중요한 단과대학 학생회를 사실상 장악했다. 1984년 초의 학생 선거 결과는 이집트 대학의 대부분에서 이슬람주의자들이 승리했음을 보여준다. 1980년대 중반까지 이집트의 22개 전문 직업 길드의 대다수는 무슬림형제단 젊은 당원들의 통제하에 있었다. 처음에 좌파 사회주의 세력과 공산주의 세력을 척결하기 위해 자마아에 호의를 보였던 사다트 정부는 이들의 세력 확장에

두려움을 느끼기 시작했다. 이들은 사다트의 행동이 이슬람의 의무를 저버린 반역 행위라고 비난했다.

자마아는 대학 캠퍼스에서의 행동 규범으로서 남녀학생을 분리하고 학생들이 차도르와 장갑을 포함한 '이슬람 복장'을 착용하도록 원가로 제공했다. 이것은 서구에서 유행하는 고가의 외제 상표 의류를 선호하는 부유한 집안의 학생들에 대한 이슬람적 대응이었다. 1980년 자마아의 주요 이론가들 중의 한 사람으로서 젊은 의사인 아리안(Isaam al-Aryan)은 다음과 같이 주장했다. "차도르를 입는 여학생의 수가 많을 때 우리는 그것을 서구 문명에 대한 저항의 상징이며 이슬람법의 엄격한 준수로 간주할 수 있다."[34)]

1981년 사다트가 이슬람원리주의 단체인 지하드 소속 전사들에 의해 암살된 후, 정권을 인수받은 무바라크 대통령은 반정부 단체들에 대한 탄압과 회유 정책을 동시에 추진했다. 그는 무슬림형제단의 지도자들과 중도적 성향의 무슬림 원리주의자들을 석방했다. 그리고 1984년 의회 선거에서 무슬림형제단이 세속주의·보수주의 성향의 와프드 당 소속 후보로 참여하는 것을 허용했다. 그러나 이 선거에서 무슬림형제단 후보자 8명만이 당선되었고, 이듬해 양당의 연합은 붕괴되었다. 1985년 7월 이집트 정부는 이슬람 운동을 통제하기 위해 모든 개인 소유의 모스크를 종교성 산하로 편입시키고 금요일 설교도 허가를 받도록 하는 칙령을 발표했다.

좀더 호전적인 이슬람원리주의 단체들은 주로 대학교 내에 존재하고 있었다. 1985년 11월 카이로 대학교 학생 대표 선거에서 자마아의 후보자들은 법과대학 의석 수의 약 80% 이상, 문과대학과 정보과학대학 의석 수의 70% 이상을 차지했다. 그러나 이러한 압도적 승리를 거두고도,

34) Kepel, *Jihad: The Trail of Political Islam*, p.82.

무슬림형제단조차도 이집트인 대부분에게서 지지를 얻지 못했다. 1980년대 이후 이슬람 운동은 크게 두 범주로 구분되었다. 그 하나는 급진주의(지하드와 자마아)였으며 다른 하나는 온건주의(무슬림형제단과 폭력에 반대하는 이슬람 단체들)였다. 그러나 대부분의 정치운동과 마찬가지로 이슬람 운동 내에는 다양성과 유동성이 항상 존재했다.[35]

첫째, 자마아 같은 단체는, 비록 급진주의로 분류되기는 했지만 온건주의 노선 성향의 중도적인 입장을 취하고 있었다.

둘째, 비록 무슬림형제단의 많은 당원들이 호전적인 이슬람 운동에 일반적인 동정심을 가지고 있었지만, 정부와 비대결 정책을 펼치며 폭력 사용을 반대했던 무슬림형제단을 강도 높게 비난한 단체는 지하드뿐이었다. 반면에 지하드와 자마아는 무바라크 정권을 비합법적인 자힐리야 정권으로 간주했으며, 이들과의 화해나 정치 참여를 완강하게 거부했다. 이들이 무슬림형제단과 다르다고 생각하는 중심 사상은 '통치권은 알라에게 있다'와 '잊혀진 이슬람 의무'로 묘사되었던 '지하드'였다.

급진주의자들의 폭력적 정치 행위가 정부의 강경한 탄압을 불러왔기 때문에, 이집트 이슬람원리주의자들은 완전한 정치 참여를 보장받지 못했다. 정치 영역에서 무슬림형제단과 자마아의 합법적인 정치 참여가 봉쇄되었음에도, 이들은 전문가 연합체나 학생연맹 등을 통해 정치적인 활동을 지속했다. 무슬림형제단의 기본권 요구와 샤리아 실행 요구는 사회에 강력한 반향을 불러일으켰다. 무슬림형제단과 온건주의 이슬람주의자들이 정부에 요구했던 사항들은 표현의 자유, 고문의 금지, 정당한 법 절차의 집행, 부패의 척결, 샤리아의 실행 등이었다.

자마아의 정신적 지도자 라흐만은, 지하드의 자금을 확보하기 위해서는 콥트교도들의 금은보석상들을 공격하고 필요하다면 살해해도 관계없

35) 황병하, 『현대중동정치와 이슬람』, 207쪽.

다는 파트와를 발표한 것으로 유명하다. 그는 1984년 석방되었으나 1986년에 잠시 재수감되었다가 풀려난 후, 1989년 4월에 또다시 체포되어 몇 개월의 옥고를 치르게 되었다. 그는 수단에서 미국 비자를 발급받아 이슬람을 전파하기 위해서 미국 저지 시에 정착했다.[36]

1987년 5월 전직 내무부 장관과 미 외교관들에 대한 암살 시도가 있었으나 그들은 가까스로 암살을 모면하고 살아났다. 1988년 가을에 이집트 보안군은 카이로 근처 헬리오폴리스에서 자마아가 무력으로 통제하고 있었던 구역을 소탕했다. 이것은 이 단체가 북부 이집트에 있는 농촌 거점 지역에서 수도의 노동자 계층에까지 침투했음을 보여주는 것이다. 1989~1990년에 자마아가 북부 이집트에 거주하는 콥트교도에 대해 계속적으로 폭력을 행사하며 세력을 확장하자 정부는 파이윰에 있는 라흐만의 개인 모스크를 폐쇄하고 그의 추종자들을 전원 체포했다. 정부는 1993년까지 극단주의자들을 무자비하게 탄압하는 동시에 온건주의자들과 대화를 하는 이중 전략을 계속 유지했다.

비종교적 지식인들에 대한 공격과 더불어, 자마아는 1992년 여름 동안 관광객에 대한 공격을 시작했다. 6월에 그들은 사제 폭탄으로 나일 강의 유람선과 기차를 폭파했다. 10월에 영국 여성이 살해되고, 12월에는 독일인 몇 명이 부상당했다. 자마아의 정신적 지도자로서 뉴욕에서 활동하고 있었던 라흐만은 '관광산업은 알콜 중독을 조장하는 퇴폐·향락 산업으로서 종교에 위배된다'고 선언하는 내용이 담긴 카세트 테이프를 이집트로 보냈다. 이러한 관광객에 대한 공격은 1993년 카이로까지 확산되어 여러 명의 외국인들이 살해되었고 마침내 1997년에는 룩소르에서 대학살 사건이 일어났다.

정부는 1997년에 다시 한 번 약 6만 개의 개인 소유 모스크를 종교성에

---

36) Kepel, *Jihad: The Trail of Political Islam*, p.283.

등록시켜 통제를 강화했다. 이는 원리주의자들의 테러의 온상이 된 모스크들을 정부가 철저히 관리하려는 이슬람 정책이었다. 1997년 1월 이집트 정부는 이슬람 무장세력 83명에게 사형을 선고하고 그중 54명을 처형했다. 이집트 정부가 자마아 섬멸 작전에 성공을 거두면서, 무바라크는 무슬림형제단을 폭력의 화신이며 테러리스트의 소굴이라고 비난했다.

7월 5일 카이로은행·관광회사 폭파 시도 혐의로 자마아 소속 호전주의자 98명에 대한 군사재판이 시작되자 사다트 대통령의 암살 사건에 연루되어 종신형을 선고받고 구속 수감된 채 옥중에서 살고 있었던 자마아의 '영웅적인' 지도자들이 이집트 국내외에서 활동하고 있는 모든 반정부 추종세력들에게 조건 없이 일방적으로 정부와 휴전할 것을 호소했다. 그러나 해외에 망명 중인 일부 지도자들이 이러한 제안을 거부하면서 호전적 원리주의자들이 9월에 나일 강 계곡의 경찰관들을 암살하는 등 폭력 사태를 일으키는 가운데 자마아 단체는 더욱 더 크게 분열되었다. 그들은 라흐만을 포함한 투옥 중에 있는 지도자들의 권위와 의지에 도전함으로써 자신들의 신념을 굽히지 않았던 것이다.

9월 말 이슬람 무장세력들이 카이로박물관 앞 관광버스에 총을 난사하고 사제폭탄을 투척함으로서 독일 관광객 10명이 사망했으며 11명이 부상했다. 이 사건은 자마아 이슬라미야 조직의 소행으로, 이스라엘의 동예루살렘 정착촌 건설과 이슬람의 예언자 무함마드에 대한 신성 모독이 그 원인이었다. 이 사건으로 10월 말 군사고등법원에서 이슬람원리주의자 2명이 사형선고를 받았다.

1997년 11월 17일에는 이집트 고대 관광지 룩소르의 하칩수트 여왕릉(Queen Hatshepsut) 근처에서 자마아 단체가 저지른 테러 사건이 있었다. 이 사건으로 외국인 관광객 58명과 이집트인 14명 등 70여 명이 희생되었다. 자마아는 현재 미국에 구금 중인 정신적 지도자 라흐만과 이집트에 투옥 중인 이슬람원리주의자들의 석방을 촉구하기 위해 테러를 자행했다고 주장했다. 알 아즈하르의 지도자 탄타위(Muhammad Sayyid Tantawi)와 무슬림형제단 지도자들은 테러범들을 '악마에게 자신들의 영혼을 판 반역자이자 비겁자'라고 비난했다.37)

그들은 이집트 산업의 단일 수입원으로서는 가장 큰 (연간 40억 달러에 달하는) 관광산업을 파괴했다. 이것은 대내적으로는 이집트 경제에, 대외적으로는 이집트 국가 이미지에 큰 타격을 주었다. 이러한 테러는 무고한 인명을 살상하고 관광 수입을 감소시켜 이집트 경제를 더욱 어렵게 했다. 이집트 관광산업의 붕괴 여파로 관련 직종에 종사해 왔던 국민 대다수가 이슬람 극단주의자들에게 등을 돌리기 시작했다. 결국 그들은 무바라크 정권에 타격을 가하며, 대외적으로 이목을 끌어 국제사회의 압력을 가하려 했던 자신들의 전략이 실패하고, 오히려 이집트 국민과 세계인으로부터 외면당하고 있다는 사실을 깨달았다. 이 과격 이슬람 단체는 이렇게 외국인 관광객을 대량 학살함으로써 국내외적으로 그 기반을 상실하고 자신의 종말을 예고했다. 이 사태 이래로 자마아 이슬라미야는 이집트에서 더 이상 정치 폭력의 주요한 가해자로 존재할 수 없게 되었다.

당시 이집트 외채의 일부가 이집트군이 걸프전의 다국적군에 참여한 대가로 탕감되었다. 이에 편승해 걸프전 후 경제 상황이 호전되었기 때문에 이슬람 극단주의자에 대항한 무바라크 정권의 정책 역시 국민의 지지를 받게 되었다. 이러한 분위기에서 이슬람주의자들의 폭력 수준은 더욱더 약화되었다. 무바라크 정권은 그들과의 협상을 거부하고도 그 해 2,000명 이상의 이슬람주의자들을 석방하면서, 동시에 이슬람 세력의 작전 지도자인 키드와니(Farid Kidwani)를 포함한 강경파를 체포하거나 살해했다.38)

---

37) Barry Rubin, *Islamic Fundamentalism in Egyptian Politics: Update Edition* (New York: St. Martin's Press, 2002), p.161.

38) 같은 책, p.160.

마침내 1999년 3월 이슬람 단체의 온건파 지도자들은 이집트 안팎에서 폭력을 중단한다는 결의문을 채택했다. 현재 투옥되어 있는 자마아, 지하드 소속의 또 다른 지도자들은 휴전 요구에 지지를 표명했으며, 이는 라흐만의 동의로 더욱 극대화되었다. 그는 미국에 있는 감옥에서 반정부 폭력행위의 중지에 동의한다는 성명서를 발표했다.[39)]

그의 성명서가 발표되자 이집트 정부의 태도도 다소 변화했다. 내무장관 알피(Hassan al-Alfi)는 한편으로 이집트의 안정과 투자 확대를 유도할 수 있는 이러한 평화적 노력을 환영한다고 말하면서, 다른 한편으로 정치적 목적을 달성하기 위한 폭력 행사에는 단호히 대처하겠다는 의지를 표명했다. 이제 자마아, 지하드, 군소 이슬람 단체들이 반정부 폭력을 금지한다는 성명서를 발표하고 있는 바, 지금까지 종교적 성향을 유지해왔던 이들이 사회적·정치적 성향으로 질적 변화를 추구하고 있는 것을 볼 수 있게 되었다. 이들 종교단체가 이집트 국내외에서 폭력 행사를 금지하겠다는 결정은 이집트 정부의 정통성에 대한 새로운 입장으로 받아들여진다. 현재 이집트 내의 급진주의 이슬람 단체들은 이슬람의 종교적 이념을 강령으로 하는 정치적 집단으로 변모하려는 중요한 기로에 서있다.

이러한 결정을 내리게 한 실질적 이유와 배경에는 이들 단체와 그 핵심 요원들에 대한 정부의 사정없는 탄압과 봉쇄, 국내외에서 이집트 보안당국이 가했던 결정적인 타격이 포함될 수 있다. 이들의 노선 변경에 대한 좀 더 구체적인 이유는 아랍 국가들과 이스라엘 사이의 점증되는 갈등에서 찾아야 할 것이다. 현재 이스라엘은 점령지 내 유대인 정착촌 건설 문제로 중동 평화를 위협하고, 미국은 의회의 결정을 통해 미 대사관을 텔아비브에서 예루살렘으로 옮기려 하고 있다. 이런 상황에서 이들은

---

39) 그는 뉴욕의 세계무역센터에서 발생한 폭발 사고를 배후에서 지령했다는 혐의로 1996년 1월 미국에서 종신형을 선고받고 수감되었다.

더 이상 이집트 국내 문제에만 집착할 수 없었다. 아랍에 대한 이스라엘의 점증되는 적대 행위는 이슬람원리주의 단체들로 하여금 그 우선순위의 변경을 유도했다. 이들 단체가 이스라엘과 미국에 대항한 투쟁을 우선으로 설정한 데에는 팔레스타인 지역 이슬람 단체들의 영향도 있었다.

4. 이슬람 세력과 최근 반정부운동

1981년 대통령직을 승계한 무바라크는 과격한 급진주의자들을 체포하고 이슬람에 대한 강경정책을 취했다. 또한 그는 이집트 선거에서 무슬림 형제단이 정치세력으로 발전하는 것을 철저히 차단하는 이슬람 정책을 취했다.

지난 몇 년간 이스라엘을 규탄하고 팔레스타인과 이라크를 지지하는 시위가 계속되는 가운데, 이집트에서는 무바라크의 장기 집권과 그의 아들 가말 무바라크의 권력 세습 가능성에 반대하는 구호가 간헐적으로 터져 나왔다. 2003년 10월 이슬람계 인사와 현역 국회의원 30명 등 650명이 대통령의 임기를 2차 연임으로 제한하도록 촉구하는 탄원서에 서명한 바 있다.

2004년 12월 12일에도 무바라크의 5기 연임을 반대하는 야당과 이슬람 세력이 카이로 도심에서 기습 침묵시위를 벌였다. 현행법상 대통령은 의회가 지명한 단독 후보를 놓고 찬반 국민투표로 결정된다. 이러한 비민주적 선거 제도에 항의하여, 복수 후보가 출마하는 대통령 직선제로의 개헌과 대통령의 권한 제한을 위한 헌법의 일부 개정 등을 요구하는 정당과 지식인들이 결성한 정치운동 단체 '이집트 변화운동('키파야'[40])로

40) 무바라크는 24년 집권했으니 '충분하다'는 뜻의 아랍어

불림)'이 시위를 주도했다. 실제로 무바라크 대통령의 연임 시도를 비판하고 대통령 직선제 개헌을 요구하는 지식인들의 탄원과 시국 선언은 과거에도 있었지만, 이번의 직접적인 반무바라크 시위는 그의 집권 23년 만에 처음이었다.

무바라크 대통령의 5차 연임을 저지하기 위해 대선 출마를 선언한 세 명의 '상징적' 후보들은 2005년 1월 3일 대통령 직선제 개헌을 요구하는 100만 명 서명운동에 들어갔다. 이들은 의회가 지명한 단일 후보를 놓고 찬반투표로 대통령을 결정하는 현행 헌법을, 복수 후보가 출마하는 직선제로 개정할 것을 촉구하고 있다. 저명한 여권운동가 나왈 사아다위와 이집트계 미국인 사회학자 이브라힘 교수, 파리드 하사나인 전(前) 의회 의원은 이 같은 취지의 탄원서를 의회에 제출했다. 이들은 탄원서에서 "2005년 대통령 선거부터 2명 이상의 후보가 자유·직접선거로 대통령직에 도전할 수 있도록 허용할 것을 의회에 촉구한다"라고 밝혔다. 세 명의 후보와 지지자들은 앞으로 전국을 돌며, 회합을 통해 국민들에게 개헌의 당위성을 설명하고 지지를 호소할 계획이다.

이들의 개헌 서명운동은 집권 국민민주당의 사프와트 알 샤리프 사무총장이 대통령 확정 국민투표와 개헌 일정을 발표한 지 하루 만에 시작됐다. 카말 알 샤즐리 의회 담당 국무장관은 2005년 11월 둘째 주에 임기 5년의 의회를 새로 뽑는 총선을 실시한다고 밝혔다. 무바라크 대통령은 1981년 암살된 안와르 사다트 대통령에 이어 집권, 24년째 통치하고 있으며 2005년 10월 네 번째 6년 임기가 끝난다. 2005년 2월 2일 부시 대통령은 국정 연설에서 시리아와 이라크에 대한 정책을 발표하면서 동맹국인 사우디아라비아와 이집트에 대해서도 민주 개혁을 촉구했다.

2005년 3월 30일 이집트 수도 카이로, 북부 도시 만수라, 알렉산드리아 등의 거리와 대학 캠퍼스에서는 수천 명의 시위대가 24년 동안 장기 집권해 오고 있는 무바라크 대통령의 퇴진과 정치 개혁을 요구하면서,

이제는 무바라크가 물러나야 한다는 뜻의 '키파야'를 노래처럼 부르거나, '부패 반대, 실업 반대, 무바라크 반대'를 외쳤다. 대학생들과 전문직 종사자 등의 폭넓은 지지를 얻고 있는 이슬람 단체이자 최대 야당세력인 무슬림형제단과, 미국의 지원을 받는 아이만 누르가 이끄는 새로운 야당 알 가드 등 다양한 야권들의 연대인 '키파야 운동'은 광범위한 개헌, 무바라크의 다섯 번째 출마 반대, 무바라크의 아들 가말(Gamal Mubarak)의 권력 세습 반대 등을 외치며 잇따라 시위를 조직하고 있다. 무슬림형제단은 3월 27일에도 카이로 도심에서 5,000여 명이 참가한 대규모 시위를 벌였으며 경찰은 이중 230여 명을 연행했다.

경찰은 4월 7일 칸 알 칼릴리 시장 폭탄 테러로 프랑스인 2명, 미국인 1명을 살해한 용의자인 이합 유스리 야신이 3주 뒤인 4월 30일 경찰의 추격을 받던 중 도로에서 폭탄을 터뜨려 자폭하면서, 용의자가 사망하고 외국인 4명 등 모두 7명이 다쳤다고 밝혔다. 또 폭탄 공격이 발생한 지 2시간 만인 이날 오후 5시쯤 카이로의 관광명소 중 한 곳인 '올드 카이로' 지역의 한 모스크 근처에서 베일로 얼굴을 가린 여성 2명이 관광버스를 향해 총을 난사하는 사건이 벌어졌다. 경찰은 이 총격으로 인한 인명피해는 없었으며 공격을 가한 여성 1명이 현장에서 경비원의 응사로 사망했다고 밝혔다. 다른 1명의 여성은 체포를 피해 스스로 목숨을 끊은 것으로 알려졌다. 이집트 내무부는 테러를 저지른 대학생이 이슬람 무장단체 소속이라고 밝혀 1997년 룩소르 사건 이후 이집트에서 자취를 감추고 지난 8년간 잠잠했던 이슬람원리주의 단체들이, 최근 반정부 시위 사태를 틈타 테러활동을 본격적으로 재개한 것이 아니냐는 우려를 하고 있다. 이날 연쇄 테러 공격은 오후 3시 15분쯤 카이로국립박물관 부근 버스 정류장에서 시작됐다.

이번 테러 공격은 2004년 10월 시나이 반도 연쇄 폭탄 테러 이후 이집트에서 세 번째로 발생한 것이다. 이집트 정부는 이번 사건의 용의자들이 소규모 이슬람 단체 소속이라고 밝혀 그동안 줄곧 부인해 왔던 과격 이슬람 단체의 존재를 시인했다. 테러 공격 직후 이슬람 웹사이트에는 이름이 알려지지 않은 생소한 단체들이 성명을 발표하고 이번 사건을 자행했다고 주장했다. '압둘라 아잠 여단'이라는 단체는 시나이 반도 테러 이후 이집트 정부의 무차별 검거에 대한 보복으로 공격을 감행했다고 주장했으며, '이집트 무자헤딘'이라는 단체도 이날 두 건의 공격은 자신들의 소행이라고 주장했다. 그러나 이 단체들의 실재 여부는 아직 밝혀지지 않고 있다.

무슬림형제단 지도부의 에삼 엘 에리안은 "이집트는 진정한 개혁이 필요하며, 대통령 선거 조항을 고치는 제한적 개헌만으로는 민주화를 이룰 수 없다"라고 말했다. 2000년에 무소속 자격으로 출마한 무슬림형제단원 17명이 의회(474석)에 진출하여 무슬림형제단은 제1야당으로 자리 잡았다. 그들은 1970년대 이후 평화적이고 민주적인 투쟁방향을 고수하고 있으며, 이집트 내에 그들을 지지하는 세력이 수만 명에 이른다. 사실상 이집트 최대 야당이자 이슬람 정치운동 단체인 무슬림형제단이 본격적인 대정부 투쟁을 선언하고 나섰다. 무슬림형제단 대표 마흐디 아키프는 성명에서 "우리는 지속적으로 개혁을 요구하며, 당국의 강압적 조치는 긴장만 고조시킬 뿐이다"라고 경고했다. 무바라크의 장기 집권에 반대하고 광범위한 정치 개혁을 요구하는 시위는 지난해 12월부터 거의 주기적으로 벌어지고 있다.

정부는 무슬림형제단을 불법단체로 규정했지만 어느 정도의 정치활동을 묵인해 왔다. 무슬림형제단은 1928년 창설됐으나 정부 전복 혐의로 1954년 불법화됐다. 무바라크 대통령은 공화제 도입 53년 만에 처음으로 지난 2월 복수 후보가 출마하는 대통령 직선제를 도입한다고 발표했다. 이후 의회는 관련 헌법 조항의 개정 작업에 들어갔다. 그러나 무슬림형제단을 비롯한 야당 진영은 의회에서 심의 중인 개헌안이 야당 후보의 출마 자격을 제한하고 집권당 후보의 당선을 기정사실화하는 내용이라며 반발하고 있다.

무슬림형제단 지도부는 대규모 정치 개혁 시위에 이은 당국의 검거 선풍에도 불구하고 정치 개혁을 요구하는 시위를 계속 벌여 나가겠다고 밝혔다. 마흐디 아키프는 기자회견에서 무바라크 대통령이 24년째 이끌어온 현 정부는 '끝났다'고 주장했다. 무슬림형제단은 카이로와 전국 주요 도시에서 개혁 시위를 주도하고 있다. 당국의 진압 과정에서 처음으로 시위 가담자 한 명이 경찰이 쏜 최루탄 가스에 질식해 숨졌다. 당국은 경찰을 모독하고 위해한 혐의로 시위 가담자 등 2,000여 명을 연행, 이 가운데 350여 명을 구금 조치했다.

무바라크 정부는 수시로 무슬림형제단의 활동을 탄압하고 동조자들을 검거해 왔지만 일정 수준의 정치활동을 묵인하고 있다. 무슬림형제단은 현역 의원 15명을 보유하고 있는 사실상의 최대 야당이다. 한편 무슬림형제단과 함께 정치개혁 운동을 주도하고 있는 '키파야' 지지자 200여 명은 이날 카이로의 기자협회 건물 앞에서 무슬림형제단이 주도한 시위 도중에 연행된 무슬림형제단 지지자들을 석방하라고 당국에 요구했다. 시위에는 키파야 운동가, 무슬림형제단, 이슬람계 노동당 당원들도 참가했다. 그러나 이집트 정부는 대선 개헌안 국민투표를 앞두고 야당의 고위 지도자를 체포하는 등 탄압을 가속화하고 있다. 이집트 경찰은 2005년 5월 22일 새벽 무슬림형제단 서열 4위인 사무총장 마무드 에자트를 불법 시위 혐의로 카이로 자택에서 체포했다. 그는 1996년 이래 체포된 무슬림형제단 인사 중 최고위급이다.

2005년 5월 25일 실시된 개헌안 국민투표에 대해 어떤 이집트 학생은 "집권 세력은 '이제 5,000년 만에 처음으로 대통령을 직접 뽑게 됐다'며 우릴 속이려 할 것이다"라고 말했다. 또 다른 학생은 "기껏해야 두 명의 야당 후보가 나올 텐데, 정권과 종종 결탁해 온 그들이 20년 이상 통치

경력의 무바라크와 비교가 되겠느냐"라고 말했다. 5월 26일 이집트 정부가 발표한 투표 결과는 유권자 3,200만 명 중 투표율 54%에 찬성률 83%의 압도적 지지다. 그러나 무슬림형제단을 비롯한 야당은 '투표율이 조작됐다'고 비난하며 대정부 투쟁의 수위를 더욱 높여가겠다고 밝혔다.

수도 카이로에서 선거에 참여한 여성 유권자는 '민주화를 향한 새로운 시대가 시작됐다'고 말했다. 그러나 야당과 무슬림형제단은 개헌안이 표면상 직선제일 뿐 속을 들여다보면 야당의 집권 가능성을 원천적으로 봉쇄하고 있다고 반발한다. 이집트 상원인 슈라 협의회 300명과 하원인 인민회의 454명에서 야당은 다 합쳐도 33석인데, 개헌안대로라면 무소속 후보가 상·하원의원 85명 이상의 지지를 얻어 입후보하는 것은 쉽지 않다. 즉, 집권당인 국가민주당이 하원 454석 중 90% 이상을 장악한 상태여서 무소속 출마는 사실상 불가능하다는 것이다. 또 야당이 후보를 내려면 창당한 지 5년이 지나고 상·하원 의석의 최소 5%를 확보해야 하는데, 현재 이 요건을 충족시키는 야당은 전무하다.

5. 결론

우리는 이집트의 급진적 원리주의 단체들을 연구함으로써 최근 몇십 년간 이슬람의 새로운 정치화 영향을 알 수 있다. 비록 이 단체들이 자신들의 목표와 방법에 동의하는 다수의 지지자들을 확보했다 하더라도, 여전히 이집트에서는 소수였다. 이집트에서 과격 이슬람 행동주의자들의 폭력사태는 1997년 룩소르에서 대부분이 외국인 관광객인 70여 명을 살해함으로써 절정에 달했으나, 국제사회의 비난뿐만 아니라 이집트 국내외의 거의 모든 이슬람원리주의자들마저 그들을 비난함으로써 그들의 행동반경은 더 좁아지고 조직이 거의 붕괴되다시피 했다. 그들의 사상을 살펴보면 왜 그들의 운동이 제한적일 수밖에 없었는지 알 수 있다.

첫째, 앞서 언급한 것처럼, 그들의 시각은 전통적으로 수용되는 이슬람 해석과는 역행하거나 상반되는 개념이었다. 그래서 일반 무슬림 각 개인이 단체에 가입하기 위해서는 자신들의 신앙과 신념체계를 변화시켜야 했다.

둘째, 이집트인 대다수가 샤리아를 시행할 수 있는 변혁이 기적적으로 모든 국가의 문제를 해결할 것이라는 주장을 받아들이지 않는 것이 현실이다. 이란의 사례를 보면 이슬람 세력의 정권 장악이 자동적으로 신속한 진보와 발전, 또는 정의사회를 구현해 주지는 않는다는 사실을 알 수 있다.

셋째, 이슬람원리주의 단체들은 전략적 관점에서 미숙하다. 타크피르와 지하드 양 단체는 전략적인 차원에서 무차별 테러 공격 전법을 쓰고 있다. 이 때문에 양 단체가 이집트 국민에게서 지지를 받기는커녕 고립에 처하게 됨으로써, 그들의 폭력적인 접근 방법은 실패로 끝났다.

이슬람 지도자들의 목표, 사상, 방법에 동의하지 않는 것이 당연하기 때문에, 이슬람 정부는 사실상 대중의 지지도 유지하기 어렵다. 이슬람주의자들이 샤리아를 완전히 실천할 수 있는 칼리프 체제의 재설립, 즉 미래의 황금시대라는 유토피아적 세계를 제시하는 것은 필연적으로 결코 충족될 수 없는 높은 기대감을 만들어낸다.

아무튼 중동의 이슬람원리주의나 수니파의 원리주의를 이해하기 위해서는 이집트의 이슬람원리주의를 이해해야 한다. 이집트 이슬람원리주의의 발전에 영향을 끼치는 요인들은 외부적 요인과 내부적 요인으로 구분할 수 있다.

내부적 요인으로는 첫째, 사회·경제적 위기이다. 무바라크 대통령의 의욕적인 경제정책에도 불구하고, 부의 공정한 분배의 실현은 요원하며 경제적 정의가 더디게 진행되고 있는 상황에서, 이슬람원리주의 단체들은 이러한 사회·경제적 위기 상황을 반정부 운동의 호재로 삼고 있다. 둘째, 자유선거·정치 참여를 위한 정치 개혁의 후퇴와, 무바라크 대통령의 장기 집권으로 인한 야당과 이슬람 세력의 불만 역시 이집트 정권의 안보를 위협하는 주요인이 될 것이다. 셋째, 이집트 정부의 이슬람 단체들에 대한 강압·선별 정책의 효율성과 대중 정서도 이슬람원리주의 발전에 영향을 끼치는 요인으로 들 수 있다.

외부적 요인으로는 첫째, 이란 이슬람 혁명이다. 이집트뿐만 아니라 아랍 국가들의 이슬람원리주의는 1979년 이슬람 혁명에서 정치적·종교적 영향을 받았다. 하지만 역사적으로 따져볼 때 아랍 국가들의 이슬람원리주의는 이집트의 원리주의에서 더 많은 영향을 받았다. 둘째, 미국의 중동정책이다. 반제국주의와 반식민주의를 표방했던 아랍민족주의의 뒤를 이어 등장한 이슬람원리주의는 여전히 미국이나 서방 국가들과 심각한 대립 관계를 유지하고 있다. 특히 지금은 이라크가 걸프전에서 패배하여 이 지역과 아라비아 반도에서 이교도인 기독교 군대가 신성한 이슬람 영토를 장악하고 있는 실정이다. 셋째, 아랍과 이스라엘의 관계, 특히 팔레스타인과 이스라엘의 관계이다. 이집트 내의 호전적 이슬람원리주의 단체들이 이집트 정부와 조건없는 휴전을 일방적으로 제의한 배경에는, 국내 문제보다는 1993년의 오슬로 협정에 의한 점령지 내에서의 이스라엘 군대 철수 불이행과 1997년부터 이스라엘이 동예루살렘에 유대인 정착촌 건설을 계속 강행함으로써 증폭되고 있는 팔레스타인 문제의 해결에 대한 우선권 부여라는 의미가 있다.

이와 같이 이집트에서 지난 몇 년간 이스라엘을 규탄하고 팔레스타인과 이라크를 지지하는 시위가 계속되는 가운데, 무바라크의 장기 집권과 그의 아들 가말 무바라크의 권력 세습 가능성에 반대하는 구호가 간헐적으로 터져 나왔다. 무바라크 정권은 이러한 요구에 호응해 형식적이지만 대통령 직선제 개헌안을 국민투표로 통과시켰다. 야당과 이슬람 반정부

세력은 이것이 무바라크의 대통령 5기 연임을 위한 정치적 요식 절차라고 주장하기도 하지만, 2005년 9월, 이집트에 공화제가 도입된 지 53년 만에 처음으로 대통령 선거가 치러졌다.

무바라크에 대한 도전은 다방면에서 밀려오고 있다. 가장 직접적인 위협은 미국의 압력이다. 매년 이집트에 20억 달러를 원조해 온 미국은 올 들어 무바라크 정권에 대한 민주화 압력을 강화하고 있다. 이집트 정부가 올초 야당 대표 아이만 누르를 정당법 위반으로 구속하자, 라이스 미 국무장관은 당초 예정된 이집트 방문을 취소하며 압박을 가했다. 부시 미 대통령도 국정 연설에서 이집트의 민주화를 요구하고 나섰다. 중동 각 지역으로 확산되는 민주화 도미노 현상도 무바라크를 불안하게 하고 있다. 이라크, 쿠웨이트, 레바논 등으로 번져가는 민주화 바람은 그의 '장기 집권'에 소용돌이를 일으키고 있다.

참고문헌

1. 국내문헌

1) 단행본

거즈스, 파워즈 A.(Fawaz A. Gerges). 2001.『이슬람과 미패권주의: 문명충돌이냐 국가이익이냐』. 장병옥 옮김. 서울: 명지사.

암스트롱, 카렌(Karen Armstrong). 2003.『이슬람』. 장병옥 옮김. 서울: 을유문화사.

장병옥. 2004.『현대이란정치』. 서울: 한국외국어대학교출판부.

홍순남. 2003.『뉴욕에서 바그다드까지: 팍스아메리카나와 이슬람원리주의』. 서울: 인간과 자연사.

황병하. 1999.『현대중동정치와 이슬람』. 광주: 조선대학교출판부.

2) 논문

장병옥. 2004. 「이집트 이슬람 종교정책」. ≪중동연구≫, 제23-2권.

홍순남. 1993. 「이집트의 무슬림형제단과 이슬람사회운동」. ≪한국중동학회≫, 제14호.

_____. 2000. 「이집트-수단의 종교정책」. ≪중동연구≫, 제19-1권.

2. 외국문헌

1) 단행본

Al-Sayyid Marsot, Afaf Lutfi. 1985. *A Short History of Modern Egypt*. London and New York: Cambridge University Press.

Awislia, A. I. D. 1976. *Egypt in the Arab World: The Elements of Foreign Policy*. London: Macmillan Press.

Choueri, Youssef M. 1990. *Islamic Fundamentalism*. London: Pinter Publishers Ltd.

Dawisha, Adeed(ed.). 1983. *Islam in Foreign Policy*. London and New York: Cambridge University Press.

Dekmejian, R. H. 1985. *Islam in Revolution: Fundamentalism in the Arab World*. New York: Syracuse University Press.

EUROPA. 1998. *The Middle East and North Africa, 1999*. 45th ed. London: EUROPA Publication Ltd.

Hiro, Dilip. 1989. *Islamic Fundamentalism*. London: Paladin.

Hopwood, Derek. 1985. *Egypt: Politics and Society 1945~1985*. 2nd ed. London, Sydney and Wellington: Unwin Hyman.

Kepel, Gilles. 2002. *Jihad: The Trail of Political Islam*. Cambridge: The Belknap Press of Harvard University Press.

Oweiss, Ibrahim M(ed.). 1990. *Egypt*. Washington DC: Center for Contemporary Arab Studies, Georgetown University.

Rubin, Barry. 2002. *Islamic Fundamentalism in Egyptian Politics: Update Edition*. New York: St. Martin's Press.

Tripp, Charles and Roger Owen. 1989. *Egypt Under Mubarak*. New York: Routledge.

2) 논문

Clark, Janine. 2004. "Social Movement Theory and Patron-Clientalism: Islamic Social Institutions and the Middle East in Egypt, Jordan, and Yemen." *Comparative Political Studies*, October.

Ibrahim, S. Eddin. 1982. "Islamic Militancy as a Social Movement: The Case of Two Groups in Egypt." in Ali E. H. Dessouki(ed.). *Islamic Resurgence in the Arab World.* New York: Prager.

Zeidan, David. 2003. "Radical Islam in Egypt: A Comparison of Two Groups." in B. Rubin(ed.). *Revolutionaries and Reformers.* Albany: State University of New York Press.

제3장

수단 종교운동의 현황과 전망

유왕종

1. 서론

아프리카에서 가장 넓은 면적을 차지하는 수단은 국토의 25%가 사람이 살지 않는 사막 지역이며, 30%는 베두인(유목민)이 살고 있는 건조 지대이고, 나머지 지역에는 농경민 같은 정착 인구가 분산되어 있다. 수단 북부에는 아랍어를 사용하는 이슬람계의 함족과 셈족이 살고, 남부에는 흑인 계열의 기독교인들과 전통 신앙, 독특한 언어를 가진 다양한 인종·부족이 살고 있어, 남북 간에 뚜렷한 경제·사회·문화적 차이가 존재한다.

수단의 역사는 이집트, 에티오피아와 밀접하게 연관되어 있다. 수단은 기원전 8세기 전반에 누비아를 중심으로 강력한 노예국가를 형성해 1~3세기에 전성기를 누렸으나, 3세기에 에티오피아 유목민의 침략으로 멸망했다. 기원전 3000년경에는 이집트의 파라오가 수단의 북부 지역인 누비아를 침략했다. 6세기에는 기독교가 유입되었으나 7세기 중반에 아랍인들의 이민이 시작된 후 이슬람교와 아랍어가 중심 문화를 형성하고 있다.

서기 1500년경 수단 서쪽 다르푸르(Darfur) 지방에서 수단 중·남부 센나르(Sennar)지역과 소바(Soba) 왕국을 병합해 세력을 확장한 푼즈(Funj)왕조는 마그레브에서 발생한 말리키 이슬람을 채택했고, 현재 이 파가 주류를 이루고 있다.

1870년대 이후 수단은 이집트의 지배하에 있었다. 그러나 이집트가 영국의 통치하에 놓이게 되자 1899년 영국·이집트 양국의 공동통치가 수립되어, 앵글로 이집트 수단이 되었다. 이집트 혁명 후인 1953년에 이집트는 수단의 자결권을 인정했다. 수단은 미국의 지원으로 우익 노선을 추구해 오다가, 이집트와 영국의 협정을 통해 1995년 수단 공화국으로 독립했다.

현재 수단의 남부와 북부 지역은 정치적·문화적으로 갈등 관계에 있다. 이는 이슬람교를 믿는 북부 지역과 기독교를 믿는 남부 지역의 종교적 차이, 과거 흑인들을 외국에 노예로 팔았던 이슬람교도들에 대한 남부 흑인들의 역사적 앙금, 수단을 지배했던 영국의 분할 통치 정책, 1979년 이란 혁명 이후 이슬람주의자의 부상 등에 원인을 두고 있다. 더욱이 1983년 북부의 수단 정부가 기독교 교도가 많은 남부 지역에 샤리아(이슬람법)를 강요함으로써 재발된 갈등과 분쟁이 계속되었다.

이슬람주의 세력으로, 1989년 쿠데타의 배후세력인 민족이슬람전선(The National Islamic Front, 이하 NIF)은 군, 행정부, 법원 등에 자파세력을 확대해 정통 이슬람 국가를 건설하는 것을 목표로 한다. NIF는 그들이 추진하는 정책에 반대하는 구정치인, 언론인, 지식인 등 반대파를 탄압해 국내적으로 권력 안정을 꾀한다. 그러나 대외적으로 이집트, 알제리, 튀니지, 에리트레아 같은 인근 국가들은 수단이 이슬람원리주의 세력을 수단 국내에서 훈련시킨 후 자국 내에 잠입시켜 정부 정복을 기도하고 있다고 비난하고 있으며, 수단 정부는 이를 강력하게 부인하고 있다.

수단에서 NIF의 성공은, 수니 이슬람 세계에서 현대 이슬람주의 운동의 돌파구로 간주되었다. 군부와 이슬람 세력의 합작에 의한 정권 창출은 수니 이슬람 운동의 잠재력을 의미한다. 수단의 이슬람 운동은 실제적인 모델을 제시해 주어, 중동·이슬람 지역의 여러 국가들에게 관심의 대상이 되었다.

수단의 이슬람 종교운동이 주장하는 이념과 철학은 이슬람과 이슬람법에 근거한 생활 방식의 실현, 다시 말해 이슬람 국가의 실현에 있다. 이슬람 종교운동의 최종 목표는 이슬람 국가와 이슬람법을 강화시킨 국가의 수립이었다. 수단의 이슬람원리주의 세력은 국내적으로는 장기적인 정권 유지를 목표로 국민을 통제하고 감시하는 조치를 강화하고, 대외적으로는 이슬람의 단합과 화합을 호소하나, 수단의 대서방 고립과 경제적 어려움 등으로 동조세력을 규합하는 데 큰 힘을 발휘하지 못한다.

수단은 이슬람 슈라(shura: 협의체) 원칙에 따라, 국민 의사 결정에 국민이 직접 참여하는 직접민주정치 형식으로 각종 국민 회의를 개최하고 있으며 여기에서 채택된 건의 사항을 정부 정책으로 시행하고 있다. 특히 1991년 1월에 남부 3개 주를 제외한 전국이 샤리아를 채택해 이슬람 국가 건설을 추진하고 있어서, 민사와 형사 모두 이슬람법이 적용된다.

수단의 이슬람 종교운동은 세 번의 이념 조정 과정을 거쳤다. 그 첫 번째 조정은 1960년대 정부가 종교단체를 정치단체로 변환시켰을 때 발생했다. 두 번째는 1970년대와 1980년대 소규모 정치집단이 대규모 대중운동으로 변환했을 때 발생했으며, 세 번째는 1989년 군사 쿠데타가 일어나 이슬람 세력이 정권을 장악한 직후 이루어졌다.

1960년대에 이슬람 운동이 정당으로 등장했을 때는 중요한 이념적 변혁이나 조정은 필요하지 않았다. 이념상으로 수단의 무슬림형제단 운동은 하산 알 반나의 기본 사상과 가르침을 충실히 따르고 있었으므로, 수니 원리주의 이념에 입각해 반수피주의와 반분파주의를 지향했다. 그러나 수단 정치에 입문한 무슬림형제단은 수단 사회에 교두보를 확보하기 위해 대중 이슬람과 수피주의의 전통이 지배하고 있는 대중사회와 화해할 수밖에 없었다. 마찬가지로 무슬림형제단은 공산주의와 투쟁하고 이슬람법을 강화하기 위해 반분파주의의 원칙을 포기하고 수단의 주요 정당들과 연합했다.

두 번째 이념 조정 과정의 중요한 특징은 무슬림형제단이 1987년 니메이리 정권과 화해함으로써 행동의 자유, 무슬림형제단 이념의 전파, 정권 참여라는 실용주의 노선을 선택한 점과, 이슬람 운동이 정권을 자극하지 않고 내부 결속과 세력 확대를 위해 효율적으로 활동할 수 있었다는 점이다.

하산 알 투라비(Hasan al-Turabi)는 1960년대 중반에 등장했다. 투라비의 권위는 1969년 4월 임시 의회 기간에 보수주의 노선에 대항해 승리한 것과 학생운동 같은 청년 세대의 이슬람 운동에서 지도력을 발휘한 것으로 입증되었다. 더욱이 1977년 니메이리 정권과 화해하면서 이슬람 운동 내부의 불화가 다시 표면화되어 보수주의자들과 교육우위론자들이 이탈하자, 투라비는 수단 내 이슬람 운동의 유일한 이념가이자 최고 지도자로 남게 되었다.

투라비가 이슬람 종교의 가장 핵심적인 문제로 본 것은 타우히드(Tawhid: 유일신 사상)였다. 투라비는 타우히드를 전통적인 신의 유일성 이외에 신의 말씀인 종교와 인간의 영역인 현세 사이의 합류점으로 해석했으며, 타우히드가 인간의 생을 풍요롭게 해주고 모든 물질적인 세속적 경험과 정신적인 내세적 차원을 결합시켜 주는 근원이라고 말했다.

본 연구 목적은 수단 종교의 특성과 종교정책, 일반 대중 사이에서 일고 있는 종교운동에 대해 심층적으로 분석하여 수단 이슬람 종교운동에 대한 이해를 넓히는 데 있다. 따라서 본 연구는 먼저 수단의 종교현황과 종교정책을 다루고, 수단의 일반 대중 사이에서 일고 있는 종교운동에 대해 분석한다. 그리고 이 종교운동이 국가의 정책, 또는 다른 집단이나 세력과 어떠한 갈등을 일으키고 있는가를 살펴본다.

2. 수단의 종교현황

수단은 이슬람교도가 인구의 75% 이상을 차지하고 있는 무슬림 국가이다.[1] 그리고 1989년 이래로 수단에서 권력을 쥐고 있는 정부는 이슬람적 가치 위에서의 통치를 기초로 하고 있다. 마이클 필드의 『아랍세계의 내부(Inside the Arab World)』에서는 1989년 이후 수단이 이슬람 국가들 사이에서도 '현대적 체제, 공화당, 이슬람적 이상에 놓여있는 유일한 국가였다'고 이야기한다.[2] 수단은 신정국가, 이슬람주의 국가로 알려져 있지만, 수단의 이슬람은 사우디아라비아와 이란의 이슬람 모델과는 매우 다르다.

오마르 알 바쉬르(Omer al-Bashir)가 집권하고 있는 현 이슬람 정부는 1983년 니메이리(Nimeiri) 대통령이 도입한 기존의 이슬람 모델을 싸디끄 알 마흐디(Sadiq al-Mahdi) 수상 이래로 계속 이어왔고, 상당히 개혁해 왔다. 현 정부가 도입한 1998년 헌법은, 정치 권력은 결코 개인이나 가족, 집단의 신권이 될 수 없고 종교는 국민들 사이를 구별 짓는 수단으로 사용될 수 없다고 강조한다. 그것은 공식 기록에도 올라있는 사실이다. 예를 들어 수단 남부에서는 이슬람이 소수 신앙이기 때문에, 현 정부는 샤리아로부터 남부 수단을 제외시켰다. 샤리아는 오직 수단 북부에서만 적용할 수 있다. 현재, 종교적이든 아니든 자신들이 통치하기 원하는 대로 법의 종류를 선택하는 것이 수단 내에 있는 각 주 의회의 권리이다. 따라서 이론적으로 북부가 샤리아를 벗어나는 것이 가능하고, 남부가 샤리아를 채택하는 것이 가능하다. 그러나 다른 무슬림 사회와 마찬가지로, 이슬람

---

1) U. S. Department of State, *Annual Report on International Religious Freedom for 1999: Sudan* (Washington DC, 1999).

2) Michael Field, *Inside the Arab World* (Cambridge: Harvard University Press, 1994), p.257.

법이 이끄는 사회에서 살기 위한 수단 내 무슬림 대다수의 바람은 명확하게 나타날 것이다. 북부 수단의 움마당(the Umma Party), 민주연합당(the Democratic Unionist Party), 국민의회(the National Congress)의 세 다수 정당 모두가 정책에 있어 근본적으로는 이슬람적이다.

영국의 식민 당국은 이슬람이 수단 사회에서 절대적으로 필요한 부분임을 매우 일찍 깨닫고, 입법권과 법률 분야에서 수단을 이슬람적으로 구성한 첫 번째 식민 정부였다. 1902년에 이슬람 재판소 법령은 항소법원, 고등법원, 일반법원에 대비하여 공표되었다. 그리고 이러한 사실은 공동통치 내내 사실상 변하지 않은 채로 법전에 남아있었다. 샤리아 법관 양성학교는 카르툼에 있는 고돈 대학(Gordon College)에서 시작되었다.[3] 수단인 학자 압델와합 알 아펜디(Abdelwahab al-Affendi)는 영국 정책의 영향에 대해 언급했다.

> 수단에서 초기 이슬람 부활의 움직임이 울라마와 이슬람 교육의 확대에 대해 호의적이었던 영국 식민정책에 의해 이루어졌다는 것은 아이러니하다. 이슬람 부활에 대한 초기 소문 배후의 주 원동력은 영국의 정책, 즉 가능성 있는 법관들에게 개혁주의 노선을 따라 종교적인 과목을 가르쳤던 고돈 메모리얼 대학(Gordon Memorial College) 샤리아 클래스의 성과였다. 이것은 수단 도처에 이슬람 행동주의자들의 새로운 세대를 만들어낸 폭발적인 방식이었다.[4]

수단의 1998년 헌법은 수단 법률의 근원이 국민투표를 통해 나온 국가의 합의뿐만 아니라 이슬람법과 관습법에서 파생되었다고 이야기한다.

---

3) *Law in the Sudan Under the Anglo-Sudan Condominium in the Condominium Remembered*, Volume 1: The Making of the Sudanese State, p.45.

4) Abdelwahab al-Affendi, *Turabi's Revolution: Islam and Power in Sudan* (London: Grey Seal, 1991), pp.42~43.

수단에서 종교의 자유에 관한 공식적인 입장은 분명하다. 수단 공화국의 1998년 헌법 24조에서는 "모든 사람은 양심과 종교의 자유에 대한 권리와 관습이나 규율을 가르치는 데 있어 종교나 신념을 표명할 수 있는 권리를 가지며 어느 누구도 믿지 않는 신앙을 고백할 것을 강요받거나 그가 자발적으로 받아들이지 않는 종교의식이나 예배를 수행할 것을 강요받지 않는다"라고 명시하며, 90조에서는 "공화국의 대통령은 종교의 자유에 영향을 미치는 법령을 발포할 수 없다"라고 규정한다. 이는 이슬람을 '국가의 공식 종교(the official religion of the state)'로 선포한 1958년 헌법과 "수단 민주공화국의 종교는 이슬람이다(In the democratic republic of the Sudan the religion is Islam)"라고 명시한 1973년 헌법과 차이를 보인다. 1998년 헌법은 국교를 상세히 말하지 않는 것 외에도, 권리를 침해하거나 수익을 획득하는 데 종교를 이용하는 것을 막기 위해 종교가 아닌 시민권에 따라 권리를 부여하고 있다. 선택된 정권을 위한 어떠한 종교적 기준들도 없다. 이전 헌법이 '이슬람은 수단인들의 압도적인 다수를 지배하는 종교'라고 단언하는 반면에 1998년 헌법은 "계시종교, 이를테면 기독교나 전통적인 종교는 신앙에 관한 강압 없이, 종교적 의식에 대한 제약 없이 어느 누구에게나 자신에 의해 자유롭게 선택될 수 있으며 이러한 원칙들은 국가와 법에 의해 준수된다"라고 되어있다.[5)] 북부 수단에서 금요일은 무슬림들의 예배일이다. 또한 일요일에 두 시간의 예배가 부여된 기독교인들에게도 쉬는 날이다. 남부 수단에서는 일요일이 예배의 날이다.

수단 이슬람의 자유주의 모형은, 존경받는 시사 해설자인 미국의 베테랑 저널리스트 밀턴 바이어스트(Milton Viorst)에 의해서도 주목받아 왔다. 25년 동안 중동을 다룬 ≪뉴요커(The New Yorker)≫의 칼럼니스트 바이어스트는 『모래성: 현대 세계의 아랍을 찾아서(Sandcastles: The Arabs in Search

5) Government of Sudan, *Principles, Regulations and Constitutional Developments for 1993* (Khartoum, 1993).

of the Modern World)』의 저자이다. 바이어스트는 '수단은 정부의 제도로서 이슬람을 공식적으로 채택한 우리 세대에 유일한 국가'라고 말했다. 또한 그는 수단 이슬람 모델의 중추적 인물이자 수단 정치가인 하산 알 투라비가 윤곽을 그렸던 수단의 모델을, 다른 지역의 것들과 비교했다.

> 다른 아랍 사회의 기준에 의하면, 투라비의 이슬람 개념은 개방적이고 관대하다. 소수는 비록 그가 서구 자유주의를 모방할 이유가 없다고 볼지라도 "우리는 이슬람의 매우 엄격한 형태를 옹호하지 않는다"라고 한 그의 주장 일부를 반박할 것이다. 수단 방문 시에 사우디아라비아는 말할 것도 없고, 이집트보다 이슬람이 덜 엄격하게 준수되는 징후들이 많이 보였다. 이집트에서 여자들이 쓰는 머리 덮개인 히잡(hijab)이 거의 보이지 않고, 사우디 베일은 말할 것도 없다. 수단인의 대부분은 이슬람 역사의 흐름 속에서 수단의 특별한 경험과 조화된, 온화하고 엄격하지 않은 이슬람에 관한 투라비의 선호를 반영하고 있다.[6]

바이어스트는 국가 원수인 오마르 알 바쉬르와도 인터뷰했다. 바쉬르 대통령은 수단 이슬람 모델에 관해 다음과 같이 말했다.

> 모든 집단들이 우리가 샤리아를 해석하는 방법에 대해 동의하지는 않는다. 그러나 우리는 허용 범위가 넓게 있다고 믿는다. 우리는 코란과 같은 온건한 길을 선택했다. 그래서 수단에서 샤리아는 온건할 것이다. 그것이 요구하는 것을 넘어, 논쟁은 사적인 영역에 있는 것이 아니라 공적인 일에 있다. 불행하게도 이슬람 정부에 관한 역사적 모델은 없다. 예언자 무함마드 이래로 지나온 14세기, 그리고 모든 사람들은 현재 이슬람 국가에 대해 그의 이미지를 가지고 있다. 몇몇 국가들은 종교와 전통 — 여성의 억압과 같은 — 을 혼동한다. 그러나 전통은 이슬람이 아니다.[7]

---

6) Milton Viorst, "Sudan's Islamic Experiment: Fundamentalism in Power," *Foreign Affairs*, Vol.74, No.3(1995), pp.46~47.

바이어스트와 그의 인터뷰에서, 투라비는 이슬람 정부와 사회에 관한 그의 생각을 설명했다.

이슬람 정부가 의미하는 것은 무엇인가? …… 그 모델은 매우 분명하다. 정부의 범위는 제한된다. 법은 사회를 통제하는 유일한 힘이 아니다. 도덕적 규범, 개인의식, 이러한 모든 것은 매우 중요하다. 그리고 그것들은 자율적이다. 이슬람을 향한 지적인 태도들은 조금도 통제되거나 성문화되지 않을 것이다. 사람들은 자유로운 듯하다. 종교적 자유는 단지 비무슬림이 아닌, 다른 관점을 가지고 있는 무슬림들에게도 보장될 것이다. 나는 개인적으로 여성의 지위, 비무슬림의 법정 진술, 배교(背教)법에 관해 정통 법학파들에 충돌하는 견해를 가지고 있다. 몇몇 사람들은 내가 서구에서 영향을 받아왔다고 말하며, 나는 스스로가 배교에 가깝다고 말한다. …… 나는 살만 루슈디(Salman Rushdie)의 비난을 받아들이지 않는다. 만약 무슬림이 아침에 일어나서 더 이상 이슬람을 믿지 않는다고 말한다면 그것은 그의 사정이다. 이슬람에 관해 어떤 의견을 표현하는 사람들의 자유를 억제하는 어떠한 이의도 결코 없다. 정부의 기능은 절대적이지 않다.[8]

존경받는 아프리카 분석가이자 시사 해설자인 콜린 레굼(Colin Legum)은 투라비와 이슬람주의자들 사이의 몇몇 차이를 밝혀왔다.

투라비의 정책은 많은 중요한 문제에서 다른 이슬람주의자 조직들과 조화되지 않는다. 예를 들면, 그는 이집트와 그 밖의 다른 곳에서 다른 당파(무슬림형제단)와의 갈등을 초래했던 범이슬람 운동(Pan-Islamic movement)에 대해 강력히 반대한다. 그는, 수단은 그것에 배타주의적 접근을 요구하는 자국만의 문제를 가지고 있다고 주장했다.

엄격한 이슬람 전통주의자들과 투라비의 근본적 단절 중 하나는 무슬림 사회 내 여성의 지위에 관한 것이다. 여성의 해방을 선언한 지지자로서,

---

7) 같은 책, pp.52~53.

8) 같은 책, p.53.

그는 무슬림형제단에서 여성의 동등권과 완전한 일원으로의 권리를 주장했고, 그렇게 하는 것이야말로 최상의 이슬람 운동이라고 주장했다.[9)]

팀 니브록(Tim Niblock) 교수는 이슬람과 수단에 관한 주요한 영국 권위자들 중 한 명이다. 그는 수단의 모델과 주류 이슬람주의자들의 사상에 차이가 있다고 지적했다. 첫 번째는 수단 이슬람주의자들의 '수단을 위한 적합한 정치체제의 형태로서 자유민주주의의 명백한 승인'이다. 자유민주주의에 대한 NIF의 지지는 이슬람주의자 운동이 통상적으로 슈라의 요구를 위한 것이라는 압박감에서 벗어났다는 것이다. 두 번째, 여성에 관한 수단의 모델은 대부분의 이슬람주의자들이 제안했던 계획들과는 실질적으로 다르다. 강조할 부분은 여성이 가족 내에서 그들의 원초적인 의무에 놓여있는 것보다 차라리 '사회억압에서 탈피'하고 '새로운 사회건설에 전적인 역할을 맡는 것'이 낫다는 것이다.[10)] 이슬람 내에 이 특별한 자유민주주의 학파는 또 다른 외부 관찰자에게 주목을 받았다. 미국 정부의 출판물 『수단: 국가연구(Sudan: A Country Study)』는 수단에서의 이슬람 운동이 '다른 아랍 국가들처럼 결코 투쟁적이지 않다'는 것을 거리낌 없이 인정했다.[11)] 정부의 이슬람 모델에 호감이 없는 것으로 알려진 ≪뉴욕 타임스(The New York Times)≫조차 1996년 투라비에 대해 다음과 같이 언급했다. "그는 사우디아라비아보다 훨씬 덜 보수적이고 이란보다 덜 전투적인, 정치적 이슬람에 대한 관대한 해석을 이야기한다."[12)]

---

9) Colin Legum, "Struggle Over Sharia," *New African*, March(1992), p.33.

10) Tim Niblock, "Islamist Movements and Sudan's Political Coherence," in Herve Bleuchot, Christian Delmet and Derek Hopwood(eds.), *Sudan: History, Identity, Ideologies* (United Kingdom: Ithaca Press, 1991), p.265.

11) Harold D. Nelson(ed.), *Sudan: A Country Study* (Washington DC: The American University and Department of the Army, 1992).

12) *New York Times Service*, 1996, December 26, republished in International Herald Tribune.

또한 수단의 모델이 이슬람에 대한 온건한 해석으로 공격받고 있다는 것은 의심할 여지가 없다. 예컨대 1994년 2월, 무장 과격세력이 수단의 옴두르만(Omdurman)에 있는 알 트와라(al-Thwarah) 사원을 공격해 19명을 죽이고 20명의 부상자를 냈다. 잡지 ≪새로운 아프리카(New African)≫는, 이 사건에 연루된 무슬림 극단주의자들이 자신들은 오마르 알 바쉬르 정부가 충분히 이슬람주의자라고 생각하지 않는다는 것을 내비쳤다고 보고했다.[13] 아랍어 신문인 런던의 ≪알 샤르끄 알 아우사트(Al-Sharq al-Awsat)≫는 카르툼 권력, 즉 정부가 이슬람 극단주의자들에게 받았던 위협에 관해 말했다. "현재 지구상 어떤 무슬림 국가의 정치적 활동 조건·요구와도 양립할 수 없는 그들의 강경 노선이 어떠한 종교해석의 이탈도 견딜 수 없는 무리들에게 위협받고 있는 것을 감지하고 있다. 카르툼은 그들을 '종교적 광신자'로 묘사하고 있다. 분명히 수단에서 일어났던 이슬람 사원(mosque) 안에서의 살육행위는 광신적이다." 그 신문은 "수단의 정부와 국민들은 극단주의자 조직을 두려워하는 다른 국가들과 같은 도랑에 빠져 있다"라고 결론지었다.[14]

수단 인구의 상당수는 전통적인 아프리카 신앙과 기독교를 따른다. 인구의 1/5을 구성하는 수단의 정령숭배자(animist)들은 남부 수단 사회에 많이 있다. 수단에서 뿌리가 깊은 기독교는 다소 옛날로 돌아가고 있다. 여러 교파가 있는 국가 북쪽과 남쪽에 활발한 기독교인 공동체가 있다. 기독교인들은 국가 인구의 4%를 구성하며 남쪽 인구에서는 10~15%를 차지한다. 수단 곳곳에 수백 개의 교회와 교회학교, 기독교센터들이 있다.

또한 수단 기독교인들은 사회에서 그들의 신자 수와는 어울리지 않게

---

13) *New African*, 1994, December, p.14.

14) *Al-Sharq al-Awsat*, 1994, February 8. 다음에 제시된 수단 이슬람 모델에 대한 전형적인 근본주의자의 비평 참조. "Sudan: When a State is Not an Islamic State?" from http://www.Khilafah.org/graphics/pseudo/countries/issudan.html.

정치적·사회적인 생활의 전면적·능동적인 부분을 맡고 있다. 부통령인 남부 수단의 저명한 기독교인 학자 모세 마차르(Moses Machar) 교수를 비롯해, 기독교인들은 연방 정부와 주 정부의 장관, 주지사, 대사, 재판관, 경찰관의 역할을 맡고 있다. 그리고 기독교인들 수십 명이 국회의원으로 활동하고 있다. 수단의 비무슬림 남부인들의 관심을 일으킨 카르툼 노력의 중요한 예는 1991년 남부 수단 비무슬림들을 샤리아로부터 면제했다는 것이다.

수단과 수단인들의 경험을 잘못 전한 샤리아의 시도들은 국가 내의 실제 상황을 반영하지 못한 것이 분명하다. 신권정치와 수단인의 경험 사이에 그 모든 차이가 있다. 신권정치는 성스러운 근거에서 권력을 획득할 것을 주장하면서 무과실성을 주장할 것이다. 이것은 단순히 국민들에게서 권력과 위임을 얻으려는 현대 국가의 실제와 모순된다. 수단에서 종교는 도덕적 길잡이의 근원이고 어떤 특정한 신앙 집단이나 개인의 특별한 이익을 위해 이용될 수 없다. 수단 정부는 국민들에게서 종교적 충성이 아닌 권력을 얻은 것처럼 보일 것이다.

1) 이슬람

수단 무슬림들은 이슬람의 주요 두 갈래 중 훨씬 더 큰, 정통파로 불렸던 수니파이다. 그러나 수단의 수니 이슬람은 신앙과 관습의 동질체로 구분되지 않는다. 몇몇 무슬림들은 마치 이슬람으로 완전하거나 신앙과 관습을 구분해 인식하는 것으로 받아들여지는 수니 정통파의 관점에 반대했고 비이슬람 기원들을 가지고 있는 관습들이 널리 퍼졌다. 게다가 수단에서 수니 이슬람은 — 아프리카의 많은 곳에서처럼 — 신봉자들의 특별한 요구로 만들어진 각각의 종단이나 무슬림형제단의 형태로 그 특성이 나타났다.

수니 이슬람은 이슬람의 다섯 가지 기둥을 구성하는 다섯 개의 충실한 기본적인 의무들을 요구한다. 첫 번째 기둥인 샤하다(shahada: 신앙고백)는 '알라 이외에는 신이 없고 무함마드는 알라의 사자'임을 증언한다. 그것은 무슬림이 되는 첫 번째 단계이고 기도의 중요한 부분이다. 두 번째 의무는 하루 다섯 번의 기도이다. 세 번째는 자선 행위를, 네 번째는 라마단 달의 낮 동안 금식을 요구한다. 다섯 번째는 이슬람력 12월 동안 행해지는 특별한 의식에 참가하기 위해 (그것을 수행할 수 있는 사람에게) 메카로 순례를 떠날 것을 요구한다.

믿음으로 태어난 대부분의 수단 무슬림들은 첫 번째 요구를 충족시킨다. 두 번째 요구에 대한 부합은 더 가변적이다. 도시와 큰 마을의 많은 남자들은 새벽, 정오, 늦은 오후, 일몰, 저녁, 이렇게 하루에 다섯 번 기도를 한다. 이 기도들 중 하나는 도시 거주자의 보통 업무 시간에 일어난다. 농부나 목양업자들은 그 요구를 충족시키는 것이 더 어렵다. 규칙적인 기도는 진정한 무슬림의 표시로 간주된다. 그것은 보통 개인적으로 또는 소집단 안에서 이루어진다. 회중의 기도는 무슬림들(대개 남자들, 그러나 가끔 여자들이 따로 자리 잡고 있다)이 정오 기도를 할 때뿐만 아니라 금요일에 지역 이맘의 설교를 듣기 위해 사원에서 모일 때 열린다. 무슬림들은 무함마드에게 첫 번째 계시가 내려졌던 때인 라마단(Ramadan: 이슬람력으로 9월) 달 동안에 금식한다. 라마단은 무슬림들이 일조 시간에 식사하는 것, 마시는 것, 흡연, 성생활을 삼가야만 하는 기간이다. 부자들은 이 기간에 거의 일을 하지 않고, 영업도 대부분 휴업하거나 일정이 단축된다. 음력 달은 태양년을 통해 순환하기 때문에 라마단은 약 10년 동안 다양한 계절에 발생한다. 1990년대 초에 종교의식(관습)은 특히 도시 지역과 정착해 있는 수단 무슬림들 사이에 널리 퍼져있었다.

역사적으로 무슬림 세계에서 자선은 가난한 사람들을 위한 특별 세금과 자발적인 기부, 둘 다를 의미했지만 지금은 자발적인 면만 남아있다.

자선 구호품들은 언제든지 주어질 수 있지만, 보통 이슬람 해나 기증자의 삶에 특별한 경우들이 있을 때 베풀어진다. 돈이든 음식이든 간에 선물은 라마단 끝에, 축제들과 메카 순례, 또는 어떤 악행에 대한 참회 같은 경우에 주어진다. 이러한 선물과 그 밖의 다른 것들은 대체로 가난한 친척과 이웃들에게 분배된다.

메카 순례는 다른 무슬림들보다 수단 사람들에게 더 저렴하고 힘이 덜 든다. 그러나 그것은 시간이 걸리고, — 만일 비행기로 여행한다면 돈이 들 것이다 — 평범한 수단 무슬림들은 보통 중년 이전에 좀처럼 순례에 착수해 달성하기 어렵다는 것을 알고 있다. 돌아온 순례자에게는 핫즈(hajj)라는 존경의 칭호가 부여된다[여성에게는 핫지(hajjih)].

또 다른 일반적인 의식은 순례 마지막 날에 제물을 바치는 가장 큰 축제 이드 알 아드하(Id al-Adha) — 이드 알 카비르(Id al-Kabir)로도 알려져 있다 — 이다. 그날의 중요한 의식은 직계가족뿐만 아니라 가난한 사람들, 친척, 이웃들, 친구들에게 나눠줄 양을 도살하는 것이다.

이슬람은 관용, 공평, 정직을 장려하는 행동의 기준을 제시한다. 신자들은 수단 아랍인, 특히 부유한 사람들에게 관대하기를 기대한다.

이슬람법에 따라 수단 무슬림들은 대부분 돼지고기나 비늘 없는 생선을 먹지 않는다. 도박과 술의 금지에 관한 준거는 덜 광범위하다. 고리대금도 이슬람법에 의해 금지되나, 이슬람 은행들은 대중들이 이용할 돈을 마련하는 다른 방법들을 개발했다.

수니 이슬람은 종교적 활동뿐만 아니라 일상의 개인적·사회적인 관계를 통치하는 샤리아의 준수를 주장한다. 원칙적으로 이슬람의 줄기는 법의 제정이나 법원의 판단에서 나오는 것이 아니라 코란과 무함마드 언행록인 하디스에서 나온다. 그 원칙은 이슬람주의자들에 의해 주장된 전통적인 견해를 낳았고, 이슬람 사회에서 종교와 세속 사이에 어떠한 구별도 없었다. 수단에서는 (1983년까지) 형법, 민법, 상법이 일반적으로 우세했다. 그러나 북쪽에서는 샤리아가 보통 가족법과 개인법으로 불리는 것 — 예를 들어 결혼, 이혼, 상속과 같은 문제들 — 에 적용되기를 기대했다. 몇몇 마을과 정착 사회에서 샤리아를 받아들였다. 그러나 다른 정착 사회와 유목민들 사이에서는 — 특히 상속에 관해 — 지역적 관습이 우세했다.

1983년 9월에 니메이리는, 20세기에 국가가 민법과 형법에 의해 통치되어 왔던 것을 폐지하고 대륙 전역에 걸쳐 샤리아를 의무화했다. 전통적인 이슬람 형벌들이 절도, 간음, 살인, 그리고 다른 범죄들에 대해 적용되었다. 이 형벌들이 열렬하게 실행된 것은 니메이리의 몰락에 기여했으나, 바쉬르를 포함한 어떠한 후임 정부도 샤리아를 버리는 성향을 보여주지는 않았다.

이슬람은 일신교이고 개인과 알라(신) 사이에는 중재자가 없다는 것을 주장한다. 그러나 수단 이슬람은 병이나 다른 고통의 근원으로서 영혼에 대한 믿음과 그것들을 치료하는 신비한 방법에 대한 믿음을 포함한다. 이슬람 사원의 이맘은 기도의 지도자이자 설교의 전파자이며, 또한 선생님일 수 있다. 작은 공동체 안에서는 양쪽 역할을 겸하기도 한다. 후자 역할에서 파키(faqih: 이슬람법학자)는 이맘이 아니더라도 파키로 불린다. 그는 지역 코란 학교(khalwa)에서 가르치는 것뿐 아니라 코란의 원문을 쓰거나 부적과 치료책으로 사용되는 신비한 시를 쓰기를 요구받는다. 그는 탄생, 결혼, 죽음, 그리고 다른 중요한 상황들에서 축복해 주기를 부탁받거나, 멀리 떨어진 몇몇 지역에서 완전히 비이슬람적인 추수 의식들에 참여할지도 모른다. 이 모든 역할과 능력이 대중적 이슬람에서 가장 중요한 인물인 파키를 만든다. 그러나 그는 성직자가 아니다. 그의 종교적 권력은 코란, 샤리아에 대한 그의 추정된 지식과 건강에 대한 숨겨진 징조들을 다루는 기술에 바탕을 두고 있다. 대중적 이슬람에는 코란의 말이 사탄의 행동이나 흉한에게서 보호할 것이라는 생각이 깊이 새겨져 있다. 파키가 준비하는 부적들도 그것을 지니고 있는 자를 이러한 위험에서 보호하려는 것이다.

아프리카의 이슬람이 대부분 그렇듯이 수단에서도, — 비록 몇몇 무슬림들이 거부할지라도 — 성인에 대한 제식은 상당히 중요하다. 제식의 발달은 종교의식의 존재와 밀접하게 관련되어 있다. 성인들로 생각되어 온 많은 사람들은 그들의 생애에 바라카(baraka: 종교적 의식에서 선천적으로 내재한 정신적 힘을 포함한 행운 상태)를 가지고 있는 것으로 생각되었던, 종교의식의 창설자이거나 지도자들이었다. 죽음 후에 강해지는 바라카는 왈리(Wali: 성인)[15]가 된다. 성인과 관련된 무덤과 다른 장소들은 그 사람의 바라카의 장소가 되고, 어떤 관점에서 그는 그 지역의 영적 수호자가 된다. 여러 가지 경우, 특히 해결책을 찾는 사람들이나 아이를 바라지만 임신을 못 하는 여자들은 왈리의 중재를 찾는다. 매년 성인의 축제일은 큰 수확을 할지도 모르는 지역 축제의 행사이다.

수단에서 더 잘 교육받은 무슬림들은 성인의 무덤에서 기도하더라도, 그 기도는 오직 신에게만 향해야 한다고 주장할지 모른다. 그러나 많은 사람들은 성인을 중재자, 신의 대리인뿐만 아니라 거의 축복과 힘의 자주적인 근원으로 본다. 따라서 이러한 종교의식은 정통 이슬람과는 반대로 대중적으로 접근할 수 있다.[16]

2) 비무슬림

수단의 다양한 비무슬림 국민의 대부분은 남쪽 수단에서 살고 있다. 그러나 많은 소집단들은 에티오피아와의 국경선 근처 또는 블루 나일(Blue Nile) 강의 구릉지 가장자리와 가까운 남쪽에 거주하고 있다. 일반적으로

---

15) 더 적절한 표현은 신의 친구(Wali-Allah)이다.

16) http://countrystudies.us/sudan/47.htm.

누바(Nuba)라고 불리는 또 다른 집단은 남부 쿠르두판(Kurdufan) 주의 누바 산맥(Nuba Mountains)에 살고 있으며 사회적·문화적으로 다양하다.

(1) 기독교

기독교인들에 관한 자료는 명확하지 않지만, 추정으로는 인구의 4%에서 10%까지 분포하고 있다. 그리스도교는 알 이스티와이(al Istiwai) 주 — 마디(Madi), 모루(Moru), 아잔데(Azande), 바리(Bari) 지역 — 의 국민들 사이에 가장 널리 퍼졌다. 수단의 주요한 교회들은 로마 가톨릭과 영국 국교(Anglican)였다. 남쪽 공동체에는 약간의 기독교 신자가 있다. 그러나 그 지역의 의식과 세계관은 대체로 전통 서구 기독교와 달랐다. 선교 본부 주위에 형성되었던 소수의 공동체는 1964년 선교의 해산과 함께 사라졌다. 그러나 수단의 토착 기독교 교회들은 외부 지원과 함께 그들의 선교를 계속했다. 그리고 새로운 교회들을 열고 계속적인 내전에 소실된 교회들을 수리했다. 원래, 나일 강의 주민은 기독교를 대수로이 여기지 않았다. 그러나 20세기의 후반기에 교육받은 엘리트의 대부분은 적어도 외면적으로는 기독교의 교의를 받아들였다. 영어와 기독교는 북쪽에 있는 무슬림 정부에 대한 저항의 상징이 되었다. 1960년대와 1970년대의 국내 투쟁과는 다르게, 1980년대와 1990년대의 폭동은 더욱 종교적인 대결의 상징이 되었다.[17] 1991년에 남부 수단의 대부분을 통제했던 수단 인민해방운동(the Sudanese People's Liberation Movement: SPLM)은 샤리아의 적용을 반대했다.

(2) 토착 종교

적어도 수단인의 1/3은 조상들의 토착 종교에 여전히 고착되어 있다. 대부분의 수단 기독교인과 지역 종교조직의 신자들은 남부 수단에서

17) http://countrystudies.us/sudan/49.htm.

살았다. 수단의 전통적인 종교는 각 종족이나 부족에 따라 독특한 양상을 나타내며 그 신앙 체계는 조직화되어 있지 않다.

나일 강 유역에 사는 사람들은 일반적으로 최고신을 인지하고 있는데 최고신은 의식의 목적이 되는 대상이 아니다. 따라서 의식의 대상물, 믿음, 의식들은 종족이나 개인에 따라 의견이 다르다는 것을 인정한다. 예를 들면 수단에서 세 번째로 큰 부족인 누에르(Nuer)는 단독으로, 전적으로 신에게 부합하는 단어를 가지고 있지 않다. 단지 신이란 말만 있다. 이 말은 때로는 영혼을 지배하는 우주뿐만 아니라 그 영혼이 신의 여러 양상들로 생각되는 자연의 선조들과 힘으로도 언급된다. 신은 특히 바람, 하늘, 새들과 관련이 있다. 그러나 이것들은 경배의 대상이 아니다. 딩카(Dinka), 누에르 등 다른 나일 족은 인간을 신의 개미로 보는데 이는 인간이 신 앞에서 한없이 나약한 존재라는 뜻이다.

소는 나일 강 유역 주민들의 의식에서 중요한 역할을 한다. 소를 소유한 사람들은 그들의 속죄물로서 소를 신에게 제물로 바친다. 나일 강 유역 주민들의 의식(儀式)은 소의 중요성 면에서 그들 삶의 모든 양상에 일치한다. 예를 들면, 누에르 족에게 소는 가족의 기초와 공동체 삶, 생존의 본질, 결혼의 지참금, 개인적인 자긍심 등으로 취급된다. 외양간은 성지이며 회의 장소(가정의 센터) 구실을 하고 있다. 그래서 사회의 자산가, 가족의 우두머리, 지역 공동체의 지도자는 '황소(bull)'라고 불린다. 모든 사람과 영혼들은 스스로 그들의 특유한 특징을 표시하는 소 이름을 가지고 있다.

영혼들이 활성화시킨 것으로 생각된 광범위한 자연의 힘에 속하는 것이 비이다. 비록 남부 수단이 북부 수단만큼 비의 부족으로 격심하게 괴로워하지 않을지라도, 1970년대와 1980년대, 1990년 동안에 특히 물 부족을 겪었다. 이 물 부족은 내전의 한가운데서 고통, 기근, 죽음을 불러왔다. 이러한 이유로, 비와 관련된 의식들은 많은 종족에게 중요하게 되었고 비와 관련된 의식 전문가에 의해 비의 영혼을 구체화하기 위한

의식이 치러지고 있다.[18)]

3. 수단의 종교정책

수단은 1956년에 공화국이 되었고, 일당제가 되었던 1971년까지 군정과 민정이 번갈아 일어났다.[19)] 1989년에 오마르 하산 알 바쉬르 장군은 민주적으로 선임된 수단 정부의 군 타도를 성공적으로 이끌었고 혁명위원회(the Revolutionary Command Council, 이하 RCC)가 권력을 잡았다.[20)] RCC는 모든 정당과 노조를 금지하고 출판의 자유를 철폐했으며 결국 바쉬르를 대통령으로 임명했다.[21)] 그러나 다른 현대 이슬람 국가들과는 달리, 수단에서 실질적 권력은 국가 원수가 아닌, NIF라는 이슬람 중심 권력에 있었다. NIF는 수단의 이슬람화를 목표로, 영국 옥스퍼드 대학에서 교육받은 이슬람 극단주의 지지자 하산 알 투라비가 이끌었다.[22)] 남부의 반란 조직들은 완전히 통합되지 않았지만, 거의 수단인민해방군(the Sudanese People's Liberation Army, 이하 SPLA)과 남부수단독립운동조직(the South Sudan Independence Movement, 이하 SSIM)으로 대표된다. SPLA·SSIM과 수단 정부 사이의 되풀이되는 내전과 심각한 인권 탄압은 비난을 받아왔다.[23)]

---

18) http://countrystudies.us/sudan/50.htm.

19) John S. Pobee, "Africa's Search for Religious Human Rights through Returning to Wells of Living Water," Speech before the World Council of Churches(October 8, 1994).

20) U. S. Department of State, *Country Reports on Human Rights Practices for 1994* (Washington DC: United States Government Printing Office, 1994), p.244.

21) 같은 책, p.244.

22) "Battle-Weary Christians Maintain Resistance," 1995, April 21, *News Network International Special Report*, p.2.

23) U. S. Department of State, *Country Reports on Human Rights Practices for 1994*, p.245.

게다가 수단의 호전적인 이슬람 그룹에는 수단인민군(the Sudanese People's Armed Forces: SPAF)뿐만 아니라 민중방위대(the Popular Defense Forces: PDF)라 불리는 이슬람 민병대와 민중경찰이라 불리는 이슬람경찰대(the Islamic Police Force: IPF)도 있다.[24] 이슬람경찰대는 명확히 성문화된 이슬람 종교법에 따라 적합한 사회적 행동과 의복 규정들을 강요하고, 현재 수단 사람들에게 국가의 세속법, 종교법으로 이를 적용하고 있다.[25]

아프리카에서 가장 큰 국가인 수단의 인종적·민족적 긴장은 국가의 가난한 경제 상황과 위생 상태를 악화시켰다. 아랍 주민들은 권력지인 북쪽에 의해 지배되고 통제된다. 북부에서는 아랍인이 우세하기 때문에 북부에서 이슬람은 두드러지게 정착되었고, 남부에서는 정부의 통제지역이 확장되고 있다. 그러나 비록 이슬람이 다수 종교일지라도, 최근 통계들은 자신이 기독교인임을 공언하는 수단인들의 인구(현재 20%) 증가를 지적하고 있다.[26]

남부 흑인 아프리카계 수단인들 중에는 북부 아랍인들로부터의 이슬람 문화적·사회적·정치적 영향에 반대하는 여러 기독교인들과 부족의 토착종교를 믿는 주민들이 있다. 수단은 20년 이상 북부와 남부 사이의 인종·민족·종교의 차이로 인한 내전을 겪어왔다. 아랍인들이 지배했던 북쪽의 이슬람 장려 정부는 흑인들과 남부 비무슬림들의 무장 저항운동에 직면해 왔다. 그리고 거대한 폭력, 이동, 불안이 전쟁으로 파괴된 남부 수단에 지속되었다. 왜냐하면 수단은 '이슬람이 지배력을 갖고 있는 다종교 국가이지만 큰 소수 집단이 이슬람법의 보편적 적용을 묵인하지는 않을 것'이기 때문이다.[27] 그리고 민족과 종교의 다양성은 수단 내 이슬람의 지위에

---

24) 같은 책, p.245.

25) 같은 책, p.245.

26) "Battle-Weary Christians Maintain Resistance," p.4.

27) P. M. Holt, *A History of the Sudan* (New York: Longman, 1988), p.250.

맞서, 내전 형태의 저항을 확실히 했다. 수단은 현재 세계에서 '인간의 고통지수'가 가장 높은 다섯 곳 중 한 곳으로 분류된다.[28] 남부에서 전쟁과 기근의 결합은 수단인들의 끊임없는 이주를 초래했다. 북부 아랍인들과 남부 흑인들 사이의 고통스러운 전쟁은 어림잡아 사망자 60만 명과 망명자 300만 명을 남겼다. 또한 수단은 세계에서 가장 위험한 테러리스트 정권 중 한 곳으로 인식되었다. 그것은 수단이 테러리스트를 위한 훈련 장소로 국경 내 12개 이상의 훈련캠프를 제공하고 있기 때문이다.

NIF의 이슬람원리주의자들은 의복 규정, 필수 코란 연구, 아랍어 비구사자 수단 학생들에 대한 교육상 차별과 함께 학교, 대학, 지방자치정부를 통해 완전한 이슬람 단일민족국가 운동을 진전시키고 있다. 수단의 이슬람화를 위한 이러한 노력은, 정부가 정책과 제도를 통해, 다른 신앙에 대한 배타와 심지어 박해로 소수인 무슬림들의 신앙을 선전할 수 있는 남부 수단에서 가장 극적이다. 예를 들어 모든 비무슬림 재판관들은 남쪽에서 교통 재판과 같은 낮은 수준의 임무를 맡아왔다. 반면에 1989년 혁명 이래로 새로운 재판관들은 대부분 NIF와 강한 유대를 가지고 있고, 이 지명된 많은 재판관들은 합법적 훈련을 거의 받지 않는다.[29] 남부에서 비무슬림 공무원들은 교체되었고 비무슬림 사업가들은 계약과 인가를 받을 때 차별과 괴롭힘을 받는 것에 불만을 호소한다.[30]

수단 정부는, 정부와 수단 사회의 모든 계층이 일반적으로 기독교와 다른 신앙들에 대해 관용하고 있다고 주장하면서 이러한 고발들을 부인한다.[31] 그러나 정부는 국가가 주의 깊게 우선적으로 선택한 지역과

28) "Battle-Weary Christians Maintain Resistance," p.6.

29) U. S. Department of State, *Country Reports on Human Rights Practices for 1994*, p.247.

30) 같은 책, p.253.

31) "Sudan: Response by the Council for International Peoples Friendship," 1995, January 16, *Letter to the Rutherford Institute*.

캠프에만 방문을 허락하면서, 보도 기자들이 인권 침해가 주장된 현장들에 자유롭게 접근하는 것을 제한한다.[32]

수단은 최근 정부의 정책에서 기독교에 대한 수단 국민들의 '손떼기'와 이슬람 선택의 결과로 이슬람의 우세가 나타난 상호 종교적 대화 회의를 개최했다.[33] 정부는 또한 표면상으로는 비무슬림 수단인들을 위한 더 많은 종교적 자유의 가능성을 열어두면서 1962년의 포교 법령을 무효화했다. 그러나 정부가 비무슬림들을 위한 어떠한 새로운 자유도 명료화하지 않았기 때문에, 법령 무효화의 이점은 기껏해야 형식적일 것이다.

정부는 계속해서 이슬람법을 성문화해 모든 수단 사회를 '이슬람화'하려는 시도를 촉진하고 있기 때문에, 이슬람 이외의 종교들에 큰 아량을 베풀어달라는 그들의 요구를 받아들이기 어렵다. 이 이슬람법을 어기는 것은 범죄로, 엄격한 샤리아의 적용 아래 어떠한 다른 종교의 자유로운 이행도 비무슬림을 위한 특수하고 일관된 조정·예외 없이는 존재할 수 없다. 결과는 무슬림이 아닌 수단인들이 현 수단 샤리아의 엄격한 적용 아래 예외 없이 이슬람법에 따라 옷을 입고 행동하며 살아야 한다는 것이다. 몇몇 관찰자들이 수단에서 죄수들이 이용할 수 있는 비무슬림 종교 서비스와 샤리아로 음주 위반의 죄가 입증된 어떤 사람들을 위한 일반적 사면과 같은 종교적 관용에 관한 보고서를 가지고 돌아왔다는 것은 주목받아야 한다.[34] 그러나 수단 사람들은 만약 그들의 신앙이 직접적으로 샤리아의 규정과 요구에 충돌한다면 종교적 자유의 권리를 갖지 못한다.

---

32) *The Catholic World Report,* 1995, April.

33) *The Muslim News*, 1994, October 28, p.1.

34) Pobee, "Africa's Search for Religious Human Rights through Returning to Wells of Living Water," p.17.

4. 수단의 종교운동

1) 하산 알 투라비

수단 이슬람 운동의 초기 단계부터 정치적·이데올로기적·조직적인 전개의 지도자였던 인물은 하산 알 투라비이다. 하산 알 투라비는 수단의 많은 정치·사회적인 측면의 발달과정을 개혁하고 혁신하는 과정에서 주도적인 사상자이며 이론가였다. 그는 이슬람법에 아주 조예가 깊은 학자이며, 이슬람 운동의 전도자들에게는 중요한 공헌을 한 사람이다. 일부 서구 분석가들은 그를 전 세계 이슬람 문화의 지도자적 위치에 있는 사상가이며 '우리 시대에 수단이 샤리아를 공식적인 정부의 형태로 도입한 유일한 국가가 되게 한 과정의 입안자'로 평가한다.[35)]

투라비에게 종교는 코란과 순나에 기록된, 신에 의해 밝혀진 삶의 방법이며, 그 내용의 이해와 해석은 이슬람법학(fiqh)의 축적된 유산을 기초로 한다. 결과적으로 투라비는 이슬람법에 대한 비평적인 견해를 고려해 그 자신의 견해를 발전시킨다. 이러한 관점에서 투라비는 "옛날의 전통과 유산이라는 짐에서 자유롭다."[36)] 그러나 그는 누구이고, 어떤 배경을 가지고 있으며, 어떤 학문적·정치적 업적을 이루었는가?

하산 압달라 다파으 알라 알 투라비(Hasan Abdallah Dafa' Allah al-Turabi)는 1932년 수단의 동부 지역인 카살라(Kassala)에서 태어났다. 그의 가족은 오랫동안 학계와 수피즘의 전통을 가지고 있었으며,[37)] 종교 재판관이었

---

35) Ronald A. T. Judy, "Islamiyya and the Construction of the Human Being," in Ahmad S. Moussalli(ed.), *Islamic Fundamentalism: Myths & Realities, Reading* (United Kingdom: Ithaca Press, 1998), p.106.

36) Mohamed Elhachmi Hamdi, *The Making of an Islamic Political Leader: Conversations with Hasan al-Turabi*, translated by Ashur A. Shamis(Colorado and Oxford: Westview Press, 1989), pp.8~9.

던 그의 부친은 투라비가 이슬람을 연구하도록 권고했고, 결국 이슬람은 그의 인격에 상당한 영향을 끼치게 되었다.[38] 투라비는 1951년 카르툼 대학 법학과에 입학했으며, 4년 후 법학사 학위를 받았다. 그 후 그는 영국으로 건너가 1957년 런던 대학에서 법학석사 학위를 받았다. 1957년 투라비는 수단으로 귀국해 카르툼 대학 법학과의 조교수로서 그의 학문적 업적을 쌓기 시작했다.[39] 투라비는 1959년 유럽으로 돌아가 1964년에 프랑스의 소르본 대학에서 법학박사 학위를 받았고 카르툼 대학으로 다시 돌아와 법학과 학장이 되었다.[40] 그러나 수개월 후인 1965년, 투라비는 학문 세계에 종지부를 찍고 정치에 입문하게 되었다. 이러한 변화의 중요한 이유는 아부드(Abboud) 정권에 대항하는 학생들에 대한 지원과, 정치적인 활동가로 다시 태어난 투라비의 진정한 생일이라고 할 수 있는 1964년 10월 혁명이다.[41]

그러나 투라비는 1964년 10월 혁명에 앞서 약 10년 전부터 정치적인 활동을 해오고 있었다. 그는 1954년 수단 무슬림형제단 운동의 창립에 참여했고, 영국에서 공부했을 때 주영국 수단학생연합회의 사무총장이자, 알제리 대의 지원을 위한 이슬람 사회의 사무총장이었다. 1964년에 무슬림형제단은 자신들이 중심이 되어 결성한 통합조직체인 이슬람헌장전선(the Islamic Charter Front, 이하 ICF) 산하에서 정당으로 확실히 자리매김했다.[42] 그리고 이 시기에 수단 무슬림형제단 운동에서 가장 막강한

---

37) Ahmad S. Moussalli, "Hasan al-Turabi's Islamist Discourse on Democracy and Shura," *Middle Eastern Studies*, Vol.30, No.1(1994), p.52.

38) Ahmad S. Moussalli, *Moderate and Radical Islamic Fundamentalism* (Gainesville: University Press of Florida, 1999), p.155.

39) Moussalli, "Hasan al-Turabi's Islamist Discourse on Democracy and Shura," p.52.

40) Moussalli, *Moderate and Radical Islamic Fundamentalism*, p.155.

41) Hamdi, *The Making of an Islamic Political Leader: Conversations with Hasan al-Turabi*, p.2.

42) 황병하, 「수단 이슬람원리주의 형성 과정과 이념」, ≪한국이슬람학회논총≫, 제8집

영향력을 행사했던 투라비가 ICF의 사무총장이 되었다. 1960년대 중반에 투라비는 국회의원으로 선출되었고 수단의 검찰총장으로 임명되었다. 1964~1969년에 투라비는 이슬람협정전선(Front of Islamic Pact)과 이슬람블록정당(Party of the Islamic Bloc)의 지도자였다.[43] 움마당의 지도자인 사디끄 알 마흐디의 누이동생 위살 알 마흐디(Wisal al-Mahdi)와 결혼한 것도 무슬림 형제단과 안사르(Ansar) 종파 간의 정치적인 동맹으로 고려되었다.

1969년 군사혁명 이후 투라비는 니메이리에 대한 저항으로 감금되었으며, 감옥에서 거의 7년을 보내게 되었다.[44] 감금 생활 동안 투라비는 몇 개의 외국어를 공부했고 코란을 완전히 암기했다. 투라비는 1977년 움마당과 대통령 사이의 합의에 따라 석방되었으며, 수단의 유일한 정당인 수단사회주의연합(Sudanese Socialist Union)의 지도자협의회(Leadership Council) 위원이 되었다. 1979년에 투라비는 법무부 장관이 되었으며, 1983년 대통령의 외교 담당 보좌관이 될 때까지 4년간 재임했다. 니메이리와 이슬람주의자들의 관계를 단절시키기 위한 미국의 압력으로 투라비는 1985년 다시 한 번 감금되었으나, 1985년 4월 다하브(Dahab) 장군이 니메이리 정부를 무력화시킨 후 석방되었으며, 다른 이슬람 지도자들과 함께 수단 무슬림 형제단에서 파생된 이슬람 정당인 NIF를 창립했다. 1988년 NIF는 사디끄 알 마흐디가 이끄는 정당과 제휴했으며, 투라비는 초대 법무부 장관에 임명되었고 그 후 외무부 장관과 부총리를 역임했다.[45] 1991년 걸프 전쟁 이후 투라비는 보수적인 사우디아라비아가 지배하는 이슬람회의기구(Organization of Islamic Conference: OIC)에 대응하기 위해 민중아랍이슬람회

(1998), 87쪽.

43) Moussalli, *Moderate and Radical Islamic Fundamentalism*, p.155.

44) Hamdi, *The Making of an Islamic Political Leader: conversations with Hasan al-Turabi*, p.3.

45) Moussalli, "Hasan al-Turabi's Islamist Discourse on Democracy and Shura," p.52.

의(Popular Arab and Islamic Conference: PAIC)를 창립하고 사무총장이 되었다.[46)]

1989년 6월 30일 바쉬르가 정권을 쟁취하자, 투라비는 사디끄 알 마흐디(움마당 지도자), 모하메드 오스만 알 미르그하니(Mohamed Othman al-Mirghani: 민족 연맹당 지도자)를 비롯한 수단 정치 지도자들 다수와 함께 감금되었다. 그러나 투라비는 1990년 초에 석방되었으며, 자신의 믿음이 NIF의 목표와 동일하다고 생각하고 새로운 정권과 함께 일할 준비가 되어 있다고 선언했다. 1996년에 투라비는 국회의원으로 선출되었으며, 대통령이 유고일 경우 헌법에 따라 동 직위를 승계하는 국회의장으로 선출되었다.[47)] 따라서 그는 1999년 바쉬르 대통령과 함께 몰락할 때까지 수단 정부에 지대한 영향력을 가했다.[48)]

2) 이슬람 운동의 출현과 전개

수단에서의 이슬람 운동은 1950년대 초 이슬람 운동의 출현 단계에서부터 개혁과 혁신을 경험했으며, 항상 유연한 조직과 순응적인 이데올로기로 그 특징을 나타냈다. 이는 헌법의 잦은 변화, 이슬람 운동법의 정기적 변화, 핵심적 조직 구조의 변화에 반영되어 있다. 이슬람 운동은 모든 중요한 변화의 순간에 그 위치를 점검했고 변화하는 시대와 발을 맞추어 구조적·조직적으로 변화했다.[49)]

---

46) Maria do ceu Pinto, *Political Islam and the United States: A Study of the U. S. Policy Towards Islamist Movements in the Middle East* (United Kingdom: Ithaca Press, 1999), p.258.

47) John L. Esposito, *The Islamic Threat: Myth or Reality?* (New York and Oxford: Oxford University Press, 1999), p.90.

48) Moussalli, *Moderate and Radical Islamic Fundamentalism*, p.155.

49) Hamdi, *The Making of an Islamic Political Leader: Conversations with Hasan al-Turabi*, p.14

이슬람 운동은 1940년대 중반 여러 가지 가르침 중 특히 하산 알 반나와 사이드 꾸뜹(Sayyid Qutb)의 가르침을 토대로 한 이집트 무슬림형제단의 분파로서 출현했다.[50] 1954년 8월의 창립총회에서 그들은 통합수단무슬림형제단기구(Unified Sudanese Muslim Brotherhood Organization)를 창립했다.[51] 10년 후인 1964년에 이슬람 운동은 ICF를 창립했으며, 이 단체는 곧 실질적으로 다양화된 기능을 보유한, 중요한 정치단체로 변모했다.[52] 이 단체가 과거의 단체와 다른 중요한 차이점은 다른 정치적인 단체에 개방적인, 강화되고 개선된 단체였다는 점이다.[53] 그러나 그것은 대중운동이 아니라[54] 대학이나 고등학교에서 근무하는 중산층 전문가의 단체였다.[55] 이러한 ICF는 전통에 사로잡힌 수피 종단들(Ansar and Khatmiyyah)이나 움마당에 비해, 도시를 기반으로 한 '현대적인' 운동으로 간주되었다.[56] 1964년에서 1969년 사이에 ICF는 수단에서 이슬람법을 전파하는 일종의 압력단체로 성장했다. 결과적으로 ICF는 1969년에 이슬람법의 현대적 초안을 제시하게 되었으며, 이에 대해 안사르(Ansar)와 카트미야(Khatmiyyah) 모두 협조적이었다. 그러나 ICF가 제안한 헌법적인 변화는 1969년 니메이리의

---

50) Ahmad Alawad Sikainga, "Northern Sudanese Political Parties and the Civil War," in M. W. Daly and Ahmad Alawad Sikainga(ed.), *Civil War in the Sudan* (London and New York: British Academic Press, 1995), p.86

51) Abdel Salam Sidahmed, *Politics and Islam in Contemporary Sudan* (New York: St. Martins Press, 1996), p.45.

52) Hamdi, *The Making of an Islamic Political Leader: Conversations with Hasan al-Turabi*, pp.14~15.

53) 같은 책, pp.102~103.

54) John O. Voll, "The Evolution of Islamic Fundamentalism in Twentieth-Century," in Gabriel R. Warburg and Uri M. Kupferschmidt(eds.), *Islam, Nationalism, and Radicalism in Egypt and Sudan* (New York: Praeger, 1993), p.129.

55) Sikainga, "Northern Sudanese Political Parties and the Civil War," p.86.

56) Hrair R. Dekmejian, *Islam in Revolution: Fundamentalism in Arab World* (New York: Syracuse University Press, 1955), p.187.

군부 쿠데타로 무효화되었다.

1969년 군부 쿠데타 이후 이슬람 운동은 그 조직을 합리화했으며 과거의 정치적·문화적 프로그램과 더불어 사회적 프로그램에 착수했고 1970년대에는 대중운동으로 부상했다. 투라비는 다음과 같이 말했다.

> 우리는 과학적 모델을 적용하여 계획과 문서화를 토대로 조직을 합리화하기 시작했으며 아울러 여러 부문에서 책임의 분배와 조정을 합리화했다. 무엇보다도 우리는 1970년대 초 이슬람 운동의 총체적인 현대화에 착수했다.[57)]

이슬람 운동은 카르툼의 중앙집권적 행정에서 분권적이며 유연한 구조로 변모했다.[58)] 특히 1977년에서 1985년 사이에, 수단 이슬람 운동은 압력단체가 아닌 중요한 정치단체로 변모했으며, 자문위원회와 집행위원회가 모든 지역에 설립되었고 회원도 증가했다.

투라비는 니메이리 정권에 대해 실용적인 노선을 취했다. 투라비는 ICF를 당시 수단에 단 하나뿐인 합법적 정당이었던 수단사회주의연합(Sudan Socialist Union)에 통합하려 했으며,[59)] 1976년 초에 니메이리 정권과 함께 데탕트 정책을 취했다.[60)] 투라비의 실용주의는 좋은 결과를 낳았고 1970년대 후반 ICF는 유일한 법적·정치적 활동단체가 되었다.[61)] 투라비는 ICF의 사무총장에 임명되었으며 무슬림형제단은 내각에서 중요한 자리

---

57) Hamdi, *The Making of an Islamic Political Leader: Conversations with Hasan al-Turabi*, pp.18~19.

58) 같은 책, p.20.

59) Alexander Cudsi, "Islam and Politics in the Sudan," in James P. Piscatori(ed.), *Islam in the Political Process* (Cambridge: Cambridge University Press, 1983), p.52.

60) Hamdi, *The Making of an Islamic Political Leader: Conversations with Hasan al-Turabi*, p.15.

61) Francis Mading Deng, "War of Visions for the Nation," *The Middle East Journal*, Vol.44, No.4(1990), p.606.

를 차지하게 되었다.[62]

이슬람 운동에서 중요한 변화의 시기는, ICF가 구조조정을 하고 그 이름을 민족이슬람전선(NIF)으로 변경한 1985년 5월이었다. 니메이리가 1985년 4월에 폐위된 후 투라비는 일부 이슬람주의자들과 함께 NIF를 정치적인 단체로 출범시켰으며, NIF는 1986년 의회에서 세 번째로 규모가 큰 정당으로 부상했다.[63] NIF는 '이슬람 운동과 일부 부족·저명 인사 사이의 새로운 연합'이었으며, 이는 니메이리 정권의 이슬람 유산을 총체적으로 뿌리 뽑기 위한 비종교적인 정당들과 압력단체에 의한 캠페인에 대응해 이슬람 운동의 성과를 보호하고 유지하기 위한 연합이었다.[64] 투라비에 따르면 NIF는 '단순한 그룹에서 통합된 사회단체로, 종교적인 단체에서 국가단체로 변모한 이슬람 운동의 전개 과정에서 진보적인 단계'였다.[65] 또한 투라비는 NIF가 '수단 이슬람 운동의 전개 과정에서 최신 단계의 시작이었으며, 대부분 다른 부문의 활동에 의해 결정된 사항을 반영하는 정치적인 단체일 뿐이었던 1964년의 ICF와는 달리 이슬람 운동의 모든 기능을 상속했다'고 했다.[66] 이슬람 운동은 사회적인 프로그램을 확대했고, 이는 곧 NIF의 실질적인 기초가 되었다.

세 번째 민주적인 경험은 1989년의 쿠데타로 막을 내렸다. NIF는 이슬람 운동의 자체 결정으로 해산했으나,[67] 1991년 국회로 다시 부상했다. 투라비에 따르면, 이슬람 운동은 더 이상 정치단체가 아닌 하나의 '국가구조'가 되었다. 국회는 1991년 국가의 유일한 법적·정치적 조직으로

---

62) Esposito, *The Islamic Threat: Myth or Reality?* p.85.

63) Deng, "War of Visions for the Nation," p.602.

64) Hamdi, *The Making of an Islamic Political Leader: Conversations with Hasan al-Turabi*, p.6.

65) 같은 책, pp.15~16.

66) 같은 책, p.27.

67) 같은 책, p.63.

예견되었으며, 정치적 활동을 위한 공개 토론회를 제공하고 정부를 구성하는 것이 그 임무였다.[68)]

수단에서의 이슬람 운동 출현과 전개 — 소규모 연구활동에서 중요한 국가단체 — 는 사회적·정치적·경제적 변수들과 종교적·문화적 변수들로 설명될 수 있을 것이다. 이슬람 운동은 어떤 공백 상태에서 출현한 것이 아니다. 정치적·경제적 환경들과 문화적·종교적인 배경이 그 출현에 영향을 끼쳤다.

수단에서의 이슬람 운동은 독립 직전인 주체성 상실 위기의 시기에 시작되었다. 이슬람 운동은 첫 번째 군사정권 몰락 이후 중요한 정치권력이 되었으며, 두 번째 군사정권 몰락 이후 중요한 정당이 되었다. 두 가지 모두 수단 정치의 전통성 상실 위기의 시기를 나타내고 있다. 또한 1970년대와 1980년대 수단의 이슬람 운동에 대한 대규모 지지는 니메이리의 사회·경제 정책 실패의 탓이라고 할 수 있다.[69)] 니메이리는 교육·행정·경제 분야의 구조적 변화에 착수했으나 그의 현대화 과정은 계획대로 추진되지 않았으며, 니메이리 정권은 수단 사회를 '혁신하는 데' 실패했다.[70)] 이때 이슬람 운동이 개입하여 이슬람의 가르침을 토대로 한 새로운 해결 방안을 제시하고, 이로써 그들의 사상에 대한 폭넓은 지지를 얻게 되었다. 이와 같이 사회·경제적 변수들은 수단 이슬람 운동의 전개에 중요한 역할을 했다. 그러나 인기 있고 정치적인 이슬람이 수단 사회에 깊이 뿌리를 내리고 있어서, 사람들이 이슬람의 정치적 이데올로기를 믿기 때문에 이슬람 운동에 참여했다고 주장할 수도 있다.[71)] 많은 수단

68) Abdelwahab al-Affendi, "Sudan: Turabi and His Detractors," *Middle East International*, 612(1999).

69) Sidahmed, *Politics and Islam in Contemporary Sudan*, pp.193~194.

70) Peter K. Bechtold, "More Turbulence in Sudan: A New Politics This Time?" *Middle East Journal*, Vol.44, No.4(1990), p.587.

71) Gabriel R. Warburg, "Introduction," in Gabriel R. Warburg and Uri M.

사람들은 19세기 후반 마흐디 집권하에서의 이슬람 규율에 대한 경험을 간직하고 있다. 이와 같이 종교적·문화적 변수는 수단 이슬람 운동의 출범과 그 정체성에 어떠한 기능을 했을지도 모른다. 그러나 그 성장과 전개는 수단 정치의 사회적·경제적 역동성에 기인한다고 하는 것이 옳을 것이다.

3) 이슬람 운동

(1) 수피 운동

이슬람은 이슬람권의 종교적인 단체나 종단활동을 통해 수단에서 가장 심오하고 오랫동안 유지되는 영향력을 가지고 있다. 이러한 종단은, 정통 이슬람의 강한 율법주의적 태도에 대응하는 초자연적 상태인 수피즘의 전개와 연관되어 12세기에 중동에서 출현했다. 이 종단은 16세기에 처음으로 수단에 소개되었으며 18세기에 중요한 사상이 되었다. 수피즘은 특별한 영적 수양을 통해 신과 더욱 가까운 개인적 관계를 가진 추종자들을 찾고 있다. 염송(Dhikr)은 기도문과 코란의 내용을 암송하고, 특별한 종단을 창시한 사람이 제정한 방법에 따라 신체적 운동을 수행하면서 신의 이름과 권능을 반복하는 것이다. 노래와 춤도 도입될 수 있다. 평상시의 일일 기도보다 더 시간이 걸리는 이 운동의 결과는 가끔 무아경 상태의 포기이기도 하다. 수피즘의 염송에는 세 가지 고백이 있다. 첫째, 라 후 일라 후(그분 말고 그분 없다). 둘째, 라 안타 일라 안타(당신 말고 당신 없다). 셋째, 라 아나 일라 아나(나 말고 나 없다). 첫째는 하나님이 '그분(Hu)'인 자의 고백이다. 둘째는 하나님이 '당신(Anta)'인 자의 고백이고, 셋째는

Kupferschmidt(eds.), *Islam, Nationalism, and Radicalism in Egypt and Sudan* (New York: Praeger, 1983), p.13; Carolyn Fluehr-Lobbin, "Islamization in Sudan: an Critical Assessment," *Middle East Journal*, Vol.44, No.4(1990), p.614.

하나님이 '나(Ana)'인 자의 고백이다. 첫째보다는 둘째가, 둘째보다는 셋째가 더욱 하나님에 가깝다. 사실 셋째에 이르면 하나님께 가깝다는 말 자체가 성립되지 않는다. 다른 말로 표현한다면 하나님 안에서 실종된 자의 고백이라 하겠다. 첫 번째에서 두 번째를 거쳐 세 번째로 가는 길이 종교다.[72)]

신비스러운 또는 헌신적인 길(tariqa)[73)]은 특별한 종단의 구성을 위한 기초이며, 각각은 종단이라고 불린다. 종교법·학습 전문가들은 처음에 수피즘과 수피 종단을 미심쩍은 눈으로 바라보았으나, 수단에서 수피 종단의 지도자들은 수피즘이 샤리아를 대신한다고 주장하기보다는 샤리아의 특징을 인정함으로써 호응을 받았다.

중요한 종단들은 그들의 관습과 내부 조직에서 상당히 다양하게 변화했다. 어떤 종단은 계급 유형에 따라 엄격하게 조직되어 있으며, 어떤 종단은 지방 조직에 상당한 자율성을 부여했다. 수단에는 12개 정도의 수피 종단이 있다. 어떤 것은 수단에 국한되어 있으며 어떤 것은 아프리카나 중동에 널리 퍼져 있다. 여러 수피 종단은 모두 독립적이고 현실적인 목표를 위한 오래된 종단의 분파들이며, 과거에 그들이 소속되었던 종단의 길을 크고 작은 방법으로 변경한 사람들에 의해 창립되었다.

가장 오래되고 널리 확산된 수피 종단은 12세기에 바그다드에서 아브 알 카디르 알 질라니(Abd al-Qadir al-Jilani, 1077~1166)에 의해 창시된 카디리

---

72) 피르 빌라야트 이나야트 한, 『숨겨진 보물을 찾아서: 삶과 죽음의 연금술 수피즘』, 이현주 옮김(서울: 삼인, 2004), 326쪽.

73) 타리카(tariqa)는 길, 방법, 수단, 양식 등을 가리키는 말로, 샤리아(외적인 법)와 하키카(내적인 진리) 사이의 중도(中道)를 지칭한다. '두드리다, 두들겨 만들다, 도달하다' 등의 뜻을 가진 타라카(taraqa)에서 유래. 이 타리카(tariqa)는 특히 공통의 전승(傳承)과 공통의 기원(祈願)을 추구하는 한 무리의 수피들을 의미한다. 무함마드는 일찍이 이런 말을 남겼다. "샤리아는 나의 말이요, 타리카는 나의 행동이요, 하키카는 나의 영적 상태이다." 셰이크 하에리, 『이슬람교 입문』, 김정현 옮김(서울: 김영사, 1999), 238~239쪽.

야(Qadiriyah) 종단이며, 수단에는 16세기에 전파되었다. 수단 서부에서 카디리야의 주요 경쟁자이며 가장 규모가 큰 종단은 서부 사헬(Sahel)을 경유해 1810년경에 수단에 전파된, 모로코의 아흐마드 알 티자니(Ahmad al-Tijani)가 설립한 수피 분파 티자니야(Tijaniyah) 종단이다. 많은 티자니야 종단의 수피들은 다르푸르에서 영향력을 행사했으며 다른 추종자들은 북부 쿠르두판(Kurdufan)에 정착했다. 후에 티자니야 상인들의 한 부류가 마을에서 시장이 커지고 무역이 확대되면서 소생했으나, 종교적 리더십을 제공하는 것에는 소홀히 했다.[74] 북아프리카의 모로코, 알제리, 수단에서 일어난 티자니야 운동은 유럽 식민 제국주의 열강들의 팽창주의 정책에 대항해 사회적 종교투쟁을 벌인 대표적인 이슬람 운동 중의 하나이다.[75] 이는 19세기에 리비아에서 일어난 사누시야(Sanusiyya) 종단에 영향을 미쳤다. 수단에 더욱 중요한 것은 알 파시(al Fasi)라고 알려진, 1837년에 사망한 메카의 유명한 수피학자 사이드 아흐마드 이븐 이드리스(Sayyid Ahmad ibn Idris)의 추종자들이 창립한 종단이었다. 비록 그는 모로코 출신으로 사우디아라비아에 거주했고 수단을 방문한 적이 없지만, 그의 추종자들은 나일 계곡에 퍼져 수단 고유의 종단인 마즈두비야(Majdhubiyah), 이드리시야(Idrisiyah), 이스마일리야(Ismailiyah), 카트미야(Khatmiyyah)를 창립했다.

창시자의 이름을 따서 미르가니야(Mirghaniyah)라고도 불리는 카트미야(Khatmiyyah)는 다른 종단과 많은 차이를 보인다. 무함마드 오스만 알 미르가니(Muhammad Uthman al-Mirghani)에 의해 19세기 초에 창립된 카트미야는 동부 수단에서 가장 잘 조직되었으며 가장 정치 지향적이고 강력한 종단이었다. 미르가니는 사이드 아흐마드 이븐 이드리스의 제자였고, 그 자신의 종단을 '길의 봉인(Khatim at Turuq, 즉 Khatmiyyah)'이라고 부르며 여러

74) Warren Malcolm Clark, *Islam for Dummies* (Indianapolis: Wiley Publishing Inc., 2003), pp.228~229.

75) 김정위 외, 『이슬람 사상의 형성과 발전』(서울: 아카넷, 2000), 313쪽.

중요한 종단에 참여했다. 카트미야의 두드러진 형태는 별도로 종단을 이끌 수 있는 미르가니 집안의 특별한 신분, 낙원을 보장하는 종단에 대한 충성심, 종단 지부에 대한 중앙집권적 통제이다.

카트미야는 아쉬 샤르키(Ash Sharqi) 주의 남부 지방에 본부가 있으며, 가장 규모가 큰 추종자들은 수단 동부와 강변 지역 일부에 있다. 미르가니 집안은 광범위한 지리적 분산에도 불구하고 추종자들에 대한 강력한 통제력을 바탕으로 하여 카트미야를 정치적 권력 기반으로 삼을 수 있었다. 더욱이 여러 해 동안 추종자들에게서 받은 선물은 미르가니 집안과 종단을 정치적으로 조직화할 수 있는 부를 가져다주었다. 그러나 이 권력은 미르가니의 중요한 경쟁자인 안사르(Ansar)나 마흐디(Mahdi)의 추종자들의 권력과 비교가 되지 않았다. 안사르의 현재 지도자 사디크 알 마흐디(Sadiq al-Mahdi)는 전 수단 수상이며 19세기 영국(1881~1898년)의 식민 지배에 대항해 봉기를 일으키고 1885년 수단에서 이집트의 지배를 몰아낸 무함마드 아흐마드 이븐 압드 알라(Muhammad Ahmad ibn Abd Allah)의 위대한 증손자이다.[76)]

대부분의 다른 종단은 카트미야보다 작거나 덜 조직화된 조직이었다. 더욱이 수단 무슬림은 다른 아프리카 무슬림과는 달리 비록 제휴가 정상적이더라도 자신들을 다른 종단과 동일시할 필요성을 느끼지 않은 것으로 보인다. 수단의 많은 무슬림들은 이슬람의 진정한 신의 섭리에 그들 자신의 비전을 순응하기 위해, 이슬람 사회와 통치를 변화시킬 것으로 믿은 정치적 활동을 더 우선했다.

(2) 마흐디 운동

수단의 이슬람 운동 중의 하나인 마흐디 운동은 19세기 후반에 전개되

---

76) Dale F. Eickelman and James Piscatori, *Muslim Politics* (Princeton and Oxford: Princeton University Press, 1996), pp.34~35.

었다. 이 운동의 지도자는 제4대 정통 칼리파 알리의 장자 하산(625~669)의 후예를 자칭한 수단 출신의 무함마드 아흐마드 이븐 압드 알라(1834~1885)이다. 일찍부터 수피즘 종단에 몸담아 온 그가 마흐디로 자처한 것부터가 이율배반적이지만, 음악이나 무용·흡연·음주를 금기시하고 성물(聖物)을 거부하는 면에서는 와하비파의 영향을 받은 것이 확실하다. 그는 운동의 확충을 위해 지하드(聖戰)가 무슬림들의 중요한 종교의무 중 하나인 성지순례를 대신할 수 있다고 주장할 정도로 지하드를 중요시했다.

마흐디 운동은 하나의 종단으로 보이나 전통적인 개념으로 볼 때 종단이 아니다. 마흐디 운동과 그의 추종자들인 안사르는 이슬람의 재건을 추구했으며 일반적으로 종단들에 대해 비판적이었다. 법학자(Faqih)인 무함마드 아흐마드 이븐 압드 알라는 그 자신을 단순한 카리스마적이며 학식 있는 선생이나, 안사르 사이에 믿음의 한 부문이 된 주장이 아닌, 신의 사자이며 예언자 무함마드를 대신하는 '기대되는 마흐디(al-Mahdi al-Muntazar)'라고 선언했다.

그는 예언자 예수(Isa)의 두 번째 부활과 임박한 세계 종말의 길을 준비하기 위해 보냄을 받았다고 했다. 그리고 사람들은 심판의 날을 예상하고 단순하며 혹독한, 심지어 청교도적인 이슬람으로 복귀하는 것이 필수적이라고 했다. 마흐디의 부활에 대한 생각은 수니파의 이슬람 전통에 그 뿌리를 두고 있다. 수단 사람들과 이슬람교도들의 관심사는 무함마드 아흐마드(Muhammad Ahmad)가 실제 마흐디였느냐는 것이었다.

19세기 말엽 수단은 마흐디 운동이란 이름으로 이슬람 개혁을 내세우면서 유럽 제국주의의 진출에 정면 대결하여 패배를 맛보게 되었다. 18세기와 19세기에 이슬람 세계의 거의 대부분을 휩쓴 여러 개혁운동의 특징은, 첫째, 수피 사상에 대해서는 정면 반대에서 타협에 이르기까지 다양했으나 중세 수피 사상의 세속 세계에 대한 부정적 태도를 비난한 점에서는 일치했다. 둘째, 공통적으로 수피 사상의 만연으로 생긴 사회·도덕적 악습을 근절시키고 새로운 사회 도덕의 재건과 사회 개혁의 필요성을 역설했다. 이들 운동은 어느 하나도 내세에 대한 믿음을 포기하거나 경시하지는 않았지만 그 역점은 사회 개혁에 두었다. 셋째, 이 운동들은 초창기 이슬람으로 돌아가자는 점에는 예외가 없다. 초기의 순수하고 행동적인 이슬람으로 돌아가자는 것이다. 넷째, 이즈티하드의 문을 열어 두자는 것이다. 이들은 예언자의 권위 외에는 어떠한 것도 인정할 수 없다는 태도를 취했다. 즉, 이 운동의 지도자들은 항상 코란과 순나, 하디스로 돌아가자고 외치면서, 이러한 그들의 이상을 실현하기 위해서 지하드를 외쳤다. 즉, 이러한 운동들은 이슬람 개혁의 방향을 역사적 이슬람보다는 초창기의 이슬람과 일치시키려 했다.[77)]

이 운동들은 유럽 제국주의의 침략이나 사상에 자극받아 생겨난 것이 아니라 이슬람 사회의 내적 모순 때문에 자생적으로 일어난 것이다. 이 운동의 창시자들은 유럽식 교육이나 유럽인들과의 접촉을 받아본 일도 없이 순수한 이슬람 교육만을 받은 사람들이었지만, 사회 악습과 부패를 시정해야 한다는 신념을 가지고 이슬람적 방법으로 개혁하려 했다. 이 때문에 이들은 전근대적 개혁주의자들이다. 이에 반해 후대의 유럽식 교육과 문물을 받은 사람들이 주도하는 개혁운동은 비록 전근대적 개혁운동의 산물이지만 그 방법은 급격히 변화한 것이다.[78)]

아흐마드는 화이트 나일(White Nile) 강에 있는 자그마한 섬에 자신의 교단을 차려놓고 선교활동을 적극 펴는 한편, 무력을 바탕으로 당시 중앙 정부격인 카르툼의 영국·이집트 연립정부와 당당하게 담판을 진행하면서, 수차에 걸쳐 정부군의 공격을 분쇄했다. 이러한 승전에 힘입어 수단 동부에 '마흐디야국'을 건립하고 한때 수도 카르툼을 공략(1884)해, 영국군 주둔 사령관을 사살하는 전공까지 올렸다. 그러나 영국·이집트 연합군의

---

77) 김정위, 『이슬람사상사』(서울: 민음사, 1987), 189~190쪽.

78) F. Rahman, *Islam* (Chicago and London: University of Chicago Press, 1966), p.211.

보복 정벌로 10여 년간 유지해 온 마흐디야국은 운명을 다하고 말았다.

마흐디주의자의 봉기 이후 1세기 동안 신(新)마흐디주의자(neo-Mahdist) 운동과 서구 세계의 마흐디즘 추종자인 안사르는 수단에서 정치적인 권력으로 살아남았다. 가축 유목민인 박크라(Baqqra)에서 화이트 나일 강의 대규모 정착민들까지 많은 그룹이 이 운동을 지지했다. 안사르는 (Ashraf로 알려진) 마흐디 집안의 사람들인 무함마드 아흐마드의 계승자들의 통제하에 계급적으로 조직되었다.

그러나 마흐디 집안 다른 사람들의 야망과 변화하는 정치적 시각은 내부 분열을 야기했으며, 1970년대 초 이래 안사르의 지도자로 추정되는 사디크 알 마흐디는 모든 마흐디주의자(Mahdist)들의 만장일치의 지지를 반가워하지 않았다. 마흐디주의자 집안의 정치적 목표와 야망은 그 운동 본래의 종교적 사명보다 우선하고 있었다. 이와 같이 안사르는 최근 마흐디 운동의 종교적 메시지보다는 마흐디의 정치적 후손으로서 더욱 충실하고 있다.

(3) 무슬림형제단 운동

이슬람 사회를 세속화하려는 노력에 대응하기 위해 1960년대 수단에서 널리 퍼진 운동은 1920년대에 이집트에서 하산 알 반나(Hasan al-Banna)에 의해 창립된 무슬림형제단이었다. 본래 그것은 서방 세계에서 도입되는 기술 혁신과 경쟁 방법으로, 이슬람의 기본으로 돌아가기 위한 종교적인 부흥운동으로 시작되었다. 훈련되어 있고 동기 부여가 높으며 재정 지원이 잘 된 단체로 알려진 무슬림형제단은 비록 수단 국민의 일부만을 대표한다고 할지라도 1970년대와 1980년대에 강력한 정치적 단체가 되었다. 무혈 쿠데타에 이어 1989년 6월에 구성된 정부에서 무슬림형제단은 그의 추종자 몇몇이 국무위원으로 포함된, 그들의 정치단체인 NIF를 통해 영향력을 발휘했다.

4) 수단의 이슬람화: 민족이슬람전선

수단의 '이슬람화(Islamization)'는 광범위하면서 동시에 다양한 의견들이 개재되는 주제이므로, 필자는 수단의 민족이슬람전선(NIF)을 예로 들어 논의의 초점을 맞추려 한다. NIF에 초점을 맞추는 이유는, 1960년대 중반 이후 NIF가 이슬람으로 규정될 수밖에 없었던 여러 원인들을 제공했기 때문이다. 이슬람은 이데올로기의 핵심이고 이슬람화는 그 이데올로기의 의무와 명령을 체현하기 위한 실천과 상징을 적용하는 것이라고 볼 때, 이슬람과 이슬람화는 불가분의 관계를 맺고 있다고 할 수 있다.

지난 25년 동안 수단의 이슬람주의자들이 이룩한 정치적 성과는 확실히 괄목할 만하다. 이러한 성과는 이슬람 운동 자체의 본질에 따른 주관적 요소와 이슬람 운동 수행 과정의 전반적인 배경과 관련된 객관적 요소의 상호 작용에서 기인한다. 주관적 관점에서 볼 때, 이슬람 운동은 절조 없는 실용주의를 채택함과 동시에 이슬람 부활에 관한 담론을 실질적으로 전유했고, 객관적 입장에서는 이브라힘 아부드(Ibrahim Abbud)와 자파르 니메이리(Ja'far Nimeiri)가 이끄는 군사정부의 자행으로 더욱 피폐될 수밖에 없었던 국가 기간의 내재적 취약성을 최대한 활용했다.

운동권 학생들이 좌파 학생들과 끊임없이 이데올로기 논쟁을 하면서 이슬람주의자들의 비전은 그들의 반대파에게서 큰 영향을 받게 된다. 이슬람주의자들은 1956년 독립 이후로 수단 정치계의 커다란 중심축이었던 카트미야(Khatmiyya)와 안사르(Ansar) 간의 타이피야(ta'ifiyya: 종파주의) 또는 종파적 분열을 향해 지식인 계층—특히 좌익—이 분출했던 맹렬한 적대감을 함께 공유했다. 이들 외에 이슬람주의자들이 맞서 싸워야 했던 또 하나의 중요한 세력은 대중적 이슬람(popular Islam), 특히 수피 형제단의 데모에 나타난 이슬람이었다. 이로써 이슬람주의자들은 자신들이 '진정한 이슬람(authentic Islam)의 수호자이자 대표자'라고 열렬히 선전하고 나섬과 동시에 자신들만이 독립 후 변화와 진보에 대한 열정을 이끌어갈 수 있는 적임자라고 주장하기 시작했다.

역사적으로 볼 때, 수단의 이슬람 운동은 이집트 무슬림형제단이 만든 이데올로기 달성의 중요한 한 축으로 시작되었다. 수단의 이슬람 운동은 자체적으로 어떠한 사상가나 독자적 입장도 만들어내지 않았으며 전적으로 이집트의 이슬람 운동에 의존했다. 이러한 상황 속에서 거의 혼자서 이슬람 운동의 성격과 행동 지침을 바꾸어버렸던 하산 알 투라비라는 인물이 나타난다. 1969년 5월 자파르 니메이리의 쿠데타가 있기 전날은 종교와 교육을 중요시했던 측과 투라비가 이끌던, 정치적 목적과 행동에 더 무게를 두었던 측 사이에 커다란 분열이 발생하기 직전이었다. 이 시기의 역사에 대해 공식적인 이슬람주의자들은 자신들의 이슬람 운동이 니메이리 정권의 손아귀에 무참히 짓밟혔다고 누누이 강조하고 있지만, 전반적으로 복잡한 맥락 속에서 이슬람 운동이 1969년 쿠데타 발생으로 이어지는 연쇄 반응을 만들어내는 데 간접적으로 중요한 기능을 했음을 이해하는 것이 중요하다. 1965년 수단 공산당(The Sudanese Communist Party) 해체, 국회의원들의 제헌 의회 추방, 전통 정당들(the Traditional Parties)에 무자비한 압력을 가해 '이슬람 헌법(Islamic Constitution)'을 채택하게 한 이슬람주의자들의 적극적인 가담 등은 니메이리의 쿠데타로 이어지는 일종의 촉매 기능을 했던 것이다. 좌익이나 이슬람주의자 어느 쪽도 민주주의와 다원주의에는 등을 돌리고 있었다. 오히려 1964년에서 1969년 사이에 이슬람주의자들의 프로그램과 배타적 비전이라는 압력에 굴복해, 전통 정당들의 민주주의에 대한 헌신이 무너져 내리게 되는 놀랄 만한 일이 발생했다. 결국 그들 스스로가 이슬람과 이슬람화라는 혼란 속에 빠져버린 것이다.

이슬람 운동의 근본적인 반민주적 특성 때문에 이들은 주저 없이 니메이리 정권과 평화적 관계를 유지하는 동시에 1970년대 말부터는 자신들의 제도와 정책을 밀고 나가기 시작했다. 당시 이슬람 운동의 근본적인 목적을 달성하기 위한 투쟁은 투라비 노선이 원하는 방향으로 변형되었는데, 실제로 실용적이며 계산에 밝고 잔인했던 그의 성격에 맞게 거의 모든 운동이 바뀌었다. 하지만 니메이리 정권과의 화해가 독자적인 이슬람 협의 사항의 포기를 의미하는 것은 아니었다는 점을 기억해야 한다. 사실 이들의 계획은 단순했다. 즉, 정부기관에 침투해 전 국토를 이슬람화하는 것이다. 공격적이며 점진적인 또 다른 전략으로는 이슬람주의자들이 운영하는 이슬람식 금융과 투자를 바탕으로 막강한 경제적 토대를 건설하는 일이었다. 그 결과 이슬람 운동은 점진적으로 지금까지 엘리트가 차지해 왔던 자리를 둘러싼 경계를 허무는 토대를 마련하게 되었으며, 궁극적으로는 더 광범위한 사회적 기반을 마련하는 데에 목적을 두게 되었다. 1970년대 말 니메이리 통치 기간에 가장 눈에 띄게 이슬람을 상징했던 것은, 파이잘 이슬람 은행의 지점이 엄청나게 늘어난 점과 이슬람 의상인 히잡을 입는 젊은 여성들의 수가 늘어났다는 점이다.

결국 이슬람주의자들의 점진적 침투 전략은 성공했고, 그 성공은 1983년 9월 니메이리 정권이 이슬람법인 샤리아를 공표하고 이를 즉각적으로 실행에 옮기는 등의 가장 특징적인 이슬람식 프로그램을 채택한 데서 절정에 달했다. 사적인 장소와 공적인 장소가 이슬람법에 의해 규정되었고 수단은 샤리아 히스테리에 열광하는 국가로 변해갔다. 중요한 점은 이러한 급변이 단순히 외형적인 현상에 머무른 것이 아니라 괴로울 정도로 구체적인 현실로 다가왔다는 점이다. 대부분이 도시 빈민가의 열악한 상황 속에서 살아가는 하층 계급과 소외 계층 출신들인 일부 시민들은 사지를 절단당한 채 일평생 불구와 오명 속에서 살아갔으며, 수백 명의 시민들이 공개적 태형이라는 잔인한 처사에 굴복할 수밖에 없었다. 우스타드 마흐무드 무함마드 타하(Ustadh Mahmud Muhammad Taha)라는 한 시민은 배교 혐의로 공개 처형되기까지 했다. 그를 따르던 제자들은 살해

협박에 못 이겨 자신들의 신앙을 공개적으로 포기하도록 강요당하는 굴욕적인 의식을 치를 수밖에 없었다. 이런 샤리아 광풍은 1984년 계엄령 발포에서 그 절정을 이루었으며 우스타드 마흐무드 무함마드 타하의 처형은 이러한 광포가 도달할 수 있는 최악의 상황을 상징적으로 보여주었다. 이 시기 수단인들 대다수의 기억 속에는 극단적인 정신적 상처와 절망만이 남아 있었다. 그 이후로, 샤리아라는 말은 더 이상 자애로운 신의 질서 속에 살아가는 정치적 공동체라는 감동적인 이슬람 이미지가 아닌 극단적인 잔인함과 굴욕만을 떠올리게 했다. 샤리아에 입각한 국정운영이 자신의 정권 재창출에 도움을 주기보다는 오히려 국내외에서 반발을 불러일으키고 있음을 깨달은 니메이리는 샤리아와 일정한 거리를 두는 첫 번째 단호한 조치를 취하게 되고, 이는 궁극적으로 샤리아 폐지로 가는 길을 열게 된다. 그는 이슬람주의자들이 자신의 정권을 전복하려는 음모를 꾸몄다고 비난하면서 이들을 감금한 상황에서 1985년 3월 운명적인 미국 방문길을 떠난다.

1985년에서 1989년 사이는 내전과 샤리아에 대한 논쟁이 고조되었던 기간이었다. 샤리아는 후두드(hudud), 즉 그 형벌에 관한 표현에 있어서 의견이 가장 첨예하게 갈렸다. 새로운 NIF의 화신인 이슬람주의자들은 빼앗길 수 없는 절대적 권력 수단으로서 샤리아 방어에 자신들의 정치적 운명을 걸었다. 당시 국민의 위임을 받은 사디크 알 마흐디에게는 샤리아를 무효로 할 수 있는 절호의 기회였지만 그는 이를 선택하지 않았다. 이는 주로 알 마흐디의 우유부단한 성격 때문인 것으로 알려져 있지만 이 경우에는 해당되지 않는다고 생각한다. 알 마흐디는 과거에나 지금이나 여전히 이슬람식 프로그램, 이슬람화, 샤리아의 형벌에 관한 규정이나 기타 조항들의 실천에 앞장서고 있기 때문이다. 알 마흐디가 자신의 유권자들에게 내걸었던 공약은 그가 말한 바대로 '대안 입법(alternative laws)'이었다. 이 대안 입법은 궁극적으로 움마당과 NIF의 공동 연합인 투라비가 초안을 만든 것으로 그 내용 기저에는 샤리아를 좀 더 전통적이며 보수적인 입장에서 해석하려는 취지가 숨겨져 있다.

이 이슬람 운동에서 두 가지 큰 수확이 있다면 반민주적 정권하에서 경제적 기반을 다진 점과 샤리아를 현실에서 실현했다는 점이다. 이후 1985년부터 1989년까지의 민주 시절은 이 두 가지 성과에 심각한 위협이 되었다. 1989년 6월 쿠데타는 민주주의의 도전에 대한 NIF의 반발이었다. 정부의 공식적 입장에 의하면 이들이 권력을 잡게 되면 이는 수단 민주주의의 종말을 의미할 뿐만 아니라, 이슬람의 비전을 놓고 볼 때 수단과 세계 역사의 종말로 해석될 수밖에 없다는 것이다.

이슬람이 가지고 있는 역사의 종말을 보면 이슬람은 역사를 구원의 관점에서, 즉 신성한 자들과 불경한 자들 간의 대립, 신과 사탄 간의 끊임없는 투쟁으로 본다. 이러한 관점은 매우 심각하게 생각해 봐야 할 사항이다. 왜냐하면 이러한 역사 종말관은 아프가니스탄에서 여성들의 공공장소 출입 금지나 알제리에서 저질러진 사악한 범죄행위나 수단에서 자행된 집단 학살 같은, 이슬람주의자들이 자행한 대단히 심각한 행위들의 이데올로기적 근거가 되기 때문이다.

이슬람주의자들에게 1989년 6월 쿠데타는 하나의 전환점이었다. 무력으로 권력을 잡아 비합법적인 정권을 만든 이슬람주의자들은 계속해서 힘에 의지했고, 오히려 이를 강화하고 확대해 나갔다. 이는 운동의 특성상 민간인에서부터 군부에 이르기까지 급진적인 변화로 이어졌다. 투라비가 NIF는 쿠데타 이후로 와해됐다고 말했을 때, 그는 일면만을 본 것이다. NIF가 사라지고 민간인으로 이루어진 정당이 인민 방위군(Popular Defense Forces)으로 재건되었지만, 이는 정권과 함께하는 군대이면서 동시에 신뢰할 만한 권력기반이기 때문이다. 하지만 현 정권하에서 정책을 입안하고 그 방향을 결정하는 핵심부에 더 이상 이슬람주의자들은 존재하지 않는다는 투라비의 맹목적인 발언을 있는 그대로 받아들이기에는 미심쩍은 부분이 많다.

현 정권하에 이슬람화에 대한 다양한 관점들이 존재하고 있으므로 두 가지 핵심적인 사안인 남부 지역에서의 내전과 샤리아에 대해 초점을 맞추려고 한다. 정권은 정당성을 입증하고 합법성을 부여하기 위해, 남부 지역에 내전을 일으키며 여론을 몰아갔다. 내전의 목적은 즉각적인 '이슬람화'였으며 이는 북부 주민들에게 '지하드'를 불러일으켰다. 이는 이슬람주의자들의 신앙에 파괴적인 결과를 가져올 수 있다는 점에서 매우 심각하게 고려해야 할 사항이다. 예를 들어 1989년 이후의 수단에서 이러한 이미지는 가장 비극적인 고통과 비참의 고리로 이어졌기 때문이다. 그것이 과거의 것이든 현재의 것이든 지하드는 자기 방어를 위한 전쟁이며, 이슬람 세계를 확장한다는 명분하에 상대방을 공격하도록 부추기고 있다. 이것의 가장 극단적인 형태인 지하드는 '타인'에 대한 부정이며, 이 부정은 궁극적으로 전멸로 이어질 수 있고, 살아남기 위해서는 복종을 강요당하는 일 이외에 다른 방도가 없다.

정권이 구상한 당연한 결과의 이미지는 바로 '샤히드(shahid)'[79]였다. 남부에서 이슬람을 옹호하다 사망한 자는 즉각 순교자의 칭호를 얻었다. 정권은 계속해서 자신들만의 종말론을 만들어냈다. 즉, 순교자는 곧바로 천국으로 직행하여 이들과의 결혼을 기다리고 있는 하우리(houris), 곧 이슬람교 천국의 미녀(순교자 한 명이 70명의 여성과 결혼한다고 주장한다)와 결혼하게 된다는 주장이 순교자 가정 내의 이슬람주의자들에 의해 공식적으로 발표되고 순교가 영광스러운 일로 전해지면서 이들은 새로운 희망으로 고무된다.

---

79) 순교자를 말한다. 특히 싸우다 죽은 사람으로 신앙에 대한 증인이 된다. 이들에게는 천국에 자리가 보장되어 있고 전장에서 입었던 옷을 입혀서 매장한다. 부활의 날에 혈흔이 그들의 공로를 입증해 줄 것이다. 순교한 사람들의 죽음은 비통하여 깊은 동정심을 불러일으킨다. 김정위 엮음, 『이슬람사전』(서울: 학문사, 2002), 362쪽.

종말론에 관해서는 이쯤으로 정리하고 또 다른, 더욱 급박한 문제인 지하드의 전쟁 포로에 초점을 맞추려 한다. 샤리아의 고전적 계율과 이슬람 관행에 따르면 전쟁 포로는 무조건 풀어주거나, 돈을 받고 넘기거나, 노예로 삼거나, 아니면 죽이는 것이 관례였다. 이 중 어떤 행동을 취할 것인가는 전적으로 담당자가 판단할 일이었으며 이슬람에서는 같은 전쟁 포로들이라 할지라도 각기 다른 방법들이 적용될 수 있다. 알다시피, 남부에서 발생한 내전은 전체적으로 이후의 정권들과 연관 지어볼 때 전쟁 포로가 발생하지 않은 내전이었다. 그러나 군은 민간인과 전쟁 포로들에 대해 조직적인 대규모 인권 유린을 자행했다. 집권당은 이 내전이 지하드이기 때문에 정당한 것이며, 그 정당성을 근거로 하여 샤리아가 인정한 선택 사항으로서 거리낌 없이 전쟁 포로들을 노예로 만들거나 죽일 수 있었다. 샤리아의 이런 면들은 국제사회가 바라보는 인권에 관한 일반적인 기준과 정면으로 충돌하는 것이고, 어느 정부에게도 이러한 샤리아의 부활은 허용될 수 없다. 현 정부가 샤리아의 이러한 면들을 묵과했다고 공식적으로 발표하지는 않았지만 여전히 이 샤리아에서 벗어나지 못하고 있다는 점도 사실이다. 지하드와 그 법적 내용에 비춰 보았을 때 누군가는 노예 관행이 매우 심각한 수준으로 되살아나고 있다는 점을 보고해야 할 것으로 본다.

샤리아와 관련해서 1991년 3월의 형법은 1988년 당시 법무장관이었던 투라비가 초안한 법안을 기초로 하였음을 주목해야 한다. 1991년 형법의 주요 특징으로는, 법정에서 증거를 제시하는 경우 법적 소수자로 취급받는 여성의 지위에 대한 제한, 이류 시민으로 전락한 비무슬림의 지위에 대한 제한, 간통 당사자에 대한 돌팔매질 형벌이나 절도 행위를 한 손 또는 반대쪽 손의 절단 같은 다양한 범죄 행위에 대한 체형, 배교자에 대한 사형 집행 제도화, '눈에는 눈(an eye for an eye)' 식의 보복 원칙 제도화 등이 있다.

이슬람주의자들은 샤리아를 실천하는 일이 종교적·문화적인 민족의 자결권 문제라고 주장하고 있는데, 이 점과 관련해서 두 가지 문제가 대두될 수 있다. 첫째, 종교적·문화적 자결이라고 해서 여성이나 비무슬림 같은 타인의 자결권까지 침해할 수는 없다는 점이다. 둘째, 형법으로서의 샤리아는 국민의 의사와는 무관하게 창출된 군사정부가 1983년에 강제로 채택했고 1991년에 다시 강제된 것이기 때문에 북부 지역 무슬림들 대다수가 이전의 세속 법보다 그 규정에 훨씬 충실했다고 볼 만한 증거는 없다. 이 점과 관련해 형법 이전에 자리 잡은 샤리아의 한 부분이었던 개인 신분법의 경우, 점차 여성 차별을 완화하는 방향으로 개정되어야 한다는 압력을 받고 있다는 점을 주목할 필요가 있다. 더욱 주목해야 할 부분은 1983년 9월 이후로 샤리아는 성공을 거두지 못했다는 점이다. 사회의 병폐는 사라지지 않았다. 그 이유는, 비록 샤리아가 현실에서는 존재하지만, 이슬람주의자들이 확신했던 유토피아, 즉 샤리아를 실천하면 수단인들에게는 신의 가호가 베풀어지고, 그럼으로써 수단을 천국으로 변화시킬 수 있다는 꿈이 실현되지 않았기 때문이다. 이런 점에서 볼 때, 샤리아의 실패는 좀 더 광범위한 실패라 볼 수 있다. 다시 말해, 이는 이슬람주의자들이 꿈꿔온 이슬람 부활 모델의 실패였던 것이다. 권력 쟁취 유무에 관계없이 이슬람은 대단히 힘겨운 위기를 겪고 있고, 이슬람주의자들이 권력을 잡으면 그 위기는 더욱 분명하게 드러날 것이다. 하지만 불행하게도 이들이 지불해야 할 비용은 실로 엄청난 것이다.

현 정권의 종식은 남부 지역의 분리로 이어질 가능성이 상당히 높다. 이런 상황이 오게 될 경우, 국민적 자부심을 안고 살아가는 수단인들에게는 가장 슬프고도 혹독한 실패의 상징으로 남게 될 것이다. 수단이 통일된 국가로 남든 분열을 하든, 심지어는 와해된다 하더라도, 현 정권의 종말이 자동적으로 북부 지역에서 정치적·사회적 세력으로서의 이슬람의 종말로 이어질 것이라고 추측하는 것은 비현실적인 일이다. 이슬람은 앞으로도 얼마간은 그 세력을 유지할 가능성이 높으며, 수단의 민주주의는 현 상황과의 평화적 모색 방법을 찾아야만 한다. 수단 북부에서 효과적으로 이슬람과 대항할 수 있고 배타적 상황에서 일반 무슬림들을 해방시킬 수 있는 가장 강력한 힘은 다름 아닌 약동하는 다원주의와 수단 이슬람 고유의 관용이다. 교육의 확대, 질풍노도처럼 확산되고 있는 세속화와 세계화, 수단 내부의 사회적 변화들은 이슬람의 입지를 좁혀나갈 수 있는 가장 강력한 원동력이 될 것이다.

현 정권이 얼마 남지 않았음을 충분히 깨닫고 있는 일부 현실적인 이슬람주의자들은, 샤리아를 국민적 합의의 문제로 인식하고 모든 정치 세력들이 이슬람의 기본 틀 속에서 운영되어야 한다는 이슬람식 대안을 꾸준히 주장해 왔다. 하지만 이 모델은 이란에서 성공하지 못했고 수단에서도 역시 성공 가능성이 높아 보이지 않는다. 차별적 요소 이외에, 이슬람을 따른다고 주장하는 시민들 간의 서로 모순되는 해석들 때문에라도 샤리아는 국민적 공감대를 형성할 수 없다. 국민적 합의를 이끌어낼 수 있는 유일한 지점은 민주주의다. 민주주의는 종교, 성, 사회적·종교적 배경에 관계없이 수단인들이 평화롭고 의미 있는 협상에 참여할 수 있는 틀을 제공할 수 있기 때문이다. 이슬람주의자들은 항상 모든 일에 '이슬람만이 해결책(al-Islam huwa 'l-hall: Islam is the solution)'이라고 강변해 왔지만 그들의 주장대로 성공하지는 못했다. 오히려 이슬람주의자들의 무모한 모험으로 수단은 독립 이후 가장 소름끼치는 재앙에서 헤어나지 못하고 있다. 남부와 북부의 시민 다수를 위해서라도, 해결책은 민주주의로 가는 길밖에는 없다고 생각한다.[80]

80) http://www.usip.org/religionpeace/rehr/sudanconf/Mahmoud.html.

5. 수단의 갈등과 분쟁

수단의 갈등과 분쟁은 서구 제국주의 시대의 분할 점령과, 식민지 정책에 의한 인종과 민족의 지역 차별 정책 때문에 발생한 것이다. 역사적으로 수단의 남부 지방은 보건, 교육체계, 전반적인 사회 기반 시설의 발전이 더디었고, 북부 지배층에 의해 석유, 광산, 목축업, 목재 등의 산업이 개발되었다.

강대한 크기의 대륙에서 수단은 많은 이유로 주목할 만하다. 이곳은 아프리카에서 가장 큰 나라이고, 가장 큰 갈등과 분쟁을 견뎌냈으며, 이용 가능한 천연자원이 많은 국가이다. 수단의 남부 주와 서부 적도 지역에는 석유, 운모(雲母), 크롬철석, 석고, 대리석, 금, 다이아몬드 등의 천연자원이 있다. 수단은 습기가 많은 남서부에서 뜨겁고 건조한 북부에 이르기까지 다양한 기후를 지니고 있어 사탕수수, 목화, 목재, 탄성 고무, 가축, 땅콩, 밀 같은 많은 농작물을 재배할 수 있다. 수단 인구 3,800만 명(2003년 7월 현재)은 반투족, 나일 강 유역 주민, 아랍 민족과 같은 많은 인종 그룹으로 구성된다. 이것들은 수단의 발전에 긍정적인 속성이다. 그러나 지난 50여 년 동안 수단의 갈등과 분쟁은 거의 450만 명을 사망, 추방 또는 강제 이주시켰다.

다양하고 풍부한 천연자원에도 불구하고 이 나라는 무엇이 잘못되었길래 그렇게 오랫동안 고통을 겪고 있는 것일까? 이러한 갈등과 분쟁의 영향은 무엇이었고 어떻게 끝낼 수 있을까? 이것들이 본 장에서 다루려는 과제들 중 일부이다.

수단 갈등과 분쟁의 원인은 수없이 많고, 종족적·경제적·종교적·사회적·정치적 요소가 발단이 된다. 이렇게 다양한 정치·사회·경제적 요소는 수단의 경제 개발과 정치적 해방에 중요하고도, 해로운 것이었다. 수단 정부는 계속해서 이러한 요소들을 남용하고 이용해 그것들을 힘의 원천에서 견제·폭력의 위협과 근원으로 바꾸어놓았다.

수단의 다양한 인종적 구성, 확고한 정치적 의지, 민주적 통치와 인권 존중을 고려할 때 확실한 지도력이 없다면 내부 반목과 불안 문제는 상존한다. 그러한 반목이 어떻게 무지막지한 내전으로 발전하고 주변국으로 번지는가 하는 것이 오해와 치명적인 편협의 슬픈 역사인 것이다.

1) 원인

수단에는 별개인 두 집단의 국민이 거주하고 있다. 아랍계와 아랍화된 수단계가 북부 지역에 널리 퍼져 거주하는 반면, 주로 기독교도인 흑인 아프리카인은 남쪽에 거주한다. 아프리카의 다른 모든 갈등과 마찬가지로, 수단 갈등의 주원인은 과거 식민지 시대로 거슬러 올라가 추적할 수 있다. 북쪽 아랍계가 위험을 무릅쓰고 남쪽을 아랍화·이슬람화하려고 했지만 영국 식민주의자의 출현으로 아랍계는 북부 수단의 주요한 정치 지도자로 남고, 흑인 아프리카인은 남쪽의 별개 왕국에 자신들만의 지도자를 가지게 되었다. 영국의 수단 통치 정책의 핵심은 수단 국민의 양극화가 근간으로, 북부 아랍계에게 혜택을 주어 그들을 정부의 핵심적인 자리에 포진시켰다. 이것이 경제적·정치적 권력을 북부에 집중시켰다. 그들은 남부를 무시하여, 심지어 경제·사회 개발의 관점에서 격리시켰다. '게지라(Gezira)' 관개 사업, 목화 산업, 현대식 철도 같은 식민지 시대에 개발된 사회간접자본의 거의 대부분은 모두 북부에 건설되었다. 결과적으로 상업활동과 행정 센터, 도로, 병원, 학교는 카르툼과 같은 북부 지역에 집중되었다. 극명하게 대조적으로 남부는 총체적 빈곤 상태로 남아 있었다. 인도에서와 같이 정복된 다수에게 앵글로 문화의 망을 치는 영국 식민 통치자의 통상적인 양식이, 수단에서는 약간 바뀌었다. 영국은 남부 국민들을, 북부 아랍 지도자들에게 굴종하고 복종하도록

하게 되어있는 기독교 선교사들에게 일임했다. 이것이 남부를 북부뿐만 아니라 여타 세계에서도 격리시켰다. 이러한 분리로 말미암아 아랍어가 북부 지도자의 의사소통 방편이 되었고, 영어와 기타 아프리카 토착 언어들은 북부 지도자와 의사소통할 때 허용되지 않았다. 남부는 원료 생산 지역이었다. 그들은 노동자, 심지어 북부 사람들에게는 노예였다. 그러므로 개발과 지도자의 관점에서 남부는 격리되고 무시되어서 북부를 위한 원료 수탈·노예 수급 지역으로 남게 되었다. 이러한 양극화는 1956년에 수단이 독립했을 당시 남부 수단인이 관직의 미미한 지분을 가졌던 지도자 분포에도 반영되어 있었다. 등 루아이(Deng Ruay)는 '800개 자리 중에서 단지 부구청장의 하급직 네 개와 마무르(Mamur) 두 개만 남부인에게 주어졌다'고 썼다.[81] 이와 더불어 엠 크레나(M. Cranna)는 '무시된 지역이 1955년 수단의 남부와 북부 사이에 발발한 불안에 기여했던 경제적 변방화와 사회적 불공평을 경험했다는 것은 남부 수단에게 불평등한 개발'이라고 한다.[82] 더군다나 북부는 남부를 이슬람화·아랍화하려고 했고, 이 때문에 오늘날 지속되고 있는 갈등과 분쟁이 촉발되었다. 카르툼의 북부 지도자들은 이러한 지역 간 불균형을 결코 다루려 하지 않았고, 이것이 진정으로 이러한 갈등과 분쟁의 주요한 원인이다.

남부 수단의 자원은 남부인이 수년 동안 저항해 왔던 북부 수단의 지도자에게는 항상 최고의 인기 상품이었다. 그러나 1955년에 남부 부족인 아냐냐(Anyanya)가 살고 있는 지역에서 노예를 구하러 왔던 북부 침략군에 처음으로 저항하는 사태가 일어났다. 이 전쟁은 니메이리 대통령이 에티오피아의 아디스 아바바(Addis Ababa)에서 조셉 라구(Joseph Lagu) 같은 아냐냐 지도자들과 협정을 맺어 남부 지역에 자치권을 부여한 1972년에

81) Deng Ruay, *The Politics of Two Sudans: the South and the North, 1821~1969* (Uppsala: Nordiska Afrika Instituet, 1994).

82) www.monitor.upeace.org/archive.cfm?id_article=87.

가라앉았다. 그러나 오래지 않아 남부 수단 벤티유(Bentiu)에서의 석유 발견이 이러한 평화를 앗아가 버렸다. 니메이리 대통령은 남부 지역 벤티유의 유전을 개발해 북부 수단의 개발 사업을 위해 일으킨 미화 80억 달러의 누적 부채 상환에 도움을 받으려 했기 때문에 아디스 아바바 협정을 백지화했다. 갈등과 분쟁을 부채질하는 다른 요소는 종교였으며, 특히 북부 수단이 샤리아와 기타 아랍화의 관점을 주로 기독교와 전통 신앙을 믿는 남부에 강요하려는 시도였다. 분쟁을 더욱 악화시킨 것은 북부가 남부인에게서 영토 탈취를 개시한 조처였다. 북부 지도자들이 남부에 도입하기로 한 기계화 농장을 북부에 의한 식민지화로 간주했던 남부인들에게는 이것이 매우 불쾌하게 받아들여졌다. 이 또한 1983년에 남부인들의 저항을 일으켰고, 존 가랑(John Garang) 대령이 이끄는 운동 조직인 수단인민해방운동/군(the Sudan Peoples Liberation Movement/Army: SPLM/A)을 탄생시켰다. 이 운동 조직은 많은 목표를 가지고 있었다. 이 저항은 지도자뿐만 아니라 남부 수단이 영토의 침략으로 간주했던 종레이(Jonglei) 운하, 기계화된 농장, 석유 시설 같은 사업에도 초점이 맞추어져 있었다.

이슬람법을 강요하는 지속적인 시도에 대해 남부가 느끼는 불만감은 종교적으로 강경 노선인 NIF가 1989년에 온건한 사디끄(Sadiq) 정부에게서 정권을 이양받았을 때 더욱 고양되었다. 오마르 알 바쉬르가 지도자로 임명되었고 극단주의 이슬람 지도자 알 투라비의 도움을 받았다. 이 정권은 갈등과 분쟁의 주원인이 되었던 샤리아법 강요 정책을 지속하기 원했다. 신정권은 여태까지 그랬듯이 강압 정치가 남부인을 복종시킬 것이라고 가정했으나, 이것이 오늘날까지 문제가 되고 있다. 북부 지도자들은 남부가 샤리아의 강요에 대해 어떻게 느끼고 있는지 제대로 이해하지 못했다.

2) 중재

1983년 이후 우간다, 케냐, 리비아, 미국의 중재로 이 문제를 다루려는 시도가 있었다. 불행하게도 영구적인 해법은 찾기 어려워 보였다. 또한 동부 아프리카 국가들과 지미 카터 재단(Jimmy Carter Foundation)으로 구성된 정부 간 개발기구(the Inter Governmental Authority on Development, 이하 IGAD) 같은 국가 간 조직이 전쟁 당사자들(북부 카르툼 정부와 수단인민해방운동/군이 이끄는 남부인) 간의 중재를 했다. 평화를 구축하려는 전쟁 당사자들의 시도는 오랫동안 고통을 받고 있는 수단인에게 낙관적인 고려를 하고 있으며, UN헌장 제33조에 의한 국제 의무를 인식하고 있음을 보여주고 있다. 이는 평화를 위태롭게 하기 쉬운 분쟁 당사자가 무엇보다도 먼저 협상, 조사, 조정, 화해, 중재, 법적 조정, 지역 조정 수단 또는 여타 그들이 선택하는 평화적 수단에 의해 해법을 찾을 것을 요구한다. 그러므로 정부와 SPLM/A의 평화적 조정 수단이 유일하게 신뢰할 만한 조치 방향이다.

2003년 7~8월에 수단 정부 관리와 수단인민해방운동은 케냐 정부의 조정 후원으로 권력 분점, 자원 배분, 군 재정비에 관해 회의를 개최했다. 그러나 진척은 실망스럽게도 산발적이었다. 카르툼은 권력에 집착하는 것처럼 보이고, 남부 반군은 부에 집착하는 것처럼 보이며, 전쟁은 휴전 협정에도 불구하고 거세지고 있다. 이것은 무엇을 의미하는 것일까? 이 평화 중재 회담이 두 당사자 카르툼과 SPLA 간에 성공하지 못하는 것일까? 그것은 협상에서 신의의 결핍을 의미한다. 국제법과 상식에 의하면, 성공적인 조정을 위해서는 분쟁 당사자 간에 신의, 신뢰, 동의가 필요하다. 우호적인 중재에 도달한 분쟁 당사자들에 대해 신의 성실의 원칙이 적용되어야 한다. 신뢰와 확신이 두 당사자 간에 형성되어 그들의 차이를 조정해야 한다. 그러나 카르툼·SPLA 평화 회담의 경우에는 신의 성실과 신뢰가 없어보이며, 그것이 그 문제에 대한 평화 중재가 그들을 비껴가는 이유이다.

주시해야 할 다른 측면은 중재자가 얼마나 신뢰할 만한가 하는 것이다. 무엇보다 먼저 국제법은 분쟁 당사자가 중재자들에 대해 합의하고 그들을 신뢰할 것을 요구한다. 그러나 신뢰가 없으면, 협상과 중재는 실패하기 마련이다. 수단 분쟁의 경우에는 동아프리카 정부 간 기구(the Inter Governmental Authority of East Africa)가 분쟁 당사자들 사이에서 중재를 했다. 불행하게도 카르툼 정권은 특히 SPLM/A를 지원한다고 주장하는 우간다와 에티오피아 두 나라를 신뢰하지 않는다. 이렇게 명백한 신뢰의 부족과 함께, 대부분의 동부 아프리카 회원국들이 어떻든 간에 SPLM/A를 지원하는 것으로 비난받고 있었으므로, 어떤 논평자들은 그 지역 이외의 중재자들이 중재 촉진에 가장 적격일 수 있다고 제안했다.

그러나 지역의 중재 노력이 가시적인 결과를 가져오지는 못했더라도, 최소한 통상적으로는 수단 남부인에게 숨쉴 공간을 제공하는 수없이 많은 휴전을 달성했다. 이러한 휴전 동안에 농작물이 경작되고, NGO들이 활동할 수 있고, 심지어 어느 정도의 정상 상태가 보편화할 수 있다는 것은 주목할 만하지만, 이것은 잠깐 동안의 평온함일 뿐이며 남부의 영속적인 경제 개발을 지속시킬 수 없다.

3) 법률적 시사점

중재 노력이 팽팽하고 갈등과 분쟁이 지속되고 있는 동안에 수단의 안팎에서 어떤 일이 일어나고 있는지 살펴보기로 하자. 수단의 갈등과 분쟁은 수단과 이웃 나라들의 사회·경제·정치적 구조에 영향을 미쳤다. 이 갈등과 분쟁의 영향을 이해하기 위해서는 남부 수단의 SPLM/A를 진압하기 위해 수단 정부가 동원한 무력의 사용에 관한 국제법과 국제인권법을 살펴보아야 한다. 그리고 수단 정부가 막대한 무력을 사용해

SPLM/A 반군을 진압할 필요가 있었는지에 관해 자문해 보아야 한다. 또, 실제로 지상과 전선에서 무엇이 일어나고 있는지, 무엇이 이 분쟁에 수반되는지 살펴보아야 한다. 여기에는 몇몇 국제법이 도움이 될 것이다.

국제법과 국제인권법은 적대 행위에 적용되는 규정과 무력 분쟁의 보호를 다루는 규정을 제시한다. 제네바협정 제1의정서의 제51조는 민간인에 대한 직접적인 공격과 민간인에 대한 보복을 금지하며, 어떤 무기가 무력 분쟁에서 적법한가 하는 사항과 전투원에게 불필요한 고통과 과잉 상해를 야기하는 무기의 금지 사항을 제시한다. 제51조 제5항은 무차별적인 것으로 간주되는 공격의 예를 제시하고 비례 규정의 통상적인 표현을 포함한다. 즉, 민간인 생명의 우연적 손실, 민간인 상해, 민간인 시설물 손상, 또는 그것의 복합으로, 명확하고 직접적인 군사적 강점이 예기되는 관점에서 지나친 것으로 예상될 수 있는 공격을 감행하는 것은 금지되어 있다. 그러므로 지나친 민간인 사상자를 낼 가능성이 있는 공격은 금지된다. SPLM/A의 경우와 같은 전쟁에서 아동 군인의 사용은 국제노동기구협정(the Convention of International Labour Organization: CILO)과 아동권리에 관한 협정(the Convention on the Rights of Children: CRC)의 선택적 의정서와 같은 국제법에 의해 금지된다. 그러나 수단의 갈등과 분쟁의 경우에 무엇이 일어나고 있는가? 그 분쟁은 제네바 협정과 기타 법률을 고려하는가? 카르툼 정부가 사용하는 무력은 SPLM/A의 저항에 비례하는가? 그것이 비례하지 않는다면 이 무력의 결과는 무엇이었나? 민간인은 공격에서 안전한가? 안전하지 않다면 그들은 어디에 있는가? 누가 그들을 돌보고 있는가? 이 질문들에 대한 답변은 우리를 수단 분쟁의 결과와 영향에 이르게 한다.

4) 결과

수단 정부가 과도한 무력을 사용했고, 분쟁의 당사자가 아닌 민간인을 살해했으며, 많은 주민을 집단 이주시킨 사실에는 논쟁의 여지가 없다. 사람들은 생명을 건지기 위해 달아났다. 많은 남부 수단인들이 우간다, 에티오피아, 케냐, 콩고 민주공화국, 미국, 기타 유럽 국가 등의 다른 나라로 집단 이주되거나 추방되었다. 이는 실제적으로 난민 문제, 집단 이주자, 수단과 현재 주변 지역을 괴롭히는 기아와 재산 파괴를 야기했던 무력 분쟁을 규제하는 국제법의 위반이다. 분쟁을 피해 달아난 사람들은 인접 국가들을 난민으로 넘쳐나게 했다. 현재 그러한 국가에서 노숙자들이 도착하면 제공할 희귀 가용 자원에 대한 쟁탈전이 벌어지고 있다. 카베라(J. B. Kabera)는 '우간다는 자체 인구와 경제적 압력에 직면하고 있어서 수천 명의 난민을 수용하는 것은 우선순위가 낮다'고 쓰고 있다. 난민의 유입은 우간다의 미약한 국민 총생산(GDP)을 고려할 때 더욱 부담이 되지만, 수단에서 전쟁이 거세질수록 우간다의 난민 숫자는 지속적으로 증가하기 시작했다. 1991년에 우간다 북서부에는 추정 수치로 6만 명의 난민이 있었고, 1995년까지 수치상으로 30만 7,090명의 수단 난민이 있었다.[83]

무차별적인 폭격, 민간인 살해, 가정과 문화의 파괴는 집단 이주, 영양·복지의 관점에서 청년과 노년에 영향을 미치는 무수한 인권 문제들을 포함한다. 1996년의 UN 총회 보고서에서 미첼 그라샬(Machel Gracal) 여사는 "전쟁은 가축에 대해서도 요금을 징수하고 있다. 이는 기본 규정식의 일부로 우유에 의존하고 있는 어린이에게 특별한 문제가 된다. 수단의 콘고르(Kongor) 지역에서는 소의 대량 학살로 가축이 150만 마리에서 5만

83) *UNCHR Branch office*, Kampala, Uganda(1995).

마리로 감소했다"라고 보고했다. 이 분쟁에서 제네바 협정을 위반한 수단 정부 무력의 '잘못된 목표 조준'으로, 가축과 농작물의 수가 감소되고 통신이 혼란하게 되었다.

주민을 고향에서 내부적으로 집단 이주시키는 문제와, 그와 관련된 권리의 남용은 그냥 지나칠 수 없다. 사회·문화 시설은 사용하지 않고, 아이들은 보호 결핍과 불량한 위생으로 병들어 있다. 학교, 병원, 상업 지역은 전쟁으로 파괴되었다. 집단 이주된 사람들은 숲이 제거된 지역에 정착했고, 이것이 토양 부식에 심각한 결과를 가져왔다. 결과적으로 남부 수단의 전역에 걸친 전쟁의 영향으로 기근이 연중 만연했기 때문에 수단 남부는 계속해서 사회적·경제적으로 북부 지역에 뒤지게 되었다. 이것의 대부분은 부당하고 지속적인 폭격 때문이다. 개발되지 않은 남부와 개발된 북부의 현상은 도전받지도 않고 변하지도 않는다.

수단의 분쟁은 우간다로 번졌다. 우간다가 SPLM/A를 도왔다는 카르툼 정부의 주장은 우간다와 수단 사이의 국경 도시·마을에 대한 수단의 폭격으로 절정에 달했다. 오라바(Oraba, 1989년 12월 29일), 모요(Moyo, 1990년 5월 20일), 오자비(Ojabi, 1991년 5월 21일) 초등학교와 같은 도시에 대한 폭격은 모두 증거 서류에 의해 증명된다. 우간다가 이러한 폭격에 대해 불만을 토로하자 수단은 지방 지휘관의 실수였다고 답변했다. 이러한 '오폭'은 우간다 국민을 공포에 떨게 했다. IGAD 국가와 리비아가 지속적으로 개입하지 않았더라면 이 폭격은 두 국가 간의 대규모 전쟁으로 비화될 수도 있었다.

분쟁의 또 다른 영향은 수단과 주변 국가들 간 무역 혼란이다. 전쟁으로 인해 국경 횡단은 거의 불가능하다. 국제 무역과 상호 교류 모두 진행 중인 분쟁의 영향을 받는다. 사업가들은 전쟁 때문에 국경을 횡단하는 것을 두려워한다. 횡단을 무릅썼던 어떤 사람들은 물품을 탈취당했다. 어떤 수송 차량들은 폭격을 당하거나 전투원의 총부리에 탈취되고 있다.

5) 가능한 해법

이 분쟁의 미묘함과 영향을 고려해 이 분쟁에 대한 몇몇 가능한 해법을 인용하려고 한다. 이 장의 서두에서 천연자원을 부여받은 수단과 같은 국가는 명확한 자원 관리 정책이 필요하고, 그렇지 않을 경우 그 자원은 분쟁과 협박의 원천이 된다는 것을 지적했다. 지도자가 전체 지역을 억압하도록 설계된 정책을 여전히 수행하여 피폐화·변방화되는 국가는, 항상 후진성과 지속적인 분쟁의 문제에 봉착할 것이다. 따라서 신의 성실의 원칙을 고수하여 전쟁 당사자가 우호적인 조정에 도달할 수 있도록 해야 하는데, 수단의 분쟁에서는 양쪽이 서로를 신뢰하지 않는다. 1991년 가을에 수단 대사관의 수단 문화관은 웁살라(Uppsala) 회의를 언급하면서 다음과 같이 말했다.

> 무역협회, 분파신, 대상, 종족 지도자는 효과적인 국가 권력이 결여되면 모두 매우 강력하게 된다. …… 대권을 향한 긴 투쟁의 승자는 한결같은 무자비와 효능에 의해 결정되는 것이 아니라 다른 특성들로 결정된다. 수단에 적절한 국가를 수립하는 데에 대한 주요한 걸림돌은 남부의 협조 거부였다. …… 그들의 저항은 국가를 약화시켰고 국가에게서 정통성을 빼앗아 갔다.

이와 같이 당사자 간에 불신과 억압이 있으면 평화는 항상 일방적인 꿈일 것이다.

남부인의 자결 요구와 자체 정부 수립 제안도 있었다. 물론 향후 어떠한 요소들이 논의되어 예전의 더 큰 수단으로 되돌아갈지도 모르기 때문에, 이것이 단기적인 해법이 될 수 있다. 그러나 여전히 중요한 문제들이 있다. 남부인은 북부인과 함께 사는 것에 대한 합의에 실패했는가? 사람들은 다양하게 살 수 없는가? 그들은 그들의 문제를 해결할 수 있는 모든 국내적·지역적·국제적 선택권을 소진했는가? 국민 공존의 원칙은 완전히 실패했는가? 이러한 문제가 다루어진다면 수단 문제는 종말을 고하기 시작할 것이다. 필자는 수단 국민이 남부에 있건 북부에 있건 상관없이 진정으로 서로를 필요로 하고 있다고 믿는다. 그러므로 두 국민은 상대방 국민의 문화를 존중하는 법을 배울 필요가 있다. 수단과 같이 다른 사람의 견해를 탄압하는 것은 국가에 단합이나 정의를 가져다주지 않는다. 그러므로 탄압의 걸림돌을 제거하면 수단 문제는 해결될 것이다.

6) 종교적 자유 수호

수단은 종교의 자유를 침해하는 많은 국가들 중에서도 남용이 심각한 국가이다. 미국 국제종교자유위원회(USCIRF)는 연례 보고서에서 다음의 개요를 제시한다.

> 종교적 분쟁이 수단 내전의 주 요소이다. 내전의 맥락으로 보면, 정부와 연합군은 국제 인도주의적 도움에 대한 부정의 일환으로 아사, 아녀자의 유괴·노예화, 민간인의 강제 이주(예: 석유 생산 지역), 교회 재산과 인도주의적 시설을 포함하는 민간인 공습·폭격과 같은 포악한 인권 남용을 지속적으로 저지르고 있다. 피폭 장소들은 명확히 식별할 수 있는 병원, 학교, 교회, 시장, 구호 조직 구내를 망라했다. 이러한 남용은 돌발적인 행동이라기보다는 주도면밀한 정부 정책의 결과로 보인다. 수단에서 고통받는 사람들에게 뻗치는 가시적인 노력에 관심이 있다면, 케네디(Kennedy)박사의 사이트(www.kennedycommentary.org)를 참조하기 바란다. 이 사이트에는 수단의 종교박해 피해자에게 보낼 수 있는 구호 키트에 관한 정보가 있다.
>
> 주류 매체가 선거운동 사안에서 공모적인 재택 학습자에 이르기까지 모든 것에 침을 흘리고 있는 반면, 종교박해에 대한 매체의 강력한 항의는

거의 존재하지 않는 것처럼 보인다. 수백만 명의 국민이 내전으로 사망했으나, 평화 협정은 미국 매체에서는 이야깃거리가 되지 않는다. 종교적 박해는 옛날 뉴스이다. 그러나 오래전 한때에는 미국 노예제도가 그러했다. 미국인들은 헌법 수정 제1조가 국교 조항을 초월해 종교의 '자유로운 행사' 조항을 포함하고 있음을 기억할 필요가 있다. 그것은 이유가 있는 첫 번째 개정이며, 그러한 특권을 가진 국민은 자신들을 방어할 수 없는 사람들을 주의 깊게 방어해야 한다.

7) 종교갈등 초월

수단 내전의 뿌리는 오랜 역사를 가지고 있으나 현재의 정황은 수단이 영국과 이집트(1899~1955)에 의해 공동으로 통치되고 있었던 식민지 시대에 형성되었다. 북부와 남부 수단은 별도로 관리되었다. 앵글로 이집트 식민주의자들은 북부를 개발하는 데에는 실질적인 투자를 했던 반면, ― 수단 영토의 약 1/3인 ― 남부는 경제적·정치적으로 곤궁하게 내버려 두었다. 1956년 독립 이후 북부와 남부는 북부의 카르툼이 통치하는 정부하에 통일되었다. 수단 정부는 남부에 국가적 미래상을 강요하기 시작했고, 내전이 발발했다. 다양한 동기가 전쟁에 기름을 부었다. 수단 정부는 통일 수단에 대한 정치적 주도권을 추구하는 반면, 대부분의 남부인은 북부로부터의 자치 또는 독립의 형태로 자결을 원한다. 남부인들은 카르툼 정부가 그들에게 아랍어와 이슬람 종교를 강요하려고 한다는 것을 확신하고 반란을 일으켰다. 양쪽 모두 유전, 나일 강물, 어획 지역, 방목지를 포함해 남부의 자원을 통제하려고 한다. 무기 판매와 다양한 구조활동에 종사하는 사람들이 전쟁 자체에서 수익을 얻고 있다.

수단에는 풍부한 다양성이 있다. 인구의 약 40%는 아랍인이고 60%는 아프리카인으로 추정된다. 남부에는 600개의 인종 집단이 있고 100개가 넘는 언어가 사용된다. 북부에서는 아랍과 이슬람 주체가 주를 이루고 남부에서는 아프리카와 기독교 주체가 주를 이룬다는 것은 사실이다. 그러나 수단의 다양성을 이러한 등식으로 정리하는 것은 지나친 단순화이다. 예를 들면, 수단인민해방운동/군(SPLM/A)에서 몇몇 아프리카 무슬림 지도자들을 발견할 수 있으며, 남부 수단인들 중에 아프리카 전통 종교를 신봉하는 사람도 많다. 유사하게 북부에도 아프리카인이고 아랍인인 기독교인들이 더러 있다. 가장 많은 인구를 차지하는 남부 인종 집단은 딩카와 누에르이지만 어떤 인종 집단도 수단 인구의 20%를 넘지 않는다. 그러나 수단인들을 아랍인 - 무슬림, 아프리카인 - 기독교인의 이미지로 한정하는 데에는 어느 정도 진실이 담겨있다. 최근 수단 정부의 교회 재산 압류 협박은 이러한 이미지에 현실감을 더해 준다. 그러나 이렇게 단순화된 이미지는 종교적 감정을 이용해 분쟁에 기름을 붓는 데 사용되었다.

대부분이 남부 SPLM/A인 대부분의 딩카족은 (남부 내에서 현격한 분파와 경쟁이 있었지만) 주요 반란 조직이다. 1991년에 대략 인종 노선을 따라, 딩카족은 대부분 SPLM/A에 잔류하고 누에르족은 대부분 분리되어 남부 수단독립운동/군(the South Sudan Independence Movement/Army: SSIM/A)이라고 불리는 별개의 파를 형성했다. 1997년에 수단 정부는 '분리 정복' 전술을 사용해 SSIM/A, 기타 군소 반란파들과 평화협정을 체결하고 그들을 지원해 SPLM/A에 대항해 싸우도록 했다. 그때부터 이러한 정부의 지원을 받는 파들은 남부수단방어군(the South Sudan Defence Force: SSDF)이라고 불리는 산하 집단을 형성했다.

전쟁은 주로 남부에서 치러졌고 남부인에게는 파괴적인 결과를 가져다주었다. 다양한 파들이 게릴라 전술을 구사하고 민간인을 목표로 한다. 그러한 파들은 인종 노선을 따라 쪼개졌으므로, 남부인 비전투요원들 간의 경정과 반목은 남부에서 창궐한다. 실제로, 남부에서의 파벌 간 싸움이 수단 정부군과 남부 반군의 직접적인 충돌보다 더 많은 수의 사망자를 냈다. 마을들과 마을 사람들 간에 서로 싸움이 붙게 되었고, 수년 동안의 전쟁으로 더욱 희소해진 희소 자원을 두고 경쟁하게 되었다.

북부에도 정치적 반대뿐만 아니라 정부에 대한 무력 저항이 존재하고 있다. 이러한 많은 반대 집단은 전국민주연합(the National Alliance: NDA) 산하에 속한다. 수단 중부의 누바 산맥도 분쟁이 심한 지역이다. 누바 산맥의 반군 통제 지역은 종교적으로 관대하여 무슬림과 기독교인이 함께 살고 아랍어를 공통어로 사용하는 곳이다. 누바는 남부와의 교감에 대한 높은 대가를 치렀다. 1999년 중반까지 누바 산맥의 반군 장악 지역에는, UN 인도주의 구조 물자가 접근할 수 없었다. 많은 사람들이 식량, 약품, 의복 같은 필수 보급품 없이 살아갔다. 수단 정부군은 지상운동을 거세게 전개해 누바의 민간인을, 반군 장악 지역에서 강제 노동의 조건하에 사는 정부 운영 평화 수용소로 몰아넣었다.

전쟁의 성격은 만연한 인권 남용과 인도주의법 위반으로 묘사되었다. 민간인 마을, 병원, 구조 현장에 대한 공중 폭격, 약탈, 주택 방화, 민간인 유괴와 살해를 포함하는 마을 공격, 국제 구호 비행 금지, 전투원 포로의 처형에 관여한 카르툼 정부는 이러한 남용에 더 큰 책임이 있다. 그들은 보안 구금중인 사람을 고문하고, 강제 실종을 수행하고, 비무슬림의 종교적 자유에 대한 부적절한 제한을 가했다. 정부의 지원을 받는 군인과 남부파는 마을을 개별적으로, 또는 정부군과 합동 작전으로 파괴했고 아녀자들을 유괴했다(정부의 화학 무기 사용에 대한 신고가 지속적으로 떠돌고 있으나 아직 미확인 상태에 있다). SPLM/A는 남부에서 구조 식량을 빼돌리고 종종 초사법적 처형을 했다. 그들은 모두 아동 군인을 이용하고 지뢰를 매설했다.

전쟁의 경제적 비용은 높다. 현재 캐나다 회사와 타리스만 에너지(Talisman Energy Inc.: 중국과 말레이시아 회사의 컨소시엄)가 건설한 남부 파이프라인에서 흘러들어오는 수익이 정부의 전쟁 기계류에 연료를 공급하고 있다고 전해진다. SPLM/A는 남부의 반군 장악 지역에서 주민에게 세금을 징수하는데 이것의 대부분은 전쟁에 충당되며, 약간의 간접자본이 남부에 줄 수 있는 것은 거의 무시할 정도이다. 반군 장악 지역에서 일하도록 초청된 UN이나 NGO가 오지 않는다면 보건과 교육의 제공은 전무할 것이다.

싸움이 시작된 이래 일련의 카르툼 정부가 있어 왔다. 오마르 하산 알 바쉬르 장군과 NIF가 이끄는 네 번째 카르툼 정부인 현 정부는 임박한 평화 중재를 저지한 1989년의 군사 쿠데타로 권력을 장악했다. 1993년 이래 IGAD를 통해 케냐, 에티오피아, 에리트레아, 소말리아, 지부티, 우간다 등의 수단 주변국들이 내전의 평화적 중재를 시도해 왔다. 신의 기반 집단들이 평화를 위해 적극적으로 활동했고, 최근에 신(新)수단교회 평의회(the New Sudan Council of Churches: NSCC)는 분쟁 중인 남부 비전투원들 간의 화해를 모색하는 데에 눈에 띄는 성공을 거두었다. 전쟁은 계속되고, 어느 쪽도 군사적으로 승리할 수 없으나, 양쪽은 여전히 군사적 교전에 전념하고 있는 실정이다.

8) 다르푸르의 종교와 인종 문제

가뭄과 방목지 부족으로 터전을 잃은 사하라 지역 아랍 유목민들은 서서히 수단 서부 다르푸르 지역으로 이동해 왔다. 유목민들의 숫자가 많아지면서 원주민과 유목민 사이에 갈등의 골은 깊어졌다.

다르푸르는 수단에서 가장 낙후된 지역이기도 하다. 지난 2003년 2월 흑인 원주민으로 구성된 수단해방군(SLA)과 정의평등운동(JEM)은 '중앙정부가 다르푸르 원주민을 무시하고 버렸다'면서 무장봉기했다.

이들 단체는 수단의 야당 지도자 하산 알 투라비를 지지하고, 수단 원주민들은 토속종교를 믿고 있다. 반면 수단의 통치세력은 1989년 쿠데타로 집권한 이슬람 군부와 이슬람계 정당국민의회당(NCP)의 연합세력이다.

수단 정부는 잔자위드(janjaweed)를 내세워 살인, 성폭력, 가옥 파괴 등 잔인한 방법으로 반란을 진압하고 있다.[84] 현재 잔자위드의 어원은 아랍어인 '진(jinn: 악마)'과 '자와드(jawad: 말)'가 합쳐진 것으로 여겨지고 있는데 일부 언어학자들은 이런 해석에 동의하지 않는다. 아랍어 방언학자인 엘리자베스 버그만(Elizabeth Bergman)은 "아랍어는 그런 식으로 만들어지지 않습니다"라고 말한다. 이 말이 아랍어에서 왔든 그렇지 않든 간에 다르푸르 민병대의 희생자들은 자신을 위협하는 모든 아랍인에게 이 말을 쓰기 시작했다.

사실 수단 정부는 수단을 아랍·이슬람화 하기 위해 오랫동안 캠페인을 벌여왔다. 다르푸르에서 땅과 물 자원을 놓고 긴장이 고조되어 왔고, 수십 년간의 가뭄으로 인해 이런 상황은 더욱 악화되었다. 이는 아랍인이 주류인 목축민과 아프리카인이 다수인 농민들 사이의 갈등을 더욱 심화시켰다. 민병대는 농촌 마을 수백 군데를 파괴했다.

지난 19일 국제사면위원회는 조사 보고서를 통해 민병대가 남자들은 학살하고 여성들은 조직적으로 공개 성폭행하고 있다고 밝혔다. 성폭행 대상은 8세부터 80세까지 노소를 가리지 않으며, 여성들이 도망치지 못하도록 팔·다리를 부러뜨리고 고문을 하기도 한다. 인구가 670만 명인 다르푸르에서 지금까지 1만~3만 명이 살해됐고 100만 명 이상의 난민이 발생했다.

그동안 미국은 수단 정부가 오사마 빈 라덴을 추방하는 등 대테러

---

84) 최근 테러 용어로 추가된 '잔자위드'란 말은 수단 서부의 다르푸르 지역을 쑥대밭으로 만들고 있는 정부 지원 민병대를 칭하는 말로, 원래는 일상적으로 쓰이던 욕에 지나지 않았다. 부모가 자식을 혼낼 때, 그리고 다르푸르 주민들이 잔학 행위를 뜻할 때 이 말을 사용했다. 이 준군사집단은 잔자위드라는 명칭을 거부한다. 대신 자신을 국경수비대, 정찰대, 심지어 '성스러운 전사'라는 뜻의 무자헤딘이라고 부른다. *National Geographic*, 2005, February.

정책에 협조해 왔고, 아프리카에서 수단이 차지하는 비중 등을 고려해 미온적인 태도를 보여왔다는 지적을 받아왔다.[85)]

9) 수단 정부와 남부 반군의 평화협정

수단은 1983년 시작된 내전으로 2백만 명 이상의 희생자가 발생하고 국가 경제가 파탄됐다. 이슬람주의를 표방하는 오마르 알 바쉬르 정부와 기독교·무속 신앙이 팽배한 남부 반군 간의 내전은 석유 자원·민족 갈등으로 확대됐다.[86)]

수단 남부에서는 아랍계 정부에 대항해 자치권 획득과 부의 분배를 요구하는 토착 흑인 반군들이 20년 넘게 전쟁을 벌여왔으며, 지역 경제가 붕괴해 이 곳에는 제대로 된 도로나 화장실 시설조차 없는 상태다.

마침내 알리 오스만 타하 수단 부통령과 존 가랑 수단인민해방군(SPLA) 의장은 2005년 1월 9일 케냐 나이로비 은야요 국립경기장에서 만나 1983년 이후 21년간 지속되어 온 분쟁에 평화협정을 체결했다. 이로써 '아프리카 최대의 유혈분쟁'이 21년 만에 종식됐다. 양측은 이날 권력 분배[87)]와 자원 분배[88)]에 관한 협정 실행방안, 과도 기간 6년 중 무장해제 문제,[89)]

---

85) ≪서울신문≫, 2004.7.24.

86) ≪중앙일보≫, 2005.1.11.

87) 주요 내용은 다음과 같다. ① 남부 지역에 남부 헌법을 제정해 자치 입법·행정·사법부를 구성, ② 각부에서는 북부 15%, 남부 70%, 기타 정당 15%로 구성, ③ 과도기간 6년 중 최소 3년 이상 경과 시 남부 주민에 의한 국민 투표로 분리 또는 통합 결정 등이다.

88) 자원 분배, 특히 석유 세입 분배에 대해 이슬람 중앙정부와 반군이 장악하고 있는 남부의 기독교 자치정부 간에 50 대 50으로 배분하는 것을 골자로 하고 있다.

89) 과도기간(6년) 중에 서던 블루 나일(Southern Blue Nile) 주와 누바 산맥에 주둔하고 있는 정부군과 남부군을 통합한 합동군 사령부 신설, 남부에 주둔하고 있는 정부군 철수와 남부군 병력 재배치 등이다.

수단 중부의 분쟁 지역 세 곳의 처리 문제[90] 등에 합의했다.

미국의 존 댄포드 UN대사는 '(평화정착은) 에베레스트 등정과 같다. 이제 산 하나의 정상에 올랐을 뿐'이라고 표현했다.

수단 북부 지역을 근거로 하며 인구의 75%를 차지하는 아랍계 이슬람 정권이 수립되자, 기독교나 토속 신앙을 믿는 남부 흑인들이 수단인민해방군(SPLA)을 조직해 반정부활동을 시작했다. 1970년대 말~1980년대 초 불안한 휴전 기간이 있었다가, 1983년 수단 정부가 샤리아(이슬람 율법체계)를 남부로 확대하겠다고 하자 SPLA는 무장투쟁을 재개했다.[91]

이번 평화협정 자리에는 중재 역할을 맡아온 음와이 키바키 케냐 대통령, 요웨리 무세베니 우간다 대통령, 콜린 파월 미 국무장관, 지안 프랑코 피니 이탈리아 외무장관도 나란히 참석해 증인 자격으로 서명했다. 오마르 알 바쉬르 수단 대통령, 압둘라 리즈 부테프리카 알제리 대통령, 폴 카가메 르완다 대통령, 아무르 무사 아랍연맹 사무총장 등 9명의 아프리카 지도자들도 서명 과정을 지켜봤다.[92]

수단 남부 기독교인들은 22년간의 이슬람주의 정부와의 투쟁을 끝냈다. 20여 년간 정부와 싸워온 수단인민해방군(SPLA) 지도자 존 가랑은 2005년 7월 9일 수단 정부의 2인자인 부통령에 취임했다. 정부와 반군 간 권력 공유를 규정한 새 헌법 통과로 내전을 종식하는 확실한 전기가 마련됐다. 기독교, 또는 남부 출신이 이슬람 정부의 부통령에 오른 것은 이번이 처음이다.

코피 아난 UN 사무총장, 아무르 무사 아랍연맹 사무총장 등 전 세계

---

90) 누바 산맥 및 서던 블루 나일 주는 과도기간(6년) 중 각 정당과 여러 계층의 여론을 수렴하고, 주 의회 선거를 실시한다, 과도기간 3년 경과 시 상기 지역 자치권 결정여부 국민투표를 실시한다 등이다.

91) ≪조선일보≫, 2005.1.11.

92) ≪연합뉴스≫, 2005.1.11.

고위인사들이 참석한 이날 취임식에서 가랑은 '수단의 평화가 드디어 결실을 맺었다'고 선언했다. 아난 총장도 '모든 수단인들을 위한 영구적인 평화가 수년 만에 달성됐다'고 강조했다.

이번 기독교인 부통령 취임은 수년간 지속된 협상의 결과였다. 막대한 인명과 재산 피해를 가져온 수단 내전을 종식하기 위한 UN과 아랍연맹 등 국제사회의 중재도 여기에 크게 기여했다.

국제사회의 중재와 압력하에, 이슬람 중앙정부와 SPLA는 지난 1월 평화조약을 체결하고 권력과 자원을 공유할 것을 합의했다. 이번 취임식은 북부와 남부의 각 의회가 1월 평화조약에 기초한 과도헌법을 승인하면서 거행되었다.[93]

국회는 앞서 7월 6일, 의원 286명의 만장일치로 존 가랑의 (수석)부통령 추대안을 통과시킨 후 일제히 기립, 환호하며 자축했다. 새로운 헌법 적용으로 많은 것들이 달라진다. 오마르 알 바쉬르 대통령은 현 중앙정부 수반의 직책을 유지하지만, SPLA를 포함한 반군세력에 중앙정부와 의회의 지분 48%를 양보해야 한다. 이슬람법이 국가운영의 기초로 인정되지만 기독교와 정령숭배가 다수인 남부에서는 이슬람법을 적용시키지 않고 대통령은 무슬림이어야 한다는 종래의 규정을 삭제했다. 또 종교·언론·당 설립의 자유를 최초로 명시했고 처음으로 여성들의 참정권을 허용하면서 3년 내 민주적 선거를 치르기로 규정했다. 또 6년 후 남부 수단은 국민투표를 통해 연정 잔류 또는 독립국가 설립을 결정할 수 있도록 했다. 자원 공유를 위해서 헌법은 남부 지역 석유 수입의 50%를 남부 자치정부가 사용할 수 있는 권한도 부여했다. 알리 오즈만 모하마드 타하 차석 부통령은 '보통사람들, 거리의 사람과 나란히 함께 간다는 관용의 외침'이라고 표현했다.

93) http://blog.joins.com/media/folderlistslide.asp?uid=amirseo&folder=12&list_id=5044850.

그러나 수단 부통령 존 가랑이 8월 1일 헬리콥터 추락으로 사망함에 따라 오랜 내전 끝에 평화 정착을 향해 나아가던 수단에 다시 어두운 그림자가 드리워지게 됐다.

존 가랑은 평화협정 내용에 따라 남부 수단 대통령의 자격도 지니고 있어 7월 19일에는 남부 10개 주(州) 주지사를 임명하는 한편, SPLM 2인자인 살바 키이르(Silva Kiir)를 남부 지역 부통령으로 선임하는 등 인사권을 행사하기도 했다.

존 가랑의 대변인인 야세르 아르만(Yasser Arman)은 살바 키이르가 SPLM의 최고 지도자와 남부 수단 대통령의 자격을 승계한다고 발표했다. 또한 SPLM 지도부는 후계자로 선출된 키이르가 2주 이내에 부통령에 취임할 것이며 SPLM을 이끌 것이라고 밝혔다. 수단 평화협상의 초기 단계에 핵심적인 역할을 한 키이르는 '가랑 부통령이 체결한 평화협정을 준수할 것'이라며 '수단 국민은 평정심을 유지할 것'을 촉구했다.

존 가랑의 급사는 수단 남부의 권력 공백을 초래하는 동시에 오랜 반목 관계였던 수도 카르툼 정부와 남부 사이의 관계를 다시 긴장 속으로 밀어넣는 악재로 작용할 것으로 관측된다.

한편 가랑의 사망은 수단 서부 다르푸르 지역 내전 종식 협상에 참여하고 있는 카르툼 정부에 더욱 큰 부담을 안겨줄 것으로 보인다. 남부와의 평화 협상에 이어 다르푸르에서도 평화를 회복하려던 카르툼 정부는 당분간 존 가랑 사망에 따른 뒷수습에 전력을 기울여야 할 처지다. 이제 겨우 평화 정착을 위해 나아가려던 수단은 존 가랑의 사망으로 한 치 앞을 내다보기 어려운 안개 속으로 빠져들고 있다.[94]

---

94) http://www.yonhapnews.co.kr/news/20050801/040228010020050801162307K5.html.

6. 결론과 전망

수단은 아프리카 대륙의 이슬람 국가들 중 가장 늦게 이슬람이 소개된 국가이다. 이슬람이 7세기 말경 수단의 여러 분야에 접촉하기 시작했다는 것이 일반적 견해이다. 상인, 교사, 군인들에 의해 이슬람이 수단에 전파되었을 때, 수단은 정치 조직과 사회 제도가 완성되어 있던 국가였다. 이는 이슬람이라는 외부 요소와 기본적 사회 요소의 갈등 관계가 존재했다는 것을 의미한다.[95]

21개월째 계속된 분쟁으로 180만 명의 난민을 발생시킨 수단 다르푸르 사태를 해결하기 위해, 11월 9일 수단 정부와 주요 반군단체는 아프리카연맹 주도로 나이지리아 수도 아부자에서 열린 3주간의 협상에서 난민 안전 보장, 인도주의 원칙 실천 등을 내용으로 한 평화협정에 최종 합의했다. 이 협정에서, 수단 정부 대표인 마지브 알 칼리파 농업 장관과 수단해방운동 지도자 미니 아르카우, '정의와 평등' 지도자 모하메드 투고드는 다르푸르 지역에서 군사력 사용과 적대 행위를 즉각 중단키로 했다.

이들은 또 난민에 대한 구호단체의 접근을 보장하는 한편, 아프리카연합 정전협정 감시군 3,250명에게 적극적으로 협력키로 했다. 이 지역에서 전투기를 동원, 흑인 농민계 반군이 점령한 지역에 폭격을 계속해 아랍계 민병대를 후방 지원한다는 비난을 들어왔던 수단 정부는, 특히 반군 점령 지역에서 전투비행을 하지 않기로 하고 다르푸르를 비행 금지 구역으로 설정하는 데 동의했다.

다르푸르에서는 아랍계 유목민과 흑인 농민들이 토지 소유권 문제로 수년간 잦은 싸움을 벌여왔으며, 지난해 초 양쪽 반군들이 대규모 유혈

---

95) J. S. Trimingham, "The Phases of Islamic Expansion and Islamic Culture Zones in Africa." in I. M. Lewis(ed.). *Islam in Tropical Africa* (London: Oxford University Press, 1966), p.128.

충돌을 벌여 7만 명가량(세계보건기구 추정치)이 질병, 영양실조 등으로 목숨을 잃었고 180만 명의 난민이 발생했다.96)

수단의 갈등과 분쟁은 자신들의 땅을 빼앗기고 소수민족으로 전락한 토착민들이 자신들의 거주 지역을 분리 독립시켜 줄 것을 요구하는 양상으로 전개되고 있다. 수단은 오늘날 이슬람을 신봉하는 아랍인들이 국민의 다수를 형성하고 있으나, 그들이 원래 그 지역의 주인은 아니었다. 아랍인들은 7세기 중반 이 지역으로 이주하기 시작해 13세기 이후 이슬람을 신봉하고 아랍어를 사용하는 수단 국민을 형성했다. 이러한 가운데 토착 원주민들은 소수민족으로 전락했다. 그들은 이슬람 문화가 이곳에 형성되기 이전에 전래된 기독교를 신봉하거나 원래의 원시종교를 신봉하면서 토착 문화를 유지하고 있으며, 이슬람을 신봉하는 아랍인이 대부분을 차지하고 있는 수단 사회에 동화되기보다 분리 독립을 요구하면서 자신들의 집단 거주지를 거점으로 게릴라전을 벌이고 있다. 이러한 점에서 이 분쟁은 서방 열강을 비롯한 주변국들이 이 나라를 침략하고 식민통치를 실시한 데 그 근본 원인이 있다.

수단 분쟁은 강대국의 직접적 이익이 걸려있지 않고 그 영향 범위가 내부로 국한되어 있기 때문에 오늘날 국제사회에서 크게 주목받지 못한다. 그러나 인명 피해와 난민 발생 규모 면에서는 다른 제3세계 어떤 분쟁보다도 심각하며 국제사회의 관심을 집중시키기에 충분하다. 국제사회의 분쟁 관리 노력과 평화유지·난민구호 활동이 절실하게 요구되고 있는 것이다.97)

수단은 사하라 지역에서 순수한 이슬람 국가를 강제적으로 시도해 온 유일한 정부이다. 아랍 계통 수단인이 지배하는 급진 정부는 1989년

---

96) http://www.hani.co.kr/section-007100007/2004/11/007100007200411101749109.htm.

97) http://www.kida.re.kr/new_0616/indexsub.asp?g=woww.

권력을 장악하면서 최루 가스로 결혼 파티를 해산시키고, 세속 음악 연주에 사용되는 악기를 부수고, 신앙이 부족한 교우를 고발하는 학생에게 보상금을 지급하기 시작했다. 한동안 수단은 세계에서 가장 엄격한 이슬람 국가 중 하나였다. 그러나 지금은 극단주의자들의 지배력이 느슨해지고 있는 것 같다.

1999년에 지배 체제의 주요 이론가인 하산 알 투라비는 오마르 알 바쉬르 대통령에게 내쫓겨 수감되었다. 정부 내의 실용주의자들은 이슬람주의가 내전을 연장시켰다는 것을 깨달았다. 대개 비무슬림이며 종종 토플리스(가슴을 노출시킨) 의상으로 돌아다니곤 하는 남쪽 지역 사람들은 절대 샤리아에 복종하지 않을 것이다. 동시에 많은 무슬림들도 정부의 광신에 대해 싫증을 느끼고 있다. 수단의 젊은 언론인 니마 엘 바길은 수단이 민감성과 다양성을 지닌 국가라고 한다. 또한 그는 어느 누구도 현 상황을 꾸며낸 걸프 사태와 동일하게 보기를 원치 않으며 자신들은 아랍인이 아니라고 했다.

정부는 이 점을 허용하지 않으려 했지만 대중의 불만에 한 발 양보했다. 법은 더 이상 가혹하지 않다. 여전히 여성들이 베일을 두르지 않고 다닌다는 이유로 체포될 수는 있지만 대개는 체포되지 않는다. 혼성으로 공원에 소풍을 가는 것은 흔한 일이고 달빛이 비치는 나일 강을 걷는 대담한 커플들도 생겼다. 캔 맥주가 생선 상자 속에 숨겨져 카르툼으로 밀수입되기도 한다. 여전히 가택 구금되어 있는 투라비조차 다원주의의 필요성에 대해 말하기 시작했다. 그의 아내 위살 알 마흐디는, 이슬람은 자유로운 종교이며 사람들은 선택의 자유가 있어야 한다고 말했다.

전쟁의 상흔은 여전하나, 미국의 압력하에 양측은 심각한 협상을 진행하고 있는 것으로 보인다. 수단의 분쟁은 인종, 종교 등 고질적 요소로 일어난 갈등이었던 만큼, 현재의 관심은 평화협정이 과연 제대로 이행될 것인가에 맞춰져 있다. 합의의 골자는 6년간의 남부 지역 자치가 끝난

뒤 국민투표로 분리 여부를 결정하고, 정부 직위와 석유 이권(利權)을 분할한다는 것이다. 6년 뒤 수단 정부가 분리를 수용할 것이라고 보는 전문가는 거의 없지만, 미국의 ≪뉴욕 타임스≫는 국민투표 조건이 수단 정부의 합의안 이행에 긍정적인 영향을 미칠 것이라고 전망했다. 또한 협상에서 빠진 '다르푸르 분쟁'도 시급히 해결되어야 할 문제다.

이번 수단의 평화협정 체결은 38년간의 남북 갈등과 1983년 이래 21년간의 내전 갈등을 완전히 종식하고 수단의 평화와 발전에 획기적인 전기를 마련한 것으로 평가된다. 정치 변화로는, 금년부터 과도 헌법위원회를 구성해 남부 헌법을 제정한 뒤 자치 입법, 행정, 사법부를 남부 지역에 구성할 것이며, 자원 분배 협정에 따라 화폐제도 개혁, 세제 개선, 은행제도 개혁이 이루어질 것으로 전망된다. 그리고 사회적으로는 남북 간에 매설되어 있는 지뢰 200만 개를 UN의 협조 아래 제거하고 작년에 UN이 약속한 바 있는 5억 달러의 개발 원조금과 각국의 거액 원조에 힘입어 도로, 전력 등 사회 인프라를 복구하는 한편, 교육과 사회 복지 등 피폐된 사회 재건에 박차를 가할 것으로 전망된다. 경제적으로는, 미국과 서구의 조력으로 석유 개발과 탐사, 송유관 증설 등이 이루어져 원유 수출이 증대될 것으로 보인다. 이에 따른 세입 증가로 수단 경제가 호전되어, 장기적으로는 21세기에 아프리카 대륙과 중동·아랍 국가의 가교 역할을 하는 아프리카의 중심지로서, 수단의 국제적인 위상이 부상할 것으로 전망된다.

참고문헌

1. 국내문헌

1) 단행본

김정위. 1987. 『이슬람사상사』. 서울: 민음사.

_____ 외. 2000. 『이슬람 사상의 형성과 발전』. 서울: 아카넷.

_____ 엮음. 2002. 『이슬람사전』. 서울: 학문사.

웨일링, 프랭크(Frank Whaling) 외. 2004. 『지도로 본 세계 종교의 역사』. 김한영 옮김. 서울: 갑인공방.

하에리, 셰이크(Shaykh Fadhlalla Haeri). 1999. 『이슬람교 입문』. 김정현 옮김. 서울: 김영사.

한, 피르 빌라야트 이나야트(Pir Vilayat Inayat Khan). 2004. 『숨겨진 보물을 찾아서: 삶과 죽음의 연금술 수피즘』. 이현주 옮김. 서울: 삼인.

2) 논문

황병하. 1998. 「수단 이슬람원리주의 형성 과정과 이념」. ≪한국이슬람학회논총≫, 제8집.

3) 기타 자료

≪서울신문≫

≪연합뉴스≫

≪조선일보≫

≪중앙일보≫

2. 외국문헌

1) 단행본

Ahmed, Abdel Ghaffar M. and Gunner M. Serbo(eds.). 1989. *Management of the Crisis in the Sudan*. Khartoum: Khartoum University Press.

Al-Affendi, Abdelwahab. 1991. *Turabi's Revolution: Islam and Power in Sudan*. London: Grey Seal.

Alier, Abel. 1990. *Southern Sudan: Too Many Agreements Dishonoured*. Exeter, Devon: Ithaca Press.

Allen, T. 1986. *Full Circle?: An Overview of Sudan's "Southern Problem" since Independence*. Manchester, United Kingdom: International Development Center, Manchester University.

Anderson, Norman G. 1999. *Sudan in Crisis: The Failure of Democracy*. Gainesville: University Press of Florida.

An-Na'im, Abdullahi Ahmed. 1990. *Toward an Islamic Reformation*. New York: Syracuse University Press.

Arou, Mom K. N. and Yongo-Bure B. 1989. *North-South Relations in the Sudan since the Addis Ababa Agreement*. Khartoum: Institute of African and Asian Studies.

Badal, Raphael Badal. n.d. *Development Potential of Southern Sudan: Strategies and Constrains*. Omdurman: Center for Sudanese Studies, Omdurman Ahlia University.

Blaustein, Albert P. and Gisbert H. Flanz(eds.). 1990. *Constitutions of the Countries of the World*. New York: Oceana Publication.

Bulliet, Richard W. 2004. *The Case for Islamo-Christian Civilization*. New York: Columbia University Press.

Clark, Warren Malcolm. 2003. *Islam for Dummies*. Indianapolis: Wiley Publishing Inc.

Daly, M. W(ed.). 1985. *Al Majdhubiyya and Al Mikashfiyya: Two Sufi Tariqas in the Sudan*. Khartoum: University of Khartoum Press.

Dekmejian, Hrair R. 1955. *Islam in Revolution: Fundamentalism in Arab World*. 2nd ed. New York: Syracuse University Press.

Deng, Francis Mading. 1987. *Tradition and Modernization: A Challenge for Law among the Dinka of the Sudan*. 2nd ed. New Haven: Yale University Press.

Eickelman, Dale F. and James Piscatori. 1996. *Muslim Politics*. Princeton and Oxford:

Princeton University Press.

Esposito, John L. 1999. *The Islamic Threat: Myth or Reality?* 3rd ed. New York and Oxford: Oxford University Press.

_____. 2003. *The Oxford Dictionary of Islam*. Oxford: Oxford University Press.

Field, Michael. 1994. *Inside the Arab World*. Cambridge: Harvard University Press.

Gelvin, James L. 2005. *The Modern Middle East: A History*. Oxford and New York: Oxford University Press.

Hamdi, Mohamed Elhachmi. 1989. *The Making of an Islamic Political Leader: Conversations with Hasan al-Turabi*. translated by Ashur A. Shamis. Colorado and Oxford: Westview Press.

Hassan, Yusuf Fadl. 2003. *Studies in Sudanese History*. Khartoum: SUDATeK Limited.

Hefner, Robert W(ed.). 2005. *Remaking Muslim Politics: Pluralism, Contestation, Democratization*. Princeton and Oxford: Princeton University Press.

Holt, P. M. 1988. *A History of the Sudan*. 4th ed. New York: Longman.

_____ and Martin W. Daly. 1986. *A History of the Sudan: From the Coming of Islam to the Present Day*. 4th ed. London: Longman.

Kamrava, Mehram. 2005. *The Modern Middle East: A Political History Since the First World War*. Berkeley: University of California Press.

Khalid, Mansour. 1990. *The Government They Deserve: The Role of the Elite in Sudan's Political Evolution*. London: Kegan Paul.

Khalid, Rashid. 2004. *Resurrecting Empire: Western Footprints and America's Perilous Path in the Middle East*. Boston: Beacon Press.

Lesch, Ann and Steven Wondu. 2000. *Battle for Peace in Sudan: An Analysis of Abuja Conferences 1992~1993*. Oxford: Oxford University Press.

Lippman, Thomas. 1982. *Understanding Islam*. New York: New American Library.

Lockman, Zachary. 2004. *Contending Visions of the Middle East: The History and Politics of Orientalism*. Cambridge: Cambridge University Press.

Milton-Edwards, Beverly. 2004. *Islam & Politics in the Contemporary World*. Cambridge: Polity Press.

Moussalli, Ahmad S. 1999. *Moderate and Radical Islamic Fundamentalism*. Gainesville: University Press of Florida.

Nelson, Harold D(ed.). 1992. *Sudan: A Country Study*. Washington DC: The American University and Department of the Army.

Petterson, Don. 2003. *Inside Sudan: Political Islam, Conflict, and Catastrophe*. Boulder: Westview Press.

Pinto, Maria do ceu. 1999. *Political Islam and the United States: A Study of the U. S. Policy Towards Islamist Movements in the Middle East*. United Kingdom: Ithaca Press.

Pipes, Daniel. 2003. *Militant Islam Reaches America*. New York: W. W. Norton & Company.

Rahman, F. 1966. *Islam*. Chicago and London: University of Chicago Press.

Ross, Stewart. 2004. *The Middle East since 1945*. London: Hodder Amold.

Ruay, Deng. 1994. The Politics of Two Sudans: the South and the North, 1821～1969. Uppsala: Nordiska Afrika Instituet.

Rubin, Barry and Judith Colp Rubin(eds.). 2002. *Anti-American Terrorism and the Middle East: A Documentary Reader*. Oxford: Oxford University Press.

Sidahmed, Abdel Salam. 1996. *Politics and Islam in Contemporary Sudan*. New York: St. Martins Press.

Voll, John O. and Sarah Potts Voll. 1985. *The Sudan: Unity and Diversity in a Multi-cultural State*. Boulder: Westview Press.

Warburg, Gabriel. 1978. *Islam, Nationalism, and Communism in a Traditional Society: The Case of Sudan*. London: Frank Cass.

Woodward, Peter(ed.). 1986. *Sudan since Nimeiri*. London: School of Oriental and African Studies, University of London.

_____. 1990. *Sudan, 1898～1989: The Unstable State*. Boulder: Rienner.

2) 논문

Abdelmoula, Adam M. 1996. "The 'Fundamentalist' Agenda for Human Rights: The Sudan and Algeria." *Arab Studies Quarterly*, 18(Winter).

Al-Affendi, Abdelwahab. 1999. "Sudan: Turabi and his Detractors." *Middle East International*, 612.

Ali, Hayder Ibraim. 1995. "Islamism in Practice: The Case of Sudan." in Laura Guazzone(ed.). *The Islamist Dilemma: The Political Role of Islamist Movements in the Contemporary Arab World.* United Kingdom: Ithaca Press.

Bechtold, Peter K. 1990. "More Turbulence in Sudan: A New Politics This Time?" *Middle East Journal*, Vol.44, No.4.

_____. 1991. "More Turbulence in Sudan." in John O. Voll(ed.). *Sudan*. Bloomington: Indiana University Press.

Cudsi, Alexander. 1983. "Islam and Politics in the Sudan." in James P. Piscatori(ed.). *Islam in the Political Process*. Cambridge: Cambridge University Press.

Daly, M. W. 1989. "Islam, Secularism, and Ethnic Identity in the Sudan." in Gustavo and M. W. Daly(eds.). *Religion and Political Power.* Albany: State University of New York Press.

Deng, Francis Mading. 1990. "War of Visions for the Nation." *Middle East Journal*, Vol.44, No.4.

El-Affendi, Abdelwahab. 1990. "Discovering the South: Sudanese Dilemma for Islam in Africa." *African Affairs*, 89(July).

Fluehr-Lobbin, Carolyn. 1990. "Islamization in Sudan: An Critical Assessment." *Middle East Journal*, Vol.44, No.4.

Gresh, Alain. 1989. "The Free Officers and the Comrades: The Sudanese Communist Party and Nimeiri Face-to-Face, 1969～1971." *International Journal of Middle East Studies*, 21.

Hale, Sondra. 1978. "Sudan Civil War: Religion, Colonialism, and the World System." in Suad Joseph and Barbara L. K. Pillsbury(eds.). *Muslim-Christian Conflicts: Economic, Political, and Social Origins*. Boulder: Westview Press.

Judy, Ronald A. T. 1999. "Islamiyya and the Construction of the Human Being." in Ahmad S. Moussalli(ed.). *Islamic Fundamentalism: Myths & Realities, Reading.* United Kingdom: Ithaca Press.

Legum, Colin. 1992. "Struggle Over Sharia." *New African*, March.

Mahmoud, Mahgoub El-Tigani. 1981. "The Mahdist Correctional System in the Sudan: Aspects of Ideology and Politics." *Africa Today*, Vol.28, No.2.

Mamdani, Mahmood. 2005. "Whither Political Islam?" *Foreign Affairs*. Vol.84, No.1.

Moussalli, Ahmad S. 1994. "Hasan al-Turabi's Islamist Discourse on Democracy and Shura." *Middle Eastern Studies*, Vol.30, No.1.

Niblock, Tim. 1991. "Islamist Movements and Sudan's Political Coherence." in Herve Bleuchot, Christian Delmet and Derek Hopwood(eds.). *Sudan: History, Identity, Ideologies*. United Kingdom: Ithaca Press.

Ross, Dennis. 2005. "The Middle East Predicament." *Foreign Affairs*, Vol.84, No.1.

Salih, Kamal Osman. 1990. "The Sudan, 1985～1989: The Fading Democracy." *Journal of Modern African Studies*, Vol.28, No.2.

Scott, P. 1985. "The Sudan People's Liberation Movement(SPLM) and Liberation Army(SPLA)." *Review of African Political Economy*, No.33.

Sikainga, Ahmad Alawad. 1995. "Northern Sudanese Political Parties and the Civil War." in M. W. Daly and Ahmad Alawad Sikainga(eds.). *Civil War in the Sudan*. London and New York: British Academic Press.

Straus, Scott. 2005. "Darfur and the Genocide." *Foreign Affairs*, Vol.84, No.1.

Trimingham, J. S. 1966. "The Phases of Islamic Expansion and Islamic Culture Zones in Africa." in I. M. Lewis(ed.). *Islam in Tropical Africa*. London: Oxford University Press.

Viorst, Milton. 1995. "Sudan's Islamic Experiment: Fundamentalism in Power." *Foreign Affairs*, Vol.74, No.3.

Voll, John O. 1993. "The Evolution of Islamic Fundamentalism in Twentieth-Century." in Gabriel R. Warburg and Uri M. Kupferschmidt(eds.). *Islam, Nationalism, and Radicalism in Egypt and Sudan*. New York: Praeger.

Warburg, Gabriel R. 1983. "Introduction." in Gabriel R. Warburg and Uri M. Kupferschmidt(eds.). *Islam, Nationalism, and Radicalism in Egypt and Sudan*. New York: Praeger.

Woodward, Peter. 1980. "The South in Sudanese Politics, 1946～1956." *Middle*

Eastern Studies, Vol.16, No.3.

_____. 1985. "Sudan after Numeiri." *Third World Quarterly*, Vol.7, No.4.

3) 기타 자료

Hentoff, Nat. 1995, November 28. "Slavery and the Million Man March." *The Washingtón Post*.

Horowitz, Michael. 1995, July 5. "New Intolerance Between Crescent and Cross." *Wall Street Journal*.

Pobee, John S. 1994, October 8. "Africa's Search for Religious Human Rights through Returning to Wells of Living Water." Speech before the World Council of Churches.

Weiner Tim and James Raisen. 1998, September 21. "Decision to Strike Factory in Sudan Based on the Surmise from inffered Evidence." *New York Times.*

Government of Sudan. 1993. *Principles, Regulations and Constitutional Developments for 1993*. Khartoum.

Law in the Sudan Under the Anglo-Sudan Condominium in The Condominium Remembered, Volume 1: The Making of the Sudanese State.

U. S. Department of State. 1994. *Country Reports on Human Right Practice for 1994*. Washington DC: United States Government Printing Office.

_____. 1999. *Annual Report on International Religious Freedom for 1999: Sudan*. Washington DC: United States Government Printing Office.

UNCHR Branch office. 1995. Kampala, Uganda.

"An Expendable Army." *Catholic World Report*, April(1995).

"Battle-Weary Christians Maintain Resistance." 1995, April 21. *News Network International,* Special Report.

"Islamic Government Orders Churches to Register." 1995, April 7. *News Network International*.

"Roman Catholics Condemn Rising Persecution." 1994, December 21. *News*

Network International.

"Sudan: Response by the Council for International People's Friendship." 1995, January 16. *Letter to the Rutherford Institute*.

"Sudan: When a State is Not an Islamic State?" from http://www.Khilafah.org/graphics/pseudo/countries/issudan.html.

"The Trials of Sudan's Black Christians." 1993, October 26. *News Network International*.

"War-Torn Southern Sudan Called Another Somalia." 1993, February 12. *Washington Post*, A29.

Al-Awsat, Al-Sharq. 1994, February 8. London.

New York Times Service. 1996, December 26. republished in International Herald Tribune.

The Muslim News. 1994, October 28.

National Geographic. 2005, February.

New African. 1994, December.

The Catholic World Report. 1995, April.

The Middle East. 2005, January. Issue 352.

http://blog.joins.com/media/folderlistslide.asp?uid=amirseo&folder=12&list_id=5044850.

http://countrystudies.us/sudan/47.htm.

http://countrystudies.us/sudan/49.htm.

http://countrystudies.us/sudan/50.htm.

http://www.hani.co.kr/section-007100007/2004/11/007100007200411101749109.htm.

http://www.kida.re.kr/new_0616/indexsub.asp?g=woww.

http://www.monitor.upeace.org/archive.cfm?id_article=87.

http://www.usip.org/religionpeace/rehr/sudanconf/Mahmoud.html.

제4장

리비아의 종교현황과 종교갈등

이동은

1. 서론

북아프리카의 지중해변에서 남쪽의 사하라 사막으로 뻗어있는 리비아는 176만㎢의 면적에 550만의 인구를 가진 이슬람 국가이다. 국민의 대다수가 수니파 무슬림이며 엄격한 이슬람법이 적용되어 종교적 경건성과 경직성이 사회적 특징으로 나타난다.

리비아에 관한 역사 기록은 기원전 8000년경으로 거슬러 올라간다. 당시 리비아 해안의 평야 지대에는 신석기 문화가 유입되어 농사와 가축 사육이 이루어졌고, 남부의 사막 지대에서는 유목 생활이 이루어졌다. 이곳의 원주민들은 기원전 2000년경에 베르베르(Berber)족으로 흡수되었다. 베르베르족의 기원은 확실히 밝혀지지 않았으나, 고고학적으로나 언어학적으로 기원전 3000년경에 북아프리카로 이주한 서남아시아 지역의 한 종족으로 추정된다.

베르베르족이 터전을 잡은 리비아는 역사 속에서 다양한 외부 침략자들의 지배를 받았다. 트리폴리타니아 지역은 기원전 1200년경부터 페니

키아의 지배를 받았고, 페잔 지역은 기원전 1000년경부터 가라만(Garaments)족의 통치를 받았으며, 시레나이카 지역은 기원전 700년경부터 그리스의 통치를 받았다. 그 후 트리폴리타니아와 시레나이카는 수백 년간 로마의 통치하에 있었으며, 시레나이카는 70년 프톨레미(Ptolemies) 왕조 시대에 유대인들이 다수 유입되면서 유대인들의 고향이 되었다. 팔레스타인과 예루살렘에서 박해받던 수많은 유대인들이 시레나이카로 이주했고, 이들이 베르베르족의 다수를 유대교로 개종시키면서 115년에는 시레나이카에서 가장 영향력 있는 집단이 되었다. 한편 트리폴리타니아에 100년경부터 유입된 기독교 문화는 유대인과 고원 지대의 베르베르족을 기독교로 개종시켜서 300년경에는 트리폴리타니아 전역이 기독교화되었으며, 그 후 반달(Vandals)족과 비잔틴 제국의 통치를 받았다.

리비아에 이슬람이 전파된 때는 642년이다. 정통 칼리파 우마르 휘하의 아므르 븐 알 압스('Amr ibn al-'Abs)가 642년에 시레나이카를 점령하고 그 이후 트리폴리타니아와 페잔을 차례로 점령하면서 리비아는 아랍 무슬림의 통치하에 들어갔다. 리비아를 포함한 북아프리카 지역은 카와리지파[1]의 영향을 크게 받았으며, 10세기부터는 시아파의 한 분파인 이스마일파[2]의 영향을 받았다.

압바시야 왕조가 몰락한 후 리비아는 수백 년간 오스만 터키의 지배하에 놓여 있다가 1911년에 이탈리아의 식민지가 되었다. 이탈리아의 식민통치는 1939년 이탈리아가 제2차세계대전에 패배함으로써 종말을 맞았고, 그 후 리비아는 프랑스와 영국의 지배를 받게 되었다. 1943년에 프랑스는 페잔을 점령했고, 영국은 시레나이카와 트리폴리타니아를 차지했다.

1) 쿠라이시 부족 출신만이 칼리파가 될 수 있다는 전통적 견해를 부정하고 신앙심이 깊은 사람이면 누구든 칼리파가 될 수 있다고 주장한 분파로서, 청교도 정신과 전투성을 특징으로 하며 성전을 이슬람의 여섯 번째 신앙의 기둥으로 삼았다.

2) 제7대 이맘 후보자였던 이스마일이 이맘 자리에 오르지 못하자 이에 불만을 품고 이스마일의 계승권을 계속 주장하며 투쟁을 벌인 분파이다. 일곱 이맘파라고도 불린다.

리비아의 기나긴 식민지 시대는 1951년 UN에 의해 독립이 선언되면서 막을 내렸다. 리비아는 사누시(Sanusi) 운동 창시자의 손자인 무함마드 이드리스의 통치하에 트리폴리타니아와 시레나이카와 페잔의 3개 주로 구성된 연방군주국으로 태어났다. 새로 태어난 리비아 연방군주국은 국내의 정치·경제 발전에 박차를 가하면서 대외적으로는 아랍, 서방 국가들과 친선 관계를 맺었다. 1959년에 석유가 발견되어 국가 수입이 크게 증가하면서 행정적 변화도 잇따라 1963년에는 연방제에서 단일국가로 바뀌었다. 리비아가 13세기 이후부터 20세기 중반까지 겪은 피식민 역사를 살펴보면, 이슬람이 리비아의 국가·민족 정체성 확립과 유지에 중추적인 역할을 했음을 알 수 있다.

리비아의 이슬람은 베르베르족의 전통 신앙인 성자숭배 사상과 절충되어 발전하다가 수피즘(Sufism: 이슬람 신비주의)의 영향을 크게 받았고, 근대에 이를 토대로 사누시 운동이 발생해 현대까지 이어졌다. 리비아 현대사는 1969년의 군사혁명으로 새로운 전환점을 맞이했다. 가다피가 지휘하는 자유장교단은 왕정 체제를 전복시켰고 무함마드 이드리스 국왕은 이집트로 망명했다. 사누시 운동은 1969년 군사혁명 후 서서히 사라졌고 가다피 정부는 정통 이슬람을 국가의 근본으로 천명하며 독자적인 교리 해석과 이슬람 정책을 추진했다. 가다피의 집권은 정치, 경제, 종교 등 모든 측면에서 리비아에 혁명적 변화를 일으켰다. 본 장은 리비아의 종교현황을 역사적으로 살펴본 후 가다피 정부가 추진하는 종교정책의 목표와 특성을 분석하고, 가다피 정부와 울라마(Ulamā: 이슬람 신학자) 간 종교갈등의 원인을 고찰하며 향후 전망을 예측하려 한다.

2. 종교현황

리비아는 이슬람 근본주의 국가라는 피상적 관측을 낳게 할 만큼 엄격한 이슬람법이 시행되고 있다. 그러나 리비아 국내외의 이슬람 근본주의자들과 울라마들은 리비아의 이슬람 정책이 정통 이슬람의 궤도를 벗어난 이단이라고 비난하고 있다.

중동 지역 이슬람의 현황 및 그 운동은 국가별 상황에 따라 네 가지 형태로 분류된다. 첫째, 이슬람 운동이 완전히 차단되고 이슬람 운동가는 투옥되거나 처형되는 경우다. 이것은 시리아, 이라크, 사우디아라비아처럼 매우 억압적인 국가에서 나타난다. 둘째, 이슬람 운동가에게 상당한 수준의 자유를 주고 광범위한 기구를 설립해서 운영하도록 하지만, 권력은 허용하지 않는 경우다. 이것은 알제리와 이집트 등의 다소 유연한 정부에서 나타난다. 셋째, 이슬람 운동가에게 정치에 참여할 권한을 주지만 과격한 권력이나 운동은 엄격하게 차단하는 경우다. 이것은 요르단, 쿠웨이트, 모로코, 터키, 이스라엘, 팔레스타인 등의 매우 개방적인 국가에서 나타난다. 넷째, 이슬람 운동가가 특정 종파나 종족을 대변해 민족주의 운동을 벌이는 경우다. 이것은 레바논의 히즈발라(시아파), 시리아의 무슬림형제단(수니파), 이라크·사우디아라비아·바레인의 시아파 운동에서 나타난다.[3] 리비아의 이슬람은 매우 독특해서 위의 네 가지 형태의 분류에 적용하기 힘들지만, 굳이 적용을 시켜본다면 첫 번째 형태에 해당한다고 볼 수 있다.

이슬람은 642년에 리비아에 전파되었다. 전파 초기에 리비아의 무슬림들은 이슬람에 매우 순종적이었지만 이슬람 교리에는 무지했다. 이슬람은 기존의 전통 신앙과 절충되어 독특한 형태로 발전하다가, 수피즘과

---

3) John L. Esposito(ed.), *Islam and Secularism in the Middle East* (New York: New York University Press, 2000), p.21.

결합하며 대중적 지지 기반을 넓혀나갔다. 이러한 종교환경은 1843년에 종교사회운동인 사누시 운동이 탄생하는 배경이 되었고, 사누시 운동은 리비아 근현대사에서 정치적·종교적으로 구심점 역할을 했다. 리비아 근현대사와 함께 호흡해 온 사누시 운동은 1969년 혁명의 성공으로 막을 내렸고, 리비아는 새로운 이슬람을 맞이했다. 현대 리비아의 종교상황은 1969년 가다피의 통치를 중심으로 크게 달라졌다.

1) 가다피 통치 이전

(1) 성자숭배 사상과 수피즘

리비아에 이슬람이 전파된 때는 642년이다. 그러나 이슬람이 기존의 전통 신앙인 베르베르 신앙과 융합되면서 대중들 사이에 정통 이슬람보다는 민속 이슬람이 더 널리 보급되었다. 정통 이슬람이 알라의 유일성과 인간의 평등성을 전파했음에도, 수세기 동안 이슬람은 초자연적이고 영적인 능력을 가진 성자(Marabout)들에 대한 숭배 사상(Maraboutism)과 병행되어 존속해 왔다. 성자들은 특별한 영적 능력인 바라카(Baraka)를 지닌 것으로 간주되었고, 일반인들은 그들과 접촉할 경우 그 능력의 혜택을 입게 된다고 여겼다.

성자숭배 의식은 주로 농촌 지역에서 널리 퍼졌고 정통 이슬람은 도시 지역에서 확산되었다. 성자들의 사후에도 그들의 초능력은 그들 무덤 위에 머문다는 신앙이 만연함으로써 무덤을 순례하는 의식이 성행했다. 성자숭배자들 간의 형제애는 결속력과 파급력이 매우 강해서 11세기에는 강력한 사회집단으로 발전했다.

13세기에 접어들면서 성자숭배 사상은 수피즘과 결합되어 새로운 양상으로 발전했다. 일반 대중들은 정통 이슬람의 엄격한 이성적·지적 교리에 쉽게 접근하지 못했고, 이때에 감성적이고 개인적인 방법으로 알라에게

다가가려 하는 새로운 신앙 형태인 수피즘이 그들을 매료시켰다. 수피(Sufi: 이슬람 신비주의자)들은 성자로 불리며 큰 인기를 누렸고 그의 추종자들과 민속 이슬람의 추종자들은 강한 형제애로 결집했다.

(2) 사누시 운동

사누시 운동은 1843년 알제리의 이슬람학자이며 개혁운동가인 무함마드 븐 알리 알 사누시(Muhammad b. Ali al-Sanusi, 1787~1859)에 의해 리비아의 시레나이카에서 결성된 종교사회운동이다. 이 운동은 사막 생활에 적합하게 수정된 이슬람 부흥운동으로서 19세기 후반에 북아프리카와 사하라 지역에서 가장 영향력 있는 종교사회운동이었으며, 아라비아 반도의 와하비(Wahhabi) 운동,[4] 수단의 마흐디(Mahdī) 운동[5]과 더불어 근대 중동·북아프리카 지역에서 발생했던 반식민 저항운동 중 하나이다.

이들 저항운동은 서구 식민세력을 향한 무슬림 국가들의 무기력함에 대한 대중의 불만에서 비롯되었으며, 이슬람의 지하드(Jihād) 정신은 사회적 부패, 불공정한 통치자, 우상숭배, 무슬림 세계의 침입자들에 대한

---

4) 이슬람 전통에 대한 적극적이고 긍정적인 재해석의 바탕 위에서 유일신론과 인간의 평등성을 강조하며 이슬람 사회의 정화와 재건을 추구한 운동이다. John Obert Voll, *Islam Continuity and Change in the Modern World* (Boulder: Westview Press, 1991), p.60.

5) 이 운동의 창시자는 무함마드 아흐마드(Muhammad Ahmad)로, 그는 1881년 자신을 마흐디(Mahdi: 구세주)로 선언했고 수단인들은 그를 마흐디로 받아들였다. 이 운동의 골자는 코란과 순나로의 회귀와 중세 이후의 미신적 관행을 부정하는 것이며, 이즈티하드의 문호를 개방하는 것이었다. 마흐디 운동은 약 15년간 지속되면서 한 국가체제를 유지했다. 마흐디 사상과 살라피야식 종교적 이념에 의해 통치되는 이슬람 국가를 세우고는 이슬람 사회의 정화와 수단 무슬림의 통합에 힘쓰면서 샤리아를 국가의 유일한 법으로 채택했다. 1899년 영국군의 침공으로 그의 국가는 종말을 맞았으나 마흐디 운동은 수단의 민족주의 운동으로, 외세를 몰아내고 이슬람 국가를 세운 정치운동으로, 살라피야적 삶을 추구한 종교사회 개혁운동으로 수단 역사 속에 남게 되었다. 손주영, 「살라피야 이슬람 부흥운동」, 21세기 중동이슬람문명권 연구사업단 엮음, 『중동종교운동의 이해 1』(파주: 한울, 2004), 30~31쪽.

저항을 촉구하는 데에 윤리적이며 법적인 근거를 마련함으로써 이 저항 운동들을 촉발시켰다. 16세기에 수피 운동이 모로코를 침공한 식민세력에 저항했다면, 새로운 수피 개혁주의 운동이라고 할 수 있는 사누시 운동이나 마흐디 운동은 19세기 후반의 유럽 제국주의에 저항하는 운동이었다.[6] 사누시 운동은 발흥 후 100여 년간 식민점령세력들과 투쟁을 벌이며 트리폴리니아, 시레나이카, 페잔 등을 중심으로 국민의 힘을 규합했으며, 이는 현대 리비아가 형성되는 데 중추적인 역할을 했다.

사누시 운동의 창시자인 무함마드 븐 알리 알 사누시는 그의 추종자들에게 '사누시 시조(Grand Sanusi)'로 불렸다. 알 사누시는 이슬람 세계를 두루 여행하면서 다양한 공부를 한 학자로서, 깊은 학식을 소유했을 뿐만 아니라 그 학식을 알기 쉽게 체계화시켜 전파하는 능력을 지녀 대중들의 폭넓은 지지를 받았다. 그는 학자보다는 성자로서 더 큰 명성을 얻었으며, 그의 가르침은 베드윈들의 엄격하고 절제 있는 생활양식과 조화를 이루며 큰 호응을 받았다.

그가 처음으로 교육받은 곳은 알제리의 수피 자위아(Zāwiya: 신도들의 공동체)였으며 그후에는 페잔의 카라윈 대학에서 수피즘과 샤리아(Shāri'a: 이슬람법)를 공부했다. 그리고 히자즈에 가서, 샤리아의 자유로운 해석을 주장하며 수니의 4대 법학파[7]를 부인했던 학자인 아흐마드 븐 이드리스 알 파시(Ahmad b. Idris al-Fasi, 1749~1837)의 제자가 되었다. 알 사누시는 부족주의와 지역주의로 갈라진 무슬림들의 정치적 분열을 통탄해 하며 범이슬람적 연대의 필요성을 주장했다. 그는 전통만을 고수하던 울라마가 이슬람법을 상당 부분 왜곡했다고 믿으면서 이즈티하드(Ijtihād: 독자적

---

6) Ali Abdullatlf Ahmida, *The Making of Libiya* (New York: State University of New York Press, 1994), p.87.

7) 이슬람법의 해석과 적용에 있어서 학자들 간에 나타나는 견해 차이에 따라 말리키(Maliki) 학파, 하나피(Hanafi) 학파, 샤피이(Shafi'i) 학파, 한발리(Hanbali) 학파의 네 가지 법학파로 나뉜다.

인 법 판단행위)의 문호를 차단한 전통 보수주의 울라마에게 비난을 퍼붓고 스스로 무즈타히드(Mujtahid: 이즈티하드의 실행자)임을 선언했다. 그리고는 어려서부터 배워온 말리키법에 대한 자신의 개인적 법 판단을 제시했는데, 이 같은 그의 태도는 후일 알 아즈하르 보수주의 울라마의 분노를 샀으며, 일부 수피 지도자들에게도 배척을 받게 되었다.[8)]

알 사누시의 이론은 수피즘과 이슬람 정통교리를 결합시킨 것이었다. 그는 수피즘에 깊이 빠져 여러 종단에 가입하기도 했고, 특히 티자니아(Tijāniyya) 종단의 수피들에게서 많은 영향을 받았다. 그러나 점차 그는 지나친 수피 사상과 관행을 비판적으로 바라보게 되었으며 수피 종단에 명확한 증거와 확증(Yaqin)을 요구했고, 수니 법학과 수피 사상의 혼합을 추구하기도 했다. 그가 신과 인간 사이의 중재자의 존재를 부정하고 코란과 순나의 명확한 증거와 확증에만 의존했다는 사실에서, 우선 그의 살라피야적[9)]인 경향을 엿볼 수 있다. 그렇지만 한편으로는 그가 항시 영혼의 투쟁과 내적 훈련을 통해 진리를 얻으려 했다는 점 때문에 수피적 경향 또한 말하지 않을 수 없다. 이와 같이 그의 사상은 기본적으로 살라피야적 증거주의 방식과 수피적 조명주의 방식이 혼합되어 형성되었으나, 후대 학자들은 그가 앞의 방식, 즉 살라피야적인 면에 더 기울어져 있었다는 데에 대부분 동의하고 있다.[10)]

그의 저서 44권의 제목은 『하디스와 코란에 전념하기 위해 각성함(Iqāz al-Wisna fi al-'Amal bi al-Hadīth wa al-Qur'an)』이다. 그는 코란과 하디스에 의존하면서도 하디스의 권위에 대해서는 의문을 제기했다. 하디스는 예언자 무함마드가 사망한 지 200년 후에 기록된 것으로서 진실성과 완전성에 대해 확신할 수 없다는 이유에서였다. 게다가 하디스의 일부

---

8) 손주영, 「살라피야 이슬람 부흥운동」, 28쪽.

9) 초기 이슬람의 순수한 가르침과 관행으로 돌아가야 한다는 사상.

10) 손주영, 「살라피야 이슬람 부흥운동」, 28~29쪽.

내용들이 각 편집본 간에 서로 모순성을 보이는 것으로 보아 전승 과정에서 변형이 발생했을 가능성을 배제할 수 없다는 점도 지적했다.

알 사누시는 수피즘과의 오랜 연대에도 불구하고 수피즘의 일부 이론과 관행을 비판했다. 그의 저서 『열 가지 안건들(Masā'il al-'Ushr)』에서 일부 수피들이 알라와 같은 수준의 완벽성을 추구하려 하고, 비일상적 생활에 몰두하는 데 대해 반박했다. 그는 지나치게 열광적인 신앙이나 수피들이 주로 쓰던 자극적인 수행 방식과 명상 등을 금지시켰다. 그는 알라에게 가까이 가는 데는 여러가지 길이 있으며 그 누구도 절대적 방법이나 진리를 주장할 수 없다고 했다.

알 사누시는 이슬람의 본질은 믿음과 예배를 비롯한 기본 원칙들로서 이 원칙들을 잘 이행하면 누구든 훌륭한 무슬림이 될 수 있다고 강조했다. 이슬람에 대한 그의 단순하고 개혁적인 가르침은 부족들의 정서와 잘 부합했고, 그 결과 키레네에서 강력한 종교운동을 이끌 수 있었다.

사누시 운동의 주요 목표는 교육·근로·자존·지역적 자원을 토대로 단일화된 무슬림 공동체를 건설하는 것이었다. 이 운동은 법률, 교육, 성전 등의 측면에서 가장 모범적인 이슬람 국가를 세우기 위한 노력을 기울였다. 알 사누시는 메카와 카이로에 인접해 있는 시레나이카가 지리적 여건상 사누시 운동의 중심지가 될 수 있다고 판단하고, 이 지역을 중심으로 부족들의 힘을 규합하며 정치와 종교가 결합된 새로운 운동을 전개했다. 시간이 지나면서 이 운동의 영향력은 트리폴리타니아와 페잔을 비롯해서 자그붑과 쿠프라 등지로 확산되었고, 점차 그 영향력이 확대되면서 남쪽으로는 보르쿠, 서쪽으로는 튀니지 남부, 동쪽으로는 알제리로 뻗어나갔다. 이것은 후일 프랑스의 북부·중앙아프리카 침투를 막기 위한 전선을 구축하는 데 기여했다. 사누시 운동은 부족중심주의 속의 무질서를 바로잡는 한편, 부족의 전통인 성자숭배 사상을 흡수하는 유연성을 보이면서 여러 부족의 에너지를 결집시킬 수 있었다.

사누시 운동은 14세기에 출현한 수피 공동체인 자위야가 스페인과 북아프리카 지역에서 이베리아군에 저항하는 세력을 형성했던 것처럼 그들의 공동체(자위야)[11]를 형성했다. 자위야는 모스크, 학교, 사누시 지도자들의 거주지, 사당, 부족 간 분쟁 해결의 재판소 등의 기능을 동시에 수행하면서 사누시 운동의 구심점이자 발판이 되었다. 1870년부터는 그 기능이 확대되어 여행자들을 위한 숙소, 대상이나 피난민들의 임시 숙소, 대상들의 상품 창고 등의 기능까지 하게 되었다. 사누시 공동체는 점차 확대되어 사실상의 국가 기능을 갖추고 여러 부족들이나 사하라 무역상들에게 경제체제와 법률체제를 제공했다.

사누시 운동의 추종자들은 강한 형제애로 결집하며 여러 곳에 자위야를 확산시켜 나갔고, 이것은 사누시 공동체의 재산이 되었다. 사누시 운동은 50년도 안 되는 짧은 기간에 무질서하고 비체계적인 부족의 힘을 강력한 종교적·상업적 힘으로 변모시켰고, 다양한 부족들과 사하라 지역의 상인들을 국가체제로 통합시켜 그 영향력을 확대할 수 있었다. 알 사누시의 아들 무함마드 알 마흐디는 강한 조직력과 추진력을 발휘해 사누시 운동이 최고 정점에 달하게 했다. 그는 1902년에 타계할 때까지 리비아를 포함한 아프리카 지역에 146개의 자위야를 설립했다.

사누시 운동은 이탈리아 식민 통치 시대에 독립운동의 핵심세력이 되면서 그 영향력을 크게 확대했으나 1930년대 이탈리아에 의해 사누시의 종교센터와 교육센터가 파괴된 이후로는 종교적 결집력이 약화되어 결국 와해되었다. 그러나 사누시 운동의 정신은 국민들 사이에 높이 평가되고 지속되어서, 1951년 UN이 리비아의 독립을 선언했을 때 사누시 시조의 손자인 무함마드 이드리스의 지도력 아래 국가가 수립될 수 있었다.

---

11) 알 사누시는 1843년에 자그붑 지역의 작은 오아시스 마을인 알 베이다에 학교를 설립해 최초로 자위야의 토대를 마련했고, 여행로를 따라 여행자들을 위한 쉼터를 만들었다.

2) 가다피 통치 이후

가다피가 이끄는 자유장교단은 1969년 9월 1일에 사누시 왕국을 전복시키는 혁명에 성공했다. 그는 사누시 시조의 손자인 국왕 무함마드 이드리스를 폐위시키면서 사누시 운동을 강력히 탄압했다. 그리고 사누시 공동체의 재산을 별도로 관리하고, 사누시 공동체의 지원을 받는 이슬람 대학과 리비아 대학을 통폐합했다.

가다피 정부의 혁명위원회(Revolutionary Command Council)는 같은 해 12월에 새 헌법을 공포하면서 리비아의 국교는 이슬람이며, 공식 언어는 아랍어라고 밝혔으며, 혁명 후 최초로 발행한 공보(公報)에서 "우리가 추구하는 사회주의는 이슬람 사회주의다. 우리는 무슬림 국가이므로 코란의 말씀과 사유재산의 원칙과 상속권을 존중할 것이다"라고 했다.[12] 그는 오랜 식민 통치 기간과 그 이후에 이어진 유럽 문화의 영향으로 이슬람의 순수성이 크게 훼손되었다고 주장하며 그 순수성은 샤리아를 국가 법률체계의 근원으로 설정함으로써 회복될 수 있다고 했다. 그는 일상생활에서 이슬람력 사용을 강제화하고 유흥주점과 나이트 클럽을 폐쇄하는 일련의 조치를 취했다. 1973년에 제정한 법률에서는, 라마단 금식을 어긴 자에게는 채찍형을 가하고, 간음을 한 남녀에게는 80대의 채찍형을 부과하고, 무장강도에게는 손과 발을 절단하는 형벌을 추가했다. 1978년에는 도시의 주요 모스크들을 정화하고, 정숙하지 못한 행동과 옷차림을 규제하는 새로운 법률을 제정했다. 가다피는 1976년부터 약 3년에 걸쳐 발간한 『그린북(The Green Book)』[13]에서 코란을 현대의 도덕적·

---

12) Rene Lemarchand(ed.), *The Green and the Black* (Indiana: Indiana University Press, 1988), p.41.

13) Muammar al-Qadhafi, *The Green Book* (Tripoli: The Public Establishment for Publishing, Advertising and Distribution, 1978). 그린북은 다음과 같이 세 단원으로 구성되었다.

정신적 가치로 삼겠다고 밝히며, 『그린북』은 온전히 코란에 근거하고 있고 그 규정들은 모든 무슬림에게 보편적으로 적용될 수 있다고 밝혔다.

가다피는 이슬람과 나세리즘(Naserism)[14]의 영향을 받은 사람[15]으로서 혁명 정부가 이슬람 사상에 입각한 국가라는 것을 보여주어야 국민들에게 합법적 지지를 받을 수 있다고 생각했다. 그는 혁명 초기의 연설에서 이슬람의 역할을 강조했고, 이슬람은 가다피가 정치적·사회적 개혁을 추구하는 데 핵심적인 역할을 했다. 그는 1973년 주와라(Zuwara)[16]에서 한 연설에서 혁명의 효율적인 추진을 위해 다섯 가지 계획을 발표했다. 첫째는 기존의 모든 법을 폐지하고 일체의 민사·형사 사건을 샤리아에 의거해 판결하는 것이고, 둘째는 국가 내의 정치적 병리 현상을 제거하는 데 있어서 특히 공산주의, 무슬림형제단,[17] 바트 사상(Bathism)[18]이 그

Part I: The Solution of the Problem of Democracy(1976), Part II: The Solution of the Economic Problem, "Socialism"(1977), Part III: The Social Basis of the Third Universal Theory (1978).

14) 이집트 대통령 나세르가 추구한 아랍민족주의, 아랍사회주의, 반서구주의를 말한다.

15) 가다피는 자신이 나세르가 완성하지 못한 임무를 수행하도록 알라에게 위임을 받은 자라고 주장했다.

16) 트리폴리 서쪽에 위치한 항구. 주와라에서의 연설은 가다피의 개혁 정책이 제3의 세계론을 바탕으로 추진력을 얻게 되는 계기로 평가된다.

17) 1928년 이집트에서 하산 알 반나(Hasan al-Banna)에 의해 창설된 이슬람 부흥운동 단체로서 순수 이슬람으로의 복귀와 무슬림 사회의 개혁, 이집트 정치문화의 개혁을 주창했다. 알 반나는 이슬람 교리와 신앙이 가진 전통적인 복합성을 간단한 행동원리로 변환시켜 놓아, 사회의 여러 계층에 속하는 조직원들과 광범위한 지지층을 얻으며 대중운동 조직으로 성장하는 데 크게 성공할 수 있었다. 이 단체의 활동 범위는 이집트 안에만 국한되지 않고 점차 전 무슬림 세계로 확대되어 제2차세계대전 말기에 조직원 수는 100만 명에 이르렀고 지부는 무려 5,000개에 달했다. 이 단체는 무슬림 세계 곳곳에서 세속적 민족주의 정권과 대립하며 이슬람의 부활을 주장하면서 이슬람 현대사에서 가장 중요한 이슬람 부흥운동의 주역이자 주류로 평가받고 있다. 손주영, 「살라피야 이슬람 부흥운동」, 57~63쪽.

18) 시리아에서 1941년에 창립된 세속주의적 범아랍사회주의부흥당(바트당)의 이념으로서 아랍의 통합과 자유, 사회주의를 추구했다. 바트당원들은 아랍민족주의가 이슬람

대상이며, 셋째는 혁명 수호를 위해 민중을 무장시키는 것이고, 넷째는 관료주의를 개선하기 위해 '행정적 혁명'을 실행하는 것이며, 다섯째는 문화 혁명을 추진해 독소적인 외래 사상을 제거하고 민중의 순수한 도덕적 잠재력과 물질적 잠재력을 융화시키는 것이었다.[19] 이 발표가 있은 후에 리비아의 지식인들 대다수와 무슬림형제단원 등이 반대시위를 벌였고, 이들은 모두 체포되었다.

가다피는 이슬람에 관해 논리적인 체계를 제시하지는 못했지만 각종 성명서와 세미나에서 종교의 중심은 이슬람이고, 이슬람의 중심은 코란이라고 강조했다. 그는 신의 관점에서 종교는 오직 하나이며, 그것이 바로 이슬람이므로 모든 유일신론자(유대교도, 기독교도, 무슬림)는 무슬림이 되어야 한다고 했다. 그는 1972년 리비아 아랍사회주의연맹의 첫 회의에서 이슬람이 인간의 가치와 문명을 지키는 유일한 원천이라고 선언하며, 제국주의자와 시온주의자에 대항해서 성전을 치를 것을 촉구했다.

가다피는 혁명 초기 단계에서 샤리아를 부활시키는 계획에 착수했다. 그는 코란이 7세기의 인간 생활이나 현대의 인간 생활에 근본적·직접적으로 연결된다는 원칙을 고수하며 이슬람법을 강화하여 공포했다. 당시 리비아의 법체계는 이탈리아 식민 지배의 영향으로 이탈리아법의 영향을 많이 받은 한편 이집트, 시리아, 이라크의 법체계와도 유사했다. 그는 기존의 리비아 법체계를 고찰하고 샤리아에 위배되는 요소들을 제거하여 샤리아를 부활시키는 법령을 발표했다. 이 법령의 적용 과정에서 가장 큰 충돌이 있었던 부분은 형법 분야였다. 이 분야에서 샤리아의 모든

을 수용하지만 이슬람보다 우월하다고 주장함으로써 세속적 아랍민족주의 사상을 밝혔다.

19) Ruth First, *Libya: The Elusive Revolution* (New York: Africana Publishing Company, 1975), p.137.

전통적 법령들이 모두 부활되지 못하고 도둑과 강도에 대한 손발절단형[20]과 이자세 등에 관련된 일부 법규만 부활되었다. 한편 서구의 무역 관행·투자 관행과의 충돌을 피하기 위한 새로운 법규가 만들어졌고, 희사(Jakāt: 이슬람 구빈세)의 징수는 국가가 맡는 법규도 신설되었다.

그러나 이러한 법률체계의 변화들이 모두 샤리아의 위상과 적용을 강화시킨 것은 아니었다. 별도로 존재하던 샤리아 법정이 폐지되고 샤리아 법정에서 맡던 사건을 세속 법정이 맡아서 처리했으며, 결혼·이혼 관련 법규의 개정도 이루어져서 샤리아의 영향력이 줄어들었다. 정부는 샤리아를 부활하겠다는 대대적 발표를 했지만 1974년에 입법화 추진 능력이 고갈되면서 리비아의 법률체계는 과거보다 이슬람화되지 못했고, 오히려 일부 분야에서는 서구화가 진행되었다.

3. 종교정책

가다피 정부는 아랍민족주의와 이슬람 사회주의를 기초로 사회 개혁을 추진하며 이슬람을 정치 이데올로기 혁신의 수단으로 사용했다. 이슬람 개혁정책으로 와끄프(Waqf: 이슬람 종교복지재단) 재산을 국유화하고 울라마의 지위와 역할을 축소했으며, 샤리아를 강화시켜 사회 기강을 확립했다. 그의 개혁정책을 이론적으로 뒷받침하는 것은 '제3의 세계론(Third

20) 이슬람 형벌의 체계 가운데 핫드(Hadd)에 속한다. 핫드는 죄의 항목과 종류, 형량이 코란이나 하디스에 규정되어 있어 국가의 통치권이 미칠 수 없으며 재량권도 허용되지 않는 범죄이다. 이에 해당되는 죄의 항목으로는 신을 배반하는 배교죄, 간통죄, 위증죄, 절도죄, 주류 생산 및 음주죄, 국가반역죄 등이 있다. 최영길, 『이슬람 문화』(서울: 알림, 2000), 257쪽. 이 형벌에 대해 리비아의 판사, 무프티, 언론인, 언어학자들이 '절단'을 자구적으로 해석해야 되는지 또는 상징적으로 해석해야 되는지, 즉 사회적 유혹을 제거해야 하는지의 문제를 놓고 논쟁을 벌였으나 자구적으로 해석해야 한다는 의견이 우세했다. 같은 책, 136쪽.

Universal Theory)'과 『그린북』이었고, 그는 리비아 국내에서 실현한 정치·경제적 경험을 해외로 전파하기 위해 이슬람 선교를 택했다.

이슬람법은 코란, 하디스(Hadīth)와 순나(Sunnah), 끼야스(Qiyās), 이즈마(Ijmā')의 네 가지 법원으로 구성되어 있다. 가다피 정부는 이 가운데 코란만을 유일한 법원으로 인정하고 나머지 법원은 무시함으로써 울라마에게 공격을 받았다. 그리고 코란 구절에 무조건 의존하기보다는 현실에 맞게 적용해야 한다는 자유주의적 해석 방식을 주장하고, 모든 인간에게 이즈티하드의 권리가 있다는 새로운 주장을 함과 동시에 이즈티하드의 최종 선택권을 독자적으로 행사하여, 정통 이슬람의 교리와 배치된다는 비난을 받았다.

1) 정치적 목적과 이슬람

(1) 아랍민족주의와 이슬람

가다피의 아랍민족주의 사상은 이집트 대통령이었던 나세르의 아랍민족주의에서 크게 영향을 받았다. 가다피와 나세르의 공통점은 아랍민족주의의 이슬람적 요소를 이용해 국민적 공감대를 형성한 점이다.[21] 가다피는 아랍의 정체성과 이슬람의 정체성이 긴밀히 연결되어 있으므로 아랍의 혁명은 이슬람의 혁명이 되어야 한다고 강조하며, 이런 점에서 아랍민족주의 지도자는 아랍 이슬람의 지도자가 되어야 하고, 아랍과 이슬람을 위한 혁명적 프로그램을 추진해야 한다고 주장했다.

가다피가 집권 초기에 아랍민족주의, 이슬람, 정부의 세 요소를 함께 묶어 활용했던 이유는, 이슬람적 가르침을 이용해 정권을 합법화하기 위해서였다. 그가 취한 일련의 개혁적 조치들, 예를 들어 이슬람의 진보적

---

21) Ronald Bruce St. John, *Qaddafi's World Design: Libian Foreign Policy 1969~1987* (London: Saqibook, 1987), p.32.

역할 추구, 하디스의 배척, 신의 초절성 강조, 예언자의 순수한 인간적 역할 강조 등은 울라마의 역할을 축소시키고 이슬람을 혁명의 통제하에 더 가까이 두기 위한 방편이었다.[22]

그는 아랍민족주의와 이슬람을 연계시키는 정책을 꾸준히 시도했다. 1980년 아랍인 기독교도의 지위에 관한 토론에서, 그는 아랍민족주의와 이슬람을 연결시키면서 아랍 민족의 예언자는 무함마드이고, 아랍 민족의 종교는 이슬람이라고 강조했다. 그러므로 아랍인이면서 기독교도인 것은 매우 잘못된 일이며, 아랍인 기독교도는 진정한 아랍인이 되기 위해서 이슬람으로 개종해야 한다고 말했다. 그는 레반트 지역의 아랍민족주의자와는 달리, 이슬람적 통합과 아랍민족주의 간의 모순성을 느끼지 못했다. 동부 마그레브 지역은 '이슬람'과 '아랍' 간에 문화적 일체감을 형성하고 있어서 '이슬람'과 '아랍주의(Arabism)'가 일치하는 특성을 띠기 때문이다.[23] 리비아 국민회의는 이미 1978년에 리비아 국민이 이슬람에서 타종교로 개종하면 그의 시민권이 박탈된다는 결의안을 채택한 바 있다.

가다피에게 이슬람은, 국민들이 기존 질서를 새로운 이데올로기 구조로 대체할 필요성을 느끼게 하는 도구가 되었다. 1970년부터 리비아 내에서 이슬람은 정치기구를 합법화하는 요소이자 정치 이데올로기 혁신의 원천으로 이용되었다. 새로운 법규와 함께 엄격한 율법이 도입되어, 수입 육류에 대한 이슬람식 도축, 기독교 교회의 모스크 전환, 공식 이슬람력의 도입 등이 시행되었고, 음주, 유흥업소 출입, 강간 등의 행위는 철저히 규제되고 처벌되었다.

정치적 통제의 과정은 와끄프 재산의 개혁을 통해 시작되었다. 와끄프 재산은 국가의 직접적인 통제 아래 놓이게 되었고, 정부는 그 재원으로 국민들의 하지(Hajj: 순례)를 도왔다. 이에 따라 메카 순례자 수가 급속하게

---

22) 같은 책, p.32.

23) Rene(ed.), *The Green and the Black*, p.42.

늘어서 1970~1973년에는 순례자 수가 그 이전에 비해 거의 두 배로 증가했다. 종교기구는 자치권의 상당 부분을 잃었으며 전통적인 울라마는 정부로부터 소액의 급료를 받는 고용인 신세가 되었다. 외형적으로 1973~1982년에 324개의 모스크가 신설되어 총 모스크 수가 2,565개에 달함에도 불구하고, 울라마의 상황은 더욱 악화되었다.

1972년 말에 가다피는 그의 아랍민족주의 신념에 이론적 토대를 부여했는데, 이것이 '제3의 세계론'이다. 이것은 자본주의와 공산주의 사이의 중도 노선으로 이슬람에 기초하고 있다. 한스피터 매츠(Hanspeter Mattes)는 제3의 세계론의 모든 요소들은 코란 구절[24]에 의해 정당화될 수 있다고 지적하며 가다피가 제3의 세계론에서 종교(Din)와 국가(Dawla)를 동일시하는 근거를 마련할 수 있었다고 했다.[25]

20세기의 수많은 이슬람 개혁가와 사상가들은 일반적으로 공산주의와 자본주의 사이의 '대체 노선' 또는 '제3의 길'을 주장했다. 많은 아랍민족주의자들처럼 가다피는 공산주의와 자본주의가 아랍의 지역적 환경에 적합하지 않다고 보았다. 이 두 체제는 모두 독점적이기 때문이다. 즉, 공산주의는 국가가 소유권을 독점하고 자본주의는 자본가와 기업이 소유권을 독점하기 때문이다. 가다피는 제3의 세계론을 리비아인뿐 아니라 전 아랍인, 그리고 전 세계인에게 확산시키려고 했다. 그는 동구와 서구의 이념적 실패는 새로운 가치관의 탄생을 초래했고, 새로운 가치관은 역사를 움직여온 최고의 원동력인 종교와 민족주의에 기초해야 한다고 주장했다.

그는 1973년 5월 트리폴리에서 개최된 '아랍·유럽 청년회의'에서 제3의 세계론에 대해 다음과 같이 연설했다.

---

24) 3장 98절과 110절, 17장 21절과 32절, 42장 36절

25) Rene(ed.), *The Green and the Black*, p.43.

> 제3의 세계론은 인류로 하여금 알라의 왕국으로 돌아갈 것을 호소하는 사상이다. …… 인류는 신앙으로 재무장해야 할 매우 절실한 필요에 직면해 있다. 우리는 알라에게 돌아가야 하며, 악행을 삼가야 한다. …… 우리가 전 세계에 제안하는 이 사상은 휴머니즘적 사상이다. 이것은 인류를 파멸로 이끄는 종족주의적이고 공격적인 이론이 절대 아니다. …… 제3의 세계론은 인간이 만든 사상이나 철학이 아니라 진리이다. 진리와 이론 사이에는 큰 차이가 있다. 이론은 번복될 수 있지만 진리는 불변하기 때문이다. …… 이것은 전 세계 모든 국가가 알라의 보호 아래서 형제임을 확신하는 사람들을 위한 진리이다.[26]

이슬람이 정권 합법화의 도구에서 가다피 개인의 정치적 야망의 도구로 변모하는 중요한 계기는 1973년 4월의 주와라 연설에서 발생했다. 주와라 연설은 이슬람식 법전 제정, 리비아 내의 아랍 이슬람적 가치를 위협하는 사상에 대한 배척, 국가 행정의 혁명적 추진 등을 요구했다. 이외에도 이슬람 사회주의, 직접적 민중민주주의, 아랍의 통합 등을 목표로 하는 정치체제를 확립하는 데 있어서 제3의 세계론의 역할을 강조했다. 주와라 연설 이후에 가다피는 언론을 장악할 민중위원회의 구성을 요청했다. 그 후 4년간 리비아의 사회와 정치는 점차 과격해졌고, 민중위원회 제도는 1975년까지 지속되었으며, 1976년에는 『그린북』이 발간되고, 1977년 3월에는 자마히리야(Jamāhiriyya: 인민민주주의)가 수립되었다.

이슬람은 1975년 이후에 기존의 반체제 기구를 뿌리 뽑는 도구로 쓰였다. 가다피는 이즈티하드를 혁신적으로 사용하여 기존의 문화적 전통과 국가의 정책이 서로 조화를 이룬다는 것을 보여주며, 이슬람이 매우 유용한 도구가 되도록 활용했다. 그는 이슬람 교리의 해석을 이용해 정치적 급진주의를 합법화하고, 세속적 정치 사상을 이슬람에 적용해

---

26) David Blundy and Andrew Lycett, *Qaddafi* (Boston: Little Brown and Company, 1987), pp.86~87.

이슬람을 현대화하려는 시도를 했던 것으로 볼 수 있다.

1978년 그는 이슬람 혁명(Islamic Revolution)을 일으켰는데, 거기에는 두 가지 목적이 있었다. 첫째는 기존 이슬람 전통의 파괴이며, 둘째는 이슬람의 가치를 현대적·진보적·혁명적으로 재형성하는 것이었다.[27] 이어서 그는 1978년의 두 연설에서 이슬람의 현재 상황은 아랍 민족에 대한 알라의 징벌이라고 했다. 알라는 아랍 민족이 지구 상에서 최선의 존재가 되기를 원했으나, 아랍 민족이 이슬람의 가르침을 외면하고 이슬람이 제시한 올바른 길에서 이탈하고 퇴보하여 모든 제국주의자들의 목표물이 되었다고 했다.

1970년대 말에 가다피 정권은 중앙통제식 경제를 채택하고 여타 아랍국들보다 훨씬 근본적이고 극단적인 사회주의 노선을 추구했다. 그는 사회주의를 통해서 경제 문제를 해결해야 한다는 방침을 공식적으로 천명하며, 이는 마르크스적 사회주의가 아닌 이슬람 사회주의에 의한 것이라야 한다고 강조했다. 그는 이슬람과 사회주의는 분리될 수 없다고 말하며 이들 두 이론은 재산의 국유화와 제한을 허용한다고 밝히면서 제3의 세계론의 경제적 원칙을 언급했는데 그 내용은 다음과 같았다.

> 이슬람은 정의와 평등의 실현을 위한 토대를 제공한다. 부자가 그의 재산을 이용해서 타인을 이용하거나 핍박하는 것을 허락하지 않는다. 그러나 사회적 폐해를 유발하지 않는 범위에서 사유재산은 인정된다. 어떤 사회에서건 부와 빈곤이 양립해서는 안 된다. 부자의 재산을 가난한 사람에게 나눠주는 법령을 시행하는 것은 국가의 의무이다. 이슬람은 빈곤을 반대하며 노동자 계급의 편에 서있다. 맹목적 애국주의와 이기주의는 무신론 정부의 특성이다. 제3의 세계론은 이 두 가지 사악한 사상을 배척하며, 전 인류의 형제애를 촉구한다. 제3의 세계론을 믿지 않는 국가나 국민은 정글의 야수보다 낫지 않다.[28]

---

27) Rene(ed.), *The Green and The Black*, p.38.

또한 그는 코란 9장 34절 "금과 은을 갖고 있으면서 알라를 위해 쓰지 않는 사람은 고통스러운 벌이 따를 것이다"를 인용해 사회주의자의 이상론을 지지했다. 여기서 '금과 은'은 해외로 밀반출되어 외국 은행에 예치되는 돈을 말한다. 가다피는 "사람은 일하고 먹고, 일하고 소비해야 한다. 그러나 이러한 기본적 욕구 이상의 것은 개인의 소유가 아니다"라고 결론지었다.

그는 제3의 세계론을 해외에 파급시키려는 노력에도 박차를 가했다. 아랍 국가는 하늘로부터 부여받은 세계적인 메시지, 즉 이슬람이라는 뿌리 깊은 문명의 산물이므로 아랍 국가가 제3의 세계론을 전 세계에 전파할 책임과 의무가 있다고 주장했다. 가다피는 그의 메시지가 세계적 호응을 얻을 것이라고 여겼지만, 그의 이론은 리비아 밖에서 관심을 불러일으키지 못했다. 수년간 리비아 군대가 주둔했던 차드 북부만이 그의 이론이 다소 수용된 유일한 지역이었다.

(2) 해외선교 및 외교정책과 이슬람

'아랍의, 아프리카의, 이슬람의'를 기치로 내건 전통적 나세리즘의 영향을 받은 가다피는 외교정책에서도 이슬람을 사용했다. 이슬람은 리비아 국내에서 실현한 정치·경제적 경험을 해외로 전파하는 데 기여하며 선교의 형태로 확산되었다.

이슬람 전파의 주요 기구는 이슬람선교사회(Islamic Call Society)였다. 이것은 1970년에 설립되었으며 리비아 정부가 조성한 기금으로 1972년부터 전세계로 확산되었다. 이 기구의 주요 활동 지역은 유럽으로, 전체 기금의 47%가 투입되었다. 가다피 정부는 아프리카 국가들이 이 기구를 각 국가에 개설해 운영하는 협약을 조건으로 해당 국가에 경제원조를 했다.

28) Blundy and Lycett, *Qaddafi*, p.87.

실제로 이 기구는 리비아의 국내 정책을 해외로 확산시키기 위한 문화적 무기의 역할을 했다.

이 기구의 기능은 아랍어 교육 지원, 선교사 파견, 이슬람 문화센터 조성, (리비아 정부의 기금으로) 모스크 운영 등을 포함한다. 이외에도 응급 구조대 지원, 각종 회의 개최와 파견단 조직, 이슬람 관련 라디오 방송, 이슬람 문학 서적의 제작과 보급, 이슬람 문학을 출판하는 외국 출판사의 지원 등이 포함되었다.

한편 리비아 내에서 이슬람을 공부하는 외국 유학생들, 특히 '이슬람선교사회'에 의해 창설된 '이슬람 센터'에서 근무할 인재들을 지원하기 위해서 1970년에 벵가지 대학교와 트리폴리 대학교에 이슬람 선교대학(Kulliyat al-Dawla al-Islāmiya)이 설립되었다. 이슬람 선교대학은 아랍어 교육에 중점을 두고 있으며 매년 150명의 학생들을 배출하고 있다. '이슬람선교사회'와 '이슬람 선교센터'는 트리폴리에 본부를 둔 '세계 이슬람 선교위원회(Majlis al-Alami li al-Da'wa al-Islāmiya)'의 공식적인 지원을 받는다. 이처럼 리비아가 이슬람을 통해서 아프리카에 자국 정책을 확산하려는 노력을 기울였지만, 이슬람 개종자는 매년 수백 명 이하이며 아프리카 각국 정치인들의 이슬람 개종은 종교적 이유보다는 전략적 이유에서 이루어지고 있다.

2) 법원으로서의 코란과 하디스의 위상

이슬람법은 네 가지 법원(法源)으로 구성되어 있다. 첫 번째 법원은 코란이고, 두 번째 법원은 하디스(Hadīth: 예언자의 언행록)와 순나(Sunnah: 전통 또는 관행)이며, 세 번째 법원은 끼야스(Qiyās: 유추해석)이고 네 번째 법원은 이즈마(Ijmā: 합의)이다. 첫 번째 법원인 코란은 모법(母法)으로서 헌법의 역할을 하며 율법과 실정법의 기능도 동시에 하고 있다. 두 번째 법원인 하디스와 순나는 예언자 무함마드의 말씀(Qaul)과 행위(Fiul), 타인의 행위 또는 습관에 대한 예언자의 묵시적 인정(Taqdir), 예언자의 품성과 태도(Sifah)를 포함한다. 하디스는 '새로운 소식'이라는 문자적 의미와 더불어 무함마드의 말씀을 의미하고, 순나는 '길(道)', '예의 규범', '생활양식'이라는 문자적 의미와 함께 예언자의 말씀이나 그의 행위, 또는 타인의 행위에 대한 그의 묵시적 인정일 수도 있다. 그래서 이 두 어휘는 이따금 동일한 의미로 혼용되기도 한다. 하디스는 크게, 성스러운 하디스(Hadith Qudisi)와 예언자의 하디스(Hadith Nabawi)로 분류된다. 코란의 자구(字句)와 의미(意味)가 모두 신에게서 온 것이라고 한다면 성스러운 하디스의 경우 의미는 신에게서 온 것이나 자구는 인간의 것이며, 예언자의 하디스는 의미와 자구 모두 무함마드 자신이 말한 순수한 인간의 것이다.[29)]

하디스와 순나는 무함마드의 교우들에 의해 구전되어 오다가 서기 8세기부터 9세기까지 약 200년 사이에 수집·편찬된 것으로, 오늘날까지 이슬람 국가의 법률과 시행력에 상응하는 법적 효력을 갖고 있을 뿐만 아니라 코란과 더불어 이슬람 정치 이론과 법학의 원리를 제공해 주고 있다. 하디스와 순나는 법원으로서의 기능뿐만 아니라 코란의 의미를 이해하는 열쇠이자 이슬람 문화의 모든 것이 보관되어 있는 도서관이다. 영적인 구원이 코란 속에 있다고 한다면 그곳에 이르는 길과 방법은 하디스와 순나에서 찾아야 한다. 세 번째 법원인 끼야스는 문자적 의미로는 '사물과 사물, 인간 상호 관계를 비교한다'는 뜻이다. 새로운 사안에 적용할 법 조항이 코란과 하디스에 구체적으로 명시되어 있지 않을 때, 그 사안에 적용할 수 있는 유사한 법 조항을 코란과 하디스에서 찾아 유추해석하는 제도이다. 유추해석은 코란이나 언행록에 구체적으로 명시되어 있지 않은 사안이지만, 법적 근거는 반드시 코란이나 하디스에서

29) 최영길, 『이슬람문화』, 251쪽.

찾아야 한다. 상위법, 즉 코란과 언행록에 위배되는 유추해석은 불가능하며 누구나 인정할 수 있는 보편 타당성이 있어야 효력이 발생한다. 네 번째 법원인 이즈마는 이슬람학자들 간의 의견 일치, 즉 합의 제도이다. 무함마드가 사망한 후에 도입된 제도로서, 새로운 사안에 적용할 수 있는 법 조항을 코란이나 하디스에서 찾을 수 없고 그와 유사한 판례도 없을 경우, 이슬람법학자들 간의 합의에 의해 처리하는 제도이다.[30]

가다피는 네 가지 법원 중 코란만을 인정했다. 그는 이슬람은 인류에게 내려진 최후의 가르침이며 코란은 영구불변하는 알라의 말씀으로서 인류의 모든 도덕적 규율과 지식의 근원이라고 밝혔다. 그는 1972년에 열린 정치 심포지엄에서 코란의 '완전성'에 관해 연설하면서, 코란은 현세와 내세의 삶을 지배하는 교훈과 법률을 제공하므로 실생활에서 인간 개개인의 문제를 해결하는 동시에 세계적이고 보편적인 의문에 올바른 답변을 하는 등대의 역할을 한다고 강조했다. 그는 ≪르 몽드≫지와의 인터뷰에서 "코란을 읽으시오. 코란 속에 모든 해답이 있습니다. 아랍의 통합, 사회주의, 상속 문제, 여성의 지위, 로마 제국의 멸망, 원자탄의 발명으로 인한 지구의 멸망 등 모든 것이 담겨 있습니다"라고 강조했다.[31]

그는 모든 무슬림은 물질·기계문명의 영향으로 부패한 정치이론이나 서적을 거부하고 그들의 영적인 힘의 근본으로 돌아가야 한다고 했으며, 인간이 안고 있는 모든 문제는 코란에 대한 진지한 탐구를 통해 해결될 수 있다고 강조했다. 예를 들어, 경제학을 모르는 사람은 코란을 읽으면서 진정한 사회주의 이론을 발견하게 되고, 전쟁 시나 평화 시를 막론하고 사회의 기강을 유지할 법에 대해 알고 싶어하는 사람이나 국제 관계를 공고히 유지할 법에 대해 알고 싶어하는 사람은 반드시 코란을 읽어야 하며, 천문학을 연구하려는 사람은 코란에 명시된 기본 원칙을 이해해야

30) 같은 책, 252~254쪽.

31) Ruth, *Libya: The Elusive Revolution*, p.135.

만 한다고 했다. 그의 견해는 1977년 3월 2일 무함마드의 탄신일에 탄생된 자마히리야의 수립과 더불어 코란을 리비아의 공식 법원으로 채택하면서 공고해졌다.

그는 코란의 절대성과 완전성은 강조한 반면, 하디스의 절대성과 완전성은 인정하지 않았다. 현존하는 하디스의 종류는 60여 종에 이르며 그중에는 서로 모순되는 내용을 포함한 편집본들이 있는 점으로 보아 편집과 전승 과정에서 변형되었을 가능성이 크다고 주장했다. 따라서 하디스는 법률 판단의 근거가 될 수 없고 오로지 코란만이 알라의 영원한 가르침이라고 선언했다.

이외에도 그는 순나, 끼야스, 4대 법학파의 이즈마가 큰 오류를 범하고 있다고 말했다. 그들은 인간이 만든 이 네 가지를 알라의 유일한 말씀인 코란과 같은 수준에 두고 있기 때문이다. 울라마가 가다피의 『그린북』이 순나와 일치하지 않으므로 이슬람과도 모순된다는 주장을 하자, 그는 코란만이 유일한 법의 원천으로서 완전한 종교적 규제력을 가졌다고 반박했다.

3) 코란의 해석과 적용

가다피는 코란에 대한 엄격하고 문자적인 해석보다는 융통성 있고 상징적인 해석의 필요성을 강조했다. 그는 1970년에 개최된 이슬람선교사회 제1차 회의에서 "이 시대에 필요한 것은 긍정적인 변화와 발전이다. 여기서 변화란 코란의 기본 교리나 신앙의 핵심을 바꾸는 것이 아니다. 다만 코란의 말씀을 현대의 상황에 맞게 해석하며 현대에 당면한 문제를 해결하도록 그 적용 방식을 바꾸는 것이다"[32]라고 했다.

---

32) Geoff Simons, *Libiya* (London: Macmillan Press Ltd., 1996), p.246.

그는 다양한 사회문제를 해결하기 위해서는 코란 구절에 무조건적으로 의존하기보다 이슬람 철학을 사회적 상황에 맞게 적용해야 한다고 밝혔다. 그리고 모든 인간에게는 이즈티하드의 권리, 즉 종교적·정치적 문제들을 스스로 판단할 수 있는 권리가 있다고 보았다. 그는 자신의 이즈티하드의 예로 법과 관련된 내용인 『그린북』의 첫 단원을 들면서 정의 사회는 알라의 권위를 침범하지 않으면서 개인의 권리를 보호한다는 원칙을 밝혔으며, 또 다른 이즈티하드의 예로 1979년에는 이슬람력 원년을 히즈라(천도: 서기 622년) 대신에 예언자 무함마드의 타계 시기(서기 632년)로 변경했고, 코란 구절을 해석하는 데 있어서 이슬람법학자(Fuqahā')에게 자문을 구하는 것보다는 독립적인 판단이 더 낫다고 했으며, 메카 순례가 더 이상 이슬람의 5주[33] 가운데 하나가 아니며, 희사[34]는 수입 액수에 따라서 그 세율이 달라져야 한다고 주장했다.

그는 그의 정치 사상을 이슬람법과 일치시키는 데 필요한 이론들을 갖추고 있었으며, 이슬람을 현실에 맞게 자유롭게 운용했다. 그 과정에서 그는 정통 이슬람의 궤도를 벗어났고, 이즈티하드에 대한 그의 주장 및 순나와 하디스에 대한 부정은 정통 이슬람의 관점에서 이단으로 간주되었다.[35] 왜냐하면 원칙적으로 이슬람 국가의 통치자는 이즈티하드의 독점권이 없으며, 국민들에게 특정 해석을 따르도록 종용할 권리도 없기 때문이다. 그리고 울라마에 의한 경전 해석 역시 이즈티하드 이상의 효력을 갖지 못하며 그 해석의 수용 여부는 최종적으로 공동체, 즉 국민의 권한이다. 국민만이 이즈티하드의 해석에 대한 자유로운 선택권을 부여받은 것이다. 만일 한 국가에 여러 종류의 이즈티하드가 있을 경우에는 다수가 선택한 이즈티하드가 최종적으로 선택된다. 전통적 무슬림 사회

---

33) 이슬람의 5주는 신앙고백, 기도, 단식, 희사, 순례이다.

34) 경제력이 있는 무슬림의 의무적 자선금으로서 1년에 한 번, 수입의 2.5%를 낸다.

35) Rene(ed.), *The Green and The Black*, p.44.

에서는 울라마가 이즈티하드를 제안하면 공동체 구성원이 최종 선택을 했으며, 현대 무슬림 사회에서는 의회가 법률 전문가들의 조언을 받아 이즈티하드에 대한 최종 선택권을 행사한다.[36] 그러나 가다피는 이즈티하드의 권한을 독점하고 최종 선택권을 독자적으로 행사했다.

이 밖에도 그는 진정한 이슬람과 배치되는 현대의 이슬람 관행을 바로잡겠다고 밝혔으며, 그를 제외한 다른 사람들의 공식적인 코란 해석을 금지시켰다. 그리고 모든 무슬림은 타인의 도움 없이 코란을 읽고 현실에 적용할 수 있다고 계속 강조하며, 모든 성서들은 인간을 직접 인도하고 인간으로 하여금 자유롭게 생각하고, 선택하고, 공부하며 결론을 유추하도록 한다고 주장했다. 가다피는 코란의 정통 교리보다는 교리의 현대적 적용에 중점을 둔 '재해석가'로 볼 수 있다. 이러한 면에서 그는 이슬람 근본주의자가 아니라 이슬람 현대주의자[37]로 간주된다.[38]

---

36) John(ed.), *Islam and Secularism in the Middle East*, p.113.

37) 챨스 쿠르즈만[미국 노스캐롤라이나(North Carolina) 대학교 사회학 교수]은 자유이슬람(Liberal Islam)에서 보는 샤리아의 관점을 세 종류로 분류했다. 첫째는 자유적 샤리아(Liberal Sharia)로서 코란의 계시와 사도의 관행은 무슬림들에게 자유로운 입장을 따르도록 명령했다는 주장이다. 이슬람권의 많은 학자들이 이 주장을 따르고 있는데, 터키의 알리 불락은 '너에게는 너의 종교가 있고 나에게는 나의 종교가 있다(코란 109:6)'의 구절을 인용해 이 주장을 뒷받침하고 있고, 인도의 알리 아스가르 엔지니어는 '종교에는 강요가 없다(코란 2:256)'는 구절을 인용해 이 주장을 뒷받침했다. 둘째는 침묵의 샤리아(Silent Sharia)로서 샤리아는 일부의 특정한 사안에 관해 침묵하는데, 이것은 샤리아가 불완전하거나 결점이 있기 때문이 아니라 일부 특정 사안에 관해서는 인간이 스스로 선택하도록 허용했기 때문이라는 주장이다. 인도의 후마윤 카비르는 이슬람 초기 시대의 관행이 후대에는 맞지 않는다고 밝히며 이 주장을 강조했다. 셋째는 해석된 이슬람(Interpreted Islam)으로서 인간이 종교 및 경전의 해석을 충분히 할 수 있다는 주장이다. 이란의 압둘 카림 소루쉬는 "종교는 신성하다. 그러나 그 해석은 철저하게 인간과 현세의 손에 달려 있다"라고 말했으며, 이집트의 하산 하나피는 "경전에 대해 다양한 해석이 있다. …… 다양한 해석 간의 갈등은 본질적으로 사회정치학적 갈등일 뿐 이론적 갈등은 아니다"라고 말하며 이 주장을 강조했다. Barry Rubin(ed.), *Revolutionaries and Reformers* (New York: State University of New York Press, 2003), pp.192~193.

4. 종교갈등

가다피의 이슬람에 대한 비정통적 해석과 성직제도의 부정, 와끄프의 국유화는 울라마와 갈등을 일으켰다. 가다피가 본격적으로 울라마와 반목하게 된 것은 집권 후 약 6~7년이 지나면서부터이다. 그는 1977년 10월 관보 ≪알 파즈르≫지의 기고문에서 성직자 제도를 비판했고, 곧이어 리비아의 원로 무프티[Mufti: 법 견해 파트와(Fatwa)를 내놓는 종교법 결정권자] 타히르 알 자위가 사임했으며 후임은 임명되지 않았다. 1978년에는 인민위원회가 설립되어 이단적 이맘들을 축출한다는 기치 아래 모스크를 장악했다. 1978년 2월 트리폴리 모스크에서 행한 연설에서 가다피는 울라마에게 반체제 활동을 하지 못하도록 경고했고 1978년 6월에는 와끄프를 완전히 국유화하여 울라마의 권위와 지위를 추락시켰다. 그리고 1978년 7월에는 세계 이슬람학자들과의 토론에서 하디스가 필수 경전이 아니며 울라마가 경전을 해석하는 것을 반대한다는 견해를 피력했다.

가다피는 그의 사상을 코란의 반열에 두고 『그린북』으로 하디스를 대체하려는 노력을 강화했다. 그는 1979년 이탈리아 언론과 가진 인터뷰에서 그가 하늘의 진리를 전하는 전파자임을 주장하며 "알라의 뜻과 인간이 하나가 되는 교차점이 있다. 즉, 알라는 가다피를 통해 자신을 표현하고, 가다피의 뜻은 곧 알라의 뜻이다. 가다피에게 반대하는 자는 알라에게 반항하는 자이다"라고 했으며, "그린북은 인간 해방을 위한 지침서다. 그린북은 복음서다. 새로운 복음서다. 새 시대, 즉 인민의 시대의 복음서다. 당신의 복음서에 '태초에 말씀이 있었다'고 쓰여 있다. 그린북이 그 말씀이다. 그린북의 한마디는 세계를 멸망시킬 수도 있고, 구제할 수도 있다. 제3의 세계는 나의 그린북, 나의 말을 필요로 한다"라고 했다.[39]

38) Simons, *Libiya*, p.250.

39) Lillian Craig Harris, *Qadhafi's Revolution and the Modern State* (Boulder: Westview

와끄프의 국유화를 포함하는 경제개혁은 울라마와 가다피 정권 사이에 결정적 불화를 유발했다. 트리폴리의 울라마는 종교기금에 대한 국가 관리는 사유재산권의 침해라고 주장하며, 그를 하디스와 모순되는 견해를 가진 이단자 또는 마르크스주의자라고 비난했다. 리비아의 울라마는 전통적으로 상인 가문·상인 자본주의와 밀접하게 연결되어 있었다. 울라마의 주요 수입원은 상인 가문에서 희사되는 기부금이며, 울라마의 사회적 지위는 그들이 사원에 유치하는 기부금 액수에 따라 정해졌다. 가다피는 1978년에 울라마가 상인 계급과 결탁해서 반정부 행동을 하는 것에 대해 경고했으며, 울라마는 수세기 동안 이단적 교리를 선전해 온 이단자들이라고 공격했다.

이어서 1978년 5월에 선언된 '이슬람 혁명'으로 울라마의 반발은 더욱 커졌고, 이를 계기로 가다피의 울라마 탄압은 더욱 심해졌다. 울라마의 반정부 활동이 민중적 지지, 특히 젊은 층의 지지를 받는다는 점에서 그의 탄압은 정도를 더해갔다. 이 탄압에 맞선 울라마의 선봉에 트리폴리의 셰이크 알 베시티가 있었다. 그는 북아프리카에서 개혁주의 이슬람을 선도했던 살라피야 전통의 현대주의 이론가로 알려져 있었다. 그는 이슬람 근본주의 운동단체인 무슬림형제단(Ikhwān Muslimīn)과 이슬람해방당(Hizb al-Tahrir al-Islam)에서 완전히 배제된 인물이었다. 이 두 단체는 가다피가 경계하는 단체였지만, 정권은 알 베시티의 비판을 받아들이지 않았고, 그는 1980년에 리비아 종교 경직성의 희생물이 되었다.

가다피는 울라마와 이슬람법학자들이 그린북이 이슬람에 위배된다고 계속 주장한다면, 그들은 과거 터키의 아타투르크의 진보적 개혁에 맞서다 사라진 종교지도자들과 같은 운명을 맞게 될 것이라고 위협했다. 그는 울라마가 그의 정책을 비판하면, 모스크는 신앙을 위한 장소이지

Press, 1986), p.50.

정치적 문제들을 논하는 장소가 아니라고 주장하며 그들을 탄압했다. 일부 학자들은 가다피가 울라마의 정치적 영향력을 부정한 것을 세속주의로 간주하지만, 실제로 그가 울라마뿐 아니라 정권에 위협이 되는 모든 엘리트와 민중 기구의 정치적 영향력도 배제한 것을 보면 그의 정책을 단순한 세속주의라고 볼 수 없다.

가다피가 울라마를 탄압하는 이유는 첫째, 전통적 종교 지도력이 대체 권력의 근원이 되는 것을 막기 위한 것이고, 둘째, 그가 반성직주의자이기 때문이다. 그는 이슬람 성직제도는 개인이 알라에게 접근하는 것을 방해하며, 진정한 종교와 민주주의에서는 인간과 신 사이에 중재자가 필요하지 않다고 주장했다.[40)]

한편 가다피의 이슬람 사상과 정책은 리비아 내의 정통 울라마와 마찰을 유발했을 뿐만 아니라 국외의 이슬람 근본주의 단체들과도 갈등을 불러왔다. 그는 리비아가 이슬람 세계의 리더로서 전 세계에 이슬람을 전파하는 선봉이 될 것을 천명해 왔다. 그러나 정통 이슬람 교리를 무시한 그의 정책, 특히 코란에 대한 자유해석주의는 이슬람 근본주의 단체들과 갈등을 불러왔다.

이집트에서 영향력 있는 종교정치세력인 무슬림형제단은 가다피가 정치적 목적을 위해 이슬람을 왜곡하는 사실에 분노했고, 가다피는 이 단체가 그의 사회주의와 아랍민족주의에 장애물이 된다고 판단하고 강력하게 탄압했다. 또한 가다피는 이슬람해방기구(The Islamic Liberation Organization)와도 갈등을 빚었다. 강한 군사 조직력을 갖춘 이 기구는 가다피 정부의 위험 요소가 되어왔고 실제로 1983년과 1984년의 쿠데타에도 개입했다.

---

40) 같은 책, p.49.

5. 결론

리비아 근현대사에서 이슬람은 국가와 민족의 정체성을 확립하고 민족적 통합을 이룩하며 외세에 저항하는 구심점으로 작용했다. 1843년에 창시된 사누시 운동은 이슬람의 순수성 회복을 목표로 하는 이슬람 부활 운동인 동시에 사회 개혁을 추구하고 서구 식민세력에 저항하는 애국주의 독립운동이었다. 사누시 운동의 공동체인 자위야는 모스크, 학교, 재판정, 사누시 지도자들의 거주지, 사당, 여행자들을 위한 숙소, 대상들의 상품 창고 등의 기능을 하며 사누시 운동의 구심점이 되었다. 사누시 운동의 추종자들은 강한 형제애로 결집하며 여러 곳에 자위야를 확산시켜 1902년까지 약 146개를 설립했다. 사누시 공동체는 사실상의 국가 기능을 갖추고 다양한 부족들과 사하라 무역상들에게 경제·법률체제를 제공했다.

사누시 운동 추종자들은 오스만 터키, 이탈리아, 영국, 프랑스 등의 식민 점령세력과 맞서 싸웠으며, 1951년에 리비아가 독립할 때 사누시 시조의 손자 무함마드 이드리스가 왕위에 오르면서 국민 정신의 중추적 역할을 했다. 사누시 운동은 1969년 가다피 집권 후 금지되었으나 1980년대까지도 그 흔적은 완전히 사라지지 않았다.

사누시 운동의 이론은 이슬람 정통 교리와 수피즘을 결합시킨 것이었다. 사누시 운동의 시조인 알 사누시는 알라와 인간 사이 중간 매체의 존재를 부정하고 이즈티하드의 문호를 개방했으며 코란과 순나의 명확한 증거에만 의존했고 영혼의 내적 훈련을 통해 진리를 얻으려 했다. 그는 이슬람의 본질은 믿음과 예배를 비롯한 기본 원칙들로서 이 원칙들을 잘 이행하면 누구든 훌륭한 무슬림이 될 수 있다고 강조했다. 또한 그는 일부 수피들이 알라와 같은 수준의 완벽성을 추구하려 하고 자극적인 수행 방식을 쓰는 것을 비난하며, 알라에게 가까이 가는 데는 여러가지 길이 있으며 그 누구도 절대적 방법이나 진리를 주장할 수 없다고 했다. 알 사누시는 코란과 하디스를 동시에 법원으로 인정하면서도 하디스의 권위에 대해서는 의문을 제기했다. 하디스가 전승 과정에서 변형되었을 가능성을 배제할 수 없다는 것이 그 이유였다. 그가 주장한 내용 중 알라와 인간 사이의 중간 매체를 부정하는 점과 하디스의 권위에 의문을 제기하는 점, 이즈티하드의 문호를 개방한 점은 후일 가다피의 이슬람 정책에 반영되었다. 사누시 운동을 금지시킨 가다피가 사누시 운동의 일부 이론을 수용한 것은 모순이 아닐 수 없다. 이것은 가다피가 사누시 운동을 금지시킨 목적이 기존 정치세력의 척결에 있는 것이지 사누시 이론의 말살에 초점을 둔 것은 아니라는 판단을 가능하게 한다. 아울러 가다피가 추구한 이슬람 정책이 리비아 이슬람 전통의 한 맥락에서 비롯되었다는 생각을 가능하게 한다.

가다피는 집권 후 정통 이슬람을 국가의 근본으로 공포하고 샤리아를 강화하며 국민들의 일상생활에 엄격한 율법을 적용했다. 라마단 금식을 어긴 자에게는 채찍형을 가하고, 간음을 한 남녀에게는 80대의 채찍형을 부과하며, 도둑과 강도에게는 손발절단형을 부과했다. 그는 코란이 7세기 인간의 생활뿐 아니라 현대 인간의 생활에도 직접적으로 연결된다는 원칙을 고수하며 샤리아를 강화해 나갔다. 그러나 샤리아의 입법화 추진력이 고갈되면서 리비아의 전반적인 법률체계는 과거보다 이슬람화되지 못했고 오히려 일부 분야에서는 서구화가 진행되는 결과를 가져왔다.

가다피는 아랍민족주의와 이슬람 사회주의를 정치 이념으로 삼고 아랍의 정체성과 이슬람의 정체성을 동일선상에 두었으며, 이슬람을 정치 이데올로기의 혁신과 정치기구 합법화의 원천으로 활용하며 국민적 공감대를 얻어냈다. 그가 아랍민족주의와 이슬람을 연계시켜 마련한 이론이 제3의 세계론이다. 제3의 세계론은 자본주의와 공산주의 사이의 중도 노선 또는 대체 노선으로서 이슬람에 기초하며 종교와 국가를 동일시하는 근거를 마련해 그의 정책을 뒷받침해 주었다.

그는 리비아 국내에서 실현한 정치 경험을 해외로 전파하기 위해 이슬람선교사회를 설립해 선교와 아랍 문화 교육에 큰 재원을 투자했고, 이슬람을 공부하는 리비아 내 외국 유학생들을 위해서 벵가지 대학교와 트리폴리대학교에 이슬람 선교대학을 설립했다. 또한 아프리카 국가에 이슬람선교사회를 개설해 운영하는 조건으로 해당 국가에 경제원조를 했다. 그러나 이러한 노력에도 불구하고 아프리카의 이슬람 전파율은 매우 저조했다.

가다피는 국가의 법원으로서 코란만을 인정하여 울라마의 공격을 받았다. 이슬람 국가의 법원은 코란, 하디스와 순나, 끼야스, 이즈마의 네 가지인데, 그는 코란만이 인류에게 내려진 최후의 가르침이며 영구불변하는 신의 말씀으로서 인류의 모든 도덕적 규율과 지식의 근원이라고 밝혔다. 반면에 하디스는 편집과 전승 과정에서 변형되었을 가능성이 크므로 법률 판단의 근거가 될 수 없다고 주장했다. 그리고 인간이 만든 하디스, 순나, 끼야스, 이즈마를 코란과 같은 수준에 두는 것은 큰 오류라고 덧붙였다.

가다피는 코란 해석에 있어서 융통성 있고 상징적인 방법의 필요성을 강조했다. 그는 현대의 다양한 문제를 해결하기 위해서는 코란에 무조건적으로 의존하기보다 시대적 상황에 맞게 적용해야 한다고 밝혔다. 또한 그는 모든 인간에게 독자적인 이즈티하드의 권리가 있다고 보며, 자신의 이즈티하드의 예로서 이슬람 원년을 히즈라(서기 622년) 대신에 무함마드의 타계 시기(서기 632년)로 변경했고 메카 순례가 더 이상 이슬람의 5주 가운데 하나가 아니며, 수입 액수에 따라서 희사의 세율이 다양해져야 한다고 주장했다. 이즈티하드에 대한 그의 주장과 순나·하디스에 대한 부정은 울라마에 의해 정통 이슬람의 궤도를 벗어난 이단으로 간주되었다.

가다피는 사회 개혁 과정에서 기존 종교세력의 척결과 이슬람 가치에 대한 진보적 개혁이 관건이라고 여기고 이를 강력히 추진했다. 이슬람에 대한 그의 비정통적 해석, 성직 제도의 부정, 와끄프의 국유화는 울라마와 갈등을 유발했다. 그는 1978년에 울라마가 코란을 해석하는 것을 금지했고 진정한 종교에서는 인간과 신 사이에 중재자가 필요 없으며 성직 제도는 인간이 신에게 접근하는 것을 방해한다고 주장했다. 그리고 울라마가 수세기 동안 이단적 교리를 선전해 온 이단자들이라고 덧붙였다. 울라마들은 와끄프의 국유화에 대해 종교기금을 국가가 관리하는 것은 사유재산권의 침해라고 주장하며 가다피를 하디스와 모순되는 견해를 가진 이단자 또는 마르크스주의자라고 비난했다.

이 밖에도 가다피의 이슬람 사상과 정책은 리비아 국내외의 이슬람 근본주의 단체들과 갈등을 유발했다. 무슬림형제단은 가다피가 코란에 대해 자유해석을 하며 정치적 목적을 위해 이슬람을 왜곡하는 사실에 분노했고, 가다피는 이 단체가 그의 사회주의와 아랍민족주의에 장애가 된다고 판단하고 강력하게 탄압했다. 울라마와 이슬람 근본주의 단체들의 의견에 따르면, 가다피는 그의 정치 이념과 통치 수단을 정당화하기 위해 이슬람을 이용하는 이슬람 재해석주의자 또는 이슬람 개혁주의자라는 비난을 피할 수 없어 보인다.

리비아의 이슬람은 아랍민족주의, 사회주의와 결합하면서 강력한 사회 개혁 논리인 동시에 통치 수단이 되었다. 통치자에 의해 재해석된 이슬람이 국가의 기강을 엄격히 규제하는 리비아의 종교상황은, 리비아에 정치적 변혁이 일어나지 않는 한 지속될 것이며, 경직되고 폐쇄적인 사회체제가 유지되는 상황에서는 정부와 울라마 간의 갈등이 더 이상 표면화되지 못하고 계속 물밑을 맴돌 것으로 예측된다.

참고문헌

1. 국내문헌

1) 단행본

김정위. 1987. 『중동사』. 서울: 대한교과서.

최영길. 2000. 『이슬람문화』. 서울: 알림.

21세기 중동이슬람문명권 연구사업단 엮음. 2004. 『중동종교운동의 이해 1』. 파주: 한울.

2. 외국문헌

1) 단행본

Ahmida, A. Abdullatif. 1994. *The Making of Libiya*. New York: State University of New York Press.

Al-Fasi, 'Alal. 1970. *The Independence Movements in Arab North Africa*. New York: Octagon Books.

Al-Kikhia, Mansoor O. 1997. *Libiya's Qaddafi*. Florida: University Press of Florida.

Al-Qadhafi, Muammar. 1978. *The Green Book*. Tripoli: The Public Establishment for Publishing, Advertising and Distribution.

Arnold, Guy. 1996. *The Maverick State*. London: Cassell.

Blundy, David and Andrew Lycett. 1987. *Qaddafi*. Boston: Little Brown and Company.

Curtin, Philip. 1978. *African History*. Boston: Little Brown and Company.

Davidson, Basil. 1994. *Modern Africa*. London: Pearson Education.

Ellis, Stephen(ed.). 1996. *Africa Now: People, Policies & Institutions*. London: Ministry of Foreign Affairs.

Esposito, John L(ed.). 2000. *Islam and Secularism in the Middle East*. New York: New York University Press.

First, Ruth. 1975. *Libya: The Elusive Revolution*. New York: Africana Publishing

Company.

Harris, Lillia Craig. 1986. *Qadhafi's Revolution and the Modern State*. Boulder: Westview Press.

Hilliard, Constance B. 1998. *Intellectual Traditions of Pre-Colonial Africa*. Boston: McGraw-Hill.

St. John, Ronald Bruce. 1987. *Qaddafi's World Design: Libian Foreign Policy 1969~1987*. London: Saqibook.

Khadduri, Majid. 1968. *Modern Libya: A Study in Political Development*. Baltimore: The Johns Hopkins Press.

Khalidi, Rashid. 1991. *The Origins of Arab Nationalism*. New York: Columbia University Press.

Lajnat al-Dirāsāt al-Siyāsiya. 1992. *al-Sira' ala Libya*, Cairo: Dār al-Hind.

Lemarchamd, Rene(ed). 1988. *The Green and the Black*. Indiana: Indiana University Press.

Markaj al-Alam li-Dirāsat wa Abhāth al-Kitāb al-Akhdar. 1990. *Shuruh al-Kitāb al-Akhdar*. Beirut: Dār al-Ṭiba' al-Lubnāniya.

Narayan, Col. B. K. 1981. *Leaders of the Arab World*. New Delhi: Lancers Publishers.

Niblock, Tim. 2001. *"Pariah States" & Sanctoins in the Middle East*. Colorado: Lynne Reinner Publishers.

Rubin, Barry(ed). 2003. *Revolutionaries and Reformers*. New York: State University of New York Press.

Simons, Geoff. 1996. *Libiya*. London: Macmillan Press Ltd.

Voll, John Obert. 1991. *Islam Continuity and Change in the Modern World*. Boulder: Westview Press.

Woodward, Peter. 1996. *The Horn of Africa*. London: Tauris Academic Studies.

Zartman, William. 1993. *Polity and Society in Contemporary North Africa*. Oxford: Westview Press.

제5장

알제리 이슬람주의 운동

홍미정

1. 서론

1992년 총선 무효화 이후 격화된 내분으로, 알제리는 정치·경제·사회 전 분야에 걸친 대혼란의 늪에서 빠져나오지 못하고 있다. 1962년 독립 이후 계속된 중앙집권적인 사회주의 경제발전 정책의 실패와 1980년대 중반에 시작된 탄화수소 산업의 세계적인 불황, 급속한 인구 성장, 높은 실업률 등은 알제리 전반에 심각한 문제들을 초래했다. 이런 문제들은 1980년대 후반 정부의 일부 사기업 육성을 통한 경제 개방과 복수 정당제 허용을 통한 정치 자유화 조처를 피할 수 없게 하는 동시에, 정부 반대파인 이슬람주의자들의 강력한 정치세력화에 결정적인 역할을 했다.

이슬람은 알제리가 통합된 정치 단위가 아니었을 때인 프랑스 식민지 시대에도 집단적 정체성 형성에 중요한 요소였다. 이때 이슬람은 식민지 정부와 그 피지배자들 사이를 가르는 중요한 분계선으로 이용되었다. 프랑스인들은 피지배자들을 정의하기 위해 이슬람을 이용했다. 즉, 프랑스 행정부는 프랑스 시민권과 다른 인권들을 제한하기 위해 피지배자들에게 '프랑스인 무슬림들(Français musulmans)'이라는 용어를 사용했다.[1] 또한 피지배자들이 이슬람 가족법(Islamic personal status laws)을 유지하는 것을 프랑스 문화를 거부하는 상징으로 여겼고 피지배자들에게 프랑스 시민으로서의 합법적인 권리를 부여하지 않았다. 당시 알제리 사회는 아랍어와 베르베르어를 사용하는 사람들로 나뉘어 있었는데,[2] 이때 종교와 민족의 개념이 결합된 이슬람은 프랑스에 대항해 알제리 사회를 통합시키는, 알제리 민족주의의 핵심적인 요소로 작용했다.[3]

1954년 11월 1일 민족해방전선(National Liberation Front: FLN)[4]이 주도한 대프랑스 독립전쟁은 거의 8년에 걸친 독립 게릴라 전쟁으로 100만 명 이상의 사망자를 발생시켰고, 수만 명의 생활 근거지를 앗아갔다. 당시에 알제리에는 아랍어를 사용하는 다수, 베르베르어를 말하는 소수, 보수적인 이슬람, 근대적인 제3세계의 민족해방 이념 등이 혼재해 있었다. 이 전쟁 과정에서 알제리는 부족주의나 이념의 차이를 지양하여 민족 통합의 계기를 마련했고, 이는 1962년 7월 5일 알제리 독립으로 귀결되었다. 결국 이 전쟁은 알제리 근대 민족국가 형성의 단초가 되었다.[5]

---

1) Cathie Lloyd, "Multi-causal Conflict in Algeria: National Identity, Inequality and Political Islam," *QEH Working Paper Series-QEHWPS104*, Queen Elizabeth House(2003), p.31.

2) 2004년 현재 국어는 아랍어와 베르베르어[타마지그트(Tamazight)어, 2002년 4월 국어로 채택]이다.

3) Bruce Maddy-Weitzman and Meir Litvak, "Islamism and the State in North Africa," in Barry Rubin(ed.), *Revolutionaries and Reformers: Contemporary Islamist Movement in the Middle East* (New York: State University of New York Press, 2003), p.150.

4) FLN은 1954년부터 대프랑스 무장 해방투쟁을 전개해 알제리를 독립으로 이끌었으며 1962년 독립 이후 유일한 합법정당으로서 대중을 조직화하고 사회주의국가 건설을 지도하는 기능을 해왔다. 1989년 2월 국민투표에서 복수정당제를 허용하는 헌법 개정안이 승인되어 FLN 외의 다른 정당도 활동이 가능하게 되었다. 현재, 민족해방전선(FLN), 민족민주동맹(RND), 사회주의세력전선(FFS), 평화사회운동(MSP, Hamas), 문화민주동맹(RCD), 노동당(PT) 등 군소 정당들이 다수 활동하고 있으며, 이슬람구국전선(FIS)은 1992년에 불법화되었다.

1962년 독립 이후, 통치권을 장악한 FLN 정부는 탄화수소 재원을 사용하여 산업발전 계획을 추진했다. 정부는 이 계획이 제3세계의 민족해방 이념인 사회주의 원리에 토대를 두었다고 주장했으나, 이 체제가 '이념, 억압, 이익 분배'에 의존하는 고전적인 권위주의 체제로 변화해 가면서 경제 상황은 심각한 불평등 문제에 부딪쳤다.[6] 알제리 지도부는 1980년대 후반까지 좌파 색채를 띠었으나, 대다수의 보수적인 주민들에게 사회주의는 낯설고 대중적이지 못한 이념이었다. 이 때문에 FLN 정부는 국민 통합을 유지하고 정부의 합법성을 제공하는 민족 정체성을 강화하기 위해 이슬람을 차용하면서 이맘을 지명하는 등 모스크를 통제했으며, 학교에서 종교교육을 의무적으로 실시하면서 이집트에서 교사들을 초빙했다. 그런데 이 교사들 중 많은 사람들이 무슬림형제단에 속해 있었고, 그들은 그들의 지위를 무슬림형제단 이념을 전파하는 데 사용했다.[7]

이와 같이 이슬람을 장악하려는 FLN 정부의 노력에도 불구하고, 1970년대 이후에 공인된 국가 조직의 범위를 넘어서면서 사회주의에 반대하는 이슬람주의가 널리 퍼졌다. 1967년 제3차 중동전에서 아랍민족주의가 패배한 이후 나타난 이러한 현상은 중동의 다른 국가들에서도 공통적으로 나타났다. 한 걸음 더 나아가 1980년대 후반 원유 가격의 급격한

5) 이 제3세계의 민족해방 이념은 탄화수소 재원이 자금을 공급하는 인민주의, 경제사회주의를 이용해 경제 수준과 교육 수준을 끌어올리고 산업화하는 것이었다. Jennifer Noyon, *Islam, Politics and Pluralism: Theory and Practice in Turkey, Jordan, Tunisia and Algeria* (Royal Institute of International Affairs, 2003), p.113.

6) William Quandt, *Between Ballots and Bullets: Algeria's Transition from Authoritarianism* (Washington DC: Brookings Press, 1998), p.30.

7) Boutheina Cheriet, "Islamism and Feminism: Algeria's Rites of Passage' to Demo cracy," in John P. Entelis and Phillip C. Naylor(eds.), *State and Society in Algeria* (Boulder: Westview Press, 1992), pp.171~215; Mohammed Tozy, "Islam and the State," in I. William Zartman and William Mark Habeeb(eds.), *Polity and Society in Contemporary North Africa* (Boulder: Westview Press, 1993), pp.108~109, 199~200.

하락에 따른 경제 불황과 대량 실업은 중앙집권적인 사회주의 정부의 토대를 결정적으로 침식했고, 정치 이슬람이라는 대안에 불을 지폈다. 당시 대통령 체들리 벤제디드(Chedli Benjedid, 1979~1992)[8]는 반정부적인 이슬람 정치활동을 봉쇄하고 이슬람주의자들을 제도권 안으로 편입시키려고 시도했다.

알제리는 지난 10년 이상 군부의 후원을 받는 권위주의적인 정권과 강력한 반대파인 이슬람주의자들 사이의 대결에서 위기를 경험했다. 게다가 탄화수소 산업에 대한 지나친 경제적 의존, 알제리 통합의 장애로 작용해 온 아랍적 요소와 베르베르적 요소들 사이의 충돌과 같은 문제들이 이 갈등을 더욱 복잡하게 만들었다. 이 장에서는 독립 이후 극대화된 알제리의 정치·사회·경제 문제들, 갈등의 두 축인 권위주의적인 정부와 이슬람주의자들의 상호 작용과 그 결과, 앞으로의 전망을 분석해 보려고 한다.

2. 민족주의로서의 이슬람주의

이슬람은 프랑스 점령기에 민족의 정체성을 규정하고 민족 이데올로기를 특징짓는 데 중요한 원천이었다. 프랑스 점령 초기에 카리스마적인 이슬람 지도자 아미르 압드 알 까디르(the Emir Abd Al-Qadir)는 점령에 대해 가장 강력하게 도전했다. 그는 1847년 체포될 때까지 프랑스 점령에 대항하는 저항운동을 이끌었다. 1931년에는 압델하미드 벤 바디스

---

8) 체들리 벤제디드는 1979년 2월 대통령으로 피선, 1983년 재선, 1988년 삼선되었다. 1988년 이후 중앙집권적 사회주의 체제를 변경해 일부 사기업을 육성하는 등 경제 자유화 정책을 추진하고 공공 분야의 구조조정을 실시했다. 1989년 2월 헌법 개정으로 유일 정당 제도를 폐기하고 복수 정당제를 도입하여 정치 자유화를 시도했으나 실패하고, 그 결과로 1992년 1월 12일 대통령직을 사임했다.

(Abdelhamid Ben Badis)가 이슬람 개혁주의를 내세운 알제리 울라마 연합(the Jamaat al 'Ulema: the Association of Algerian Ulama)을 창설했다. 압델하미드 벤 바디스는 대중 정치 참여의 중요성을 강조하는 초기 이슬람주의자들 중 한 명이었다. 그는 알제리의 아랍 무슬림 정체성을 주장하면서 프랑스의 식민지 동화 정책에 반대했다. 당시에 프랑스는 수십만 명의 정착민들을 식민지로 이주시켰을 뿐만 아니라 토착의 사회·정치·경제 구조들을 파괴했고, 아랍어를 외국어로 선언까지 했다.[9] 이러한 프랑스의 정책에 반대하는 울라마 연합의 표어는 "이슬람은 나의 종교다, 아랍어는 나의 언어다, 알제리는 나의 조국이다"였다.[10]

이후 독립 전쟁 기간에 이 표어는 FLN의 표어가 되었고, 독립과 함께 FLN 정부는 알제리 근대국가의 정체성을 확립하기 위해 이슬람을 '국가의 종교'로 선포했다.[11] 이후 1963년 5월 알제리 1차 헌법과, 1976년 11월, 1988년 11월, 1989년 2월, 1996년 11월, 1999년 9월에 수정된 헌법들은 모두 '이슬람을 국가 종교'로 규정하여 알제리 국민 정체성의 근거로 삼았다. 이때 국가의 역할은 시민들이 근대 세계의 물질적인 결과물들인 직업, 교육, 일용품 등을 활용할 수 있도록 할 뿐만 아니라 모스크 건설, 아랍어 교육, 종교기구의 창설 등을 통해 이슬람의 원리와 도덕을 증진시

9) Jennifer Noyon, *Islam, Politics and Pluralism: Theory and Practice in Turkey, Jordan, Tunisia and Algeria*, p.112.

10) Mona Yacoubian, "Algeria: The Challenge of Militant Islam and Lessons Learned," *A Paper for the CSIS project on Pakistan's Future and U. S. Policy Options*, Annex I (2003), p.10.

11) 헌법 1장 2항: 이슬람은 국가의 종교다, 19항: 무역 기구는 오직 국가의 소유다. 2003년 석유·가스(수출) 산업이 알제리 경제에 절대적인 기능을 했고, 2001년 원유·가스 수출이 총 수출액의 96.61%를 차지했으며, 2003년도 정부 예산안 (1달러 =80DA, 원유 1배럴당 19달러 기준) 총 세입액 약 185억 달러 중 석유·가스 수출 세입이 약 106억 달러로 세입 예산의 57.6%를 차지했다. 이로 미루어볼 때, 경제 개혁을 통해서 민영화가 추진되고 있지만 여전히 국가 경제가 정부의 독점적인 통제 아래 있다.

키는 것으로 규정되었다.[12] 즉, 정부 차원에서 이슬람은, 이질적인 알제리 사회에서 국민 통합의 도구뿐만 아니라 정치 행위를 합법화하는 도구로도 사용되었다.

반면 정부 반대파들도 반정부 투쟁의 토대를 이슬람에 두었다. 알제리 이슬람주의 운동의 급격한 성장은 1990년대 이후에 이루어졌지만 이슬람주의 단체들은 1962년 독립 이래 다양하게 정권에 도전해 왔다. 독립 이후 최초의 이슬람주의 단체인 알 끼얌 알 이슬라미야(Al-Qiyam al-Islamiyya: the Association for Islamic Values)는 1963년에 창설되고 1964년에 공인되었다. 그러나 이 단체가 1966년 사이드 꾸뜹(Sayyid Qutb)의 처형에 대해 이집트 대통령 나셀에게 항의 서한을 보내자 알제리 정부는 이 단체를 해산했다.[13] 알 끼얌이 이슬람에 토대를 두고 정부에 저항했다는 것은 특별한 일이 아니다. 정부에 저항하는 전통적인 흐름은 1931년 프랑스의 점령에 대항해 창설된 알제리 울라마 연합에서 비롯된 것이다. 알 끼얌은 알제리 초대 대통령인 아흐메드 벤 벨라(Ahmed Ben Bella, 1963~1965 재위)[14]의

---

12) Yahia H. Zoubir, "Algerian Islamist' Conception of Democracy," *Arab Studies Quarterly*, Vol.18, No.3(1996), p.21; Mohamed-Cherif Salah Bey, "La Contitution et la theorie generale du droit," *Revue algerienne de sciences juridique, econmique, et politique*, 15(1978), p.448.

13) Lloyd, "Multi-causal Conflict in Algeria: National Identity, Inequality and Political Islam," p.31; Francois Burgat and William Dowell, *The Islamic Movement in North Africa* (Austin: Center for Middle Eastern Studies, 1993), p.150.

알 끼얌은 자말 알 딘 알 아프가니(Jamal al-Din Al-Afghani), 무함마드 압두(Muhammad Abduh), 사킵 아슬란(Shakib Arslan), 하산 알 반나(Hassan Al-Banna), 사이드 꾸뜹(Sayyid Qutb), 알 가잘리(Al-Ghazali)와 아부 알라 알 마우두디(Abu 'ala Al-Mawdudi)의 영향을 받았음을 인정했다.

14) 독립 당시 FLN의 지도자였던 아흐메드 벤 벨라는 1963년 9월 대통령에 피선되었다. 그는 사회주의 정책을 광범위하게 실시했으나 성공하지 못했고, FLN 핵심 인사 간의 권력 투쟁도 제어할 수 없었다. 이러한 불안정은 1965년까지 계속되어 카빌리에 폭동(Kabylie, 베르베르인 폭동)이 발발했다. 1965년 6월 그는 후아리 부메디엔 대령의 쿠데타로 축출되었다.

사회주의 정책과 단일 정당이 채택한 세속주의 정책에 반대해 '이슬람법의 완전한 실행'을 요구했다. 예를 들면, 이 단체는 금요예배 동안에 가게를 닫을 것, 알코올 판매를 금지할 것, 비무슬림들을 공직에서 배제시킬 것, 남녀 분리된 해변 만들기, 종교적 가르침을 학교에 도입하기(1964년에 달성), 스포츠 행사와 국경일 축하 행진에 여성 참가를 금지할 것 등을 정부에 요구했다.[15]

한 걸음 더 나아가 이 단체는 아흐메드 벤 벨라를 비롯한 사회주의자들, 세속주의 단체들과의 교류를 완강히 거부하면서 다음과 같이 주장했다. "이슬람에 의해서 고무되지 않은 어떤 정당도, 어떤 정권도, 어떤 지도자도 위험스럽다. 따라서 이들은 금지되어야 한다. 공산주의자, 세속적 마르크스 사회주의자 또는 아랍 세계의 통합을 위험에 빠뜨린 민족주의 당은 이슬람 땅에 존재할 수 없다." 이 단체의 지지자들은 벤 벨라와 쿠데타로 그를 축출한 후아리 부메디엔(Houari Boumediene, 1965~1978년 최고 권력자)[16]의 사회주의에 반대하는 알제리 전역의 상인과 지주로 구성되었다.[17] 따라서 이 단체가 정부 주도의 사회주의 정책에 반대한 것은 당연하다고 하겠다. 그들은 이데올로기적인 대안으로 이슬람을 채택했고, 세속적인 민족주의가 아랍 세계를 통합하기 위한 기능을 제대로 하지 못한다고 판단하여 아랍 세계를 강력하게 통합하기 위해서는 이슬

---

15) Mohamed Harbi(ed.), *L'Islamisme dans tous ses etats* (Alger: Editions Rahma, 1992), p.134; Saadi Nouredine, *La Femme et la loi en Algerie* (Alger: Editions Bouchene, 1991), p.45; Jean Leca and Jean-Claude Vatin, *L'Algerie politique: Institutions et regime* (Paris: Press de la Foundation des Sciences Politiques, 1975), p.308.

16) 국방장관이며 알제리 인민군(ANP)의 창설자인 후아리 부메디엔 대령은 1965년 6월 쿠데타를 일으켜 아흐메드 벤 벨라 초대 대통령을 축출하고 혁명위원회를 구성해 위원장에 취임했고 중앙집권적 사회주의 정책을 추진했다. 1976년 12월 제2대 대통령으로 피선되었고 1978년 사망했다.

17) Yahia H. Zoubir, "Algerian Islamist' Conception of Democracy," *Arab Studies Quarterly*, Vol.18, No.3(1996), pp.22~23.

람이 필요하다는 입장을 견지했다.

알 끼얌의 유력한 인물들 중에는 훗날 FIS(Islamic Salvation Front)의 지도자가 된 압바시 마다니(Abbassi Madani)가 있었으며, 그는 알제리 이슬람주의자들의 정치사상을 소개하는 『이슬람 휴머니즘(Islamic Humanism)』에서 아랍민족주의와 이슬람주의가 충돌하지 않는다는 믿음을 피력했다.[18] 이 단체의 영향력 있는 인물 중의 또 하나는 독립적인 입장을 취하는 말렉 벤나비(Malek Bennabi)였다. 말렉 벤나비는 1960년대부터 1973년 그가 죽을 때까지 알제 대학(the University of Algiers)을 다녔던 초기 지식인 이슬람주의자들 사이에서 강력한 영향력을 발휘했다. 그는 1967년 아랍-이스라엘 전쟁에 대해 평가하면서, "이 전쟁을 아랍인들의 연대와 통합을 강화하기 위해서 이용해야 하며, 아랍인들은 군사적인 열세를 극복하기 위해서 그들의 정체성과 이슬람적 가치들에 애착을 가져야 한다"라고 주장했다.[19] 결국, 그는 1967년 아랍·이스라엘 전쟁의 패배에서 비롯된 '사회주의-아랍민족주의'의 당면한 위기를 극복하는 실용적인 대안을 '이슬람-아랍민족주의'에서 찾았다. 이 때 이슬람은 아랍민족주의의 대안이 아니라 사회주의에 대한 대안이었으며, 아랍의 통합과 연대를 더욱 강화하기 위한 강력한 수단으로 작용했다.

부메디엔의 사회주의 정책에 반대하는 가장 격렬한 공격은 알제리 이맘 압델라티프 솔타니(Abdellatif Soltani)로부터 제기되었다. 그는 1974년 사회주의를 마즈다교[20]에 비교하는 『마즈다끼즘은 사회주의의 원천이다(Mazdaqism is the Source of Socialism)』를 모로코에서 출판했으며, 이것은 당시 알제리 이슬람주의의 선언서로 간주되었다. 이 책에서 압델라티프

18) Noyon, *Islam, Politics and Pluralism: Theory and Practice in Turkey, Jordan, Tunisia and Algeria*, p.115.

19) Zoubir, "Algerian Islamist' Conception of Democracy," p.25.

20) 이슬람 이전 페르시아에서 소를 숭배하는 종교로, 공동 생산·공동 분배 체제이다.

솔타니는 사회주의를 이슬람과 충돌하는 이념, 즉 개인숭배를 금지하지 않는 종교라고 비난했다. 또 압델라티프 솔타니는 공립학교의 세속적 교육과 관련된 무신론을 공격했으며, 알제리 페미니스트 파델라 메라베트(Fadela Merabet)와 베르베르 소설가인 카텝 야신(Kateb Yassine)을 비난하면서 '알제리인으로서의 정체성'에 문제를 제기했다.21) 이 때문에 그의 이슬람주의는 사회주의의 반대이면서 가장 강력한 알제리 민족주의의 표현방식이기도 했다. 이러한 상황에서 알제리 정부는 이슬람주의자들의 요구에 굴복했고, 후아리 부메디엔 정부는 1976년 도박을 금지하고 금요일을 무슬림 휴일로 공포하는 등의 조치를 취했다. 당시 압델라티프 솔타니는 샤리아를 알제리가 당면한 모든 문제의 해결책이라고 보았으며, 이것은 오늘날 이슬람주의자 파벌들 사이에서도 우세한 전망이다.

알제리 정부와 정부 반대파인 이슬람주의자들은 정권 유지와 장악을 위한 최고의 수단으로 각각 이슬람을 수용했다. 양측은 모두 사회 통합의 이념으로서 민족주의적인 전망에서 이슬람을 재해석한 것이다. 그러나 알제리 정치운동으로서 이슬람주의는 사회주의에 대한 반대를 내세웠으면서도 논리적으로 체계화된 뚜렷한 사회관이나 경제관을 제시하고 있지 않다. 이것은 종교를 통해서 민족의 통합을 추구하면서도, 미래 세계에 대한 분명한 전망을 제시하지 못하는 종교·민족주의 이념으로서 이슬람주의가 갖는 한계다.

---

21) Zoubir, "Algerian Islamist' Conception of Democracy," p.24; Burgat and Dowell, *The Islamic Movement in North Africa*, p.146; Harbi(ed.), *L'Islamisme dans tous ses etats*, p.134. 페미니스트 파델라 메라베트가 프랑스 철학자인 마시노(M. Maschino)와 결혼했기 때문에 압델라티프 솔타니는 그녀를 더욱 신뢰하지 않았다.

3. 정부의 변천과 이슬람주의자들

알제리의 이슬람주의 운동은 획일적이지 않고, 정부 정책을 견제하면서, 선거라는 제도적인 방법을 통해서 제도권에 진입하려는 단체들과 강력한 대정부 무장 투쟁을 전개하는 단체들로 나누어볼 수 있다. FIS(the Islamic Salvation Front), 하마스(Hamas)22) 등은 전자에 속하는 단체들이며, GIA(the Armed Islamic Group)와 GSPC(the Salafist Group for Preaching and Combat) 같은 단체들은 후자에 속하면서 FIS의 선거를 통한 정치 참가 전략에 반대함으로써 제도권 내에서의 정치활동을 거부한다. 실제로 정부와 이슬람주의자들의 관계는 폭넓은 스펙트럼을 형성한다. 이들의 성향이 온건한가 급진적인가의 기준은 바로 정부에 대한 이들의 태도로 결정되며, 이슬람주의자들의 서로 다른 정치적 입장은 샤리아법과 그것이 실행되는 방법 또는 당면한 목표에 대한 서로 다른 해석을 끌어낸다.

다음에서는 FIS와 정부의 관계, 정부의 FIS 해체 조치 이후 조직이 분열되면서 형성된 급진파 GIA의 이념과 실천들, 정부와 프랑스, 미국 같은 열강들의 연대를 통한 이슬람주의자들 무력화시키기 등을 분석해 봄으로써 오늘날 알제리 문제의 발생 원인과 앞으로의 전망을 진단해 보려고 한다.

1) 1989년 2월 정치 자유화와 FIS

FIS는 제도권 내에 진입해 정치적 영향력을 확대하려고 노력한다. 역설적으로 제도권 내에 진입하려는 이 단체가 정권을 무력으로 전복시키려는 세력보다도 훨씬 더 위협적이다. 따라서 정부는 이들을 금지시키고

22) 하마스는 알 끼얌의 회원이었으며 교수인 마흐파우드 나흐나(Mahfoudh Nahnah)가 창설한 온건한 이슬람주의자 정당으로, 상인과 공무원을 지지 계층으로 삼았다.

무력화시키기 위해서 노력해 왔다. FIS 운동 발흥의 가장 큰 원인은 1962년 독립 이후 FLN 정권들이 채택한 알제리 근대화 프로그램의 실패에서 비롯된다. 1970년대에 후아리 부메디엔 정부가 보험에서부터 석유 산업까지 각종 산업을 국유화하고 1971년 토지 혁명(agrarian revolution)을 실시하면서, 정권의 정치적·경제적 쇠퇴는 점차 명백해졌다. 이와 함께 단일 정당 체제를 특징짓는 만연한 부정부패, 독단적인 통치, 족벌주의, 가신주의가 심화되면서 근대화 프로그램은 실패로 끝났다. 이와 함께 1980년대 초, 점증하는 심각한 위기들인 인플레이션, 엄청난 국제 채무, 실업 등의 환경에서 FIS 운동은 출현했다. 이는 젊은이들의 실업, 중산 계층 이하의 빈곤화와 관련되어, 정부와 엘리트들에 대한 대중의 지지는 급속히 추락했다.[23)]

FIS 발흥에서 또 하나의 중요한 동인은 1986년 원유 시장의 붕괴로 거슬러 올라간다. 1985년과 1986년 사이에 원유 가격이 70% 하락했다. 당시 알제리는 외국과의 교환 소득의 97%를 탄화수소 부문에 의존하고 있었기 때문에, 원유 가격의 하락으로 외국환의 중요한 원천이 약화되고 경제의 유일한 엔진이 멈췄다. 1986년에 GDP 성장률은 -2.7%로 떨어졌다. 원유 판매 수입이 급감하자 오래 계속되어 온 국가 통제 경제의 비효율성이 폭로되었고, 경제는 붕괴에 직면했다.

이때 정부는 일련의 임시변통 경제 개혁에 착수했고, 수입 품목 중 소비재와 사치 품목을 과감하게 삭감했지만, 기본적인 필수품들은 만성적인 부족 상태에 있었다. 정부의 긴축 조치들은 높은 실업, 혼잡한 주택, 인구 압력 등에 의해서 발생되는 사회적인 불만들을 증가시켰다. 이것은 알제리인 대다수의 비참한 사회·경제적 상황을 더욱 악화시켰고 정치적으로 탈출구가 없는 알제리 젊은이들은 1988년 10월 음식 폭동에 참가했

23) Noyon, *Islam, Politics and Pluralism: Theory and Practice in Turkey, Jordan, Tunisia and Algeria*, p.117.

다. 이때 200~300명의 폭동 참가자들이 정부 보안대에 의해 살해당했다.24)

체들리 벤제디드 대통령은 이러한 상황을 타개하기 위해서 1989년 2월에 30년 이상 단일 정당 체제를 유지해 왔던 헌법을 수정해 독립 이후 최초로 복수 정당 제도를 실행했다. 이때 이슬람주의자들의 포괄적인 조직이며 폭넓은 스펙트럼을 가진 FIS가 합법화되었다. 이러한 정치 자유화는 FIS의 깃발 아래 이슬람주의자들의 통합을 촉진했다. FIS는 집권 FLN의 개혁주의파와 긴밀하게 얽혀있다. 실제로 FIS는 알제리 독립 전쟁의 유산을 계승했다고 주장했으며, 많은 사람들이 FIS를 FLN의 '아들'이라고 생각한다. FLN과 FIS가 각각 사회주의와 이슬람주의로 그 이념적인 지향점이 달랐지만, 아랍민족주의라는 측면에서 그 목표가 같았기 때문에 이러한 평가들을 받은 것으로 보인다.

FIS의 주요한 두 지도자는 온건한 압바시 마다니(Abbassi Madani) 교수와 전투적인 선동가이자 밥엘 아우드(Bab-el-Oued) 모스크의 지도자인 알리 벨하즈(Ali Belhadj)다. 실제로 이 단체의 인적 구성은 온건론자부터 극단론자까지 폭넓게 형성되어 있었다. 소상인들에게 FIS는 자유로운 상거래를 약속하면서 정부의 규제를 대폭 경감시킬 것 같아 보였고, 아랍어를 사용하는 실업 상태의 대학졸업자들인 호전적 이슬람주의자들에게는 그들의 기술과 가치를 실현시킬 수 있는 이슬람 국가의 가능성을 제시하는 것처럼 보였다. 또 정치화되지 않은 실업 상태의 젊은이들은 FIS에 대한 지지를 그들의 생활을 격하시킨 체제에 대한 복수로 간주했다.25)

이러한 상황에서 FIS는 1988년 10월 폭동 이후 영향력을 발휘해 왔으며,

---

24) 1965년부터 1990년까지 15세에서 30세 사이의 젊은 사람들의 수는 3배가 되었다. John Ruedy, "Continuities and Discontinuities in the Algerian Confrontation with Europe," in John Ruedy(ed.), *Islamism and Secularism in North Africa* (New York: St. Martin's Press, 1994), p.82.

25) Noyon, *Islam, Politics and Pluralism: Theory and Practice in Turkey, Jordan, Tunisia and Algeria*, pp.120~121.

1989년 3월에 제도권 내의 정치세력으로 탈바꿈하면서 선거를 통해 권력을 장악하려고 했다. 그 결과 FIS는 놀라운 동원력을 증명했고, 1990년 6월 지방자치 선거[26]와 1991년 12월 제1차 의회 선거[27]에서 전체 232의석 중 188석을 차지해 집권 FLN 정부를 놀라게 했다. 이때 FLN은 15석, FFS는 25석을 획득했다.[28]

이 선거에서 FIS가 성공한 것은 다음 3가지 요인 때문이었다. 첫째, FIS의 압도적인 승리는 30년 동안의 FLN 정치 독점과 부패에 대한 항거였다. 이것은 새로운 이슬람 정당에 대한 찬성이라기보다는 FLN 정부에 대한 반대였다. 둘째, 이슬람은 대중적인 불만을 표현하기 위한 유력한 수단이었다. 이맘들의 열정적인 반정부 연설은 대중적인 불만을 대변했고, 이슬람주의자들은 일상적인 문제들에 대해 "이슬람이 해결책이다"라는 단순하고 명쾌한 답을 제공했다. 이러한 이슬람주의자들의 메시지는 세상을 빨리 변화시킬 것이라는 희망과 의미를 제공하는 것처럼 보였으나, 정부는 대중들의 불만에 대해서 관심조차 없었다. 셋째, 이슬람주의자들은 이미 그들의 잘 발달된 자선 조직들을 통해 일반 대중의 지지를 확보할 수 있는 강력한 정보망을 확보하고 있었다. 실제로 FIS는 약 9,000개의 모스크를 확보하고 있었다. 정부가 주요 도시들의 거대한 빈민가에서 손을 떼었을 때, 모스크를 통한 이슬람 자선 조직들이 그 대역을 했다. 이 조직들을 통해 이슬람주의자들은 병원 의사로 근무했고, 쓰레기들을 치웠으며, 때때로 음식을 제공했고, 재난이 발생했을 때 재빨리 긴급구조 활동 등을 함으로써, 정부가 제공할 수 없었던 기본적인 대중의 요구사항들을 충족시켰다.[29]

26) FIS가 54.25% 득표.

27) FIS가 투표율 59% 중 47.5%(326만 222명) 득표. Lloyd, "Multi-causal Conflict in Algeria: National Identity, Inequality and Political Islam," p.40.

28) Zoubir, "Algerian Islamist' Conception of Democracy," pp.21~65.

반면 만연한 권력자들의 부정부패와 관련해 국제위기단체 보고서는 다음과 같이 진술한다. "군부 지도자들은 자금을 축적하기 위해 공포와 폭력적인 분위기를 조작한다. 특히 그들의 권력 장악을 보강하는 광범위한 정치적 후원 시스템을 지원하기 위해 그들은 상거래 수수료를 이용했다."[30] 실제로 몇몇 장군들은 심각한 부정부패의 고리와 관련해 '약 장군(general du medicament)' 또는 '맥주 장군(general de la biere)'과 같은 별명들을 얻기조차 했다. 또 이러한 정부의 부정부패 주장은 브래드포드 딜맨(Bradford Dillman)에 의해서 다음과 같이 보강된다. "나이지리아와 인도네시아를 제외하고, 지대 추구 국가에서 사영화, 수입 규제 철폐, 지역 공공회사들의 제거, 다국적 기업들과 국영 기업체들 사이의 연합 투기사업 등을 통해, 알제리의 군 장교들과 고위 간부들은 위장된 개인 기업가와 약탈자로 가장 광범위하게 전환했다."[31] 이것은 1980년대 후반부터 정부가 추진한 경제 자유화 조처 역시 군부의 부정부패 고리를 강화시키고 군부에 대한 정치·경제적 후원 조직들을 공고히 하는 데 일조함으로써 경제 개혁이 성공하지 못했음을 단적으로 보여주는 것이다.

이렇게 깊이 확립된 후원 체제를 보호하는 것은 군부의 중요한 전략적 목표다. 과거에 군부는 재정적인 이익을 보호하기 위해 기꺼이 잔인한 책략들을 사용해 왔다. 1992년 1월 군부가 차들리 벤제디드 대통령을 축출한 이후, 헌법 유고 상황에서 임명된 국가 최고위원회장 무함마드 부디아프(Muhammad Boudiaf)는 정권의 부패를 폭로하는 캠페인을 시작하면서 1992년 6월에 암살당했다. 이 행위에 대한 군부의 역할은 결코

---

29) Yacoubian, "Algeria: The Challenge of Militant Islam and Lessons Learned," pp.10~11.

30) International Crisis Group, *Algeria's Economy: The Vicious Circle of Oil and Violence* (Brussels: International Crisis Group, 2001).

31) Bradford Dillman, *State and Private Sector in Algeria: The Politics of Rent-seeking and Failed Development* (Boulder and Oxford: Westview Press, 2000), p.7.

입증되지 않았으나, 대부분의 알제리인들은 군부의 유죄를 확신했다. 부디아프 암살은 정권의 부패 조직들을 제거하려고 시도하는 사람들에 대한 강력한 경고였다.

2) 1992년 1월 쿠데타 이후 FIS 탄압

1991년 총선에서 FIS가 승리하자 군부가 개입하면서 1992년 1월 12일 대통령 벤제디드를 축출하고 국가 최고위원회를 발족했으며 이 선거를 무효화했다. 이후 군부가 통치권을 장악함으로써 무혈 쿠데타가 되었고, 헌법 유고 사태가 발생했다. 이때 통치 군부 엘리트 사이에서 내부 분열이 있었다. 모든 장군들이 이슬람주의자들과의 권력 공유를 거부하는 데 동의했지만, 이 목표를 성취할 방법에 대해서는 서로 달랐다. 이슬람주의자들을 회유하려는 자들은 이슬람주의자 야당을 결정적으로 분열·약화시키기를 바라면서 FIS 내 온건주의자들을 흡수하는 정책을 지지했다. 반면에 이슬람주의자들을 박멸하려는 자들은 이슬람주의자들과 어떠한 거래도 피하면서 그들을 완전히 제거하기를 요구했다.[32)]

이런 상황에서 1992년 3월 알제 행정법원은 FIS 해산을 명령했다. 그 이후 이 단체의 지도부는 추방되거나 감금되었다. 일부는 사하라 사막 깊숙이 있는 감옥 캠프에 구금되었다. FIS의 유력한 두 지도자인 압바시 마다니와 알리 벤하즈(Ali Benhadj)는 1992년 6월에 체포되어 2004년 현재까지 구금되어 있으며, 압델 가데르 하카니(Abdel kader Hachani)가 독일에서 망명 상태의 FIS 집행부를 이끌고 있다.[33)] 총선에서 선출된 FIS 출신의 시장들과 시의회 의원들은 그들의 지위를 박탈당했고, 정부가 임명한 인물들로 대체되었다. 젊은 전투원들 다수가 지하로 들어가서 정권에

---

32) Yacoubian, "Algeria: The Challenge of Militant Islam and Lessons Learned," p.8.

33) Islamic Salvation Movement, from http://www.qrmapps.com/thugburg/org.asp?E=130.

대항해 무기를 들었고, FIS의 토대를 보강하는, 느슨하게 구축된 연합이 해체되면서 몇몇 무장단체들로 분리되었다. 이후 정권에 대항하는 투쟁은 AIS(the Islamic Salvation Army)와 GIA(the Armed Islamic Group) 두 무장조직에 의해서 주로 수행되어 왔다.[34)]

AIS는 1994년 이전까지 MIA(the Movement Islamic Army)로 알려진 FIS의 무장 파벌로서 FIS의 정치 협상에 결정적인 영향력을 행사하고 있다. 2004년 현재 이 단체의 대원들은 알제리의 동부와 서부에 약 4,000명 정도 있는 것으로 추정된다.[35)] 이 단체는 오직 군대와 보안대만을 공격했고, 국가에 대한 AIS의 책임을 보여주기 위해 가능한 한 국가의 탄화수소 시설들을 공격하지 않았다. 따라서 정권의 결정적인 수입의 원천은 보존되었다. 처음에 FIS 전투 사령관들은 '최선의 조직은 조직이 없는 것'이라고 주장했으나, FIS 국민자문위원회는 FIS에서 분리된 급진파 무장단체 GIA의 점증하는 도전에 대응하여 1995년 3월 아프가니스탄 전투를 치른 베테랑이자 전임 이맘이었던 마다니 메르자끄(Madani Merzaq)를 AIS 사령관으로 임명했다.[36)]

FIS 전략의 목적은 FIS의 활동을 다시 합법화시키도록 정부에 압력을 가하는 데 있다. 이를 위해서 FIS는 한편으로 정부를 움직이는 수단으로 무장 투쟁을 사용하면서, 자신들과 타협하도록 떠밀기 위해 비이슬람 야당세력들과 동맹을 추구했다. 이러한 노력들은 1995년 1월에 로마 모임

---

34) Yacoubian, "Algeria: The Challenge of Militant Islam and Lessons Learned," pp.3~4.

35) Islamic Salvation Movement, from http://www.qrmapps.com/thugburg/org.asp?E=130.

36) Bruce Maddy-Weitzman and Meir Litvak, "Islamism and the State in North Africa," in Barry Rubin(ed.), *Revolutionaries and Reformers: Contemporary Islamist Movement in the Middle East* (New York: State University of New York Press, 2003), p.82; Meir Litvak, *Middle East Contemporary Survey 1995* (Boulder: Westview Press, 1997), p.226; Meir Litvak, *Middle East Contemporary Survey 1997* (Boulder: Westview Press, 1999), pp.273~274.

에서 8개 야당[37] 대표들이 '로마 강령(The Rome Platform)'에 서명함으로써 성취될 것처럼 보였다. 이 강령의 FIS 관련 내용은 다음과 같다.[38]

> 선거 과정에 대한 간섭, 정치 공간의 폐쇄, FIS의 해산, 국가의 비상사태 선포, 억압적인 조치들이 충돌을 일으켰다. 평화적이고 민주적인 해결책을 찾는 유일한 방법은 실질적인 협상을 통하는 것이며, 권력 획득이나 유지 수단으로서 폭력 사용을 거부한다. 또 국민들에게는 어떠한 형태로든 독재를 거부하며 선출된 기관들을 방어할 권리가 있다. FIS 지도자들과 모든 정치적 억류자를 석방시켜야 한다. FIS 지도자들은 필요한 사람들을 자유롭게 만날 수 있도록 허락하는 모든 수단과 인증서를 받아야 한다. FIS 해산 결정은 철회되어야 한다. 모든 정당활동은 재개되어야 한다.

이 강령의 주요한 윤곽은 FIS의 지도자들인 마다니와 벨하즈가 제안한 것이고, FIS를 다시 합법화시키는 데 그 목적이 있었다. 또 이 강령은 권력 획득이나 유지 수단으로 폭력을 사용하는 것을 거부하면서 투옥된 FIS 활동가들의 석방, 다수당 선거 준비를 위한 임시 정부 수립, 인권의 남용을 조사하기 위한 독립 위원회의 설립을 요구했다.[39]

정부는 이에 대항해 몇몇 서명자들을 흡수하여 로마 동맹을 분열시키려 했고, 군대가 합법적으로 권력을 장악하기 위해 요구되는 조치들을 1995~1997년에 시작했다. 정치적으로 정부는 1995년 11월 대통령 선거를 실시하여 1994년 1월 군부가 대통령으로 지명했던 리아민 제로우알(Liamine Zeroual)에게 대통령으로서의 합법적인 지위를 부여했다.[40] 또 군사적으로

---

37) LADDA, FLN, FFS, FIS, PT, MDA, Ennahda, JMC

38) Lloyd, "Multi-causal Conflict in Algeria: National Identity, Inequality and Political Islam," pp.42~44.

39) Litvak, *Middle East Contemporary Survey 1995*, pp.213~215.

40) 1992년 1월 12일 차들리 벤제디드 대통령을 축출한 후, 1992년 1월 14일 국가 최고위원회를 구성했다. 1994년 1월 30일 국가 최고위원회 역할이 만료되고, 같은

이슬람주의자들의 본거지를 공격하기 위한 민방위 단체들의 설립과, 이들과 협력한 대규모의 군사 공격을 주도했다.[41)]

한 걸음 더 나아가, 1996년 11월 수정된 헌법은 대통령의 권한을 크게 확장했으며 의회에 대한 거부권을 대통령에게 허락했다. 가장 중요한 것은 이 헌법이 합법적 정당에 대한 정의를 '종교적·민족적·지역적·언어적 기반을 두고 설립되지 않은 것'으로 제한한 것이다. 다시 말하면, 새로운 법은 금지된 FIS를 대체하는 새로운 이슬람주의 야당의 출현을 효과적으로 차단했다.[42)] 수정된 헌법은 알제리 민주주의의 후퇴를 의미했다. 이 헌법은 진정한 정치적 개방과 다원적인 사회를 향한 전망을 감소시켰다. 이 헌법은 제한적으로 야당들을 합법화하고 의회의 기능을 회복시켜 민주주의의 외형을 어느 정도 갖추도록 한다. 반면, 정권의 권력 장악에 대한 어떠한 도전도 방지하는 수단을 취했다. 따라서 이 헌법은 본질적으로 시민 정부의 외관 뒤에서 군부가 알제리를 통치하도록 허락했다. 이런 상황에서, 1997년 6월과 10월에 의회 선거와 지방자치 선거가 있었다. 당시 여당이었던 RND는 선거 과정을 조작하여 충분한 다수를 확보했다. RND는 의회 선거에서 총 380의석 중 156석을 확보했으며, MSP는 69석, FLN은 64석, Nahda는 34석, FFS는 20석, RCD는 19석을 확보했다(기타 18석).[43)]

날 리아민 제로우알이 대통령으로 지명되었다.
1995년 대통령 선거의 득표율은 리아민 제로우알이 61%, 나흐나(Nahnah, Hamas)가 25.5%, S. 사디(S. Sadi)가 9.6%였다. 로마 강령 서명 정당들의 투표거부 운동에도 불구하고 투표율은 75.6%를 기록했다.

41) Litvak, *Middle East Contemporary Survey 1995*, pp.216~217, 219~222; Litvak, "Algeria," *Middle East Contemporary Survey 1996*, Vol.20(Boulder: Westview Press, 1998), pp.232~234; "Algeria," in B. Maddy-Weitzman(ed.), *Middle East Contemporary Survey 1995*, Vol.19(Boulder: Westview Press, 1997), pp.225~226.

42) Yacoubian, "Algeria: The Challenge of Militant Islam and Lessons Learned", pp.5~6.

43) 이 선거의 총 투표율은 65.49%(902만 9,133명)였고, RND는 41.05%의 의석을

FIS 조직들이 거의 마비된 상태에서 1997년 6월 망명 중이었던 FIS 집행부는 폭력 행위를 비난하고, 민족 정부의 구성을 정부에 요구했다. 이미 FIS 집행부는 1997년 3월 중반에 '어떤 희생을 치르더라도 평화를 이룩하겠다'는 것을 거부한 약 40명의 지도자들을 제명하면서, 대변인인 압델크림 아울드 아다(Abdelkrim Ould Adda)를 통해 "FIS는 알제리에서 종교국가나 신권정치를 원하지 않는다"라고 선언했다.44) 이제 더 이상 FLN과 FIS의 이념적인 대립각은 존재하지 않는 것으로 보인다.

1997년 9월 AIS는 일방적인 휴전을 선언했다. FIS 대변인들은 1992년 쿠데타 이후 폭력에 호소하는 것은 '정부에게만 이익'이 되었으며 이슬람주의 운동은 높은 대가를 지불했다고 시인하고, 이로써 이슬람주의 운동은 정치활동 무대를 평화적으로 잘 다루고 '타협하는 것'이 '필수적'이라는 점을 분명히 파악했다고 덧붙였다. FIS는 군대가 병영으로 되돌아가 정치를 그만두고 참된 선거 경쟁이 이루어지도록 허락한 이후에, 일반 사면이 내려지기를 원했다.45)

한편 대통령 제로우알은 알제리 군부의 내분으로 인해 1998년 9월에 사임했고, 다음 대통령 선거가 1999년 4월로 예정되었다. 부메디엔 시대(1965~1978)에 외무 장관이었던 압델 아지즈 보테플리카(Abdel Aziz Bouteflika)는 군부 후보로서 친여당 성향의 지지자들을 확보했다. 이슬람주의자들은 아흐메드 탈립 이브라히미(Ahmed Talib Ibrahimi)를 지지했음에도 정부의 부정과 조작으로 모든 야당 후보들이 기권했고, 보테플리카는 단독으로 출마했다. 독립적인 세력 기반을 갖지 못한 군부 출신의 대통령 보테플리카는 그를 지지한 군부에게 크게 의지했다.

확보했다. *Le Monde*, 1997, June 8~9.

44) Islamic Salvation Movement, from http://www.qrmapps.com/thugburg/org.asp?=130.

45) Maddy-Weitzman and Litvak, "Islamism and the State in North Africa," p.83; *Le Nouvel Observateur*, 1998, January 15~21.

1999년의 시민화해법(the Civil Harmony Law)은 보테플리카의 주요한 업적이다. 그는 1999년 4월에 이 법을 제안했고, 1999년 9월 국민투표로 이를 통과시켰다. 이 법은 1997년 AIS의 일방적인 휴전에 대한 정부의 응답으로서, 항복하는 이슬람 무장세력들에게 사면을 제시했다. 1999년 9월 6일 아랍의 주요 이슬람 단체들을 대표하는 32명의 이슬람 학자들과 지식인들은 알제리에서의 작전을 중단하겠다는 AIS의 선언을 환영하는 공동성명에 서명했다. 아랍 이슬람 무장단체들의 대폭적인 지지를 받은 휴전 선언으로 AIS는 2000년 1월까지 무장 투쟁을 중단하기로 약속했고, 이슬람 무장세력 중 약 5,500명이 1999년 7월과 2000년 1월 사이에 항복했다.[46]

일부 이슬람 세력의 항복에도 폭력은 여전히 계속되고 있다. 인권감시기구(Human Rights Watch)에 따르면, 2002년 6월에 폭력은 증가했고, 최근 몇 년 동안 상대적으로 폭력이 적었던 지역들로 확대되었다.[47] 2003년 9월 알제에서 2년 만에 다시 폭탄 공격이 발생하자, 많은 사람들이 1999년 시민화해법이 이슬람 무장단체의 시민 살해 혐의를 벗겨주었다고 비난했다.[48] 그러나 다른 측면에서 본다면, 이 법은 이슬람 무장단체에 정치적인

---

46) 서명한 32명은 다음 이슬람 학자들과 지식인들을 포함한다. Youssef al-Qardawi, Muhammad Mahdi Shamseddine(레바논의 시아 이슬람 고등위원회 위원장), Ahmad Yassin(팔레스타인 하마스), Khaled Mishal(팔레스타인 하마스 정치국장), Hijatul Islam Hadi Khasro Shahi(Qum-이란), Abdul Lateif Arabayat(요르단 the Islamic Work Front의 사무국장), Muhammad Salim al-Awwa(이집트), Faisal Mulawi(레바논 the Islamic Group의 사무국장), Adel Hussein(이집트 노동당 사무국장), Mane' al-Juhni and Ahmad al-Tweijari(사우디 슈라위원회 회원), Ramadan Shallah(팔레스타인 이슬람 지하드 사무국장), Ali Sader al-Eddine al-Bayanouni(시리아 무슬림형제단 사무국장), Rashed al-Ghanoushi(튀니지의 알 나흐다 운동), Ahmad al-Raysouni(모로코의 개혁과 일신교 운동) 등. Islamic Liberation Army(AIS), from http://www.qrmapps.com/thugburg/org.asp?E=131.

47) Human Rights Watch, *Human Rights Watch World Report 2002* (New York: Human Rights Watch, 2002).

48) International Crisis Group, *The Civil Concord: A Peace Initiative Wasted* (Brussels: International Crisis Group, 2002).

활동 기반을 제공하지 않고 단지 이들을 통제하기 위한 정부의 시도에 지나지 않았다. 이러한 시도를 통해 정부는 군부의 정치 패권을 유지하는 데 성공한 것으로 평가된다. 실제로 2002년 의회 선거에서 FLN은 총 389석 중 199석, RND는 47석, MI(이슬람 운동)는 43석, MSP[49]는 38석, IND(무소속)는 30석, PT(노동당)는 21석, FNA(알제리 민족전선)는 8석 등을 획득함으로써, FLN이 의회를 확실히 장악했다.[50] 2004년 현재 알제리에서 FLN의 정치 패권은 지속되고 있다.

3) 1992년 12월 급진파 GIA 출현

GIA(Armed Islamic Group)는 지방자치 선거와 의회 선거가 무효화된 이후인 1992년 12월에 FIS에서 분리되었다. GIA의 목표는 현재 군부의 후원을 받는 정부를 전복시키고 이슬람법에 토대를 둔 이슬람 국가를 건설하는 것이다. 이 단체의 철학은 반정부, 반지식인, 반세속주의, 반서방 정책이다. 이들은 지난 5년 동안 시민을 학살하고 마을을 파괴했으며, 알제리에 거주하는 외국인들을 100명 이상 살해했다. GIA는 아프가니스탄의 전투에서 돌아온 많은 전사들을 포함하며 약 2만 명에서 2만 5,000명의 전투원으로 구성된 것으로 추정된다. 전투원들은 주로 알제 주변과 아틀라스 산악 지대, 모로코와 튀니지 국경 지대의 서부·동부, 사하라 사막 부근 등에 집중되어 있다.

GIA의 이념적인 토대는 이 단체의 창설자 중 하나이며 지도자인 셰이크 압델 하끄 엘 아야디아(Sheik Abdel-Haq el-Ayadia)의 다음과 같은 선언에 토대를 두고 있다.[51]

---

49) 정권에 매우 협조적인 야당으로 활동하고 있으며 이슬람 단체들 중 가장 온건한 하마스가 MSP를 구성했다.

50) Assemblee' Populaire Nationale, from http://www.apn-dz.org/apn/french/index.htm.

오늘날 알제리 지도자들은 예외 없이 불신자들이다. 장관, 관리, 조력자 등 모든 사람들은 불신자들을 따르며 그들을 위해 일했고, 불신자들의 행위들을 수용하고 반대하지 않았으며, 불신자들과 똑같은 범주에 속한다. 그들은 모두 불신자들이며 그들을 제거하는 것은 이슬람과 무슬림의 영광이다.

이 선언은 지식인, 저널리스트, 정부 관리, 군대 장교, 외교관, 외국인을 목표로 한 피의 암살을 초래했다.

이제 서로 다른 목표를 가진 FIS와 GIA 사이에서 경쟁이 점차 확대되었다. FIS는 끊임없이 GIA가 수행한 대량학살이 이슬람에 반하고 이슬람의 이미지를 손상시키는 것이라고 비난했다. FIS는 정부군이, 주민들이 이슬람을 외면하도록 하기 위해 GIA를 보고도 못 본 체하거나, 조종하기조차 한다고 비난했다. 그러나 GIA는 정권과의 정치적 화해라든가 민주주의를 수용하려는 FIS의 시도들을 이교 사상의 한 형태로 간주했다.[52)]

GIA는 정부군과 보안대를 공격 목표로 삼으면서 동시에 시민 살해에도 관여했다. 특히 GIA는 1994년 에어 프랑스 공중 납치, 외국인·언론인·지식인들의 살해를 포함하는 공격들을 자신들의 소행이라고 발표했다. 이러한 GIA의 만행에 관해서 외국 언론은 GIA의 '지식인들에 대항하는 전쟁'이 '크메르 루즈 스타일의 엘리트 살육'을 닮기 시작했다고 평가했다.[53)]

---

51) Armed Islamic Group(GIA), from http://www.qrmapps.com/thugburg/org.asp?E=17.

52) Litvak, *Middle East Contemporary Survey 1995*, pp.227~228; Litvak, *Middle East Contemporary Survey* 1996, pp.236~237; *al-Hayat*, 1998, January 12.

53) GIA는 사이드 꾸뜹(Sayyid Qutb)의 가르침에 토대를 두었고, 만약 사회 전체가 이슬람에 대한 GIA의 엄격한 해석을 받아들이지 않는다면 그 사회를 배교 집단이라고 간주했다. 따라서 정권과의 어떠한 대화 제의도 거부했다. GIA는 군대뿐만 아니라 지식인들, 운동 선수들, 과학자들, 음악가들, 특히 '무례하게' 옷을 입거나 서구 교육을 받은 여자들과 같은 서구 문화의 모든 표상들을 공격 목표로 삼았다. *The Independent*, 1995, February 1; Litvak, *Middle East Contemporary Survey 1995*, p.223; Litvak, *Middle East Contemporary Survey 1997*, pp.279~280; *al-Hayat*, 1998, January

1995~1996년에 프랑스에 대한 8번의 폭탄 공격에 대해서, GIA는 알제리 정부를 지원하는 프랑스에 대한 보복으로 그 공격을 감행했다고 주장했다.[54] 그러나 GIA에 정부 보안대가 침투해 있다는 소문 때문에 GIA가 자신들의 소행이라고 주장하는 폭력 행위의 진짜 범인에 관한 의문들이 종종 제기된다. 또 GIA의 의사일정과 분명한 회원 수도 알려지지 않고 있다. 실제로 GIA는 종교적이지도 않고, 정치적인 이념도 없는 듯이 보인다. 1997년 9월 알제에 인접한 교외 마을 공격으로, 여자와 어린이를 포함하는 400명 이상의 시민들이 잔인하게 학살되었고, 이후 몇 달 동안 수백 명 이상의 사람들이 더 학살되었다. 사람들은 대부분 GIA의 행위라고 생각했으나 일부 사람들은 정부 보안대가 이 학살을 공모했다고 주장했다.

GIA는 분권적인 권력 구조를 유지했다. 이 또한 정보부가 GIA로 용이하게 침투할 수 있는 조건이 되었으며, 이로 인해 이 단체 지도자 여러 명이 살해되는 결과를 낳았다. 더구나 GIA는 전형적인 알제리 이슬람 모델에 찬성하는 사람들인 알제리주의자들(Jaza'ira), 이슬람주의 운동 중 살라피야 경향, 때때로 투쟁과 경쟁자들의 제거로 끝나는 개인 경쟁자들로 나뉘어 있었다. 이 상황에서 GIA의 사령관이었던, 자말 제이투니(Jamal Zeituni)와 안타르 주브리('Antar Zoubri)가 1996년 7월과 12월에 각각 해임되었으며, 제이투니는 해임 직후 정부군에 의해 살해되었다. 그리고 일부 GIA 분파들은 이슬람주의 운동의 살라피야 경향에서 탈퇴해 알제리주의자들과 연합했고, 다른 일부는 AIS에 복귀했으며, 나머지 사람들은 AIS와 타협점을 찾아보려고 시도했다.[55] 결론적으로 AIS 사령관 마다니 메르자

12; April 14; *al-Sharq al-Awsat*, 1998, March 6; *al-Wasat*, 1998, June 1.

54) Yacoubian, "Algeria: The Challenge of Militant Islam and Lessons Learned," pp.13~14.

55) Litvak, *Middle East Contemporary Survey 1996*, pp.237~238; Litvak, *Middle East*

끄(Madani Merzaq)는 군부와의 비밀회담 이후에 대화를 재개하기 위한 군부의 조건을 수락했고 1997년 10월 1일 일방적인 휴전을 선언했다. 일부 GIA 부대는 점차 그 휴전에 합류했으나 다른 부대들은 계속해서 강력한 무장 투쟁을 전개했다.[56)]

4) 2001년 9월 이후 정부와 프랑스, 미국의 공조

2001년 9월 11일 이후 알제리와 프랑스의 관계는 급진전되었다. 1992년 위기 이후 처음으로 양국 대통령의 상대국 방문이 이루어졌고, 프랑스 대통령 시라크는 두 국가가 테러리즘에 대항하는 세계적인 연대의 일부로써 정보 수집과 안보 관련 문제들에 대한 협조를 증가시켜야 한다고 단언했다. 2001년 12월 알제리와 유럽 연합은 테러리즘과 싸울 필요성을 강화시키기 위해 통상 협정에 서명했고, 2002년 알제리와 유럽 연합의 관계 개선이 급진전(Associate State)되었다.[57)]

전통적으로 알제리는 미국의 중동 정책 입안자들에게 크게 주목받지 못했다. 워싱턴은 이슬람 통치에 대한 실제적인 대안으로서 알제리 정부를 소극적으로 지원해 왔다. 그러나 2001년 9월 11일 이후, 알제리 대통령 보테플리카는 4개월 동안 백악관의 부시를 두 번이나 방문했다. 이것은 이전에 없었던 급진전이었다. 반테러 협력은 쌍무적인 유대에서 중요한 우선 사항이었고, 이로 인해 미국의 공식적인 투자가 증대되었다. 이제 알제리는 사우디아라비아 다음으로 아랍 세계에서 두 번째로 큰 미국의

Contemporary Survey 1997, p.283.

56) Litvak, *Middle East Contemporary Survey 1997*, pp.273~274.

57) Yacoubian, "Algeria: The Challenge of Militant Islam and Lessons Learned," pp.13~15; Lloyd, "Multi-causal Conflict in Algeria: National Identity, Inequality and Political Islam," p.40.

투자 파트너가 되었다. 탄화수소 부문에서 최초로 결정된 미국의 비공식 투자는 거의 매년 40억 달러가 된다.[58]

이러한 대테러전을 위한 강대국들과의 연합은 알제리 정부가 더욱 억압적인 국내 정책을 펼칠 수 있는 구실을 제공하고 있다. 그러나 이슬람주의자 반대파들을 억누르고 근절하려는 알제리 정부의 시도들이 성공할 것 같지는 않다. 오히려 그러한 억압 정책들은 이슬람주의자 반대파들과의 더욱 폭력적인 긴장 상태를 유발할 수 있다.

4. 전망

1992년 이후 10년 동안 알제리에서는 약 15만 명 정도의 시민들이 폭력으로 죽었다. 폭력의 수준은 몇 년에 걸쳐 다소 약화되고 있지만 시민 살해는 계속되고 있다. 2002년에 거의 2,000명의 시민들이 살해되었다. 거리, 교량, 학교, 공장들은 모두 '사실상의 시민전쟁'에서 목표물이 되어왔다. 기간 시설 피해는 20억 달러를 초과하는 것으로 평가된다. 이 기간에 시민들은 점차로 가난해졌고, 오늘날 빈곤선 이하로 살아가는 알제리 주민들은 전체의 40%로 추정된다.[59]

실제로 알제리의 위기를 유발한 많은 사회·경제적인 문제들은 계속 악화되고 있다. 급격히 증가한 인구, 심각한 실업, 과밀한 도시들은 거의 파국적인 사회 상황을 창출했다. 아랍 세계의 다른 국가들과 마찬가지로 알제리 주민들의 평균 연령은 젊다. 주민의 70%는 30세 이하다. 1965년부

58) Human Rights Watch, *Human Rights Watch World Report 2002* (New York: Human Rights Watch, 2002).

59) Noyon, *Islam, Politics and Pluralism: Theory and Practice in Turkey, Jordan, Tunisia and Algeria*, p.111.

터 1990년까지 15세에서 30세 사이의 젊은 사람들의 수는 3배가 되었다.[60] 우르반(Urban) 지역은 심각한 인구 부담으로 고통을 받는다. 공식적으로 전체 평균 실업률은 30%이며, 16~24세에서 실업률은 대략 75%다.[61] 오늘날, 적어도 알제리 주민의 60%는 도시에 살고 있다. 세계에서 가장 높은 주택 점유율을 기록하고 있는 알제리에서는 3,000만 명의 주민들이 400만 채의 주택에서 살아가고 있다.[62] 15명에서 20명으로 늘어난 가족들이 두 개의 방에서 사는 경우도 있다. 최근에 가뭄과 낙후된 수도관 때문에 도시에서 물 부족은 점차 흔한 일이 되었다. 결과적으로 정부 당국자들은 물을 배급했다. 예를 들면, 2001년 10월에 수도 알제 사람들은 3일에 한 번씩 물을 이용할 수 있었다.[63] 매년 5만 명 정도 증가하는 전체 인구 때문에 심각한 주택난이 가까운 시일 내에 해결될 것 같지는 않다.

독립 이후 이슬람은 정부 반대파의 감정을 동원하는 데 계속해서 중요한 역할을 했다. 엄격한 권위주의적인 통치는 모스크와, 1970년대와 1980년대에 알제리 전역에서 갑자기 늘어난 비공식적인 기도 장소들을 제외하고, 대중적인 불만을 표현할 공공의 공간을 거의 남겨놓지 않았다. 이슬람주의자들이 대중적인 지지 기반을 마련하게 된 가장 중요한 요소 중 하나는 대중 동원을 위한 공간을 가지고 있다는 것이었다. 이슬람주의자들은 인기 절정기에 전체 주민들의 25~30%에 이르는 지지를 확보했다. 1992년 선거가 중단된 직후 그들의 지지도는 20~25%로 떨어졌고, 2003년 현재 비공식적인 여론 조사는 이슬람주의 지지자들을 20% 정도로 제시한

60) Ruedy, "Continuities and Discontinuities in the Algerian Confrontation with Europe," p.82.

61) IMF, *Algeria: Staff Report for 2000 Article IV consultation* (Washington, 2000), p.48; IMF, *Algeria: Staff Report for 2001 Article IV consultation* (Washington, 2001), p.8.

62) International Crisis Group, *Algeria's Economy: The Vicious Circle of Oil and Violence*, p.6

63) 같은 책, p.6.

다.[64]

이슬람의 매력을 북돋우는 것들은 다음과 같다. 첫째, 도시 빈민굴들은 일반적으로 적절한 공공 서비스의 부족으로 고통받고 있으며, 정부와 관계가 단절되어 있다. 이슬람 자선 조직들은 정부가 간과하고 있는 위생 설비, 의료와 다른 서비스들을 제공하여 알제리 빈민가들에서 지지자들을 결집시켜 왔다. 둘째, 실업 상태의 많은 젊은이들은 직업을 가져본 적도 없고, 앞으로도 없을 것 같다. 미래에 대한 희망의 결여는 많은 사람들이 모스크에서 위안을 찾도록 한다. 이슬람주의자들이 그들에게 일자리를 제공해 줄 수는 없지만, 불만족하는 수많은 사람들에게 계속해서 중요한 피난처를 제공할 것이다. 셋째, 젊은 세대들은 자신들이 정권에서 소외되었다는 사실을 발견한다. 그들은 권위를 합법화하기 위해서 정권이 사용하는 진부한 반식민지적인 주제들에 더 이상 공감하지 않는다. 이와 같은 문제들이 계속되는 한, 정치 이슬람은 대중적인 불만을 표현하기 위한 유력한 매개체로서 존재할 것이며, 도시의 가난한 사람들, 실업자들, 정권에 대한 불만이 많은 젊은 층을 핵심 지지자들로 확보할 것이고, 도시의 빈민굴들은 이슬람주의자들의 주요한 본거지로 남게 될 것이다.

정부가 당면한 정치적 위기를 극복하기 위해 취한 FIS의 해체라는 극약 처방은 오히려 더 극단적인 반대파인 GIA의 부상을 초래하면서 알제리 전역을 전쟁터로 만들었다. 탄화수소 부문에서 오는 지속적인 수입은 정권을 유지시켰고, 2001년 9월 이후 강화된 프랑스와 미국의 재정적·정치적 지원 역시 군부 정권 유지를 도왔다. 동시에 FIS는 호메이니가 이란에서 성취했던 반정부 연합을 확장하는 데 실패했다. 군부는

---

64) Yacoubian, "Algeria: The Challenge of Militant Islam and Lessons Learned," pp.10~11; Ahmed Rouadjia, *Les Freres et la Mosquee: Enquete sure le Mouvement Islamiste en Algerie* (Paris: Editions Karthala, 1990).

군사 투쟁에서 우월한 위치를 장악하고 독점적인 정치 패권을 유지해 왔으나 알제리의 경제 위기는 해결되지 않은 채로 남아있다. 결국 현재 알제리의 위기와 불안정은 권위적인 군부 패권을 유지하기 위한 조치에서 비롯된 것이다. 그러나 미국이 '테러와의 전쟁'을 선언하면서 이슬람주의자 반대파를 제압하려는 알제리 정부의 입장을 지지하는 한 알제리의 불안정은 해소될 것 같지 않다.

참고문헌

1) 단행본

Burgat, Francois and William Dowell. 1993. *The Islamic Movement in North Africa*. Austin: Center for Middle Eastern Studies.

Dillman, Bradford. 2000. *State and Private Sector in Algeria: the Politics of Rent-seeking and Failed Development*. Boulder and Oxford: Westview Press.

Entelis, John. 1980. *Comparative Politics of North Africa*. Syracuse: Syracuse University Press.

Harbi, Mohamed(ed). 1992. *L'Islamisme dans tous ses etats*. Alger: Editions Rahma.

Leca, Jean and Jean-Claude Vatin. 1975. *L'Algerie politique: Institutions et regime*. Paris: Press de la Foundation des Sciences Politiques.

Litvak, Meir. 1997. *Middle East Contemporary Survey 1995*. Boulder: Westview Press.

_____. 1998. *Middle East Contemporary Survey 1996*. Boulder: Westview Press.

_____. 1999. *Middle East Contemporary Survey 1997*. Boulder: Westview Press.

Lloyd, Cathie. 2003. "Multi-causal Conflict in Algeria: National Identity, Inequality and Political Islam." *QEH Working Paper Series-QEHWPS104*. Queen Elizabeth House.

Nouredine, Saadi. 1991. *La Femme et la loi en Algerie*. Alger: Editions Bouchene.

Noyon, Jennifer. 2003. *Islam, Politics and Pluralism: Theory and Practice in Turkey, Jordan, Tunisia and Algeria*. Royal Institute of International Affairs.

Quandt, William. 1998. *Between Ballots and Bullets: Algeria's Transition from*

Authoritarianism. Washington DC: Brookings Press.

Rouadjia, Ahmed. 1990. *Les Freres et la Mosquee: Enquete sure le Mouvement Islamiste en Algerie.* Paris: Editions Karthala.

2) 논문

Bey, Mohamed-Cherif Salah. 1978. "La Contitution et la theorie generale du droit." *Revue algerienne de sciences juridique, econmique, et politique*, 15.

Cheriet, Boutheina. 1992. "Islamism and Feminism: Algeria's Rites of Passage' to Democracy." in John P. Entelis and Phillip C. Naylor(eds.). *State and Society in Algeria*. Boulder: Westview Press.

Maddy-Weitzman, Bruce and Meir Litvak. 2003. "Islamism and the State in North Africa." in Barry Rubin(ed.). *Revolutionaries and Reformers: Contemporary Islamist Movement in the Middle East*. New York: State University of New York Press.

Ruedy, John. 1994. "Continuities and Discontinuities in the Algerian Confrontation with Europe." in John Ruedy(ed.). *Islamism and Secularism in North Africa*. New York: St. Martin's Press.

Tozy, Mohammed. 1993. "Islam and the State." in I. William Zartman and William Mark Habeeb(eds.). *Polity and Society in Contemporary North Africa*. Boulder: Westview Press.

Yacoubian, Mona. 2003. "Algeria: The Challenge of Militant Islam and Lessons Learned." *A paper for the CSIS project on Pakistan's Future and U. S. Policy Options*, Annex I.

Zoubir, Yahia H. 1996. "Algerian Islamist' Conception of Democracy." *Arab Studies Quarterly*, Vol.18, No.3.

3) 기타 자료

Human Rights Watch. 2002. *Human Rights Watch World Report 2002*. New York: Human Rights Watch.

IMF. 2000. *Algeria: Staff Report for 2000 Article IV consultation*. Washington.

______. 2001. *Algeria: Staff Report for 2001 Article IV consultation*. Washington.

International Crisis Group. 2001. *Algeria's Economy: The Vicious Circle of Oil and Violence*. Brussels: International Crisis Group.

______. 2002. *The Civil Concord: A Peace Initiative Wasted*. Brussels: International Crisis Group.

Al-Hayat. 1998, January 12, from http://www.allied-media.com/Arab-American/al_hayat_arabic_daily_newspaper.htm.

Al-Sharq Al-Awsat. 1997, March 6, from http://www.mondotimes.com/1/world/uk/142/4217/10322.

Al-Wasat. 1998, June 1.

Le Monde. 1997, June 8~9, from http://www.monde-diplomatique.fr/.

Le Nouvle Observateur. 1998, January 15~21, from http://www.nouvelobs.com.

The Independent. 1995, February 1, from http://www.independent.co.uk/.

Armed Islamic Group(GIA), from http://www.qrmapps.com/thugburg/org.asp?E=17.

Assemblee' Populaire Nationale, from http://www.apn-dz.org/apn/french/index.htm.

Isalmic Liberation Army(AIS), from http://www.qrmapps.com/thugburg/org.asp?E=131.

Islamic Salvation Movement, from http://www.qrmapps.com/thugburg/org.asp?E=130.

제6장

모로코 이슬람 운동의 현황과 전망

신양섭

1. 모로코 국가 형성의 역사적 배경

모로코는 지중해에서 대서양으로 나가는 통로인 지브롤터 해협을 끼고 있다는 지정학적 특성상 역사적으로 수많은 외세 침략의 표적이 되었다. 기원전 1200년의 페니키아를 시작으로 카르타고와 로마 제국이 그 뒤를 이었으며 5세기에는 서로마 제국을 멸망시킨 게르만의 반달족이, 6세기에는 동로마 제국의 후손인 비잔틴이 모로코를 지배했다. 하지만 모로코를 오늘날의 정체성으로 확립시킨 것은 7세기 이후의 아랍 민족이었다. 이슬람이라는 신흥 종교로 무장한 아랍 민족은 아라비아 반도를 통일한 지 불과 50여 년 만에 북아프리카를 동서로 횡단해 모로코 지역까지 진출한 다음, 토착 민족인 베르베르족을 정복하고 682년에 이드리스(Idris) 왕조를 세웠다. 이후 스페인에서 세네갈에 이르는 강력한 국가를 건설했던 모라비드(al-Moravid, 1062~1147) 왕조와 모하드(al-Mohad, 1147~1258) 왕조, 그리고 세력이 한층 약화된 메리니드(Merinid, 1259~1550) 왕조로 이어지는 아랍 왕조들이 모로코를 이슬람화·아랍화하여, 모로코가 오늘날의 정체성을 확립하게 되었다. 특히 현 모로코 왕조인 알라위 왕조는 17세기에 점증하는 서구세력에도 불구하고 예술을 장려해 '모로코의 황금시대'를 열기도 했다.

무슬림 지리학자나 역사학자들이 흔히 '서역'이라는 의미의 '마그레브(Maghreb)'로 분류했던 아프리카 북서 지역의 모로코, 알제리, 튀니지는 서구 식민 지배라는 비슷한 현대사를 갖고 있다. 그러나 '가장 먼 서쪽(Maghrib al-Aqṣā)'에 위치한 모로코는 그 지리적 위치 때문에 다른 두 나라보다 장구한 정치적·문화적 영속성을 유지할 수 있었다. 모로코는 중앙집권 왕조의 지배라는 오랜 전통을 갖고 있었으며, 북아프리카에서 오스만 투르크 제국의 지배를 면할 수 있었던 유일한 국가였다. 또한 다른 두 나라보다 늦게, 1912년에 가서야 프랑스와 스페인의 식민지가 되었다. 식민 통치자들은 알제리에서 그랬던 것과는 달리 모로코의 사회적·문화적·정치적 구조를 급격히 변화시키지 않았다. 따라서 모로코는 전통적 구조를 그대로 유지하는 한편, 전통적인 귀족들이 지지하는 중앙집권화된 통치 구조를 세울 수 있었다.[1)]

알라위(Alawī) 왕조는 독립운동 수행 과정에서 강력한 민족주의 정당인 독립당(Istiqlāl Party)과 제휴하여 정통성을 되돌려 받을 수 있었으나, 1956년 프랑스로부터 독립한 후 동반자였던 독립당을 물리치고 정권을 쟁취하는 또 다른 험난한 과정을 겪어야 했다. 그 후 모로코 국왕은 헌법 질서의 테두리 안에서, 그러나 완전한 전제 정치하에서 정치와 종교의 영역을 한데 묶는 국가 체제를 건설했으며 입법, 사법, 행정 기능을 모두 장악했다. 국왕의 정통성은 종교적·역사적 기원에서 유래되었다. 모로코 헌법 23조도 군주의 성스러운 성격을 규정해 모로코 왕조가 이슬람 선지

1) Aziz Enhaili and Oumelkheir Adda, "State and Islamism in the Maghreb," *Middle East Review of International Affairs*, Vol.7, No.1(2003), p.25.

자 무함마드의 후손임을 강조하고 있다.

그러나 이렇게 강력하게 확립된 군주제도, 주로 독립투쟁 시절부터 이어져 내려온 혈기 왕성한 반대파의 출현을 막지는 못했다. 좌익·보수주의 세력이 들고 일어났으며, 그들 중에는 합법적인 반대파도 있고 과격 이슬람주의자들을 포함하는 지하세력도 있었다. 정치 조직은 국왕의 승인을 받은 엘리트들에게만 허용되지만, 알제리나 튀니지와는 달리 모로코 정치의 장은 훨씬 더 개방되어 있다. 하지만 모로코도 최근 이슬람 세계에서 유행처럼 번지는 이슬람주의의 물결을 비껴갈 수는 없었다. 모로코 이슬람주의자들의 활동은 모로코의 정치 발전과 국가의 미래에 중요한 요소로 작용할 것이다.

2. 모로코의 종교현황과 종교정책

1) 종교현황

모로코 전체 인구는 2004년 말 현재 3,290만 명으로 추산되며, 그중 약 1/3이 15세 이하로 구성되어 있는 '젊은' 국가이다. 전체 인구 중 절반 이상이 도시에 거주하고 있으며 도시로 집중되는 농촌 인구는 빠르게 증가하고 있다. 인구의 절대다수(98.7%)가 수니 이슬람을 믿으며 4대 법학파 가운데 말리키 학파의 교리를 따른다.

약 8,000명 정도 되는 유대인들은 주로 카사블랑카, 라바트, 마라케쉬 같은 대도시에 거주하고, 소도시에도 골고루 분포되어 있다. 2004년 초 마라케쉬에 거주하는 유대인들은 260명에 불과했고 그 대부분이 60세 이상이었다. 카사블랑카에는 3,000명이 거주하는 가장 큰 유대 공동체가 형성되어 있다. 카사블랑카, 라바트, 페즈 등의 대도시에는 유대교 회당

(synagogue), 세례장(mikvaot), 양로원, 유대 율법에 맞는 음식을 제공하는 식당(kosher) 등이 있다. 1992년 학생 수의 급격한 감소로 대부분의 유대 학교가 폐쇄되었지만, 카사블랑카에서는 약 800명이 10개의 유대 학교에 재학 중이다.2)

모로코 유대인들은 모로코에서 비교적 안정된 생활을 누리고 있다. 이와 관련된 한 유대인의 인터뷰가 이를 잘 증명한다.

> 유대인들은 이제 더 이상 전통적인 유대 지역(mellahs)에서 거주하며 차별 대우를 받지 않는다. 하지만 타민족과 결혼하는 경우는 거의 없다. 우리 공동체는 항상 종교적이며 관용적이다. …… 젊은 세대는 해외 유학을 선호하며 유학 후에는 모로코로 돌아오지 않는 경향이 있다. 따라서 모로코의 유대 사회는 점차 고령화되고 있다.3)

> 유대인 공동체는 자신들 고유의 종교의식과 성인들의 무덤을 순례하는 전통을 유지하고 있다. 무슬림들에 의해 잘 보존된 수백 년 전통의 유명한 성지가 열세 군데 있으며 매년 특정한 날이 되면 전 세계에서 몰려든 모로코 출신의 유대인들로 붐비게 된다. 유일한 모로코의 축제인 미무나(Mimunah)는 모로코와 이스라엘에서만 거행된다.4)

기독교 인구는 2003년 전체 인구의 약 0.6%를 차지하는 19만 명으로 추산되는데, 이 비율은 1900년, 1970년 통계와 비슷한 수치이다. 일반적으로 모로코 기독교인들은 무슬림들과 마찬가지로 모로코의 독립을 크게 환영했지만 오늘날 정부에서 그들은 거의 아무런 역할을 하지 못한다.

---

2) Michael S. Arnold, 2004, March 16, "For Morocco's, Jews, a mixture of integration, vibrancy and decline," *Jewish Telegraphic Agency*, from http://www.jta.org.

3) Avi Beker, *Jewish Communities of the World* (Minneapolis: Lerner Publication, 1998), pp.123~124.

4) 같은 책, pp.78~79.

<표 6-1> 모로코의 종교 구성

종교	인구 수	비율
이슬람(수니파)	32,600,000명	99.4 %
기독교	190,000명	0.6 %
바하이(Baha'i)교	24,000명	0.07%
유대교	8,000명	-

모로코에는 약 2만 명의 가톨릭 신자가 있으며 역시 비슷한 수의 개신교 신자도 있다. 모로코 기독교 신자들의 대부분은 영국, 프랑스, 스페인 같은 유럽 국가의 이주자들이다. 그러나 토착 베르베르족이나 아랍족 모로코인들 가운데에도 기독교 신자들이 상당수 존재하고 있다. 주위의 눈치를 피해 기독교로 개종한 모로코 기독교인들의 수는 1970년의 2만 2,000명에서 현재는 약 12만 명에 이를 것으로 추산된다. 이들은 라디오 방송이나 성경공부 과정을 통해 개종한 것으로 보인다. 라바트와 카사블랑카에는 이란에 기원을 둔 2만 4,000명 규모의 바하이교 사회도 존재한다.

2) 종교정책

모로코 헌법 제6조는 이슬람을 국교로 규정하고 있으며 국왕은 '신자들의 사령관(Amīr al-Mu'mīnīn)'으로서 이슬람을 보호할 책임이 있다. 모로코의 종교업무를 관장하는 정부의 공식 기관은 종교성(Habus)이다. 헌법은 종교의 자유를 보장하며 유대교나 기독교와 같은 소수종교 공동체는 자신들의 종교의식을 공개적으로 치를 수 있다. 따라서 이러한 종교행위를 방해하는 사람들도 처벌한다. 이와 관련해 모로코 형법 220조~223조는 다음과 같이 규정한다.

220조: 한 사람 또는 그 이상의 다수를 종교의식에 참여시키거나, 종교의식 참여를 방해하기 위해 무력이나 위협을 사용한 사람은 누구나 6개월에서 3년간의 구류에 처하거나 100디르함에서 500디르함의 벌금에 처한다.

221조: 의도적으로 종교의식이나 종교축제를 교란시키거나, 의도적으로 그 존엄성과 품위를 떨어뜨리기 위해 훼방을 놓는 사람은 누구나 6개월에서 3년간의 구류에 처하거나 100디르함에서 500디르함의 벌금에 처한다.

222조: 이슬람에 소속된 것으로 알려진 사람이 어떤 법적 허락 없이 공공장소에서 공공연하게 라마단의 단식을 깨뜨리면 6개월의 구류에 처하거나 12디르함에서 120디르함의 벌금에 처한다.

223조: 종교적 목적으로 사용되는 건물이나 유적지를 훼손하거나 파괴하는 사람은 6개월에서 3년간의 구류에 처하거나 100디르함에서 500디르함의 벌금에 처한다.

앞의 220조와 관련된 법원 판례를 보면 다른 사람의 신앙을 바꾸게 하기 위해 '유혹의 수단'을 사용한 사람에게도 똑같은 판결이 적용될 수 있다. 그와 같은 유혹의 수단이란 상대방의 약점이나 도움의 필요성을 악용하는 것과 교육·의료 단체, 호스텔, 고아원 등의 시설을 이용하는 것도 포함된다. 그러한 위반이 이루어졌다고 판단되는 경우 단체도 영구적으로, 또는 3년 이하의 폐쇄 판결을 받는다.

앞의 법에 따라 외국인으로 구성된 소규모의 힌두교 사회도 다비식이나 그 밖의 종교의식을 거행할 수 있는 권한을 부여받았지만, 바하이 교도들만은 집회활동을 가질 수 없다. 그리고 정부는 실제적으로 종교출판물 배부나 선교활동에 제한을 가하고 있다. 정부는 모스크의 활동을 감시하고 있으며 종교의식의 한계를 벗어나거나 정치적 성향을 띤다고 판단되면 언제든지 무슬림이나 이슬람 단체에 제한을 가한다. 또한 유대교나 기독교를 비롯한 소수종교들 역시 다양한 수준으로 가해지는 정부의 공식적인 제한을 감수하고 있다.

정부는 종교나 종교단체에 대한 면허를 발급하지 않는다. 그러나 정부는 세금 감면, 토지와 건물의 증여·기부금·주요 종교의 종교적 의무에 필요한 수입품에 면세 혜택을 부여하고 있다. 정부는 또한 국립 학교에서의 이슬람 교육을 위해 다른 과목과 마찬가지로 정부의 연간 교육 예산에서 자유재량으로 예산을 책정하며, 유대교 학교에도 동일하게 종교교육을 위한 예산을 배정한다. 정부는 모로코 유대인들의 문화·예술·문학·과학적 유산을 연구하기 위한 예산도 책정한다. 1988년 정부는 라바트대학에 비교종교학과를 개설해 이슬람뿐만 아니라 타 종교를 연구할 수 있는 길도 열어놓았다.

종교 간의 상호 존중과 관용의 정신을 도모하기 위해 모로코 정부는 정기적으로 행사를 개최하고 외국 종교 대표들을 초청하고 있다. 이러한 정부의 노력은, 세계적인 이슈가 되고 있는 팔레스타인 문제를 의식해 특히 모로코 내의 유대인 사회에 초점이 맞춰지고 있는데, 2000년 7월 탕헤르(Tangiers)에 있는 왕궁에서 모로코 국왕은 2명의 영국 유대인위원회 대표와 영국 내에 거주하는 모로코 출신 유대인들을 영접했다. 2000년 9월 “모로코: 이슬람 세계의 유대인과 예술”이라는 주제로 모로코 왕실 후원하에 개최된 2주간의 뉴욕 전시회 개막식에는 왕실 고문이자 유대 지도자인 안드레 아줄라이(Andre Azoulay)가 국왕 대리로 참석했다.

매년 5월 모로코 정부는 각 종교의 음악인들이 참여하는 ‘성스러운 음악 페즈 페스티발(Fez Festival of Sacred Music)’을 개최한다. 과거에 정부는 종교 간의 갈등을 해소하고 대화를 증진시키는 방법을 모색하기 위해 국내외 각 종교의 성직자들이 참여하는 여러 가지 심포지엄을 개최한 바 있다. 역시 매년 이슬람 성월인 라마단이 되면 국왕은 이슬람과 타 종교 사이의 상호 존중과 이해를 증진시키기 위해 이슬람 학자들을 초청해 콜로퀴엄을 주최한다.

(1) 모로코 정부와 이슬람

모로코 정부는 여러 가지 방법으로 종교단체들을 자신들의 통제하에 두려고 노력해 왔다. 울라마들이 정권과 동일한 이데올로기를 공유하고 있는 한, 그들을 통합시키기는 쉬웠다. 모로코 정부는 그들의 활동 영역을 종교와 문화에만 엄격히 한정시킨 후, 과격 이슬람주의자들의 준동(蠢動)에 효과적으로 대처하기 위해 울라마들의 종교단체 결성을 허용했다.

모로코 정부는 무슬림들의 조직망을 구축하고 강화하는 한편 다양한 형태의 대중적·통합적 이슬람 단체들에게 이슬람주의자들과 맞서 싸우도록 종용했다. 튀니지나 알제리처럼 정치적 영역에서 종교적 요소를 완전히 배제하려는 시도는 거의 없었다. 그뿐만 아니라 모로코 정부는 포괄적인 현대화 계획에 착수하기보다는 오히려 대중문화나 전통 사회, 그중에서도 특히 종교적 가치관에 입각해 그 필요성을 역설했다. 1984년 경부터 정부는 종교 분야를 재편함과 동시에 과격 이슬람주의 이맘들의 활동을 통제하기 위해 모스크 건설의 엄격한 심의, 금요 합동예배 설교의 표준화, 예배 시간 이외의 모스크 폐쇄 등을 통해 종교 분야의 감시 체제도 강화했다.

이슬람이 모로코의 국교로 규정되어 있지만 모로코 종교성은 승인된 교리를 가르치고 있는지 확인하기 위해 코란 학교와 금요예배의 설교를 감시하고 있다. 정부 당국은 때때로 이슬람주의자들의 활동에 압력을 가하지만, 이슬람 선교활동은 용인한다. 정보 당국은 금요예배 직후 잠시 동안 일반인에게 모스크를 폐쇄하는데 이것은 모스크에서 허가받지 않은 정치활동이 개최되는 것을 막기 위한 조치이다. 정부는 새로운 모스크 건설의 승인도 엄격히 심의한다. 대부분 개인 자금으로 건설되는 모스크가 다른 정치적 목적으로 사용되지 않을까 염려해서이다.

2000년 8월 모로코 국왕은 TV 연설에서 문맹 타파를 위해 전국의 100개 모스크를 교육센터로 활용하겠다고 발표했다. 2000년 9월부터 시작된 시범 기간 중에 200명의 대졸 실업자들이 이 계획에 투입되었으며 첫해에 15~40세 사이의 시민들 1만 명이 이슬람, 시민 의식, 공중위생 등에 대해 교육을 받았다. 문맹 타파를 위한 이 국민 계획은 그 규모가 더욱 확대되어 시행되고 있다.

헌법 222조의 라마단 기간의 단식(이슬람의 다섯 가지 의무 가운데 하나)을 공공장소에서 공공연하게 어기는 사람에 대한 처벌 조항이 눈길을 끈다. 서구화가 상당히 진행된 대부분의 무슬림 국가에서는 이러한 행위로 인한 법적 제재가 거의 없기 때문이다.

이슬람법이나 무슬림 전통에서와 마찬가지로 이슬람 보수주의자들은 다른 종교로 개종한 무슬림들의 징벌을 강력히 요구하고 있으며 실제로 타 종교 개종자들은 사회적 배척을 당하기도 한다. 과거에는 이렇게 개종한 소수의 사람들이 정부 당국자에 의해 심문을 당하고 억류된 적도 있다. 형법과 민법에서는 자진해서 개종한 것은 죄가 되지 않는다고 규정하고 있지만 개종자들이 법적·사회적 불이익을 받고 있는 것은 사실이다.

이상에서 알 수 있듯이 모로코 정부는 이슬람 단체나 무슬림들이 정부의 정책에 순응해 종교·문화 분야에서 활동하는 한 충분한 자유를 보장해 주고 오히려 국교로서의 이슬람을 수호하려고 노력하지만, 정치 영역을 침범하는 것은 용납하지 않는다. 그것은 이란 혁명 이후 1980년대부터 이슬람 세계에 거세게 불기 시작한 과격 이슬람주의자들의 활동을 경계하기 위한 조치로 보인다.

(2) 모로코 정부와 기독교

형법 220조에 따르면 무슬림을 개종시키려는 어떠한 시도도 불법이며 이를 어긴 자에게는 3개월에서 6개월까지의 구류나 100디르함에서 500디르함까지의 벌금을 부과하게 되어있다. 또 이 조항은 무슬림의 신앙을 흔들리게 하거나 다른 신앙으로 개종시킬 목적으로 자극을 주는 사람들에게도 동일한 죄를 적용시킨다. 외국 선교사들은 그들의 선교를 비무슬림에게 한정시키거나 조용히 자신의 일에만 몰두할 수밖에 없다. 정부는 대부분의 경우 형법의 개종 금지 조항을 들어 외국 선교사들의 추방을 명령한다.

프랑스 신탁통치(1912~1956) 이후 소규모의 외국인 기독교 사회가 어떤 제한이나 허가를 받지 않고 교회, 고아원, 병원, 학교를 설립했다. 이처럼 사회적 기대에 부응해 활동하는 선교사들은 거의 방해를 받지 않았다. 그러나 공개적으로 활동을 벌이는 사람들은 추방을 각오해야 한다.

모로코 정부는 불어, 영어, 스페인어로 된 성경의 전시나 판매는 허용하지만, 법률상 금지 조항이 없는데도 아랍어로 된 성경은 압수하고, 그들의 수입·판매 허가를 취소시킨다. 하지만 실제로 모로코 대도시의 서점에서는 아랍어 성경이 별다른 제약 없이 판매되고 있다.

(3) 모로코 정부와 유대교

1948년 6월 우즈다(Oujda)와 제라다(Djerada)에서 발생한 유혈 폭동으로 유대인 44명이 죽었으며 같은 해에 모로코 유대인들에 대한 비공식적 경제 제재가 가해졌다. 이처럼 모로코 내 유대인들에 대한 테러와 불안 요소들이 늘어나자 많은 유대인들이 속속 이스라엘이나 그 밖의 서구 국가로 이주해 가기 시작했다. 1956년 모로코가 독립을 선포한 후에는 유대인들의 이스라엘 이주가 잠시 중단되었다가 1963년에 다시 재개되어 모로코 유대인 10만 명가량이 이스라엘에 이주·정착했다.[5)]

1965년 모로코 작가 사이드 갈랍(Said Ghallab)은 당시 유대인에 대한 모로코인들의 태도를 다음과 같이 묘사했다.

---

5) Maurice Roumani, *The Case of the Jews from Arab Countries: A Neglected Issue* (Tel Aviv: World Organization of Jews from Arab Countries, 1977), pp.32~33.

> 모로코인들이 행할 수 있는 가장 큰 모욕적인 행동은 누군가를 유대인으로 취급하는 것이다. …… 나의 어릴 적 친구는 반유대 사상을 고수하고 있었다. 그는 이스라엘 국가는 서구 제국주의의 산물이라고 주장하면서 자신의 적의에 찬 반시오니즘 태도를 은근히 드러내었다. 대중 사이에서도 히틀러의 유대인 학살이 신화처럼 부상했다. 심지어 히틀러는 죽지 않았으며 아랍인들을 이스라엘에서 해방시키기 위해 히틀러가 곧 나타날 것이라는 믿음이 확산되고 있었다.[6]

그럼에도 불구하고 모로코 국왕 하산 2세는 1999년 사망하기 전까지 모로코 내의 유대 사회를 보호하기 위해 상당히 노력했다. 오늘날에도 모로코는 아랍 세계에서 유대인들에게 가장 관대한 정책을 펴는 국가들 가운데 하나이다. 이스라엘 국적을 갖고 있는 모로코 출신의 유대인 이주자들은 모로코 내의 친지나 친척들을 자유롭게 방문할 수 있다. 모로코 유대인들은 사업계나 정부의 여러 분야에서 지도적인 위치를 차지하고 있다. 유대인 공동체를 대표하는 주요 단체로는 카사블랑카에 있는 이스라엘 공동체 위원회(Conseil des Communautes Israelites)를 들 수 있는데, 이 단체는 유대인 공동체의 대외 관계 증진, 일반적인 공동체의 자치 업무, 공동의 유산 관리, 재정, 성지의 보존과 유지, 청소년 활동 지원, 문화·종교생활의 지원 등의 기능을 담당한다.[7]

모로코는 아랍 세계에서 이스라엘과 가장 가까운 국가로 간주된다. 전 국왕 하산 2세는 아랍과 이스라엘의 평화 정착을 위한 배후 중재자 역할을 해왔다. 그는 이러한 노력의 일환으로 1986년 시몬 페레스(Shimon Peres) 이스라엘 수상을 초청했다. 2개월 뒤에는 이스라엘 국회의원을 포함한 모로코 출신의 유대인 대표단을 영접했다. 1993년에는 이스라엘

6) Said Ghallab, "Les Juifs sont en enfer," *Les Temps Modernes*, April(1965), pp. 2247~2251.

7) U. S. Department of State, *Report on Human Rights Practices for 1997*.

수상 이츠학 라빈(Yitzhak Rabin)이 팔레스타인과 조약을 체결한 후 모로코를 공식 방문했다. 1999년 5월 하산 국왕은 마라케쉬에서 모로코 유대인 세계연합(World Union of Moroccan Jews)의 첫 번째 회의를 후원하기도 했다.

현재의 국왕인 무함마드 6세도 유대인들에 대한 선왕의 정책을 유지하고 있다. 2000년 4월과 5월, 모로코 정부는 종교 간의 상호 존중을 증진시키기 위한 일련의 행사와 강연회를 후원했으며,[8] 안드레 아줄라이도 종교 간의 상호 존중과 대화의 필요성을 역설했다. 2000년 10월, 2명의 모로코 젊은이가 탕헤르에 있는 유대교 회당을 파괴하려다가 체포되자, 무함마드 6세는 2000년 11월 6일 텔레비전에 출연해 모로코 유대 사회에 대한 어떠한 비정당한 행위도 용납하지 않겠다고 공식 선언했다. 파괴 행위를 저지른 두 청년은 1년간의 징역을 선고받았다.[9]

2003년 5월 16일에는 카사블랑카에서 유대인들을 목표로 네 곳에서 자살 폭탄 공격이 감행되었으며 다섯 번째 공격은 스페인 영사관에서 저질러졌다. 다행히 건물에 아무도 없었던 토요 안식일(shabbat)에 테러가 일어났기 때문에 다친 유대인은 없었지만, 대신에 인근에 있던 무슬림 29명이 사망했다. 이 테러 사건은 유대인들에게 불안감을 안겨주었지만 대부분의 모로코인들은 이 사건을 반유대주의 행동이라기보다는 국가의 사회적·정치적 질서에 대한 공격이자 신임 국왕의 능력을 시험해 보기 위한 시도로 간주하고 있다. 무함마드 6세는 사건 당일 테러가 일어난 장소들 가운데 한 곳을 방문하고 유대 공동체의 재건을 촉구했다. 그 직후 정부 주도로 카사블랑카의 거리에서 유대 공동체를 지지하는 대규

8) U. S. Department of State, *2000 Annual Report on International Religious Freedom*, released by the Bureau for Democracy, Human Rights, and Labor (Washington DC, 2000).

9) U. S. Department of State, *2001 Annual Report on International Religious Freedom*, released by the Bureau for Democracy, Human Rights, and Labor (Washington DC, 2001).

모 집회가 열렸으며 국왕도 유대인들을 보호하던 왕실의 전통적인 태도를 재천명했다.

3. 모로코 정부의 민족 정책과 베르베르족

1) 민족 현황

모로코인들은 대부분 스스로를 아랍족으로 간주하지만 민족적으로 그들은 아랍어와 아랍 문화에 동화된 베르베르족이다. 따라서 모로코의 공식 용어는 아랍어이며 그 밖에 토착어인 베르베르어나 식민 시대의 언어였던 프랑스어, 그리고 북부의 지중해 연안 지방에서는 스페인어도 사용된다.

아랍어를 사용하는 집단은 다시 세 개의 소집단으로 분류된다. 모로코 전체 인구의 약 65%가 표준어인 모로코 아랍어를 사용하며, 주로 모리타니아에서 사용되는 방언인 핫사니야(Hassaniya) 아랍어는 서부 사하라 지역을 중심으로 약 4만 명이 사용하고 있다. 유대-모로코 아랍어는 주로 카사블랑카와 마라케쉬 등을 중심으로 한 유대 공동체에서 약 5,000명 정도만 사용하고 있어, 점차 사어가 되어가고 있다.

베르베르어도 역시 세 개의 소집단으로 나뉜다. 약 300만 명이 사용하는 타쉘히트(Tachelhit) 방언은 모로코 남서 지방에서 사용되는데, 특히 북쪽으로 시디 이프니(Sidi Ifni)에서 아가디르(Agadir)에 이르는 해안 지방과 그곳에서 마라케쉬 산기슭에 이르는 지역, 동쪽으로 드라아(Draa') 계곡과 수스(Souss) 계곡까지 분포되어 있다. 역시 300만 명가량이 사용하는 타마지그트(Tamazight 또는 Amazigh) 방언은 중부 아틀라스와 하이 아틀라스 산맥 동쪽으로 분포되어 있다. 하지만 이들의 절반 정도만 자신들의

<표 6-2> 모로코의 인구 구성

종족	인구 수	비율
아랍족 및 아랍화된 베르베르족	26,000,000명	65.00%
베르베르족	6,000,000명	34.00%
사흐라위(Sahrawi)족	250,000명	0.80%
유럽인 및 미국인	100,000명	0.30%
투아레그(Tuareg)족	10,000명	0.03%

고유 언어를 사용할 뿐 나머지는 대부분 아랍어를 사용한다. 약 150만 명이 사용하는 타르피트(Tarfit) 방언은 리프(Rif) 산맥이라고 알려진 북부 지방에서 사용되기 때문에 리프어라고도 불린다. 이 세 집단의 방언 이외에도 별도로 분리할 수 있는 수많은 소규모 방언들이 존재하고 있다.

2) 모로코 정부와 베르베르족에 대한 민족 정책

베르베르족은 모로코 지역의 대부분과 알제리, 튀니지 같은 북서아프리카 지역의 토착 민족으로 비아랍계 민족이다. 그들은 이미 기원전 3000년경에 북부 아프리카 지역을 중심으로 거주했다. 그들의 언어는 지리적 특성에 따라 거의 300개에 달하는 방언으로 분리되어 있다. 이 언어들은 문자를 갖고 있지 않아 거의 구어로만 오늘날까지 유지되고 있다.

수세기에 걸쳐 베르베르족은 서서히 아랍 문화와 종교에 동화되어 왔다. 대다수가 농촌 지역을 중심으로 여전히 농경과 목축을 유지하고 있지만, 현대의 교통·통신 발달 및 교육의 혜택으로 점차 시대에 맞는 다양한 직업으로 옮겨가고 있다.

대부분의 베르베르족은 모로코 아랍어를 사용하며 최소한 명목상으로는 무슬림이다. 하지만 많은 베르베르족이 자신들의 이슬람적 관습에 전통적 애니미즘도 가미시키고 있다. 외딴 지역의 베르베르족은 한때 이슬람 이전의 이교도적 관습에 빠진 적도 있었지만 무슬림 선교사들에 의해 다시 이슬람으로 돌아왔다.

7세기 아랍의 정복은 많은 베르베르족을 남쪽의 내륙 지방인 아틀라스 산간 지역과 사하라 사막으로 내몰았지만, 결국 그들은 이슬람으로 개종했다. 베르베르의 민족 이름을 따라 북부 아프리카 지중해 연안을 바르바리 해안이라고 부르게 되었는데 이 해안은 지중해 항로를 위협하는 해적들의 근거지로 악명이 높았다.

불어와 영어 사용자들이 캐나다를 분열시켰듯이 베르베르어와 아랍어 사이의 언어 전쟁도 모로코를 뜨겁게 달구고 있다. 베르베르족은 모로코 최초의 거주민이었으며 오늘날에도 여전히 모로코 전체 국민 중 약 35%를 차지하는 다수를 이루고 있다.[10] 그러나 자신들의 의견을 밝히게 된다면 그들은 아랍 문화에 젖어있는 지배 그룹에 의해 소수민족처럼 위협을 받게 된다. 미국에 본부를 둔 아마지그 인권위원회(Amazigh Commission for Development and Human Rights) 대표인 모로코 태생의 샌프란시스코 시민 아흐메드 라쉬가르 아그윌랄(Ahmed Lachgar Agwilal) 씨는 "프랑스로부터 독립한 지 40년 이상이 흘렀지만 정부는 여전히 베르베르어를 교육하거나 베르베르 문화를 보호하고 발전시키려는 의도가 없다. 하지만 모로코인이 되고 싶다면 베르베르어를 말해야 한다"라고 말한다.[11]

하지만 모로코 정부는 이에 동의하지 않는다. 정부 관리인 칼릴 쉐발(Khalil Sheval) 씨는 "아랍어는 우리 정체성의 언어이며, 코란의 언어이며, 우리 나라의 언어이다. 모로코 국민은 아랍어를 구사할 의무를 갖고

---

10) 베르베르 족에 관해서는 다음 문헌을 참조. Dale Eickelman, *Moroccan Islam: Tradition and Society in a Pilgrimage Center* (Austin: University of Texas Press, 1976).

11) Peter Prengaman, 2001, March 16, "Morocco's Berbers Battle to Keep From Losing Their Culture," *San Francisco Chronicle*, from http://www.sfgate.com/cgi-bin/article.cgi?file=/chronicle/.

있다"라고 주장한다.[12] 아이가 태어나 출생신고를 하러 가서 고대 베르베르 왕의 이름인 주르구르타(Jurgurtha)나 멧시나(Messina) 같은 비아랍어 이름을 등록하면 블랙리스트에 오른다. 오직 아랍어 이름만 허용된다. 라바트 대학에서 강의를 담당하는 지도적 활동가 잘랄리 사입(Jalali Saib) 씨는 금년 초 비비시(BBC) 방송에서 '베르베르 전사들에게 이것은, 베르베르의 유산을 완전히 말살하려는 책략'이라고 말했다.[13]

모로코에서 베르베르 민족주의는 카리스마적인 지도자 마흐주비 아헤르단(Mahjoubi Aherdane)이 '대중 운동(Movement Populaire)'이라는 대규모의 단체를 결성하면서 구현되기 시작했다. 이 대중운동은 엄격히 말해 베르베르족을 대표하는 기구가 아니라 오히려 모로코 농민들을 대표하는 기구라고 할 수 있다. 모로코 농촌 인구의 절대 다수가 베르베르족이기 때문에, 이 대중운동은 농민운동의 성격으로 출발했지만 나중에는 베르베르 민족주의 단체로 탈바꿈하게 되었다. 결국 1993년에 이 정당은 민족대중운동(National Popular Movement)이라는 이름으로 재구성되었다.

모로코의 베르베르족은 국내 교육이나 언론에서 배제됨으로써 자신들의 정체성이 위협을 받고 있다고 느끼기 시작했다. 1991년 8월 5일 자신들의 민족 정체성을 강화하기 위한 일환으로 라바트의 모로코 연구·문화교류협회(Moroccan Research and Cultural Exchange Association), 굴미나(Goulmina)의 아그리스 문화협회(Aghris Cultural Association), 나도르(Nador)의 일마스 문화협회(Ilmas Cultural Association), 카사블랑카의 수시 문화협회(Soussi Cultural Association) 등과 같은 일단의 베르베르 단체들이 아가디르에 모여 아가디르 헌장(Agadir Charter)을 채택하고 타마지그트 연구소(Institute of Tamazight Studies and Research)의 부활을 선언했다. 그들이 제안한 연구소는 타마지그트 언어를 발전시키는 데 목적을 둔 프로젝트를 짜고 이에 주력하며

12) 같은 글.

13) 같은 글.

다음과 같은 기초적인 과업을 수행한다고 발표했다.

① 타마지그트어의 정확한 전사가 가능하도록 통일된 알파벳 체계를 만들어내는 일
② 타마지그트 문법의 표준화
③ 타마지그트어 교육 자재 개발

이 연구소는 타마지그트 언어와 문화를 다양한 문화적·교육적 활동으로 전개시킨다는 목표를 두고 있다. 초기 단계에서는 공교육 기관에 타마지그트 언어 과목을 포함시키고 그 다음 단계에서 모든 모로코 내 대학에 타마지그트 언어와 문화 관련 학과를 신설한다는 장기적인 계획도 준비해 놓고 있다.

1991년 아가디르 회의 당시 사회적 혼란이 모로코 전역으로 퍼져나갔다. 이 문제는 서사하라 지역에 대한 모로코 정부의 과격한 침략·강제 병합과 하산 국왕의 군주적 독재에 대해 항의하고 모로코의 민주화를 주장하고 있어서 모로코 내 소수민족 문제의 '뜨거운 감자'가 되었다. 몇 차례에 걸친 반란과 국왕에 대한 암살 기도가 발생한 뒤에야 모로코 정부는 새로운 헌법을 제정해 더욱 자유로운 정치적 발전과 정당의 결성을 허용하고 각 개인의 기본적인 국민권과 참정권에 대한 장애요소들을 없애기로 약속했다. 이를 통해 모로코 정부는 베르베르 민족주의자들을 포함해 정권에 맞서는 대다수 압력단체들을 겨우 진정시켰다.

하지만 정부는 성문화된 모로코 헌법의 개정에도 불구하고 베르베르 정체성과 문화적 권리의 상징인 타마지그트 언어에 계속 압제를 가해왔다. 비록 몇 가지 베르베르어로 된 신문의 발행은 허용되었지만 편집장들은 자주 정부 관리에게 심문을 받아야 했다. 1994년 3월 일마스 문화협회는 베르베르 언어와 글에 대한 학술회의 개최를 포기해야 했다. 몇몇

베르베르 활동가들 또한 공공연하게 차별 대우를 하는 경찰에 체포되었으며 아가디르의 문화대중예술협회 회원 네 사람도 베르베르어로 된 달력을 제작했다는 죄목으로 투옥되었다. 1994년 5월 1일 몇몇 베르베르 지도자들이 노동의 날 행사의 평화적 시위에 참석한 후 라쉬디아(Rachidia)에서 체포되었다. 심지어 해당 관리에게 집회를 승인받았으며 집회 구호가 친정부적인 것이었는데도, 정부는 그들의 자극적인 행동이 법과 질서와 국가의 안전을 위협하고, 구호가 헌법의 원리를 공격하는 것이며, 베르베르어를 국어로 인정해 달라고 요구했다는 죄목으로 베르베르 지도자들을 체포했다. 국제사면위원회는 모로코 정부에 정의를 위한 국제적 표준에 완전히 부응해 베르베르 운동가들의 요구가 이행될 수 있도록 보장하라고 촉구했다. 국제사면위원회의 개입으로 베르베르 문제는 국제인권위원회에서 토론의 주제로 채택되기도 했다.

베르베르 언어에 대한 통제는 무함마드 6세가 즉위한 이후 완화되었으며 베르베르 관련 단체들은 이전보다 나은 재정 지원을 받았다.[14] 2000년 3월 타마지그트 단체의 대표들은 정부에 '베르베르 성명서(Berber Manifesto)'를 제출했다. 그들은 성명서에서 타마지그트 언어를 국어로 승인해 줄 것과 각급 학교에서의 교육 실시, 베르베르 텔레비전 방송국의 설립 허가, 역사적으로 소외된 지역을 개발하기 위한 정부 예산 배정, 자녀들의 베르베르식 이름 등록 제한 철폐 등을 주장했다.[15]

2001년 7월 30일 무함마드의 연설은 베르베르 정책에 대한 전환점이 되었다. 그는 이 연설에서 '왕립 아마지그 문화 연구소(Royal Institute of Amazigh Culture)'의 설립에 대해 구체적으로 언급했다. 이어 2001년 10월 17일자 국왕의 명령(zahir)으로, 연구소가 탄생되어 합법적인 기관으로 인정받았으며 그에 타당한 예산도 배정되었다. 이 연구소의 임무는 모로

14) Prengaman, "Morocco's Berbers Battle to Keep from Losing their Culture."
15) 같은 글.

코 내 베르베르 언어와 문화의 증진, 보호, 선전, 교육으로, 수많은 아마지그 문화를 수집해 보존하는 일 외에 학교에서의 베르베르 교육을 위한 표준화된 교과 과정과 교재를 개발하는 일도 포함한다.16)

4. 모로코의 이슬람 운동

오늘날 이슬람주의의 이념적 뿌리는 최근의 것만은 아니다. 이슬람의 개혁과 정화를 주장하는 살라피야(salafiyya) 운동의 이념들은 신탁통치 시절 모로코의 종교학자들('ulamā)과 여러 술탄들 사이에 출현해 1·2차 세계대전 사이에 마그레브 지역으로 퍼져나갔다.17) 아랍 동부 지역(mashrīq)보다는 오히려 알제리, 모로코, 튀니지 등의 서부 지역에서 서구의 지배에 대항하는 민족주의 운동을 위한 핵심 가치 중 하나가 이슬람이었다고 주장하기도 한다.

모로코에서의 살라피야 운동은 1920년대에 독립당(Istiqlāl patty)의 종교·민족주의 지도자 알랄 알 파시('Allal al-Fasi)에 의해 구체화된 민족주의 운동의 형성에도 중요한 역할을 했다.18) 일반적인 살라피야 운동의 경향과는 대조적으로 북아프리카에서의 정치적 이슬람은 '범(pan)'국민운동이

16) Michael M. Laskier, "A Difficult Inheritance: Moroccan Society under King Muhammad VI," *Middle East Riview of International Affairs*, Vol.7, No.3(2003), from http://meria.idc.ac.il/journal/2003/issue3/jv7n3a1.html.

17) Mohamed El Mansour, "Salafis and Modernists in the Moroccan Nationalist Movement," in John Ruedy(ed.), *Islamism and Secularism in North Africa* (New York: St. Martin's Press, 1996), pp.61~62.

18) 같은 책, pp.38~91; Jamil M. Abu-Nasr, "The Salafiyya Movement in Morocco: the Religious Bases of the Moroccan Nationalist Movement," in Albert Hourani (ed.), *Middle Eastern Affairs*, No.3(1963), p.184; Mansour, "Salafis and Modernists," pp.59~69.

아니었을 뿐 아니라, 동부 지역과 달리 경쟁적인 이념인 범아랍주의(pan-Arabism)가 되지도 못했다. 따라서 북아프리카 국가의 합법성은 결코 의심받은 적이 없다. "국가는 외국의 제도라기보다는 적당히 조정된 기술적 이전으로 출현했다."[19]

국가의 권력은 독립 이후 세대에 급격히 성장해 사회 각층에 확고하게 자리 잡았다. 그러나 튀니지 학자 압둘 바키 헤르맛시(Abd al-Baki Hermassi)의 말대로, 한때 호의적으로 보였던 정책들은 '사회의 국가화(etatization)'가 진행될수록 점차 소수의 개인이 특권적 지위를 이용해 거대한 부를 축적하는 '국가의 사유화(privatization)'처럼 보이기 시작했다. 이러한 현상은 국제 금융 기구들이 긴축재정을 강요한 시기에 발생했다.[20] 또 발전에 유용한 자원들은 오일 붐 이후의 경제 수축으로 급격히 줄어들었다. 그러한 영향은 알제리처럼 원유에 경제 기반을 둔 국가이든, 이집트·요르단·튀니지처럼 노동력 수출국이든, 아랍 세계 전체에 감지되었다. 그 결과 동부 지역이든 서부 지역이든 아랍 정권들은 무능력을 드러내며 점차 소령화, 도시화, 지식화되며 늘어나는 그들의 국민들에게 사회적·경제적·정치적·심리적 약속을 충족시키는 데 실패했다. 이러한 실패는 여러 계층의 국민들 사이에 심각한 위기감(azma)을 낳았으며, 모로코 사회학자 무함마드 게수스(Muhammad Guessous)의 말대로 소규모 산업을 일컫는 아즈마톨로지(Azmatology)를 낳았고, 지식층 사이에서는 어떠한 정책이 시행되어야 하는가에 대한 끊임없는 논쟁을 일으키게 했다. 결국 이러한 배경에서 기존의 국가체제에 저항하는 이슬람주의 단체들이 속출하게 되었다. 뿐만 아니라, 팔레스타인 문제, 코소보·알바니아 사태, 체첸 분쟁 등에서

19) Remy Leveau, "Reflection on the State in the Maghreb," in George Joffe(ed.), *North Africa: Nation, State and Religion* (London: Routeledge, 1993), p.247.

20) Abdelbaki Hermassi, "State and Democratization in the Maghreb," in Ellis Goldberg, Resat Kasalen, and Joel Migdal(eds.), *Rules and Rights in the Middle East* (Seattle: University of Washington Press, 1993), pp.106~107.

보인 서구의 일방적인 태도가 기독교세력에 저항하는 과격 이슬람주의 단체들의 태동을 부추겼다. 한 분석가에 따르면 1980년대 초에 모로코 내 정치화된 종교단체의 수가 최소 23개에 이른다고 했다. 하지만 이 단체들은 대체적으로 다음과 같은 세 가지 경향으로 분류될 수 있다.[21)]

1) 정의와 자선

의심할 바 없이 '정의와 자선(Al-'Adl wa al-Iḥsan)'은 모로코에서 가장 중요한 이슬람 운동단체이다. 약 3만 명으로 추산되는 단원들은 다양한 직업의 지식층으로 이루어져 있다. 이 단체의 창설에는 교육부 장학관 출신인 76세의 셰이크 압둘 살람 야신(Sheikh 'Abdul-Salām Yasīn)이 중요한 역할을 했다. 모로코 이슬람주의를 연구하는 대표적인 학자 모하메드 토지(Mohamed Tozy)에 따르면, '정의와 자선' 운동은 야신이 없었으면 존재하지 못했으며 그의 신비주의적인 신학적 권위는 절대적이라고 한다.[22)] 사실 야신은 왕이 통치하는 군주제에 극단적인 비평을 가하곤 했지만 무력의 사용은 자제했다. 그것은 이 단체의 구성원들이 400만에 이를 때 모로코 왕정은 자동적으로 무너지고 이슬람 전통의 칼리프제를 부활시킬 수 있으리라는 믿음 때문이다. 반왕정파인 '정의와 자선'의 수장으로서 야신은 점차 완전한 개인숭배의 대상이 되어가고 있다.

셰이크 압둘 살람 야신은 다른 이슬람 국가의 종교지도자나 사상가들과 마찬가지로 뛰어난 이슬람 학자이자 웅변가였다. 1928년 모로코 남부의 시골에서 태어난 셰이크 야신은 마라케쉬에서 성장했다. 그는 이슬람과 프랑스어를 충분히 교육받았고, 1960년대와 1970년대 초반에는 교육

---

21) Burgat and Dowell, *The Islamic Movement in North Africa*, p.170; *al-Majalla*, 1996, June 23~29.

22) Interview with Mohamed Tozy, 1999, February 9~15, *Jeune Afrique*.

부의 장학관으로 일했다. 몇 가지 유럽의 언어에도 능했던 셰이크 야신은 이슬람 교리에 관한 30권에 달하는 저서를 펴냈다.

셰이크 야신은 1974년에 '이슬람과 대홍수(Islam wa al-Ṭūfān)'라는 제목으로 114쪽에 달하는 장문의 서신을 모로코 국왕 하산 2세에게 보내면서 정치 무대에 등장했다. 그는 이 서신에서 이슬람 교육을 꾸준히 지속시키고 하산 2세가 추구하고 있는 '비이슬람적' 정책을 포기하라고 권고했다. 또한 셰이크 야신은 제국주의, 부패한 서구화, 사회적 부정을 군주제의 탓으로 돌려 비난했다. 그는 하산 2세에게 주변의 국왕 고문과 신하들을 물리치고 이슬람 선교에 귀를 기울이며 모든 정당을 해산하고 이슬람 경제체제를 건설한 후 큰 소리로 분명하게 참회를 고백하라고 주문했다.[23)]

셰이크 야신의 용감한 행동은 오히려 정신병원에서 3년간 연금되는 결과를 낳았다. 그는 연금에서 풀려난 후 자신의 운동을 실현시키는 첫 단계로 ≪알 자마아(al-Jamā'ah)≫라는 이슬람에 관한 정기 간행물을 출판했다. 1983년에 자마아의 출판이 금지당하자 이번에는 ≪알 수브흐(al-Ṣubḥ)≫라는 일간지를 발행하기 시작했다. 이 신문 역시 발행이 금지되고 셰이크 야신 자신은 2년간의 징역을 선고받았다.

그가 조직한 '정의와 자선'은 온건 노선을 취했음에도 불구하고 조직적인 경찰의 방해를 받아야 했다. 수십 명의 조직원들이 체포되어 고문을 당한 후 장기 징역형을 선고받았다. 셰이크 야신은 1989년에 다시 체포되어 10년 동안 가택에 연금되었다.[24)]

'정의와 자선'과 그 지도자들에 대한 모로코 정부의 강압 정책에도 그들의 활동은 더욱 거세게 타올랐으며 모로코 정부의 기대와는 정반대

---

23) "Morocco's Moderate Islamic Movement Puts Pressure on Monarchy over Palestine," 2001, January 1~15, *Muslim Media*, from http://www.muslimedia.com/archives/oaw01/moroc-pal.htm.

24) 같은 글.

로 그 영향력이 더욱 확대되었다. 특히 1991년의 걸프 전쟁 당시 반미 집회에 1만 명의 군중이 동원된 이후 엄청난 대중적 지지도 확보했다. '정의와 자선'은 세포조직을 만들어 나가는 한편 소규모의 자선·복지 단체들을 세워 가난한 사람들에게 음식과 의약품을 제공하는 사회 봉사를 펼치고 결혼을 주선해 주기도 했다.[25] 이러한 노력이 어느 정도 성공을 거두자,[26] 이를 기반으로 세이크 야신은 자신의 운동에 적극적으로 주력할 수 있었다.[27] 이 단체는 1990년대에 프랑스와 미국의 일부 대학에서 학생들과 노동자들을 중심으로 조직을 확대해 나가기도 했다.[28]

'정의와 자선'이 세운 교육·자선 단체의 수혜자가 대부분인 수십만 명에 달하는 지도자 이외에도 '정의와 자선'에서 활동하는 실질적인 단원은 약 3만에서 5만 명에 달하는 것으로 추산되고 있다. 이 단체의 미스터리는 외국 정부로부터 지원되는 것이라고 추측되는 막대한 자금이다. 모로코 정부는 이란, 수단, 아프가니스탄 등의 이슬람 국가에 자금을 추적해 보았지만 그 노력은 실패했다. 알려진 바에 따르면, '정의와 자선'은 대부분 희사금과 단원의 회비로 예산을 충당하고 있다. 모든 회원들은 이슬람법에 따라 자신의 수입의 2.5%를 회비로 납부하게 되어 있으며 유럽·북미로 이주한 해외 거주 모로코인들의 희사금도 상당한 액수에 이르고 있다.[29]

하산 2세가 죽고 그의 아들 무함마드 6세가 즉위하자 '정의와 자선'의 활동은 더욱 활발해졌다. 그것은 신임 국왕이 이슬람 교리에 반하는

---

25) Clark Boyd, 2002, September 27, "Morocco's Largest Islamic Group Will Boycott Friday's National Elections," *The Christian Science Monitor*.

26) *al-Wasat*, 1999, June 14.

27) *Abd al-Salam Yasin's News Conference*, 2000, May, from http://www.yassine.net/conferencepresse/conf.htm.

28) John P. Entelis, "Morocco: Democracy Denied," *Le Monde Diplomatique*, 2002, October, from http://mondediplo.com/2002/10/13morocco.

29) François Soudan, 2002, August 12~25, "Islamist Movements in Morocco: The Saber and the Quran," *Jeune Afrique L'Intelligent*.

광범위한 사회 개혁을 계획하고 있기 때문이기도 하지만, 다른 한편으로는 정치적·문화적 표현의 자유를 더욱 확대하려는 용의가 있기 때문이기도 하다. 1998년 11월 정보 당국 관리들과 캠퍼스 정보원들이 공공질서를 확립한다는 명목으로 카사블랑카 과학대학교의 이슬람주의 학생들을 공격했다. '정의와 자선'의 대변인 파트훌라 아르슬란(Fathullah Arslan)은 이슬람주의 학생들에 대한 부당한 처사는 모로코 이슬람 운동을 알제리 이슬람주의자들의 과격행위로 호도하여 대중을 위협하려는 노력의 일환이라고 주장했다. 그는 덧붙여서 알제리 이슬람주의는 알제리 정부 당국의 행동에 뿌리를 두고 있다고 말했다. 1999년과 2000년 여름, 이슬람주의자들은 공공장소인 여름 해변을 종교·문화·교육·자선 활동의 '캠프'로 바꾸어 놓으며 그들의 조직력을 과시했다. 더욱 극적인 사건은 2001년 3월에 카사블랑카에서 있었던 20만 명의 시가행진이다. '모로코 가정의 보호'라는 구호 아래 모인 시위자들은 일부다처제의 폐지, 여성의 동등한 이혼청구권, 이혼 후 어머니의 친권, 법적 결혼 연령의 상향(18세) 조정 같은 무다와나(mudawanna: 개인 지위에 관한 법률)의 개정을 주도하는 정부의 정책에 항의했다. 야신의 딸 나디아 야신(Nadia Yasin)과 같은 이슬람주의 여성들은 무다와나는 코란에 규정된 것이 아니며 여성의 높은 문맹률, 가난, 매춘 같은 모로코 여성들의 수치스러운 환경들은 개선되어야 한다는 점을 알리느라 무척 애를 썼다. 그들은 자신들의 반대활동을 서구식 세계화와 제국주의, 나아가서는 시오니즘을 펼치고 있는 반이슬람 국제기구들의 더럽고 추악한 음모에 대항해 모로코 사회의 '진정한 정체성'을 보호하는 계획으로 발전시켰다.

이처럼 엄청난 규모의 대중 집회는 라바트에서 동시에 발생했던 친정부 정책 시위를 무색하게 했으며 결국 정부는 그와 같은 정책을 당분간 보류하기로 했다. 비록 모로코의 안정, 통제된 정치 발전, 꾸준히 늘어나는 세계시장과의 관계는 당분간 보장되어 있는 것처럼 보이지만, '문화 전쟁'

의 확산 조짐은 점차 빠르게 번져나가고 있다.

살레에 있는 자신의 저택에서 연금 중이었던 셰이크 야신은 자신을 찾아온 '순례자'들 앞에 잠시 얼굴을 비추곤 했는데 그들 가운데는 때때로 미국이나 칠레와 같이 먼 곳에서 온 사람들도 있었다. 그래서 흔히 셰이크 야신을 '모로코의 호메이니'라고 부르기도 한다. 지도자 숭배, 운둔, 금욕, 정신 수양과 같은 모로코인들의 수피 전통을 교묘하게 이용한 셰이크 야신은 대중을 동원시킬 수 있는 충분한 능력을 발휘하고 있다. 카리스마적인 지도자로서 셰이크 야신은 '정의와 자선'을 이끄는 7명으로 구성된 지도자위원회의 결정을 거부할 수 있는 권한을 갖는다. 그가 죽으면 그들의 강령에 따라 이 최고위원회의 가장 연장자가 후계자가 된다.

야신을 체제 내에서 활약하도록 회유하려는 정부 당국자들의 노력은 그들이 이슬람주의자들의 잠재적인 힘을 알았으며 협력과 대화를 통해 이를 해소할 필요성이 있음을 인정했다는 뜻이다. 그러면서도 지금까지 행해왔던 억류 정책은 결코 완화시키지 않았다. 인권성 장관 모함메드 아웃자르(Mohammed Aujjar)가 야신을 '대학자이자 위대한 민족주의자'라고 칭한 것처럼[30] 야신과 관련한 유수피(Youssoufi) 정부의 목소리는 이전의 정부보다 다소 부드러워졌다. 국왕과 유수피 정부가 새로운 전환의 장을 마련해 민주화를 가속화시키고 올바른 법을 적용하기로 결정함에 따라 야신의 연금 해제는 시간문제가 되었다. '정의와 자선'의 한 간부가 자신들의 운동을 정치에서 격리시키고 자신들의 활동을 야신의 비폭력주의를 선전하고 교육을 정화시키는 데에 집중하겠다고 선언한 것은 아마도 야신의 연금 해제를 더욱 용이하게 하기 위한 의도였던 것으로 보인다. 야신이 2000년 초 신왕 무함마드 6세에게 선왕 하산이 훔친 40불을 모로코 국민에게 돌려주라고 요청하면서 보낸 19쪽 분량의 건의서를 보내 분란

30) Interview with Mohammed Aujjar in al-Bayane, quoted by *Marco Hebdo International*, 1998, December 12~18.

을 일으켰음에도, 정부는 그해 5월 야신의 연금을 해제했다.

2) 정의발전당

이 단체를 이끄는 지도자는 압둘 일라 벤키란('Abdul-Ilah Benkirane)이다. 그는 원래 독립당(Istiqlāl Party)의 청년 당원으로서 하부 조직인 청년조직(Shabibah)을 이끌던 호전적 이슬람주의 성향의 인물이었다. 1970년대에 벤키란은 압둘 카림 알 무티('Abd al-Karim al-Muti)가 주도하는 알 이슬라미야(al-Islamiyya)라는 단체에 자주 참여했다. 이 단체는 고등학교 학생운동에서 출발해 극단주의 성향으로 발전한 단체로서 무력에 의한 정권 전복을 표방했다. 무티가 리비아와 노르웨이에 망명하여 모로코 정치의 장에서 사라지자 벤키란은 1981년 무티와의 관계를 단절하고 비저항 개혁주의 자세를 취해 군주의 신성불가침을 인정하고 이슬람 사회의 평화적 추구를 모색했다.[31] 1981년 벤키란은 알 이슬라미야를 탈퇴해 법률가 무스타파 라미드(Mustafa Ramīd)와 정신과 의사 사아두딘 알 오스마니(Saad al-Dīn al-Osmānī)와 함께 이슬람협회(Jamā'ah Islāmiyyah)를 조직했다. 벤키란은 '개혁혁신운동(Harakat al-Islah wal-Tajdid)'이라는 기치를 내걸고 활동했다. 1990년대에 이르러 벤키란은 획기적인 정치 발전을 이루기 위해 새로운 길을 모색했다. 1996년 그의 운동은 이슬람미래연합(Rabitat al-Mustaqbal al-Islami)과, 신생 단체였던 통일개혁운동(Harakat al-Tawhid wal-Islah)과 세력을 합쳤다.

벤키란에 대한 모로코 정권의 접근은 이중적인 태도를 취했다. 한편으로는 더 과격한 집단에 비해 길들여진 합법적 단체로서의 그의 활동을 격려했으며, 다른 한편으로는 공공연히 이슬람 정당으로서 사무실을

---

31) Emad Eldin Shahin, *Political Ascent: Contemporary Islamic Movements in North Africa* (Boulder: Westview Press, 1998), pp.188~192; Shahin, "Under the Shadow of the Iman," *Middle East Insight*, Vol.11, No.2(1995), pp.42~43.

운영하는 것은 좋아하지 않았다. 해결책은 벤키란의 운동을 거의 침체되었지만 분명히 존재하는 압둘 카림 카팁('Abd al-Karīm Khātib)이 이끄는 정당 입헌민주주의운동(Mouvment Populaire Democratique et Constitutionnel: MPDC)과 합병시키는 것이었다. 이 정당은 1997년 총선에서 325개의 의석 중 140명의 후보를 내었으며 카사블랑카에서만 4석을 포함해 9석을 차지했다. 1999년 봄에 이 당은 정의발전당(Party de la Justice et du Development: PJD)으로 이름을 바꾸었으며 벤키란 자신은 살레(Sale) 시의 보궐선거에 당선됨으로써 국회에 입성했다. 정권이 그를 지원한다는 소문이 널리 퍼져나갔다. 하지만 분명한 것은 정부와 중도 이슬람주의자들 모두 여론에 이슬람주의의 목소리를 내야 한다는 공통의 관심사를 갖고 있다는 점이다.

2000년 10월 관계가 소원해지기 전까지 오랫동안 이 단체는 압둘 라흐만 유수피(Abd al-Rahman Youssoufi)의 정부를 지지해 왔다. 그 지도자들 가운데에는 여성인 밧시마 학카우이(Bassima Hakkawi)도 있었다. 그래서 일부 학자들이나 언론은 정의발전당의 지도자들을 온건주의자들로 간주하고 있다. 그러나 실제로 이 단체의 역사를 연구하는 사람들이나 이 정당의 비공식 일간지인 ≪알 타즈디드(al-Tajdīd: 혁신)≫를 읽어본 독자라면 이러한 모든 것이 허구이며 그 이면에는 훨씬 더 급진적 이슬람주의 단체인 '통일개혁운동'이라는 실체가 숨어 있다는 사실을 알게 된다. 그들의 활동을 연구한 프란초이스 수단(François Soudan)도 이 정당을 '양의 가죽을 쓴 늑대'라고 표현했다. 그의 주장에 따르면 정의발전당은 실제로 2개의 노선을 택하고 있다고 한다. 하나는 베테랑 정치가인 압둘 카림 알 카팁이 이끌던 본래의 온건주의인 정의발전당과 다른 하나는 이슬람주의에서 출발한 통일개혁운동이다. 이러한 은밀한 행동을 꾸민 장본인은 벤키란 자신이다.

벤키란이 이처럼 여러 단체에서 다양한 태도를 취한 것을 놓고 어떤 사람은 순전히 전략적 이유 때문이라고 하고, 살라피야주의자들이나

'정의와 자선' 소속 사람들을 비롯한 일부는 하나님의 길에서 벗어나 방황했기 때문이라고 말하지만, 그의 지지자들은 진정한 이유에서 그러한 행동을 취했다고 주장한다. 현재 벤키란은 군주제의 인정과 정치단체들의 적극적인 정치 참여를 주장하고 있다. 1988년 이슬람협회는 개혁과 혁신운동(Movement for Reform and Renewal)이 되었다가 아흐마드 라이수니(Ahmad Raissounī)의 이슬람미래연합(League for an Islamic Future)에 가담한 후에는 통일개혁운동(Movement for Unification and Reform)으로 또다시 이름을 바꾸었다. 카팁(Khāṭib)이라는 상징적 인물을 제외한 기존의 정의발전당 지도자들은 점차 통일개혁운동의 이슬람원리주의자들에 의해 한쪽으로 밀려나기 시작했다. 이 정당을 대표하는 국회의원 전원과 사무국 멤버 18명 중 13명이 실질적인 통일개혁운동 소속이다. 벤키란과 그의 측근들은 통합된 정의발전당을 앞세우고 그 배후에서 실질적인 세력을 장악한 후 이 정당의 이슬람화를 이룩한 것이다.[32] 이렇게 이슬람화된 정의발전당은 2002년 9월에 실시된 국회의원 선거에서 이슬람주의 운동을 대변하는 유일한 정당이 되었다.

벤키란의 측근으로 알려진 정의발전당의 대변인 무스타파 라미드(Mustafa Ramid)는 자신의 정당은 절도범의 손목을 절단하는 등의 코란에서 규정한 형벌을 적용하기를 희망한다고 밝혔다. 즉, 정의발전당 역시 사회와 정치의 모든 영역에서 이슬람법 샤리아를 시행하려는 의도를 갖고 있다. 이 정당의 고위 지도자인 압둘 아지즈 랍바(Abd al-Aziz Rabbah)도 모로코 내의 모든 주류 산업을 없애고 주류를 제공하는 모든 나이트클럽이나 바를 폐업시키겠다는 의도를 드러내었다. 또한 이 정당은 최신 유행의 서구식 복장을 하는 젊은 여성들에 대해서도 반감을 표시했다. 랍바는 이와 관련해 다음과 같은 주장을 펼쳤다.

32) Soudan, "Islamist Movements in Morocco: The Saber and the Quran."

> 우리가 요구하는 것은 최상의 도덕, 최상의 관습, 최상의 실행이다. 우리는 여성이 몸을 드러내고 거리를 활보하는 것을 용인하지 못한다. 그것은 비도덕적이기 때문이다. 절단형은 다른 방법으로 구제할 수 없는 절도범에 대한 최후의 선택이다. 우리는 먹을 것을 찾지 못한 가련한 자의 손목을 자르려는 것은 아니다.[33]

이 정당은 선거를 통한 권력 쟁취를 주창하며 군주제나 기존의 제도를 문제 삼지는 않는다. 그러나 그들은 때때로 국회에서 소란을 일으키는 원인을 제공하기도 한다. 그들은 팔레스타인 문제에 대해 호전적이며 여성 평등에 반대 입장을 표명하고 소액 신용대출을 고리대금업으로 간주해 반대하고 있다. 그들은 분명히 종교적 성격을 띠었지만 극단적이지는 않다. 이 단체에는 경영자, 법률가, 의사 같은 지식인들이 함께 참여하고 있다.

2002년 9월 국회의원 선거의 최대 수혜자는 아마도 정의발전당일 것이다. 1997년 11월에 정의발전당은 325의석 중 14의석만 차지했었다. 그러나 '정의와 자선'이 정치에 참여하려 하지 않았으며 참여하지도 못했던 2002년의 선거에서는 3배에 달하는 42의석을 차지해 민중사회주의연합(USFP: Union Socialiste des Forces Populaires)과 독립당에 이어 제3당이 되었다.[34]

하지만 정의발전당의 정치적 발전이 정부 내각에 입성할 정도까지 이른 것은 아니었다. 2002년 9월, 무함마드 6세는 수상으로 58세의 드리스 제투(Driss Jettou)를 임명했는데, 그는 정치적으로 어떤 정당에도 소속되지 않았으며 무역 협상에 능한 성공적 기업가였다. 1996년의 헌법에 따른

---

33) Laskier, "A Difficult Inheritance: Moroccan Society under King Muhammad VI."

34) "New Moroccco Government Eyes Reform after Islamist Surge," from http://etaiwannews.com/world/2002/11/09/1036806238.htm. 1990년 6월 12일 알제리 지방자치 선거에 대해서는 다음을 참조하시오. Michael M. Laskier, "Algeria Holds Its First Free Multiparty Elections," in Frank N. Magill(ed.), *Great Events from History: 1982~1991* (Pasadena: Salem Press, 1992), pp.2583~2588.

민주 선거였음에도 불구하고 국왕은 여전히 수상, 국방성, 외무성, 법무성, 종교성 장관을 임명할 권한을 갖고 있었다. 31명의 장관으로 구성된 정부는 주로 선거에서 50석을 차지한 민중사회주의연합(USFP)과 48석을 차지한 독립당(IP) 인사들로 채워졌다.

3) 살라피야 지하디야

'정의와 자선'과 정의발전당이 서구 세속주의에 대한 자신들의 투쟁을 비폭력적 자세로 견지하고 대중에게 이슬람의 덕목을 가르치는 데에 목적을 두고 있을 때, 몇몇 지하 이슬람주의 조직들은 그와 다른 길을 걷고 있었다. 그중 대표적인 조직이 살라피야 지하디야(Salafiyah Jihādiyah)이다. 이들은 '정의와 자선'과 마찬가지로 칼리프 국가의 부활을 고대하지만, 이것은 평화적으로만 성취될 수 없다는 주장이다. 살라피야 지하디야는 소위 '무지의(jahili) 정권'을 무력으로 전복하자는 해외 이슬람주의 이상에 영향을 받았다. 이 조직의 정신적 지주는 무슬림형제단 운동의 창시자인 이집트의 사이드 쿠틉(Sayīd Quṭb), 이집트 이슬람협회(Jamā'ah Islāmiyyah)의 창설자이자 장님 지도자인 우마르 압둘 라흐만('Umar 'Abd al-Raḥmān), 런던의 설교자 우마르 마흐무드 우마르('Umar Maḥmūd 'Umar), 우사마 빈 라덴('Usama bin Laden) 등이다.[35]

아프가니스탄에서 대소련 항쟁을 마치고 귀국한 모로코 전사들을 중심으로 1990년대에 조직된 살라피야 지하디야는 탕헤르(Tangier) 출신의 무함마드 펫자지(Muhammad Fezzazi), 테투안(Tetouan) 출신의 우마르 하두쉬(Umar Haduchi), 카사블랑카 출신의 자카리아 밀루디(Zakariyya Miludi)를 포함한 12명이 이끌고 있다. 그러나 2002년 9월의 선거 전날 밤 순교를 각오했

35) Soudan, "Islamist Movements in Morocco: The Saber and the Quran."

던 400명에 달하는 무장세력들이 대규모로 검거되어 그들의 세력은 상당히 약화되었다.[36)]

살라피야 지하디야의 최고 지도자인 밀루디는 2002년 8월 체포될 때까지 경찰, 마약 복용자, 음주자들에 대한 과격 행동을 부추겼다. 수단(Soudan)의 주장에 따르면, 이 조직은 1992년부터 2002년까지 빈민 도시에서 비밀리에 조직원을 확보한 뒤 이들을 3~4명의 점조직으로 만들어 카에다를 통해 군사 훈련을 받게 하는 등 그 세력을 크게 강화시켜 나갔다고 한다. 2002년 여름 조직원의 상당수와 사우디아라비아 국적의 외국인 3명이 테러 음모의 죄목으로 체포되었다.[37)]

2002년 6월 모로코 정부 당국자는 지브롤터 해협에 정박 중이던 미국·영국 배에 공격을 가하고 모로코 국내에도 폭탄을 설치하려던 카에다의 음모를 수사하면서 카사블랑카 공항의 안보 요원 1명과 모로코인 2명을 체포했다고 밝혔다. 최소한 모로코인 몇 명이 살라피야 지하디야에 가입해 아프가니스탄의 카에다 캠프에서 훈련을 받은 것은 분명해 보인다.[38)] 알려진 바에 의하면 그들의 일부는 살라피야 지하디야의 활동 계획과, 카에다와 연계해 해외에서 활동하고 있는 모로코 이슬람주의자들의 역할에 대해 모로코 정부 당국에 정보를 제공하고 있다.

모로코 정부는 이 이슬람주의자들이 순교자가 되는 것을 최선의 가치로 여기고 있다고 주장했다. 지금까지 이러한 예는 마그레브 지역에서는 전혀 존재하지 않았던 것이며 심지어 극단적인 알제리 이슬람주의 조직 주변에서도 발견되지 않았던 현상이다. 하지만 체포로 그들의 무장행동을 막을 수는 없었다. 그들의 과격 행위는 오히려 더욱 기승을 부리기 시작했다. 2003년 5월 16일 일련의 자살 폭탄 테러가 카사블랑카에서 발생해

---

36) 같은 글.

37) 같은 글.

38) *New York Times*, 2002, June 26.

테러리스트 10여 명을 제외하고도 모로코인과 유럽인 29명이 사망했다. 주로 외국 관광객과 사업가들이 투숙하고 있던 파라(Farah) 호텔, 몇몇 유대교 단체, 유럽인들이 많이 찾는 대중식당과 그 밖의 장소들이 자살폭탄 공격으로 파괴되었다. 최소한 모로코인 5,000명이 유럽과 FBI 테러 전문가들의 지원을 받은 모로코 당국에 의해 체포되어 심문을 받았다.[39]

모로코 정부의 보고에 따르면, 이 일련의 사건을 일으킨 테러리스트들은 '정도(正道: al-Sira al-Mustaqim)'라고 불리는 살라피야 지하디야 산하 조직 소속이었다고 한다. 그들의 나이는 20~24세이며 카사블랑카의 빈민가 중의 하나인 시디 무멘(Sidi Moumen)에 거주하는 실업자들이었다. 그들의 가택과 이웃을 수색한 결과 런던의 종교지도자 아부 카타다(Abu Qatada)의 연설을 담은 선전 책자가 발견되었다. 또한 경찰은 카에다가 제공했을 것으로 보이는 폭발물 제조 설명서와 폭발물 재료도 함께 발견했다.[40]

모로코 정부 당국은 작년 스페인 마드리드에서 발생한 열차 테러 사건에 연루되어 체포된 피의자 22명 가운데 11명이 모로코인이었으며, 이들 역시 살라피야 지하디야 단원으로 의심받고 있다고 밝혔다. 그뿐만 아니라 이 사건 이후 한 아파트에서 경찰의 포위를 받자 자살한 용의자 7명 가운데 6명이 모로코인으로서, 이들 역시 같은 단체의 소속으로 보인다. 한편 지난 2001년에 발생한 9·11 테러 사건에도 프랑스 태생의 모로코인 자카리아(Zacarias Moussaoui)와 무니르(Mounir al-Motassadek) 등 최소한 2명의 모로코인이 연루되어 있었다.[41]

이 집단은 명백한 개혁주의이기는 하지만 비정치 성향이다. 이를 따르

39) Elaine Sciolino, 2003, May 23, "Moroccans Say al-Qa'ida was behind the Casablanca Bombing," *New York Times*.

40) Neil MacFarquhar, 2003, May 19, "Saudis Link Four in Bomb Plot to al-Qa'ida," *New York Times*.

41) http://www.phillyburbs.com/pb-dyn/news/91-05152005-489703.html.

는 사람들은 개인적 신앙생활과 사회의 정의에 집중하고 부정부패를 비난한다. 그들은 전통적인 이슬람 복장이나 결혼식을 선호하고 이슬람적 언행을 선호한다. 이와 같은 수니 경향의 지도적 인물은 1980년대 후반에 사망한 탕헤르 시의 모스크 원로 설교자 파키흐 알 잠자미(Faqīh al-Zamzamī)이다. 그는 행상인, 노동자, 소매상인들의 지지를 받았으며 그의 목소리가 담긴 설교 테이프는 거의 모든 도시에서 판매되었다. 그의 세 아들들도 그의 노선을 따랐다. 이 잠자미 수니 성향은 인도에 기원을 둔 이슬람 선교운동인 타블리그(Tabligh)와도 결합되어 있었던 것으로 확인되었다.[42]

5. 이슬람 운동에 대한 정부 정책

다른 중동국가의 정부와 마찬가지로 모로코의 전 국왕 하산은 급진주의 좌익세력에 균형을 맞추기 위해 이슬람주의 운동에 약간의 자유를 부여하기 시작했다. 1975년 정권의 묵인하에 진행된 과격 이슬람주의자들의 민중사회주의연합 지도자 오마르 벤젤룬(Omar Benjelloun) 암살은 정권과 이슬람주의 세력 간의 가장 명백한 협력의 표시였다.[43] 그 이후 하산은 비정치활동을 허용하는 한편 이슬람주의 세력들을 흡수 조정하는 전략을 세우면서 정치적으로 활동하려는 그들의 능력을 심하게 제한했다. 1990년대 말에 이르러서야 하산은 통제된 정치적 자유화의 일환으로

42) Henry Munson, *Religion and Power in Morocco* (New Haven: Yale University Press, 1993), pp.153~158; Interview with Mohamed Tozy, 1999, February 9~15, *Jeune Afrique*; Shahin, *Political Ascent: Contemporary Islamic Movements in North Africa*, pp.179~181.

43) Interview with Mohamed Tozy; Shahin, *Political Ascent: Contemporary Islamic Movements in North Africa*, pp.186~187.

공식적인 정치제도 안에서 이슬람주의자들의 활동을 허용했다. 이슬람주의를 통제하려는 정부의 노력은 모로코 이슬람주의가 하나의 세력으로 뭉쳐져 있지 않은 점에서 더욱 용이해졌다.

모로코 정부는 알제리에서 내전 초기에 이슬람원리주의자들이 저지른 잔악 행위를, 모로코 사회의 다양한 계층을 위협하고 민주화 요구를 무마시키는 구실로 사용했다. 알제리와 같은 제도는 이슬람원리주의자들의 권력 장악을 도와주며, 따라서 어떠한 것을 피해야 하는지 잘 나타내 준다는 것이다.

젊은 국왕 무함마드 6세의 즉위 이후, 모로코 영토 내에서 이슬람원리주의자들과의 투쟁 노력의 일환으로 사회 분야의 공식적인 활동이 두드러졌다. 이러한 정책은 모스크에서 온건 친정부세력들을 활성화시키는 노력도 포함되어 있었다. 이러한 정부의 책동은 2000년 세이크 압둘 살람 야신의 가택 연금과 모스크에서의 설교 금지로 절정을 이루었다. 이 카리스마적인 지도자가 사라진다면 그가 이끄는 이슬람 운동 내부에서 당파 간의 갈등이 확대되고 결국 분열을 촉진시켜 경쟁 단체들이 양산될 것이기 때문이다. 이로 인해 이슬람원리주의자들의 활동은 약화될 것이 틀림없었다. 그러나 좀처럼 이슬람원리주의자들의 행동이 수그러들지 않자 정부는 결국 온건 정책으로 회귀해 그의 가택 연금을 해제했다.

6. 모로코 이슬람 운동의 전망

독립을 쟁취한 이후 40년간 모로코를 비롯한 마그레브 국가들은 그들 자신의 역사적 유산 위에 합법적 정권을 건설했다. 마그레브 국가들은, 때로는 이슬람 단체들을 지원해 그들과 경쟁 관계에 있는 다른 급진단체들과 맞서 싸우도록 조장하기도 하고, 때로는 그들을 탄압하면서 자신들이 조정할 수 있는 온건 이슬람 단체를 조직하고 지원해 왔다. 마그레브의 세 나라 가운데 오랜 국가적 전통을 갖고 있는 모로코는 어느 정도 정치적·종교적 다원주의의 표현을 허용하는 편이다. 정권은 비록 억제를 가하기는 하지만 이슬람주의자들의 활동을 허용하고 있으며, 비합법적이더라도 그들을 폭넓게 인정하고 있다. 모로코는 이처럼 정치적·종교적 다원주의의 표현을 어느 정도 허용한다는 국가의 정책을 꽤 오랫동안 유지해 왔다. 하지만 비합법적인 것이라면 정부는 언제든지 광범위한 제재를 가했다. 합법적인 이슬람 정당을 허용하기에는 이슬람주의가 너무 위협적이라는 모로코 왕정의 생각은 다른 대부분의 이슬람 국가들과 마찬가지이다.

오늘날 모로코 이슬람주의의 주된 위협은 정치 분야보다는 사회 분야에 있다. 모로코 왕정은 유럽 연합과 미국의 지지를 받아왔으며 이슬람주의 운동에 압도적인 권력을 휘둘렀다. 모로코 이슬람주의 연구의 대표적 전문가인 무함마드 토지는 "모로코 이슬람주의자들은 정권에 심각한 위협이 될 수 없으며 가장 강력한 세력인 '정의와 자선'도 야신이 죽은 후 분열될 것이다"라고 예견하고 있다.[44] 문제는 모로코의 사회·경제적 문제들이 이슬람주의 운동이 기승을 부릴 수 있는 좋은 환경을 제공하고 있다는 점이다. 전 국왕 하산은 '통제된 자유화'라는 김빠진 정책을 계속 수행해 왔다. 현왕 무함마드 6세는 자유화에 좀 더 박차를 가하기로 결심한 듯하다. 하지만 그 접근 방법은 사회적·정치적 안정과 고도의 정치적 균형이 선행되어야만 가능한 것이다.

그렇다고 모로코 이슬람주의자들의 정권 쟁취가 쉽게 이루어질 것 같지는 않다. 제도권 안에서 활약하든 지하에서 활약하든 간에, 모로코 이슬람주의 단체들의 세력이 모로코 왕정을 전복시키기에는 아직 턱없이

---

44) Mohamed Tozy, "Les Pronostics de Mohamed Tozy: Les Islamistes ne peuvent pas gagner," *Arabies*, Feb(2001), p.23.

허약한 조직과 힘을 갖고 있기 때문이다. 하지만 고전 이슬람 교리를 이슬람식 자유 이론과 결합시켜 서구가 주도하는 세계화·제국주의와 맞서 싸워 나가자는 야신의 이상은 그가 죽은 후에도 계속 모로코 전국에 울려 퍼질 것임에 틀림이 없다. 지금은 그럭저럭 잘 막아내고 있지만, 알제리에서 일고 있는 과격 이슬람주의의 파도가 국경을 넘어 모로코를 휩쓸 위험은 항상 도사리고 있다. 그뿐만 아니라 살라피야 지하디야 단체처럼 국제 테러 조직과 연관된 과격단체들이 극단적인 방법을 동원해 국가를 혼란에 빠뜨릴 가능성도 무시할 수 없다.

결국 모로코 왕정이 서구세력에 너무 의탁하지 않고 현재 이슬람 세계에서 발생하고 있는 팔레스타인, 이라크, 아프가니스탄 등의 문제 해결에 주도적인 자세로 나아가는 한편, 국내의 사회적·경제적 안정을 꾀함으로써 국민의 열렬한 지지를 받는 정부가 되는 길만이 과격 이슬람주의자들에 의해 초래될 불행을 막는 최선책이다.

참고문헌

1) 단행본

Beker, Avi. 1998. *Jewish Communities of the World*. Minneapolis: Lerner Publication.

Eickelman, Dale. 1976. *Moroccan Islam: Tradition and Society in a Pilgrimage Center*. Austin: University of Texas Press.

Laskier, Michael. 2004. *Israel and the Maghreb: From Statehood to Oslo*. Gainesville: University Press of Florida.

Munson, Henry. 1993. *Religion and Power in Morocco*. New Haven: Yale University Press.

Roumani, Maurice. 1977. *The Case of the Jews from Arab Countries: A Neglected Issue*. Tel Aviv: World Organization of Jews from Arab Countries.

Shahin, Emad Eldin. 1998. *Political Ascent: Contemporary Islamic Movements in North Africa*. Boulder: Westview Press.

2) 논문

Abu-Nasr, Jamil M. 1963. "The Salafiyya Movement in Morocco: The Religious Bases of the Moroccan Nationalist Movement." in Albert Hourani(ed.). *Middle Eastern Affairs*, No.3.

El Mansour, Mohamed. 1996. "Salafis and Modernists in the Moroccan Nationalist Movement." in John Ruedy(ed.). *Islamism and Secularism in North Africa*. New York: St. Martin's Press.

Enhaili, Aziz and Oumelkheir Adda. 2003. "State and Islamism in the Maghreb." *Middle East Review of International Affairs*, Vol.7, No.1.

Entelis, John P. 2002. "Morocco: Democracy Denied." *Le Monde Diplomatique*, 2002, October.

Ghallab, Said. 1965. "Les Juifs sont en enfer." *Les Temps Modernes*, 1965, April.

Hermassi, Abdelbaki. 1993. "State and Democratization in the Maghreb." in Ellis Goldberg, Resat Kasalen, and Joel Migdal(eds.). *Rules and Rights in the Middle East*. Seattle: University of Washington Press.

Laskier, Michael M. 1992. "Algeria Holds its First Free Multiparty Elections." in Frank N. Magill(ed.). *Great Events from History: 1982~1991*. Pasadena: Salem Press.

_____. 2003. "A Difficult Inheritance: Moroccan Society under King Muhammad VI." *Middle East Review of International Affairs*, Vol.7, No.3.

Leveau, Remy. 1993. "Reflection on the State in the Maghreb." in George Joffe(ed.). *North Africa: Nation, State and Religion*. London: Routeledge.

Shahin, Emad Eldin. 1995. "Under the Shadow of the Iman." *Middle East Insight*, Vol.11, No.2.

Soudan, Francois. 2002. "Islamist Movements in Morocco: The Saber and the Quran." *Jeune Afrique L'Intelligent*, August 12~25.

Tozy, Mohamed. 2001. "Les Pronostics de Mohamed Tozy: Les Islamistes ne peuvent pas gagner." *Arabies*, Feb.

Ulph, Stephen. 2001, May 3. "Morocco Puts the Squeeze on its Islamists." *Jane's Intelligence Digest*.

Waltz, Susan. 1994. "Making Waves: The Political Impact of Human Rights in North Africa." *Journal of Modern African Studies*, Vol.29, No.3.

3) 기타 자료

Arnold, Michael S. 2004, March 16. "For Morocco's Jews, a mixture of integration, vibrancy and decline." *Jewish Telegraphic Agency*, from http://www.jta.org.

Boyd, Clark. 2002, September 27. "'Morocco's Largest Islamic Group Will Boycott Friday's National Elections." *The Christian Science Monitor*.

Khalil, Driss. 1995, April 24. "Confronting a Wave of Islamic Fundamentalism." *Agence France Press*.

Prengaman, Peter. 2001, March 16. "Morocco's Berbers Battle to Keep From Losing their Culture." *San Francisco Chronicle*.

Sciolino, Elaine. 2003, May 23. "Moroccans Say al-Qa'ida was behind the Casablanca Bombing." *New York Times*.

Waltz, Susan. 2001, January 1~15. "Morocco's Moderate Islamic Movement Puts Pressure on Monarchy Over Palestine." *Muslim Media,* from http://www.muslimedia.com/archives/oaw01/moroc-pal.htm.

"Interview with Mohamed Tozy." 1999, February 9~15. *Jeune Afrique*.

"Interview with Mohammed Aujjar in al-Bayane." 1998, December 12~18. *Marco Hebdo International*, from http://www.maroc-hebdo.press.ma.

"New Moroccco Government Eyes Reform after Islamist Surge." from http://etaiwannews.com/world/2002/11/09/1036806238.htm.*al-Majalla*. 1996, June 23~29.

al-Wasat. 1999, June 14.

U. S. Department of State. 2001, October 26. *Annual Report on International Religious Freedom*. released by the Bureau for Democracy, Human Rights, and Labor. Washington DC.

_____. 2000, September 5. *Annual Report on International Religious Freedom*. released by the Bureau for Democracy, Human Rights, and Labor. Washington DC.

_____. *Report on Human Rights Practices for 1997*, from http://www.jewishvirtual library.org/jsource/anti-semitism/hrmorocco97.html.

Abd al-Salam Yasin's News Conference, 2000, May, from http://www.yassine.net/ conferencepresse/conf.htm.

http://www.phillyburbs.com/pb-dyn/news/91-05152005-489703.html.

제7장

터키 종교운동의 현황과 전망

우덕찬

1. 서론

국민의 99%가 이슬람을 믿는 터키는 신자 수에서 보면 이란에 이어 세계 8위의 무슬림국가이다.[1] 그러나 터키는 1923년 공화국을 수립하면서 정교분리를 채택하여, 세속주의(Secularism)를 헌법에 명문화했다.[2] 세속주의는 터키의 국부인 아타투르크(Atatürk)가 그의 집권기 동안 기본 원칙으로 삼은 6개 통치 이념[3] 중 하나로, 국가정체성의 근간이 되고 있다. 이 때문에 서구 국가들은 여타 이슬람권 국가들과 달리 터키를 근대화의

1) 세계 무슬림 분포 상황에 대해서는 다음 연구를 참고하시오. 박종평, 「무슬림의 분포상황과 거주지역」, ≪중동연구≫, 제18-1권(1999), 26쪽.

2) 터키 이외에 이슬람권 국가 중 세속주의를 헌법에 명문화하고 있는 국가는 아프리카의 세네갈(Senegal)이다.

3) 이상의 6개의 통치 이념은 나중에 케말주의(Kemalism) 또는 아타투르크주의(Atatürkism)라고 명명되었는데, 공화주의(Republicanism), 세속주의(Secularism), 민족주의(Nationalism), 국가주의(Statism), 인민주의(Populism), 개혁주의(Reformism)를 지칭한다. 케말리즘과 6개의 통치 이념에 관해서는 다음 연구를 참고하시오. 우덕찬, 「근대화·케말리즘·여성」, ≪지중해지역연구≫, 제5권 제2호(2003), 163~165쪽.

모델[4]로 간주한다. 아울러 서구식 민주주의를 적용해 시장경제체제와 지방자치제를 근간으로 평화적인 정권 교체를 이루고 EU의 준회원국이자 NATO의 일원이 된 터키를, 이슬람권 국가의 가장 대표적인 서구화 모델로 평가한다.

하지만 지난 1995년 12월 총선과 2002년 11월 총선은 터키뿐만 아니라 서구를 비롯한 주변 국가들에 커다란 충격을 가져다주었다. 1995년 총선에서 이슬람주의를 표방하는 복지당(Refah Partisi: the Welfare Party)이 제1당으로 부상했고, 2002년 총선에서도—노선에는 차이가 있지만—역시 같은 계보의 정의발전당(Adalet Kalkınma Partisi: the Justice and Development Party)이 제1당으로 부상해 연정이 아닌 독자정부를 구성했기 때문이다.[5] 특히 지난 2002년 총선에서 정의발전당은 총 유효투표의 34.2%를 획득하여 총 의석 550석 중 363석을 획득했다. 공화인민당은 총 유효투표의 19.4%를 얻음으로써 178석을 차지해 제2당이 되었다. 1990년대 터키 정치를 이끌어 오던 민주좌익당(Demokratik Sol Partisi: the Democratic Left Party), 민족행동당(Millî Hareket Partisi: the Nationalist Action Party), 모국당(Anavatan Partisi: the Motherland Party), 정의당(Doğru Yol Partisi: the True Path Party) 등이 유효투표의 10%를 확보하지 못해 단 한 석도 차지하지 못했다.

터키는 여타 중동국가와는 다른, 독특한 정치문화를 가지고 있다. 아타투르크의 공화국 성립 후 세속주의 진영의 아타투르크주의 세력과 이슬람 진영의 보수주의 세력 간의 이념 대립 속에서, 군부의 강력한 지원을 받은 아타투르크주의 세력이 국내 정치에서 절대적 우위를 점해왔다. 그런데도 총선에서 이슬람계 정당들이 약진한 것은 공화국 수립 이후의

---

4) 터키의 근대화 문제에 관해서는 다음 연구를 참고하시오. Robert E. Ward and Dunkwart A. Rustow(eds.), *Political Modernization in Japan and Turkey* (Princeton: Princeton University Press, 1974).

5) 2002년의 터키 총선 결과에 대해서는 다음을 참고하시오. http://sandik.superonline.com/index.php?xyz=secimsonuclari&yil=2002.

터키 정치사에서 매우 드문 예라 할 수 있다. 그 원인으로는 여러 가지가 있겠지만, 그간에 전개되어 온 이슬람 운동이 가장 중요한 기능을 했다고 볼 수 있다. 현재 터키에는 수십 개에 이르는 이슬람 종단(tarikat)이 지역성과 수피(Sufi: 이슬람 신비주의자) 지도자를 중심으로 신앙 공동체를 형성하면서, 터키 정치에 강력한 막후 영향력을 행사하고 있다. 국민의 절대다수가 이슬람교도인 관계로, 특정 지역에서 특정 종교지도자를 중심으로 단합된 그들의 표는 기존 정치인들에게 피할 수 없는 협력과 반대급부의 대상이 되기 때문이다. 그중 몇몇 원리주의[6] 종단은 전국적인 대규모 종단의 형태를 갖추면서, 조직적인 정치세력화에 부심하고 있다. 2002년 총선 결과에서 보듯이, 이들의 정치세력화는 이제 막후에서 영향력을 행사하는 단계를 지나 집권 단계까지 도달했다.[7]

본 연구에서는 터키 국내 정치에 결정적 변수로 등장한 이슬람 운동을 중점적으로 고찰해 보려고 한다. 먼저 터키의 종교현황과 종교정책을

---

6) 원리주의(fundamentalism)라는 용어는 1920년 미국에서 과격한 기독교 복음주의자들의 극단적인 세속화 반대운동을 지칭하는 용어로 사용되었다. 원래 이슬람에는 이슬람 원리주의 혹은 근본주의라는 용어가 없는데도, 1940년대 서구식 정치 질서와 세속주의에 반대하는 일체의 이슬람 운동을 자의적이며 악의적으로 해석한 서방 세계가, 이슬람 세계에 대한 자신들의 부당한 침략을 정당화하기 위해 이슬람은 반문명적이고 비인도적이며 위험하다는 논리의 비약으로 확산시킨 용어이다. 따라서 이슬람원리주의 또는 근본주의라는 용어보다는 전통적·관습적 이슬람의 모순을 자각하고 이를 바로잡기 위해 정통 신학의 관점에서 이슬람의 교리와 율법, 경전을 절대시하는 방향으로의 개혁을 추구한다는 이슬람 개혁주의(Islamic reformism), 또는 개혁운동이라 함이 더 타당하다. 이 같은 관점에서, 이슬람권에서는 서구의 세속적 가치 체계에 대항해서 사회의 모든 가치가 이슬람 중심으로 규정되어야 하며 특히 종교와 정치가 통합되어야 한다는 이슬람의 신학적 관점으로 이슬람 정신과 교리에 입각한 새로운 질서를 창출하려는 일련의 움직임에 이슬람 부흥운동, 이슬람 개혁운동 또는 이슬람 운동이라는 용어가 사용되고 있다. 이경찬, 「말레이시아 이슬람부흥운동의 정치적 함의」, ≪동남아시아연구≫, 제11권 봄호(2001), 55~56쪽.

7) 이희수, 「터키 내 이슬람원리주의 종파의 정치세력화와 갈등구조 연구」, ≪한국이슬람학회논총≫, 제8집(1998), 47쪽.

개괄적으로 다루고, 이슬람 운동과 종교갈등 문제를 중점적으로 다룰 것이다. 주지하는 바와 같이, 터키 이슬람 운동은 원리주의 종파가 뚜렷한 이념 중심의 결집체라기보다는 지역성, 역사성, 지도자의 개인적 성향, 종족적 문제 등으로 복잡하게 얽혀있고 상호 관계도 매우 가변적이기 때문에, 이를 하나의 틀 속에서 분석한다는 것은 매우 어렵다.[8] 따라서 먼저 공화국 수립 후 제도권에 편입되어 이슬람 운동을 전개해 온 이슬람 정당의 부침과정(浮沈過程)을 살펴보고, 가장 많은 대중적 지지를 확보하고 있는 온건주의 이슬람 운동인 누르주(Nurcu) 운동과 급진 이슬람 운동을 살펴보기로 하겠다.

2. 터키의 종교현황

오늘날 터키 인구는 6,200~6,400만 명으로 추산되는데 그중 99%가 무슬림이다. 터키 무슬림은 수니파 무슬림이 주를 이루고 있다. 시아파는 대략 30만 명으로 추산되는데, 이란과 국경을 접하고 있는 터키 동부의 카르스(Kars)에는 시아파 무슬림 상당수가 존재하고, 이스탄불(Istanbul)에도 중요한 시아파 공동체가 있다. 터키에는 이슬람 세계의 양대 주류를 이루는 수니파와 시아파 외에도, 또 다른 이슬람 종파인 알레비(Alevi)파[9]가 있다. 이 종파는 알레비 말고도 크즐바쉬(Kızılbaş), 벡타쉬(Bektaş), 타흐타즈(Tahtacı), 압달(Abdal), 젭니(Cepni), 자자(Zaza)라고도 불린다.[10] 실질적인

---

8) 같은 글, 47쪽.

9) 알레비는 시리아와 터키 남동부에서 아랍어를 사용하는 급진 시아파 계열의 알라위(Alawi)와는 완전히 구별되는 종파이다.

10) Krisztina Kehl-Bodorgi, *Die Kizilbash/Aleviten* (Berlin: Klaus Schwarz Verlag, 1988), pp.73~94.

측면에서 알레비파는 터키에서 제2의 종파를 형성하고 있고, 그 숫자는 약 1,500만에 달해, 전체 인구의 약 25%를 점유하고 있다. 이들은 대부분 인종적으로나 언어적으로 아나톨리아(Anatolia) 중부·동부 출신의 터키계이고 약 20%가 쿠르드계이다. 이들은 종교의식을 행할 때 아랍어보다는 터키어를 사용하고 있다.

터키계 알레비는 주로 아나톨리아 중부·동부의 시골에 거주하는데 중동부 지역의 카이세리(Kayseri), 시바스(Sivas), 디비르이(Divirği)를 잇는 삼각 지역이 주 근거지이다. 쿠르드계 알레비의 경우, 주로 남동 아나톨리아의 툰제리(Tunceli), 엘라지(Elaziğ), 무쉬(Muş)에 거주하고 있다. 알레비파는 시아파처럼 알리(Ali)의 가계를 신성시해 알리의 후계자들을 중시하지만 시아파와는 전혀 다른 전통을 가지고 의식을 행한다. 알레비파는 시아파가 행하는 대부분의 의식과 전통을 받아들이지 않는다. 그들은 라마단 기간에 금식하지 않는 대신 이슬람력으로 1월에 해당하는 무하렘(Mouharrem)에 12일간 금식한다. 또한 하지(Hajj)와 하루 다섯 번의 기도도 하지 않고, 여성들이 베일을 착용하지도 않는다.11)

하워드(Howard)의 최근 연구 결과에 따르면, 터키에는 비무슬림으로 아르메니아 정교도(5만 명), 유대교도(2만 5,000명), 시리아 정교도(1만 5,000~2만 명), 예지디교도(5,000~7,000명), 그리스 정교도(2,000~3,000명), 소수의 네스토리우스파 기독교도가 거주하고 있는데,12) 그 대부분이 기독교도이다. 터키의 비무슬림은 1923년 전승국과 터키 정부 사이에 체결된 로잔조약(the Lausanne Treaty)에 근거해서 종교적 자유를 누리고 있다.

---

11) David Zeidan, "The Alevi of Anatolia," *Middle East Review of International Affairs*, Vol.3, No.4(1999), pp.74~75.

12) Douglas A. Howard, *The History of Turkey* (Westport: Greenwood Press, 2001), p.6.

3. 터키의 종교정책

1982년에 개정된 헌법 제2조는, 터키 공화국은 세속주의를 채택한다고 명시하고 있다. 헌법 제24조는 종교와 양심의 자유를 명시하면서 세속주의를 신념의 자유와 연관시키고 있다. 또한 헌법 제24조는 종교활동의 자유를 보장하면서 어느 누구도 특정 종교나 특정 종교행사의 참여를 강요받을 수 없다고 규정하고 있다.[13] 이처럼 터키 헌법의 모든 조항은, 모든 사람은 사고·양심·종교의 자유에 대한 권리를 갖는다는 세계인권선언 제18조에 부합한다.[14]

그러나 헌법 제24조에는 국가가 초등학교와 중등학교에서 수니 무슬림 종교교육을 제공해야 한다는 규정이 있는데, 이는 근대 세속국가의 원칙에 배치되는 규정이다. 터키 국민의 99%가 무슬림이라 하더라도, 터키 내의 기독교도와 유대교도의 아이들이 수니 무슬림 교육을 받아야만 한다는 사실은 인권과 종교의 자유를 침해하는 규정이라고 본다. 로잔조약은 그리스 정교도와 아르메니아 정교도를 소수민족종교로 인정해 법에 의한 이슬람 교육 면제를 인정하고 있다. 그러나 시리아 정교도는 로잔조약이 그들을 소수민족종교로 인정하지 않기 때문에 이슬람 교육을 받아야만 하는 상황에 처해 있다. 더 큰 문제는 터키 인구의 약 25%를 점유하고 있는 알레비들이다. 터키 정부는 알레비 무슬림들에게도 초·중등학교에서 수니 무슬림 교육을 강제로 실시하고, 알레비들은 이러한 정부의 교육정책에 크게 반발하고 있다.

세속국가 원칙에 배치되는 또 다른 실례는 종교청(Diyanet İşleri Başkanlığı)의 존재이다. 종교청은 1924년 3월 3일자 법률 제429호 「성법성·종교재단청·참모총장성의 폐지에 관한 법(Şeriye ve Evkaf ve Erkanıharbiyei Umumiye

13) http://www.tbmm.gov.tr/anayasa/constitution.htm.

14) *Universal Declaration of Human Rights*, article 18.

Vekaletlerinin İlgasına Dair Kanun)」에 따라 수상실 산하에 종교업무를 전담하는 기관으로 설치되었다. 동 법안을 제출한 할릴 훌키 에펜디(Halil Hulki Efendi)와 공동제안 의원 50명의 제안 취지서에 의하면, "종교와 군의 정치 개입은 많은 장애가 되며, 이러한 사실은 모든 문명국 국민들과 정부에서 기본 원칙으로 수용되고 있다. 이러한 관점에서 인간생활의 보장 의무를 새로이 위임받은 터키 공화국 헌법에서 하위 법적 기구인 성법성, 종교재단성, 참모총장성을 명시하는 것은 부적절하므로, 성법성·종교재단성의 폐기와 더불어 모든 종교재단들의 민영화는 매우 자연스러운 결과이다" 라고 설명하고 있다. 동법 제1조가 '신앙·예배와 관련된 활동의 관리는 종교청의 고유 업무'로 규정하고 이외의 사항은 국회의 입법권에 귀속시킴으로써 성법(Şeriat)은 법률로서 폐지되었다.[15]

종교청은 터키에 거주하는 모든 무슬림들의 종교생활을 감독하는 정부 기구로서, 이맘과 종교직 공무원을 임명하며 이들에게 급여를 제공하고 7만 개 이상의 모스크를 직접 관리하고 있다. 한편 종교청은 정부에게서 막대한 예산을 제공받고 있지만,[16] 모스크에서 신앙생활을 하지 않는 유대교도나 기독교도 공동체에는 전혀 예산을 지원하지 않는다. 알레비 무슬림도 모스크가 아닌 '젬 에비(Cem Evi)'에서 신앙생활을 하기 때문에 종교청에서 재정을 지원받지 못한다. 이처럼 종교청은 종교와 군의 정치 개입을 억제할 목적으로 설치되었지만, 국민의 99%를 차지하는 수니 무슬림을 위한 기구일 뿐 알레비 무슬림을 포함한 여타 소수민족종교 공동체를 위한 활동은 전혀 하지 않는, 세속국가 원칙에 위배되는 기구라 할 수 있다.

터키 내 비무슬림의 종교활동은 독립된 정부기구 중 하나인 종교재단 관리청(Vakıflar Genel Müdürlüğü)의 감독을 받고 있다. 이 기구는 종교시설물

---

15) 서재만, 「터키의 종교정책」, ≪중동연구≫, 제19-1권(2000), 271~272쪽.

16) 종교청의 예산에 관해서는 같은 글, 287~289쪽.

과 종교학교를 비롯한 모든 종교 관련 소유물을 관리·감독하고 있다. 현재 터키에는 비무슬림 종교시설물이 160개 정도 있는데, 그리스 정교가 70개, 아르메니아 정교가 50개, 유대교가 20개, 그리고 나머지는 기독교계 소수종교의 시설물이다.[17] 한편 로잔조약은 비무슬림들이 1923년 터키 공화국 출범 이전의 종교시설물 외에 추가로 시설물을 확보하는 것을 금한다고 규정하고 있다. 따라서 어떤 소수종교의 공동체에서 성도 수가 감소해 종교시설물이 제 기능을 하지 못하게 되면, 이상의 시설물은 결국 종교재단관리청에 의해 국가에 귀속된다.

현재 터키에는 선교활동이나 개종을 금하는 법은 존재하지 않는다. 하지만 정부는 선교활동에 대해 우려를 표시하고 있다. 특히 보수 무슬림 계층이나 정부는 기독교 선교활동에 대해 반감을 가지고 있다. 대중매체나 일부 정부 관료들은 지난 1999년 대지진 발생 시 인도적 차원에서 행해진 기독교 선교사들의 구호활동에 대해 대대적인 비난을 하기도 했다. 또 종종 국가질서를 파괴하고 이슬람을 모욕한다는 이유로 선교사들이 경찰에 체포되어 재판에 회부된다. 그러나 터키인의 경우 재판이 기각되고, 외국인은 추방령을 받더라도 재입국이 허용된다.

4. 터키의 종교운동

1) 이슬람 정당과 이슬람 운동

(1) 국가질서당, 국가구제당

이슬람 운동[18]은 국가마다 그 이념이나 전략이 상이한 형태로 전개된

17) U. S. Department of State, *2001 Annual Report on International Religious Freedom* (Turkey: U. S. Department of State, 2001).

다. 터키의 이슬람 운동도 독특한 역사를 가지고 있다. 터키의 경우, 이슬람 운동은 1923년 공화국 선포 직후에 출현했다. 세속주의 개혁으로 종교기관들이 폐지되자 종단의 셰이크와 직업 종교인들이 이슬람 운동을 주도했다. 이들은 1920년대와 1930년대에 세속주의 국가에 반대해 폭동을 일으켰지만, 대중적 지지를 얻는 데 실패했고 당국에 의해 진압되었다.[19] 그 결과 1923년에서 1946년에 걸친 일당독재기에 이슬람주의자들은 지하에서 활동했다.

1946년 복수정당제로 전환되면서, 이슬람주의자들은 집권당인 중도우익의 민주당(1950~1960)과 연대를 형성했다. 이후 1961년 새로 제정된 헌법에 시민적 자유(civil liberties) 조항이 명문화되면서 이슬람주의자들은 비록 제한적이나마 합법적으로 활동을 시작했다. 1970년 1월 네즈메틴 에르바칸(Necmettin Erbakan)이 국가질서당(the National Order Party)[20]을 창당할 때까지, 이슬람주의자들은 중도우익 정당에서 보수주의 정파를 형성

18) 일반적으로 이슬람 운동은 지리적으로 주변부에 있거나 불만, 특정 이해관계를 가지고 있는 특정 그룹이 정치적 불만을 토로하는 출구라 할 수 있다. 터키의 경우, 오늘날까지 적어도 다음과 같은 다섯가지 형태의 갈등 관계가 존재해 왔다. 중앙부와 주변부 간의 갈등, 계층 간의 갈등, 지역 간의 갈등, 이슬람주의자와 세속주의자 간의 갈등, 종파 간 갈등(예를 들어 수니파와 알레비파 간의 갈등). Şerif Mardin, "Center-Periphery Conflict: A Key to Turkish Politics," *Dedalus*, Vol.102, No.1(1973), pp.169~190.

19) 그 대표적 운동이 쿠르드계 셰이 사이트(Şey Sait)가 주도한 반란이다. 그는 팔루(Palu) 출신 쿠르드족으로 종교학교를 졸업한 후 동부 아나톨리아 지역에서 데르비쉬(Dervish) 교단의 종교지도자로 활동하고 있었다. 그는 정교분리의 세속화 정책에 크게 반발하면서 추종자들에게 신이 없는 공화국의 전복, 칼리파제의 회복, 독립 쿠르디스탄의 건설을 촉구했다. 더 자세한 내용은 다음 연구를 참고. 서재만, 「터키의 종교정책」, 257~258쪽.

20) 이 이슬람 정당은 이후 국가구제당(the National Salvation Party, 1972~1981), 복지당(Welfare Party, 1983~1998), 미덕당(Virtue Party, 1997~2001) 등으로 당명을 변경해 왔다. 2001년 미덕당이 불법정당화됨으로써 실용주의 노선의 정의발전당(the Justice and Development Party, 2001~현재)과 급진주의 노선의 행복당(the Felicity Party, 2001~현재)으로 분열되었다.

하거나 지하에서 활동했다. 그러나 국가질서당이 창당되면서 이슬람주의자들은 최초로 자신들의 정견을 표출할 독자적인 정당을 가지게 되었다.

1971년 5월 20일 국가질서당은 헌법 전문, 제2조, 제19조, 제57조에 명시된 세속주의 원칙과, 정치정당법 제92조, 제93조, 제94조를 침해했다는 이유로, 군부의 압력에 따른 헌법재판소의 판결에 의해 폐당 조치되었다. 그 결과 1972년 10월 국가질서당의 뒤를 잇는 국가구제당이 창당되었다. 이 정당은 지방의 중소·상공업자들과, 거대 종교그룹인 낙쉬반디(Nakshibandi), 누르주(Nurcu)의 도움으로 1973년 총선에서 아나톨리아 중부·동부 지역 총투표 수의 11.8%를 획득함으로써 거대정당으로 발돋움하게 되었다.

1973년 총선 이후, 국가구제당은 여러 정당들과 연립정부를 구성했다. 먼저 뷸렌트 에제비트(Bülent Ecevit)가 이끄는 세속주의 정당인 공화인민당(Republican People's Party)과 연정을 성립시켜, 많은 구성원들이 관료로 진출해 내각을 장악할 수 있었다. 아울러 중등학교에 해당하는 이맘 하팁(imam-hatip)을 설립하는 법안을 통과시켰고 이맘 하팁을 졸업한 친이슬람주의 성향의 학생들이 대학에 진학할 수 있게 되었다. 이맘 하팁을 졸업한 많은 학생들이 1980년대와 1990년대에 주요 이슬람주의자들로 활동하게 되는데, 이스탄불 시장을 지냈고 현재 집권 중인 정의발전당의 당수인 레젭 타입 에르도안(Recep Tayip Erdoğan)도 졸업생들 중 하나이다. 에제비트의 연립정부는 키프로스의 터키계 주민을 보호할 목적으로 감행된 1974년 7월의 군사작전 후 붕괴되었다. 국가구제당은 새로운 민족전선(National Front) 정부에서 연정 파트너가 되어 수상 슐레이만 데미렐(Süleyman Demirel)이 이끄는 중도우익의 정의당(Justice Party)과 연정을 성립시켰는데, 이 연정에는 알프아스란 튜르케쉬(Alpaslan Türkeş)가 이끄는 초국가주의 정당인 국가행동당(National Action Party)도 참여했다.

1977년 6월의 총선에서 국가구제당은 8.6%의 표를 획득했지만, 선거

후 데미렐이 구성한 제2민족전선 정부에 참여했다. 1977년 6월 데미렐은 사임했지만 같은 해 8월 국가구제당, 국가행동당, 정의당으로 구성된 연정을 성립시켜 다시 복귀했다. 그러나 데미렐은 12월 정의당 의원들의 탈당으로 사임해야만 했다. 이어 1978년 1월 에제비트가 또다시 경제난 타개와, 수니·알레비를 포함하는 좌우익 충돌로 야기된 폭력사태 해결을 약속하며 연립정부를 구성했지만, 1979년 10월 보궐선거에서 정의당의 압승으로 사임하게 되었다. 1979년 11월, 데미렐은 국가행동당과 국가구제당의 도움으로 정의당만의 소수정부를 구성했다. 그러나 1970년대 말 일련의 연립정부들은 심각한 경제난과 정치적 문제들을 해결하는 데 실패했고, 좌우익 간의 무력 충돌이 계속되어 내란으로 확대될 수 있는 위기 상황에 처하게 되었다. 1980년 9월 무혈 쿠데타로 집권한 케난 에브렌(Kenan Evren) 장군의 군부는 1982년 새로운 헌법을 제정하고 정치 시스템을 재편해 정의당, 국가행동당, 국가구제당을 포함하는 주요 정당들의 정치활동을 금지시켰다.[21)]

(2) 복지당, 미덕당, 행복당, 정의발전당

1983년 7월 19일 국가구제당을 대신해서 알리 투르크멘(Ali Türkmen)이 복지당을 창당했다. 실질적 리더였던 에르바칸은 정치활동 규제 조치 해제 이후 다시 정치에 복귀해, 이 새로운 명칭의 이슬람 정당을 이끌게 되었다. 에르바칸의 지도하에 1987년 총선이 치러져 복지당은 유효투표의 7.2%를 획득했고 1989년의 지방자치 선거에서는 9.8%를 얻었는데, 특히 이스탄불에서 많은 표를 얻었으며 몇몇 지역에서는 지방자치단체장으로 당선되기까지 했다. 1991년 10월의 총선에서는 튜르케쉬의 민족행동

---

21) Narli Nilüfer, "The Rise of the Islamist Movement in Turkey," Barry Rubin (eds.), *Revolutionaries and Reformers* (Albany: State University of New York Press, 2003), pp.126~127.

당과 연대하여 16.7%의 표를 획득했다. 이어 복지당은 1994년 3월의 지방자치 선거에서 대성공을 거두게 되는데, 복지당의 후보가 이스탄불, 앙카라 등 주요 대도시 6개를 포함하는 28개 시와 327개의 자치단체장으로 당선되었고 전국적으로 총 19%를 득표했다. 마침내 1995년 12월의 총선에서는 많은 중동 지역 전문가의 예상을 깨고 복지당이 21.4%의 표를 획득하면서 제1당으로 부상했다. 더욱이 총선 승리 이후 군부의 강력한 경고와 중도우파 정당들의 끈질긴 방해에도, 1996년 7월 20일 복지당 당수 에르바칸이 의회 신임투표에서 수상에 취임함으로써 터키 공화국 역사상 처음으로 이슬람을 표방하는 정당의 집권 시대가 열렸다.[22)]

그러나 군부의 강력한 압력에 따라, 복지당은 1997년 헌법재판소 결정으로 폐당 조치되었고 에르바칸은 정치활동 규제 대상자가 되었다. 이후 복지당은 미덕당(Fazilet Partisi: the Virtue Party)으로 개명하여 1999년 총선에서 15.4%의 득표율로 제3당이 되었다. 그러나 2001년 6월 헌법재판소에 의해 폐당된 후, 미덕당은 레자이 쿠탄(Recai Kutan)이 이끄는 급진 이슬람주의 행복당과 에르도안(Erdoğan)이 이끄는 온건주의 노선의 정의발전당으로 분열되었다. 2002년 총선에서는, 노선에는 차이가 있지만 역시 같은 계보의 정의발전당이 제1당으로 부상하여 연정이 아닌 독자정부를 구성했다. 특히 지난 2002년 총선에서 정의발전당은 총 유효투표의 34.2%를 획득하여 총 의석 550석 중 363석을 획득했다. 이슬람을 정치 이념의 근간으로 표방하는 복지당과, 비록 실용주의 노선을 걷고 있지만 같은 계보인 정의발전당의 집권은, 국가질서당이라는 당명으로 제도권에 진출한 이슬람주의자들이 그간 전개해 온 이슬람 운동의 결과물이라고 평가된다.

공화국 수립 이후 터키 정치사에서, 국가질서당으로 출발해서 현재의 정의발전당으로 이어지는 이슬람 정당들은 터키 특유의 정치문화에 적응

---

22) 이희수, 「터키 내 이슬람원리주의 종파의 정치세력화와 갈등구조 연구」, 46쪽.

해 오면서 부침의 역사를 거듭했다. 이슬람 정당들은 이슬람 운동을 전개해 오면서 소외된 사회계층의 충실한 대변자 역할을 담당해 온 결과 이제는 집권에 이르게 되었다. 비록 기존의 중도우익 정당들에 대한 국민적 지지는 급격히 하락했지만 아직 체제 불안정의 위험은 도래하지 않았다고 평가된다. 앞으로도 군부를 비롯한 민족주의, 세속주의 지향의 다수는 이슬람주의 진영에 대한 평형추 역할을 담당해 나갈 것으로 보인다.

2) 온건주의 이슬람 운동: 누르주 운동

오늘날 터키에서 가장 많은 대중적 지지를 받고 있는 종교운동은 훼툴라 귤렌(Fethullah Gülen)이 주도하고 있는 온건주의 이슬람 운동이다. 이 운동은 20세기 초 터키의 낙쉬반드계 종교지도자였던 사이드 누르시(Said Nursi, 1873~1960)[23]의 명저 『리살레이 누르 큘리야트(Risale-i Nur Külliyatı:

---

23) 그는 터키 동부의 비트리스(Bitlis) 주의 누르스(Nurs)의 유복한 쿠르드계 가문에서 태어났는데 그가 태어난 마을의 이름을 따서 훗날 누르시로 불리우게 되었다. 그는 유년기와 청년기에 지적 욕구가 매우 강했다고 전해지는데, 1890년 이후 그는 비트리스에 거주하면서 이슬람 신학(ilm al-kalam)과 근대과학 공부에 몰입했다. 그는 근대화와 물질주의에 맞서 코란의 메시지를 새롭게 해석하고 적절한 대안을 마련할 필요성을 인식하기 시작했고, 아나톨리아 동부 지역의 당대 최고의 수피지도자들인 낙쉬반드파의 셰이크 무함마드 쿠프레비(Sheikh Muhammad Kufrevi), 셰이크 페힘(Sheikh Fehim), 까디르파의 세이드 누르(Seyyid Nur)와 교제하면서 수피즘이 그의 중요한 사상적 배경으로 삼았다. 1920년대 이후 그는 이슬람 운동의 비정치적 성향을 분명히 했다. 특히 자신의 거점인 아나톨리아 동부에서 쿠르드인들의 반정부투쟁이 고조되었을 때, 자신이 쿠르드족이었음에도 불구하고 쿠르드족에 대한 지원을 거부했다. 그의 주장은 터키인과 쿠르드인들의 이슬람을 통한 형제애의 발현이었고 바로 그것이 국가통합을 위한 필연적인 선택이라는 생각을 가지고 있었다. 전 생애를 통해 그가 저술한 책은 700권이 넘는데 가장 대표적인 저술이 『리살레이 누르 큘리야트』이다. 이 저서는 코란의 구절 순서나 어떤 체계적인 타프시르의 기준을 가지고 집필된 것이 아니고 사이드 누르시 자신의 삶을 통해 투영된 사실들을 신비주의의 담론형식으로 전개해 나갔다. 그는 훗날 '시대의 성인'이라는 의미의 '베디우즈자만(Bediuzzaman)'으로 추앙되었다. 그의 생애와 사상에 대해서는 다음 연구를

빛의 信書』에서 영향을 받아 통상 누르주 운동(the Nurcu Movement)이라고도 불린다. 이 종교운동은 이슬람주의, 민족주의, 자유주의, 근대주의를 표방하고 있다. 현재 터키 내 정확한 지지자[24)]들의 숫자는 알 수 없지만 약 20만 명에서 400만 명 사이의 터키인들이 그의 사상을 추종하고 있다. 특히 이 운동은 도시의 청년층, 의사, 교수, 교사나 전문직 종사자들에게 많은 지지를 받고 있는데, 터키 내 자유주의 성향의 저명 저널리스트들도 귤렌을 전폭적으로 지지하고 있다. 그 대표적 인물들은 메흐메트 알탄(Mehmet Altan), 알리 바이람오울루(Ali Bayramoğlu), 메흐메트 바르라스(Mehmet Barlas), 에트옌 마흐줍안(Etyen Mahcupyan), 메흐메트 알리 비르안트(Mehmet Ali Birand), 젠기즈 잔다르(Cengiz Candar) 등이다.

훼툴라 귤렌은 1938년 터키 동부의 보수적인 농촌도시 에르주룸(Erzurum)에서 농부의 아들로 태어났다. 청년기에 귤렌은 농부 대신 종교학자의 길을 선택해 이슬람 사상과 철학에 심취했다. 그가 이슬람적 지식을 배양하는 데에는 그의 가족, 특히 어머니의 역할이 컸다고 전해진다. 그는 특히 당대 대표적 수피주의자인 셰이크 무함메드 류프티(Sheikh Muhammed Lüfti)를 사사하여 수피즘을 그의 중요한 사상적 배경으로 삼았다. 그는 1958년 에디르네(Edirne)에서 종교지도자로 활동하다가 4년 후인 1962년 터키의 대표적 현대 도시인 이즈미르(İzmir)로 이주했고, 1966년부터 이즈미르의 케스타네파자르 코란학교(Kestanepazarı Qur'anic School)에서 이슬람 과학을 가르치는 교사로 활동하다가 추종자들을 중심으로 '이즈미르 공동체(İzmir Community)'를 형성해 종교운동을 전개하기 시작했다.[25)]

참고. 이희수, 「터키 내 최대 이슬람 조직-누르주 연구」 ≪한국이슬람학회논총≫, 제9집(1999), 98~105쪽; Şerif Mardin, *Religion and Social Change in Modern Turkey: The Case of Bediuzzaman Said Nursi* (Albany: State University of New York Press, 1989).

24) 터키어로 추종자들을 훼툴라즈라르(Fetullahcılar)라고 부르는데 훼툴라 귤렌 자신은 이러한 이름에 큰 거부감을 표시하고 있다.

그는 전통 이슬람 신학과 서구 철학에 해박하고, 특히 임마누엘 칸트(Immanuel Kant)의 철학에 탐닉하며 종교와 과학, 전통과 근대를 조화롭게 접목시키려 한다. 또 민주주의 정부 형태를 가장 이상적인 정부 형태라 믿고 이란이나 사우디아라비아의 신정 정권에 대해 매우 비판적이며, 사이드 누르시가 주장했던 공화주의가 이슬람의 합의 이념에 가장 부합하는 이상적인 통치체제라고 보고 있다. 그가 주도하는 누르주 운동의 근본 목표는 터키 민족주의 이념을 이슬람화함과 동시에 이슬람을 터키화하는 데에 있다. 그는 아나톨리아 중심의 터키 이슬람은 아랍의 이슬람과는 상이하다고 보고 관용에 근거한 아나톨리아 이슬람의 우수성을 강조하면서 사회에 평화를 가져오는 해결책으로 관용과 대화를 들고 있다.[26] 그의 관용과 대화에 대한 사상은 비단 무슬림에게만 국한된 것이 아니라 기독교도나 유대교도에게도 확장된다. 그 결과 그는 종교간 대화를 목적으로 수차례에 걸쳐 기독교, 유대교 종교지도자들과 회동을 가졌고, 1998년 2월에는 로마 교황청을 방문해 교황을 만나기도 했다. 그러나 교황과의 회동에 대해 터키 내 일부 세력은 그가 이슬람 세계의 리더가 되려 하고, 그와 그의 공동체가 사회의 모든 제 집단을 포용하고 종국에는 국가보다 더 높은 위치를 점유하고 있다는 것을 보이기 위한 음모로 보고 큰 반감을 표명하기도 했다.[27]

---

25) M. Hakan Yavuz, "The Gülen Movement," in M. Hakan Yavuz and John L. Espos ito(eds.), *Turkish Islam and the Secular State* (New York: Syracuse University Press, 2003), pp.20~21.

26) 귤렌은 1995년 8월 7일 로이터(Reuters)와 가진 인터뷰에서 "우리가 터키에서 서로 관용으로 대한다면 신뢰와 평화를 구축할 수 있다"라고 밝혔다. Alistair Bell, 1995, August 7, "Turkish Islamic Leader Defies Radical Label," *Reuters*. 그리고 한 신문 인터뷰에서는 "어느 누구도 다른 종교를 가졌거나 무신론자라고 해서 비난할 수 없다"라고 밝힌 바 있다. *The Turkish Daily News*, 1995, February 18.

27) Bülent Aras and Ömer Caha, "Fethullah Gülen and His Liberal Turkish Islam Movement," *Middle East Review of International Affairs*, Vol.4, No.4(2000), pp.31~33.

한편 터키 국내 정치에 가장 막강한 영향력을 미치고 있는 군부와의 관계를 살펴보면, 군부는 누르주 운동을 이란이나 사우디아라비아와 같은 외부 세력의 영향을 받지 않은 터키 내의 종교운동으로 간주한다. 그러나 군부는 누르주 공동체가 구성원들을 사관학교에 보내 군을 이슬람화시켜 종국에는 군부를 전복할 가능성이 있다고 본다. 이것이 사실일 경우, 귤렌의 공동체는 군부의 압력으로 많은 어려움에 봉착할 것이 분명하다. 이미 군부는 누르주 공동체가 운영하는 해외의 교육기관들에 요원을 파견해 비밀리에 내사를 벌였다고 알려져 있다. 게다가 군부는 세속 정치인이나 지식인들과는 달리 귤렌과의 회동을 거부하고 있다.

훼툴라 귤렌을 정점으로 하는 누르주 공동체의 조직체계는 매우 위계적이며 그들이 표방하는 자유주의적·관용주의적 노선과는 달리 비민주적 요소들을 가지고 있다. 귤렌은 이슬람 운동을 이끄는 유일한 최고 지도자의 위치에 있고 위계질서는 최상부에서 최하부에 이르기까지 수많은 '아비레르(abiler: 형들)'를 통해 유지되고 있다. 구성원들 간의 서열 관계는 매우 엄격하며 각 서열의 아비(abi: 형)는 상위 서열의 활동을 알 수 없다. 이와 같은 조직체계는 외부에 조직의 실체를 드러내지 않는다는 측면에서 순기능적 역할을 할 수 있지만, 조직의 상당수 구성원들이 정책 결정 과정에서 배제된다는 측면에서 볼 때, 문제점을 내포하고 있다.[28]

누르주 공동체의 이슬람 운동 방향은 크게 네 가지로 나눠볼 수 있다. 첫째, 탈정치적 성향의 실용주의 노선 추구인데 정당 결성이나 정치참여를 철저히 배제한다. 다만 조직의 보호와 활동을 위해 보호막이 될 수 있는 중도우파 정당을 지원하여 자신들의 목표를 달성해 나가고 있다. 특히 귤렌의 누르주 그룹은 1950년대 민주당을 창당한 아드난 멘데레스

28) 같은 글, pp.38~39.

(Adnan Menderes)에게 강한 향수와 애착을 보이고 있다. 이는 사이드 누르시의 이슬람 정신을 존경했던 멘데레스와, 이슬람 그룹의 절대적 지원으로 아타투르크가 창당한 공화인민당(Cumhuriyet Halk Partisi)의 일당독재를 종식시켰던 민주당의 이슬람적 성향에 기인한다. 이러한 성향은 사이드 누르시의 사후에도 계승되어, 귤렌이 이끄는 누르주 그룹은 1960년대 이후에도 민주당의 정신을 계승한 중도우파의 정당을 지지해 왔다. 1970년대의 정의당(Adalet Partisi) 지원, 1980~1990년대의 정도당(Doğru Yol Partisi) 지원이 이를 말해준다.[29] 이와는 달리 누르주 그룹은 제도권에 편입되어 실질적으로 정치 이슬람을 구현하려는 이슬람계 정당들에 대해서는 반감을 표시하고 비우호적인 태도를 취한다. 1970년대의 국가구제당과 1980~1990년대 복지당이 그 대표적 예이다. 그 결과 복지당의 당수 에르바칸은 귤렌의 누르주 그룹이 복지당을 위협할 목적으로 정부의 지원을 받고 있다고 비난하기도 했고, 복지당의 지지자들도 세속주의 세력이 그들의 성장을 막기 위해 누르주 그룹을 이용하고 있다고 믿고 있다.[30] 특히 1997년 6월의 복지당 폐당과 관련해, 귤렌은 군부의 폐당 조치를 환영하면서 복지당의 에르바칸을 겨냥해 공개적으로 "어느 누구도 또다시 우리나라를 1970년대의 사악의 구렁텅이로 빠뜨리게 해서는 안 된다"[31]라고 천명했는데 양 세력 간의 갈등 관계 측면에서 볼 때, 그의 말은 시사하는 바가 크다.

둘째, 귤렌의 공동체는 조직의 확산을 위해 교육을 가장 중시한다. 교육은 주로 사적 교육과 공적 교육으로 나눠볼 수 있다. 사적 교육은 전국에 산재한 다양한 누르주 소그룹과 누르주 그룹에서 직영하는 기숙사를 중심으로 이루어진다. 그들은 주로 정기적인 모임을 통해 사이드 누르

29) 이희수, 「터키 내 최대 이슬람조직-누르주연구」, 106쪽.

30) *The Turkish Daily News*, 1995, February 18.

31) *Milliyet*, 1997, August 31.

시의 『리살레이 누르 큐리야트』를 탐독하고 이슬람적인 접근을 통해 현실 문제에 대한 토론을 한다. 그리고 지도부에서 나온 견해와 유권해석을 받아들여 민감한 문제에 대한 내부의 의견을 조율한다. 이는 내부의 단합을 다지고 통일된 견해로 이슬람 가치를 보호하고 함양하는 데 크게 기여하고 있다.[32] 한편 귤렌의 공동체는 터키 내에서 약 100여 개의 중고등학교를 설치·운영하고 있다. 이상의 학교들은 정부의 통제 하에서 일반 공립학교와 같은 교과과정을 운영하고 있지만 외국어와 첨단과학 교육을 강조하고 있다. 이상의 학교들은 누르주 공동체로부터 재정 지원을 받고 있고, 교사로는 터키의 명문대학 졸업자들이 충원되고 있다. 특히 지난 1996년 11월 18일에는 누르주 공동체를 재정적으로 지원하는 '터키건강진료재단(Türkiye Sağlık ve Tedavi Vakfı)'의 지원으로, 이스탄불에서 화티 대학교(Fatih University)가 개교했다. 이 대학교는 4개의 단과대학과 4개의 직업전문학교를 두고 있으며, 의과대학은 수도 앙카라에 위치하고 있고, 외국어·첨단학문 교육을 통해 명문사학으로의 도약을 꿈꾸고 있다.[33]

누르주 공동체의 교육에 대한 투자는 비단 터키에만 국한되지 않고, 해외로도 뻗어 나가고 있다. 특히 1990년대 초 소련 해체 이후 독립한 중앙아시아 지역의 투르크계 공화국들에 대한 교육 투자는 괄목할 만하다.[34] 누르주 공동체 산하의 '마르마라 교육재단(Marmara Eğtim Vakfı)' 한 기관에서만 21개국에 38개의 초등·중등·대학교를 설립·운영하고 있다.[35] 누르주 교육기관은 중앙아시아의 경계를 넘어 현재 아시아 전역으로

32) 이희수, 「터키 내 최대 이슬람조직-누르주연구」, 107쪽.

33) http://www.fatihun.edu.tr.

34) 투르크계 공화국들에 대한 투자는 교육에 국한되지 않고 경제적·재정적 지원을 위한 투자도 병행되고 있다. 그 예로 지난 1996년 10월 귤렌의 추종자들은 1억 2,500만 달러의 자산을 가진 비영리은행인 '아시아 파이낸스(Asya Finans)'를 설립했다.

35) 누르주 공동체가 외국에 설립한 교육기관에 대해서는 다음을 참고. 이희수, 「터키 내 최대 이슬람조직-누르주연구」, 111~115쪽.

확산되고 있으며 우리나라에도 지난 1998년 서울 강남에 이스탄불문화원을 설립해 터키 문화와 이슬람 문화 보급에 노력하고 있다.

셋째, 대중매체(mass media)를 매개체로 한 홍보 전략이다. 현재 누르주 공동체는 일간지 ≪자만(Zaman)≫, TV 방송국 사만욜루(Samanyolu), FM 라디오 방송 부르츠(Burç) 등을 운영하고 있으며, 대중에게 오디오 테이프와 비디오 테이프를 배포하고 있다. 누르주 산하의 터키 교육자 재단(Türkiye Öğretmenler Vakfı)은 월간지 ≪스즌트(Sızıntı: 폭로)≫, 터키어 학술지 ≪예니 유미트(Yeni Ümit: 새로운 희망)≫, 영어 학술지 ≪파운틴(Fountain)≫을 발간하고 있다.[36] 또한 터키 명문대학교 출신의 지식인들을 조직의 선전과 홍보에 적극 활용하고 있다. 귤렌 자신도 TV 프로그램, 인터뷰 등에 적극 참여해 조직을 홍보하고 있는데, 이런 이유로 미국의 이슬람 전문가 에켈만(Dale F. Eickelman)은 종종 그를 미국의 대표적 복음주의자 빌리 그레이엄(Billy Graham)에 비유한다. 또한 귤렌은 홈페이지를 통해서 누르주 운동을 확산시키기 위해 노력하고 있는데, 이 홈페이지는 터키어, 영어, 독일어, 러시아어, 스페인어, 아랍어, 네덜란드어, 알바니아어, 심지어 일본어로도 제공되고 있다.[37]

넷째, 누르주 공동체에 대한 막대한 재정 지원이다. 그러나 이 지원이 비밀스럽게 이루어지고 있기 때문에 아직까지 그 규모와 양에 대해서는 정확히 알려진 것이 없다. 단지 누르주 산하에 지역별로 경제인 연합회가 결성되어 있고, 지역 상공인들이 주축이 된 여러 형태의 재단(Vakf)이 존재한다고 알려져 있다. 이스탄불을 중심으로 결성된 자본가 총연합(ISHAD)이 있고, 각 지역에는 말라티야 상공인협회(MAKIAD)와 같은 경제 단체가 결성되어 있다. 또한 국제 간 경제인협의체도 구성되어 있는데,

36) Bülent and Ömer, "Fethullah Gülen and His Liberal Turkish Islam Movement," p.34.

37) http://www.fgulen.org.

우즈베키스탄 터키 경제인협회(UTID)가 그 대표적 기구이다. 이러한 경제 단체를 중심으로, 각 지역별로 교육사업을 위한 여러 재단이 설립되어 있다. 가장 규모가 큰 곳은 역시 이스탄불에 본부를 둔 마르마라 교육재단이다.[38)]

3) 급진 이슬람 운동

주지하는 바와 같이, 1923년 공화국 성립 이후 터키의 정치권력은 사실상 군부, 고급관료, 재벌과 같은 중심부가 독점해 왔다. 따라서 주변부에 살고 있는 계층이나 집단은 전통적으로 권력에서 소외되어 왔다. 또한 1950년대 이래 사회적 신분 상승을 목적으로 한 농촌 거주민들의 도시 이주는 농촌의 빈곤을 도시의 빈곤으로 변형시키는 빈곤의 악순환을 가져왔다. 이주자들은 도시에서 수준 이하의 주거 상태와 인프라 부족으로 고통을 받게 되었고, 문화적으로 해체되고 정치적으로 고립된 새로운 주변부를 형성했다. 이러한 주변부 집단들은 1970년대 초 급진주의적인 정치적 성향을 띠면서 정치적 불만과 반정부감정을 표출해 내었고, 1980년대와 1990년대에 이르러서는 급진주의 이슬람 운동이 정치적·경제적·사회적 불만을 토로하는 중요한 출구 기능을 하게 되었다.

터키 내 급진 이슬람 운동의 경우, 사브리 사야르(Sabri Sayan)가 지적하듯이 이란의 이슬람 혁명에 영향을 받은 소수의 단체[39)]나 그 추종자들이

---

38) 이희수, 「터키 내 최대 이슬람조직-누르주연구」, 108쪽.

39) 1991년 10월의 터키 정보부와 치안국의 보고서는 10개 이상의 급진주의 이슬람 단체가 활동하고 있다고 밝히고 있다. 터키이슬람해방군(the Turkish Islamic Liberation Army), 터키이슬람해방전선(the Turkish Islamic Liberation Front), 이슬람혁명전사(Fighters of the Islamic Revolution), 터키이슬람해방연합(the Turkish Islamic Union), 세계샤리아해방군(the World Shari'a Liberation Army), 세계형제전선-샤리아보복단(the Universal Brotherhood Front-Shari'a Revenge Squad), 이슬람해방당전선(the Islamic Liberation Party Front), 세계이슬람해방전을 위한 터키전사대

행하는, 무력을 사용하는 급진주의 성향의 이슬람 운동을 지칭한다.[40] 급진 이슬람 운동의 주 근거지는 터키의 서부와 남동부 지역이다. 서부 지역에서는 급진 이슬람 운동을 이슬람 저항이라고도 부르는데, 이는 이란의 히즈발라(Hizballah)에게서 이념적 영향을 받고 있다. 남동부 지역의 경우, 주로 쿠르드인들이 거주하고 있는 디야르바크르(Diyarbakır), 실반(Silvan), 지즈레(Cizre), 크즐테페(Kızıltepe) 등의 빈곤한 도시를 중심으로, 주로 청년층의 실업자들이 가담하고 있다. 이들은 지역 무슬림 성직자나 셰이크의 가르침을 따르면서 급진 이슬람 운동과 관련된 간행물[41]들을 발간하고 있다. 이들은 1990년대 초부터 본격적인 활동을 시작했고 호메이니의 가르침에 영향을 받았으며, 스스로는 순수 이슬람 운동의 일부라고 간주하지만 지역민들에게는 터키 히즈발라로 알려져 있다.[42] 이상의 급진 이슬람 단체들은 이란 시아파 정권과 유대 관계를 계속 유지하고 있는 것으로 보인다. 지금까지 터키어로 발간된 자료를 통해서는 급진단체들의 이념적 성격에 대해 정확한 평가를 내릴 수 없지만,[43] 화트히

(Turkish Fighters of the Universal Islamic War of Liberation), 터키이슬람전사군(the Turkish Islamic Fighters Army), 터키샤리아보복특공대(the Turkish Shari'a Revenge Commandos)등이 그것이다.

40) 터키에서 급진 이슬람원리주의 세력의 테러활동은 1960년대에 시작되는데, 이 단체는 1953년 요르단에서 조직되어 '힐라파(Khilafah: United Islamic State)' 건설을 위해 활동해 오다가 이슬람 혁명을 조장한다는 이유로 아랍권에서는 불법단체가 되었다. 터키에서는 1962년부터 활동을 시작했는데 큰 역할을 하지 못했다. 1967년과 1973년 초 이 단체의 지도자들은 이슬람 국가의 헌법을 터키에 적용하려고 시도했다는 이유로 투옥되었다.

41) 그 대표적 간행물들은 ≪테브히드(Tevhid)≫, ≪예르유즈(Yeryüzü)≫, ≪오브젝티프(Objektif)≫ 등이다.

42) Ely Karmon, "Radical Islamist Movement in Turkey," in Barry Rubin(ed.), *Revolutionaries and Reformers: Contemporary Islamist Movement in the Middle East* (Albany: State University of New York Press, 2003), pp.42~44.

43) 이상의 급진단체들에 관해서는 간행물이나 성명서 이외에는 잘 알려진 것이 없다. 자료들도 모두 터키어로 되어 있고, 제대로 수합도 되지 못했으며, 번역조차 되지

알 쉬카키(Fathi al-Shqaqi)가 이끄는 팔레스타인 이슬람 지하드(the Palestinian Islamic Jihad)나 이란으로부터 직접적인 군사적·재정적 지원을 받는 알제리의 이슬람전사군(Groupe Islamique Arme)처럼, 이란 혁명과 그 지도자인 호메이니를 찬양하며 그들의 혁명활동을 위한 모델로 삼고 있다.

지난 1997년 2월 터키 군부는 급진 이슬람세력의 활동을 봉쇄하려는 강력한 의지의 표현인 11조 계획을 발표한 후 2001년 12월까지 대대적인 소탕작전을 전개했고, 이것으로 히즈발라가 결정적인 타격을 입게 되었다.[44] 이어 2002년 말 터키 정보부(MIT: Millî İstihbarat Teşkilâtı)는 히즈발라의 무력화를 선언했지만 2003년 11월 급진 이슬람세력들은 건재함을 과시했다. 이스탄불에 위치한 유대교 회당인 시나고그(Synagogue)들에 대한 폭탄 테러와 이스탄불의 영국 영사관·영국계 은행에 대한 폭탄 테러로 수십 명이 살해되었다. 대동부이슬람전선을 비롯한 여러 단체가 테러의 배후 단체라고 주장했지만 아직 배후는 밝혀지지 않았다. 앞으로 터키 급진 이슬람 운동은 이란의 온건파 모함메드 카타미 대통령의 등장, 2000년 온건파의 압도적 총선 승리로 인한 이란 신정체제의 약화 등 제반 환경 변화로 새롭게 채택된 전략에 따라 분화될 것으로 전망된다.

현재의 상황을 고려해 볼 때, 앞으로의 터키 급진 이슬람 운동에 대해 다음과 같이 전망해 볼 수 있다. 첫째, 과거 무장폭력에 의존해 왔던 히즈발라 일림파, 대동부이슬람전사전선, 이슬람청년 등과 같은 일부 급진주의 그룹은 시스템 밖에 있으면서 시스템과 타협하지 않고 급진 노선을 계속 견지해 나갈 것으로 보인다. 둘째, 과거 무력투쟁을 전략으로 채택하지 않았던 일부 급진주의 그룹은 시스템 안에서 도약을 모색하고

못한 실정이다.

44) 터키 정보부와 경찰의 히즈발라 공격 작전에 대해서는 다음을 참고하시오. John T. Nugent Jr., "The Defeat of Turkish Hizballah as a Model for Counter-Terrorism Strategy," *Middle East Review of International Affairs*, Vol.8, No.1(2004), pp.69~70.

있는 원리주의 그룹이나 이슬람 정당들을 포함하는 이슬람주의자들과 연대를 도모할 것이다. 두 번째 그룹의 상당수는 합법적인 수단을 동원해서 정치권력을 획득하려고 노력하고 있지만, 1997년 2월 국가안전보장회의 이후 정치 이슬람에 대한 국가의 강력 대응으로 사실상 일부는 정치 일선에서 후퇴하기 시작했다. 앞으로 이들은 적절한 시기에 정치화될 수 있는 고도의 종교적 사회를 창조할 목적으로, 개인을 목표로 삼아 이슬람 교육과 문화활동을 통해 이슬람 운동을 전개해 나갈 것이다. 셋째, 제도권 내로 진입한 급진주의 그룹은 정강정책을 수정하고 좀 더 실용적인 노선을 채택해, 인권과 보편적 민주규범을 중시하는 서구의 컨셉을 받아들이면서 기존 정치권 내에서 활동해 나갈 것이다. 주요 급진 이슬람원리주의 단체와 그들의 활동영역은 다음과 같다.

(1) 대동부이슬람전사전선

대동부이슬람전사전선(İslami Büyük Doğu Akıncıları-Cephesi: Great Eastern Islamic Fighters Front)은 터키국민해방당전선(Türk Halk Kurtuluş Partisi Cephesi: Turkish People's Liberation Party Front)이 확대된 단체이다. 그 구성원들은 낮에는 일을 하고 밤에 활동 수행을 위해 회합한 후 가정으로 돌아간다. 따라서 관계 당국은 그들을 통제하기가 매우 어렵다. 이 단체는 어떤 특별한 위계 질서가 있는 것 같지 않다. 이스탄불의 움란니예(Umraniye)와 가지오스만파샤(Gaziosmanpaşa) 지역에서 조직되었고 약 300명의 전사와 동조자를 가지고 있다. 재단은 쉬린에브레르(Şirinevler)에 있는 이슬람학연구재단(İslami İlimler ve Sanatlar Araştırma Vakfi: the Islamic Studies and Arts Research Foundation)이다. 창설자는 야샤르 사도울루(Yaşar Sadoğlu), 메흐메트 살리 사도울루(Mehmet Salih Sadoğlu), 시트키 도안(Sitki Doğan), 피크리 외제르(Fikri Özer), 셀마 사도울루(Selma Sadoğlu) 등이다.

(2) 이슬람결사단체연합

이슬람결사단체연합(ICCB: Union of Islamic Associations and Societies)은 아나톨리아 서부 지역의 도시들을 중심으로 조직 확대를 도모하고 있다. 회합 장소로 작은 모스크들을 사용하고 있으며 독일에서 온 간행물과 비디오 테이프를 통해 조직원 충원을 위한 선전활동을 하고 있다. 약 30명의 동조자들이 있다.

(3) 신의 군대

신의 군대(Ceysullah: God's Army)는 1987년 자신들을 세레피(Selefi)라고 부르는 이스탄불의 움란니예, 위스퀴다르(Üsküdar) 지역의 한 그룹에 의해 조직되었으며, 약 100명의 동조자들이 있다. 터키 내 다양한 지역 — 주로 이스탄불, 사카르야(Sakarya), 이즈미르(İzmir) — 출신의 조직원 15명이 파키스탄의 캠프에 훈련을 위해 파견되었다. 재단은 학문연구재단(İlim Araştıma Vakfı: the Scientific Research Foundation)이다. 창설자는 알리 으스크(Ali Işık), 무하렘 일레르(Muharrem İller), 사브리 살만(Sabri Salman), 메흐메트 누르 귤류오울루(Mehmet Nur Güllüoğlu), 메흐메트 우야느코울루(Mehmet Uyanıkoğlu), 메흐메트 슈큐루 바크르(Mehmet Şükrü Bakır)이다.

(4) 이슬람운동

이슬람운동(İslami Hareket: Islamic Movement)은 1986년 바트만(Batman)에서 조직되었다. 이 단체의 고위급 전사는 조직을 무장화시키는 데 동의했으며 이란의 사와마(Savama)라는 비밀조직이 그 전사들을 훈련시켰다. 1995년과 1996년에 이 단체에 대한 대규모의 검거 작전이 실행되었으며 현재 조직원들은 재규합을 시도하고 있다.

(5) 히즈발라 통합파

히즈발라 통합파(Hizballah Tevhid Selâm Grubu: Unity and Salutation Group) 지도부의 일부는 과거 좌익 진영에 뿌리를 두고 있으며 이스탄불의 이슬람 조직들과 긴밀한 유대 관계를 구축하고 있다. 구성원들은 이란발 사설이 게재되는 일간지 ≪셀람(Selam)≫을 중심으로 규합된다. 재단은 화티(Fatih)에 있는 평화학문봉사재단(Selam, İlim ve Hizmet Vakfı: the Peace, Science and Service Foundation)이다. 창설자는 케말 투나(Kemal Tuna), 무스타파 첼릭(Mustafa Çelik), 케난 야바니길(Kenan Yabanigil), 부르한 겐치(Burhan Genç), 이사 우준(İsa Uzun), 아흐메트 유르다쿨(Ahmet Yurdakul), 슐레이만 아크보아(Süleyman Akboğa), 바키 세이다(Baki Seyda)이다.

(6) 히즈발라 온건파

히즈발라 온건파(Hizballah Vasat Gurubu: Hizballah Moderate Group)는 가지안텝의 정기간행물인 ≪사하베(Sahabe)≫의 도움으로 창설되었다. 나중에는 펜딕(Pendik), 카이나르자(Kaynarca), 이스탄불의 움란니예, 술탄베이리(Sultanbeyli), 바아즈라르(Bağcılar), 가지오스만파샤(Gaziosmanpaşa) 지역에서 활동을 했다. 구성원들은 코자엘리(Kocaeli), 얄로바(Yalova)의 임시 캠프에서 훈련을 한다. 카이나르자와 움란니예에 모스크를 가지고 있고 외젤(Özel)이라는 FM 라디오 방송국을 가지고 있다. 재단은 유스퀴다르에 있는 이슬람통일재단(İslami Tevhid Vakfı: the Islamic Unification Foundation)이다. 창설자는 메흐메트 차카르(Mehmet Çakar)이다.

(7) 히즈발라 멘질파

히즈발라 멘질파(Hizballah Menzil Grubu: Hizballah Course Group)는 활동을 합법화하려고 노력하고 있다. 전사 약 50명과 동조자가 있다고 알려져 있다. 재단은 인내사회문화봉사재단(Sebat Sosyal ve Kültürel Hizmet Vakfı: the

Perseverance Social Cultural Foundation)이다. 창설자는 메흐메트 하이다르(Mehmet Haydan), 이스마일 오루츠(İsmail Oruç), 무스타파 첼릭(Mustafa Çelik)이다.

(8) 히즈발라 통일파

히즈발라 통일파(Hizballah Vahdet Grubu: Hizballah Unity Group)는 이스탄불의 와데트재단과 그 지부, 디야르바크르(Diyarbakır)에 있는 압둘카디르 게이라니 재단(Abdulkadir Geylani)을 통해 새로운 구성원을 충원하려 한다. 이스탄불에 조직원 150명이 있다. 재단은 이스탄불 화티에 있는 초청교육문화형제애재단(Davet Eğtim, Kültür ve Kardeşlik Vakfi: the Invitation Educational, Cultural and Fraternity Foundation)이다. 창설자는 파리스 카락(Faris Karak), 아흐메트 바르올(Ahmet Varol), 아뎀 크즐테페(Adem Kızıltepe), 뷸렌트 카야(Bülent Kaya), 레젭 첼릭(Recep Çelik)이다.

(9) 무슬림청년-율드즈

무슬림청년-율드즈(Müslüman Gençlik-Yıldız: İslamic Youth-Yılldız)는 대학에서 머리 두건 착용을 금지하는 정부 조치에 대항해, 이스탄불 율드즈 공과대학의 타히르 귤(Tahir Gül)이 이끄는 그룹에 의해 창설되었다. 재단은 화티에 있는 인간교육문화협력재단(İnsan Eğitim, Kültür ve Yardımlaşma Vakfi: the Human Education, Cultural and Solidarity Foundation)이다. 창설자는 휴스뉴 투란(Hüsnü Turan), 유누스 토르필(Yunus Torpil), 셰리프 에니스(Şerif Enis), 제말 텔리오울루(Cemal Tellioğlu), 카디르 틴기르오울루(Kadir Tingiroğlu)이다.

(10) 무슬림청년-말라티야

무슬림청년-말라티야(Müslüman Gençlik-Malatya: İslamic Youth-Malatya)는 터키 동부의 한 그룹에 의해 창설되었다. 이 단체의 지도부는 말라티야 출신이다. 이란의 이슬람 혁명을 지지하며 이스탄불에 100명의 동조자들이 있다. 재단은 이슬람사상연대재단(İslami Düşünce ve Dayanışma Vakfı: the Islamic Thought and Solidarity Foundation)이다. 창설자는 르자 괙체(Rıza Gökçe), 탄에르 바이락타르(Taner Bayraktar), 압두르라흐만 수아입(Abdurrahman Suayip), 체틴 미타트(Çetin Mitat)이다.

5. 터키의 종교갈등

터키 종교갈등의 대표적인 예는 같은 이슬람을 신봉하는 수니파와 알레비파 간의 갈등이다. 이러한 갈등 관계는 이미 오스만제국 이래로 계속되어 왔다. 그 근본 원인은 코란의 해석, 교리 등에서 비롯된다. 알레비파는 원래의 코란이 하루 다섯 번에 걸친 기도, 모스크 참배, 메카 순례[45]를 요구하지 않는데도, 수니파가 코란의 중요 구절을 잘못 해석하고 변형시켜 초기의 이슬람을 왜곡했다고 주장한다. 순나나 하디스도 이슬람에 대한 아랍 지배와 무슬림 지배를 위해 조작되어 만들어진 아랍인 엘리트들의 창작물에 지나지 않는다고 주장한다. 그 대신에 그들은 코란과 더불어 알레비파의 계율과 종교의식 등이 기술된 독자적인 성서 부이룩(Buyruk)을 매우 중시한다.

교리와 관련된 대표적 문제는 알리(Ali)에 대한 해석 문제이다. 모든 급진 시아파와 같이 알레비파는 알리를 절대적으로 신성시하고 있다. 알레비파는 알리를 무함마드(Muhammad)의 유일한 합법적 계승자로 인정함과 동시에 무함마드와 알리가 공히 신성의 빛(the Divine Light)을 발산한다고 보고 있다. 무함마드가 신성의 진리(the Divine Truth)를 알렸고 알리는

45) 알레비들은 다섯 번에 걸친 기도 대신에 그들의 정신적 지도자에 대해 하루에 두 번에 걸친 인사를 하고, 메카 순례는 외형적 꾸밈에 지나지 않으며 진정한 순례는 마음속에 있다고 생각한다.

그 보호자이며 미래에 이 양자는 한 명의 성자로 융합될 것이라고 믿고 있다. 따라서 알레비는 무함마드, 알리, 화티마, 하산, 후세인으로 이어지는 '예언자의 가문(Ehlibeyt: the House of the Prophet)'을 절대적으로 경배하며 예언자 가문의 적, 특히 대중을 노예화시키고 원초의 코란을 파괴하여 이슬람을 왜곡시킬 목적으로 수니파를 지배적인 정통파로 만들었다고 믿는 무아이야조(Mu'awiya, 661~750)를 철저히 부정한다.

흥미롭게도 알레비파는 종교의식을 행할 때 포도주를 사용하는데, 수니파는 이를 이단으로 간주하고 있다. 알레비 사회에서는 평등, 정의, 상호 간의 존경을 이상으로 삼고 있어 알레비 여성들은 수니 여성들에 비해 높은 지위를 누리고 있다. 예를 들어 알레비 여성들은 베일을 착용하지도 않고 남성들과 분리되지도 않는다. 알레비 사회는 철저히 일부일처제를 고수하며 이혼도 허용하지 않는다. 알레비들은 공동체에서의 윤리와 도덕을 매우 강조한다. 그들은 이것을 한 구절의 속담 "손과 혀와 허리를 잘 보존하라(eline, diline, beline sahip ol)"로 압축해 표현하고 있다. 고대 이란의 마니교 전통에서 전래된 이 속담에서 손(el)은 행동을, 혀(dil)는 언행을, 허리(bel)는 몸가짐을 나타낸다. 이 종파의 입문의식[46]에 새로 입문하는 당사자들이 허리에 두르는 띠(tight band) 위에는 3개의 돌을 다는데, 이것은 알레비 전통의 'Allah-muhammad-Ali'의 상징이기도 하지만 손, 혀, 허리를 나타내기도 한다.[47]

1923년 터키 공화국 성립 이후, 수니와 알레비 간의 본격적인 대립은 1950년대 수니계 원리주의 세력의 성장과 더불어 시작되었다. 이 때문에

46) 입문의식을 터키어로 '아이니 이크라르(Ayin-i Iqrar)'라고 부른다. 이 종파에는 반드시 부부가 함께 입문해야 하기 때문에 미혼자는 반드시 결혼 후에라야 입문이 가능하다. 입문 당사자 부부는 먼저 입문한 사람들 중 한 부부와 의형제의 결연(카톨릭에서 대부 역할과 비슷함)을 맺어야 한다. 입문의식에는 이와 같은 두 쌍의 부부, 즉 네 사람이 주인공이 된다.

47) 신양섭, 「이슬람의 벡타쉬 종단 연구」, ≪종교연구≫, 12권(1996), 342쪽.

알레비는 자신들의 정체성을 강조했고, 평등을 중시하는 알레비의 이념과 유사한 마르크스주의적 입장에서 알레비주의를 재해석하면서 1966년 좌파정당인 통합당(The Party of Union)을 출범시켰지만 총선에서 성공을 거두지는 못했다.48) 1970년대 후반, 알레비들은 우익계열의 초국가주의자들(ultranationalists)과 수니 원리주의자들의 주 공격대상이 되었고, 1978년 터키 남부의 카라만마라쉬(Karamanmaraş)에서는 수니파에 의해 수많은 알레비들이 학살당하기도 했다. 1980년 군부 쿠데타 이후 군부의 좌파세력 소탕으로 알레비파는 결정적인 타격을 입게 되었다. 그들의 전통적 종교행사인 하지벡타쉬(Hacibektaş)도 수년간 금지되었다. 1980년대 중반에는 당시 국민통합을 목적으로 수상 투르구트 외잘(Turgut Özal)이 제창한 '이슬람-터키통합론(Islamic Turkish Synthesis)'에 따라, 알레비파의 정체성은 부정되고 알레비파 역시 다양한 전통을 가지고 있는 정통 수니의 일부로 간주되었다.49)

1988~1989년대에는 급격한 민주화 물결에 편승해 과거 금기시해 왔던 알레비 문제가 새로 대두되었다. 자유주의 성향의 지식인들은 알레비 문제를 공론화했고 언론도 알레비를 별개의 종교공동체로 인정하기 시작했다. 특히 소련의 해체, 전 세계적으로 급물살을 탄 소수민족주의의 선풍과 더불어 알레비들도 정치활동을 재개하면서 정부에 자신들의 정체성 인정과 종교의식 합법화 등을 요구했다. 하지만 그들의 이러한 요구들은 관철되지 못했다. 한편 1993년 7월에는 시바스(Sivas)에서 개최된 알레비 문화축제 기간 중 수니 원리주의자의 호텔 방화로 알레비교도 35명이 사망하는 사건이 일어나 수니 원리주의 세력과 알레비 간의 무력충돌이 발생하기도 했다.

---

48) Şerif Mardin, "Religion and Politics in Modern Turkey?" in James Piscatori(ed.), *Islam in Political Process* (Cambridge: Cambridge University Press, 1983), pp.144~145.

49) Zeidan, "The Alevi of Anatolia," pp.77~78.

오늘날 알레비들은 그들 자신이 수니 원리주의 세력의 성장을 제어할 수 있는 반대세력이라고 여긴다. 그들 중의 일부는 현재 수니계가 독점한 이슬람 정당에 대항하기 위해 독자적 정당을 창당하여 제도권 진출을 시도하고 있다. 그리고 급증하는 원리주의 세력의 영향을 차단하기 위해 세속주의 진영, 온건파 수니교도들과 연대를 시도하고 있다. 세속주의 진영 역시 급진 원리주의 세력의 성장을 막기 위해 알레비를 적절히 이용하고 있다. 그러한 목적으로 지난 1997년 대통령 슐레이만 데미렐(Süleyman Demirel)과 수상 메수트 율마즈(Mesut Yılmaz)는 알레비들의 최대 종교행사인 하지벡타쉬에 참석하기도 했다.

6. 결론 및 전망

터키 이슬람 운동의 경우, 원리주의 종파가 뚜렷한 이념 중심의 결집체라기보다는 지역성, 역사성, 지도자의 개인적 성향, 종족적 문제 등으로 복잡하게 얽혀있고 상호 관계도 매우 가변적이기 때문에, 하나의 틀 속에서 분석하기가 매우 어렵다. 따라서 본 장에서는 터키 이슬람 운동을, 제도권에 진출해 이슬람 운동을 전개해 온 이슬람 정당들의 부침과정, 가장 많은 대중적 지지를 확보하고 있는 온건주의 이슬람 운동인 누르주 운동, 급진 이슬람 운동 등 세 측면에서 조명해 보았다. 1923년 공화국 수립 후 터키 정치사에서 최초로 제도권에 진입한 국가질서당에서 현재의 집권여당인 정의발전당으로 이어지는 이슬람 정당들은 터키 특유의 정치문화에 적응해 오면서 역사의 부침을 거듭했다. 이슬람 정당들은 이슬람 운동을 전개해 오면서 소외된 사회계층의 충실한 대변자 역할을 담당해 온 결과, 중도우익 정당이 구성하던 연정의 파트너가 아닌 제1당으로 부상해 독자 정부를 구성하기에 이르렀다. 지난 2002년 총선 결과를 볼 때, 기존의 중도우익 정당들에 대한 국민적 지지는 급격히 하락했다. 하지만 아직 정체(政體)의 변화를 가져올 수 있는 체제 불안정의 위험은 도래하지 않았다고 평가된다. 앞으로도 군부를 비롯한 민족주의, 세속주의를 지향하는 다수는 제도권 내 이슬람주의 진영에 대한 평형추 역할을 담당해 나갈 것으로 보인다.

훼퉅라 귤렌이 주도하고 있는 누르주 운동은 전통적 가치를 부활시켜 터키식 이슬람의 창출을 그 목표로 하고 있으며, 민주주의와 관용을 강조하면서 세속국가와 종교 사이에서 합법적 연계의 틀을 구축하려 하고 있다. 그동안 귤렌이 추진해 온 이슬람 운동은 전통과 근대의 갈등 속에서 터키 내 다양한 제 집단을 조화롭게 통합하는 데 어느 정도 성공했다고 평가된다. 하지만 터키 내 일부 세속주의 지향의 지식인들은 귤렌의 이슬람 운동에 대해 많은 우려를 표시하고 있다.[50] 주지하는 바와 같이, 지난 9·11 테러 사태는 이슬람과 기독교의 대립에서 비롯된 미증유의 대참사였다. 종교 간의 대화가 절실히 요구되고 있는 작금의 현실에 비춰볼 때, 관용과 민주주의를 표방하는 귤렌의 이슬람 운동은 새로운 대안으로서 그 의미하는 바가 매우 크다.

한편 급진 이슬람 운동에 대해서는 다음과 같이 전망해 볼 수 있다. 첫째, 과거 무장폭력에 의존해 왔던 히즈발라 일림파, 대동부이슬람전사전선, 이슬람청년 등과 같은 일부 급진주의 그룹은 시스템 밖에 있으면서 시스템과 타협하지 않고 급진 노선을 계속 견지해 나갈 것으로 보인다. 둘째, 과거 무력투쟁을 전략으로 채택하지 않았던 일부의 급진주의 그룹

50) 필자는 지난 2005년 1월 약 3주간에 걸친 현지조사를 실시했는데 인터뷰에 응한 상당수의 대학교수들은 귤렌의 이슬람 운동에 대해 우려를 표명했다. 인터뷰에 응해준 앙카라 대학교 아이셰 오나트(Ayşe Onat) 교수, 에르탄 괙크멘(Ertan Gökmen) 교수, 빌켄트 대학교의 하칸 크름르(Hakan Kınmlı) 교수, 하제테페 대학교의 외즈칸 이즈기(Özkan İzgi) 교수, 아흐메트 야샤르 오작(Ahmet Yaşar Ocak) 교수에게 지면을 빌어 감사의 말씀을 전한다.

은 시스템 안에서 도약을 모색하고 있는 원리주의 그룹이나 이슬람 정당들을 포함하는 이슬람주의자들과 연대를 도모할 것이다. 두 번째 그룹의 상당수는 합법적인 수단을 동원해서 정치권력을 획득하려고 노력하고 있지만, 1997년 2월 국가안전보장회의 이후 정치 이슬람에 대한 국가의 강력 대응으로 일부는 사실상 정치 일선에서 후퇴하기 시작했다. 앞으로 이들은 적절한 시기에 정치화될 수 있는 고도의 종교적 사회를 창조할 목적으로, 개인을 목표로 삼아 이슬람 교육과 문화활동을 통해 이슬람 운동을 전개해 나갈 것이다. 셋째, 제도권 내로 진입한 급진주의 그룹은 정강정책을 수정하고 더욱 실용적인 노선을 채택해 인권과 보편적 민주 규범을 중시하는 서구의 컨셉을 받아들이면서 기존의 정치권 내에서 활동해 나갈 것이다.

참고문헌

1. 국내문헌

1) 단행본

김정위 외. 1994. 『국제정치와 이슬람원리주의운동』. 서울: 민맥.
유정열. 1997. 『현대중동정치』. 서울: 박영사.

2) 논문

박종평. 1999. 「무슬림의 분포상황과 거주지역」. ≪중동연구≫, 제18-1권.
서재만. 2000. 「터키의 종교정책」. ≪중동연구≫, 제19-1권.
신양섭. 1996. 「이슬람의 벡타쉬 종단 연구」. ≪종교연구≫, 12권.
우덕찬. 2003. 「근대화·케말리즘·여성」. ≪지중해지역연구≫, 제5권 제2호.
이희수. 1997. 「터키 내 이슬람원리주의 종파의 정치세력화와 갈등구조 연구」. ≪한국이슬람학회논총≫, 제8집.

_____. 1998. 「터키 내 최대 이슬람조직-누르주 연구」. ≪한국이슬람학회논총≫, 제9집.

2. 외국문헌

1) 단행본

Andrews, Peter Alford(eds.). 1989. *Ethnic Groups in the Republic of Turkey*. Wiesbaden: Reichert.

Berkes, Niyazi. 1998. *The Development of Secularism in Turkey*. London: Routledge.

Can, Eyüp. 1995. *Fethullah Gülen Hocaefendi ile Ufuk Turu*. Istanbul: AD Yayınevi.

Dinçkol, Bihterin. 1982. *Anayasası Çerçevesinde ve Anayasa Kararlarında Laiklik*. Istanbul: Kazanç Hukuk Yayınları.

Eickelman, Dale F. 1989. *The Middle East: An Anthropological Approach*. Englewood Cliffs: Prentice Hall.

Eraydın, Seçuk. 1997. *Tasavvuf ve Tarikatlar*. Istanbul: Marmara Üniversitesi İlahiyet Fakültesi Yayınları.

Esposito, John L. and Tamimi Azzam(eds.). 2000. *Islam and Secularism in the Middle East*. New York: New York University Press.

Giritli, İsmet. 1969. *The Fifty Years of Turkish Political Development 1919~1969*. Istanbul: Fakülteler Matbaası.

Gülen, Fethullah. 1998. *Varlığın Metafizik Boyutu*. Istanbul: Feza Yayınevi.

Hoper, M. and J. M. Landau(eds.). 1991. *Political Parties and Democracy in Turkey*. London: I. B. Tauris & Co. Ltd.

Howard, Douglas A. 2001. *The History of Turkey*. Westport: Greenwood Press.

Kehl-Bodorgi, Krisztina. 1988. *Die Kizilbash/Aleviten*. Berlin: Klaus Schwarz Verlag.

Mardin, Şerif. 1989. *Religion and Social Change in Modern Turkey: The Case of Bediuzzaman Said Nursi*. Albany: State University of New York Press.

Özek, Çetin. 1986. *Devlet ve Din*. İstanbul: Ada Yayınlar.

Özsoy, Osman. 1998. *Fethullah Gülen Hocaefendi ile Mulakat*. Istanbul: Alfa Yayınevi.

_____. 1999. *Medya Aynasında Fethullah Gülen*. İstanbul: Gazeteciler ve Yazarlar Vakflar Yayınlar.

Rubin, Barry(ed.). 2003. *Revolutionaries and Reformers*. Albany: State University of New York Press.

Sevindi, Nevval. 1997. *Fethullah Gülen ile New York Sohbetleri*. Istanbul: Sabah Yayınev.

Tapper, R. 1993. *Çağadaş Türkiye'de İslam*. İstanbul: Sarmal Yayınevi.

Toprak, Binnaz. 1981. *Islam and Political Development in Turkey*. Leiden: E. J. Brill.

Vorhoff, Karin. 1995. *Zwischen Glaube, Nation und neuer Gemeinschaft: Aleviitische Identität in der Türkei der Gegenwart*. Berlin: Klaus Schwarz Verlag.

Ward, Robert E. and Dunkwart A. Rustow(eds.). 1974. *Political Modernization in Japan and Turkey*. Princeton: Princeton University Press.

2) 논문

Akgün, Birol. 2002. "Twins or Enemies: Comparing Nationalist and Islamist Traditions in Turkish Politics." *Middle East Review of International Affairs*, Vol.6, No.1.

Aras, Bülent and Ömer Caha. 2000. "Fethullah Gülen and His Liberal Turkish Islam Movement." *Middle East Review of International Affairs*, Vol.4, No.4.

Ayata, Sencer. 1996. "Patronage, Party and State: The Politicisation of Islam in Turkey." *Middle East Journal*, Vol.50, No.1.

Criss, Nur Bilge. 1995. "The Nature of PKK Terrorism in Turkey." *Studies in Conflict and Terrorism*, Vol.18.

Çağatay, Soner. 2002. "The November 2002 Elections and Turkey's New political Era." *Middle East Review of International Affairs*, Vol.6, No.4.

Çarkoğlu, Ali. 2002. "Turkey's November 2002 Elections: A New Beginnings?" *Middle East Review of International Affairs*, Vol.6, No.4.

Kalaycıoğlu, Ersin. 1994. "Elections and party Preferences in Turkey: Changes and Continuities in the 1990's." *Comparative Political Studies*, Vol.27, No. 3.

Karmon, Ely. 1997. "Radical Islamic Political Groups in Turkey." *Middle East Review of International Affairs*, Vol.1, No.4.

Lapidot, Anat. 1997. "Islamic Activism in Turkey since the 1980 Military

Takeover." Bruce Maddy-Weitzman and Efraim Inbar(eds.). *Terrorism and Political Violence*, Vol.3.

Mardin, Şerif. 1973. "Center-Periphery Conflict: A Key to Turkish Politics." *Dedalus*, Vol.102, No.1.

_____. 1983. "Religion and Politics in Modern Turkey?" in James Piscatori(ed.). *Islam in the Political Process*. London: I. B. Tarius & Co.

_____. 1991. "The Nakshibendi Order in Turkish History." in R. Tapper(ed.) *Islam in Modern Turkey*. London: I. B. Tauris & Co.

Narlı, Nilüfer. 1996. "Moderate Against Radical Islamism in Turkey." *Zeitschrift Für Türkeistudien*, Vol.1, No.96.

_____. 2003. "The Rise of the Islamist Movement in Turkey." Barry Rubin(ed.). *Revolutionaries and Reformers*. Albany: State University of New York Press.

Nugent, Jr., John. 2004. "The Defeat of Turkish Hizballah as a Model for Counter-Terrorism Strategy." *Middle East Review of International Affairs*, Vol.8, No.1.

Sayarı, Sabri. 1996. "Turkey's Islamist Challenge." *Middle East Quarterly*, September.

Turan, İter. 1991. "Religion and Political Culture in Turkey." in R. Tapper(ed.). *Islam in Modern Turkey*. London: I. B. Tauris & Co. Ltd.

Yavuz, M. Hakan. 2003. "The Gülen Movement." M. Hakan Yavuz and John L. Esposito(eds.). *Turkish Islam and the Secular State*. New York: Syracuse University Press.

Zeidan, David. 1999. "The Alevi of Anatolia." *Middle East Review of International Affairs*, Vol.3, No.3.

Zubaida, Sami. 1996. "Turkish Islam and National Identity." *Middle East Report*, April~June.

3) 기타 자료

Bell, Alistair. 1995, August 7. "Turkish Islamic Leader Defies Radical Label." *Reuters*.

Milliyet, 1997, August 31.
The Turkish Daily News. 1995, February 18.

Universal Declaration of Human Rights, article 18.

http://sandik.superonline.com/index.php?xyz=secimsonuclari&yil=2002.
http://www.fatihun.edu.tr.
http://www.fgulen.org.
http://www.tbmm.gov.tr/anayasa/constitution.htm.

찾아보기

【ㅇ】

【ㅈ】

글쓴이 소개

이희수

터키 국립 이스탄불대학교 역사학 박사
한양대학교 문화인류학과 교수
논문 및 저서: 「이슬람 문화의 동아시아 전파」(1989), 『터키사』(2005), 『바다의 실크로드』(2003, 공저), 『중동의 역사』(1998, 역서) 외 다수

장병옥

한국외국어대학교 이란어과 졸업
한국외국어대학교 대학원 중동학과(정치학 석사)
한국외국어대학교 대학원 국제관계학과(정치학 박사)
현재 한국외국어대학교 이란어과 학과장
한국외국어대학교 국제지역대학원 중동학과 주임교수
논문 및 저서: 『이란 외교 정책론』(2006), 『쿠르드족 배반과 좌절의 역사 500년』(2005), 『현대 이란정치』(2004), 『베이루트에서 예루살렘까지』(2003), 『이슬람』(2003) 『이란어 문법』(2002), 『이슬람과 미패권주의』(2001), 『중앙아시아 국제 정치의 이해』(2001) 외 다수

유왕종

국립 필리핀대학교 이슬람·중동학과 졸업
국립 필리핀대학교 대학원 이슬람·중동학과(정치학 석사)
산토토마스대학교 대학원 정치학과(정치학 박사)
현재 한국외국어대학교 중동연구소 연구교수
논문 및 저서: 「수단 분쟁과 평화협정에 관한 연구」(2005), 「수단 이슬람 운동과 이슬람화에 관한 연구」(2005), 「이슬람이 예멘 국가 형성에 미친 영향과 쉬아 자이드파에 관한 연구」(2005), 「예멘 이슬람 운동의 현황과 전망」(2004), 「팔레스타인 이슬람 운동의 현황과 전망」(2003), "An analysis of the Arab-Israeli Conflict and the Role of the United States in the 1900's"(2004), 『중동종교운동의 이해 2』(2005, 공저), 『중동종교운동의 이해 1』(2004, 공저), 『끝나지 않은 전쟁』(2002), 『이슬람』(2001), 『동남아 이슬람』(2000) 외 다수

이동은

한국외국어대학교 문학 박사
한국외국어대학교 아랍어과 강사, 국제회의통역사
현재 한국외국어대학교 중동연구소 연구교수
논문 및 저서: 「현대 아랍소설의 발전 과정 연구」(2003), 「아랍고전번역연구」(2001), 『바그다드: 천일야화의 고향』(2005), 『중동종교운동의 이해 2』(2005, 공저), 『중동종교운동의 이해 1』(2004, 공저), 『자비바와 왕』(2003, 공역), 『칼릴라와 딤나』(1998, 역서) 외 다수

홍미정

경희대학교 문학 박사(중동 역사)
현재 한국외국어대학교 중동연구소 연구교수
논문 및 저서: 「알제리 정부와 이슬람주의자들」(2005), 「예루살렘 소유권 논쟁」(2005), 「이스라엘의 정착촌과 팔레스타인 국가로의 길」(2004), 「쿠웨이트 종교 운동의 현황과 전망」(2004), 「오슬로 협정과 정착촌 확장」(2003), 「이스라엘의 정착촌 정책」(2003), 「캠프데이비드 협정과 정착촌 확장」(2003), 「하마스의 정체성 연구」(2001), 『중동종교운동의 이해 2』(2005, 공저), 『팔레스타인 땅, 이스라엘 정착촌』(2004) 외 다수

신양섭

한국외국어대학교 이란어과 졸업
요르단 사회과학대학교 아랍어 및 이슬람과정 수료
터키 국립 이스탄불대학교 터키어 과정 수료
터키 국립 이스탄불대학교 페르시아문학 석사·박사
현재 한국외국어대학교 중동연구소 연구교수
논문 및 저서: 「러시아-체첸 분쟁 연구」(1999), 「수피즘과 민족이슬람」(1999), 「이슬람의 수피즘」(1997), 『종교로 본 동양문화』(2002), 『이슬람』(2002, 공저), 『20세기 중동을 움직인 50인』(2000, 공저) 외 다수

우덕찬

터키 국립 하제테페 대학교 역사학 박사
앙카라 대학교 객원교수
현재 부산외국어대학교 중앙아시아어과 교수
논문 및 저서: 「오스만제국말기 청년지식층과 여성」(2004), 「근대화·케말리즘·여성」(2003), 『중앙아시아사개설』(1998), 『아시아법사』(2001, 공역) 외 다수

한울아카데미 825

중동종교운동의 이해 3

북아프리카와 터키지역의 종교운동 현황과 전망

지은이 | 21세기 중동이슬람문명권 연구사업단
펴낸이 | 김종수
펴낸곳 | 도서출판 한울

편집 책임 | 안광은
편집 | 고현경

초판 1쇄 인쇄 | 2006년 5월 4일
초판 1쇄 발행 | 2006년 5월 12일

주소 | 413-832 파주시 교하읍 문발리 507-2(본사)
121-801 서울시 마포구 공덕동 105-90 서울빌딩 3층(서울 사무소)
전화 | 영업 02-326-0095, 편집 02-336-6183
팩스 | 02-333-7543
홈페이지 | www.hanulbooks.co.kr
등록 | 1980년 3월 13일, 제406-2003-051호

Printed in Korea.
ISBN 89-460-3497-1 94910
ISBN 89-460-3309-6 (세트)

* 가격은 겉표지에 있습니다.

이 책은 2004년도 한국학술진흥재단 기초학문육성 지원 사업에 의하여 출판되었음(KRF-2004-072-AL2008)